言語学翻訳叢書

20

意味変化の規則性

Regularity in Semantic Change

［著］エリザベス・C・トラウゴット
Elizabeth C. Traugott

リチャード・B・ダッシャー
Richard B. Dasher

［訳］日野資成

ひつじ書房

Regularity in
Semantic Change

by Elizabeth Closs Traugott and Richard B. Dasher

Copyright©2002 by Elizabeth Closs Traugott and Richard B. Dasher

Japanese translation by Hino Sukenari

Japanese translation published by arrangement with Cambridge University Press through The English Agency (Japan) Ltd.

目　次

訳者まえがき　　　　　　　　　　　　　　　　　　　　vii
まえがきと謝辞　　　　　　　　　　　　　　　　　　　ix
表記のきまり　　　　　　　　　　　　　　　　　　　　xi

第1章　はじめに　　　　　　　　　　　　　　　　　　1

1.1　本書の目的　　　　　　　　　　　　　　　　　　　1
1.2　文法理論と言語使用の理論　　　　　　　　　　　　5
　　1.2.1　意味と文法　　　　　　　　　　　　　　　　6
　　1.2.2　多義語　同音異義語　単義語　　　　　　　　10
　　1.2.3　意味と使用　　　　　　　　　　　　　　　　15
　　1.2.4　主観性　相互主観性　客観性　　　　　　　　19
1.3　意味変化　　　　　　　　　　　　　　　　　　　23
　　1.3.1　意味変化のメカニズム　隠喩化と換喩化　　　26
　　1.3.2　意味変化のモデルとしての意味変化の推論喚起論　32
1.4　意味変化における児童言語習得と成人言語習得　　39
1.5　個体発生が系統発生を繰り返すという仮説　　　　41
1.6　意味変化の根拠　　　　　　　　　　　　　　　　42
　　1.6.1　書かれた文献の信憑性　　　　　　　　　　　43
　　1.6.2　本書の言語と資料　　　　　　　　　　　　　46
1.7　本章のまとめと後章のあらまし　　　　　　　　　46

第 2 章　意味変化研究の歴史　　59

- 2.1　はじめに　59
- 2.2　現代の研究の背景　59
  - 2.2.1　Bréal　60
  - 2.2.2　20 世紀初頭の理論　68
  - 2.2.3　意味領域　74
- 2.3　現代における中心的理論　83
  - 2.3.1　隠喩　83
  - 2.3.2　換喩と喚起推論　86
  - 2.3.3　文法化と一方向性　89
  - 2.3.4　主観化と相互主観化　97
  - 2.3.5　歴史語用論　106
- 2.4　まとめ　111

第 3 章　モダル動詞の発展　　119

- 3.1　はじめに　119
- 3.2　義務的モダリティと認識的モダリティの詳細な区別　122
  - 3.2.1　モダル語の主語　122
  - 3.2.2　概念的源　123
  - 3.2.3　拘束性と認識性の必要性(必然性)と可能性　125
  - 3.2.4　スコープ　127
  - 3.2.5　(相互)主観性　128
  - 3.2.6　時性(Temporality)　131
  - 3.2.7　モダルの強さの程度　132
- 3.3　拘束のモダルと認識のモダルの意味的源　132
- 3.4　認識的意味の発展　136
  - 3.4.1　英語の must　136
  - 3.4.2　英語の ought to　153

3.4.3	中国語の de（得）	161
3.5	まとめ	165

第 4 章　談話標識機能を持つ副詞の発展　　177

4.1	はじめに	177
4.2	談話標識	178
4.3	局所的接続を示す談話標識の発展	181
	4.3.1　英語の indeed	183
	4.3.2　英語の in fact	192
	4.3.3　英語の actually	197
	4.3.4　三つの副詞の比較	199
4.4	主観化と相互主観化	203
	4.4.1　英語の well	204
	4.4.2　英語の let's	206
4.5	広い接続関係を示す談話標識の発展：日本語の「さて」	208
4.6	まとめ	214

第 5 章　遂行動詞とその構造の発展　　221

5.1	会話行為動詞と遂行動詞	221
5.2	遂行動詞の発展の研究に伴う問題	226
5.3	遂行動詞の先駆語	232
5.4	遂行機能の発展	234
	5.4.1　指図動詞：英語の「約束 PROMISE」	234
	5.4.2　宣言詞：中国語の bao（保）	245
	5.4.3　宣言詞：日本語の「挨拶」	246
5.5	モダル語の遂行用法	250
5.6	まとめ	256

第6章　社会指呼詞の発展　261

- 6.1　はじめに　261
- 6.2　敬語についての詳細な区別　261
  - 6.2.1　対象尊敬と受け手尊敬　261
  - 6.2.2　丁寧指呼詞と尊敬指呼詞　263
  - 6.2.3　指呼のモデル　265
- 6.3　日本語の敬語の種類と意味変化のパターン　269
- 6.4　対象社会指呼機能の発展　276
  - 6.4.1　日本語の「くださる」　279
  - 6.4.2　英語の pray（副詞的）　285
  - 6.4.3　英語の please（副詞的）　288
- 6.5　日本語の受け手尊敬述語動詞の発展　291
  - 6.5.1　日本語の「さぶらふ」（「いる」謙譲＞「いる」丁寧）　297
- 6.6　まとめ　307

第7章　結論　313

- 7.1　はじめに　313
- 7.2　主要な発見のまとめ　313
- 7.3　将来の研究に向けて　317

訳者あとがき　319
一次的参考文献　321
二次的参考文献　332
訳者注　参考文献　373
索引　375

訳者まえがき

　本書は、Regularity in Semantic Change (Traugott and Dasher, 2002, Cambridge University Press)の日本語訳である。歴史言語学において、意味変化の体系性について論じた書物は数少ない。そのような現状において、原著を紹介する価値は大きい。
　原著は、意味変化における体系性について、歴史語用論と談話分析の両方の観点から、詳細にわたって検証している点が斬新的である。日本語と英語の一千年以上にわたる数々のコーパスデータをもとに、原著者のトラウゴットとダッシャーは、意味変化の大部分は、話し手と聞き手、書き手と読み手のやり取りの中から起こることを示している。
　原著は、日本語の歴史的意味変化の研究に対しても示唆に富むものであり、本書の翻訳の出版によって、日本語を研究する学会においても、歴史的意味変化の研究が盛んになることが期待される。
　第1章では意味変化の推論喚起論という独自の理論が展開され、第2章ではこれまでの研究の歴史が紹介されるとともに、主観化、相互主観化という新しい意味変化の型が提示される。第3章から第6章まではケーススタディで、英語のmust、中国語のde(得)などに加えて、日本語の「さて」、「くださる」、「さぶらふ」の歴史的変化も示されている。
　訳者はすでに、Hopper and Traugott による Grammaticalization の翻訳『文法化』(2003年、九州大学出版会)と Brinton and Traugott による Lexicalization and Language Change の翻訳『語彙化と言語変化』(2009年、九州大学出版会)を出版した。

前者では文法化、後者では語彙化が詳細に論じられているが、今回の『意味変化の規則性』における歴史的意味変化は、文法化にも語彙化にも当てはまらない変化をも包含している点で(第7章の図表7.1を参照)、ことばの意味変化を体系的に論じようとする研究者にとっても、またケーススタディをしようとする研究者にとっても必読の書である。

2019 年 2 月

日 野 資 成

まえがきと謝辞

　本書の目指すところは、さまざまな言語にもとづいた歴史意味論・歴史語用論研究が、最近どのように発展してきたかを紹介することにあり、特に英語と日本語の歴史に重きを置く。この研究方法は、Croft(1995)の言う「統合機能主義者(integrative functionalists)」的見方によるといえるであろう。というのは、言語現象は体系的であり、一部恣意的ではあるが、独立した現象としてとらえることができないほど認知的要因・社会的要因と密接に関係しているからである。言語学者にとって大切なことの一つは、何が恣意的なのか、また何が非恣意的なのか、その違いを明らかにすることにある。

　意味変化(符号体系の変化)というのは、「話し手・書き手」と「聞き手・読み手」がやり取りすることばの実際的使用の中から起こるものであり、特に話し手・書き手が、聞き手と効率的にコミュニケーションをとる方法を探り出す中から起こるものである。本書で検討する変化というのは、かなり広く認められている傾向ではあるが、イデオロギー的価値の変化とか技術の発展とかいった特殊な状況、特に社会的状況のもとでは例外が起こりうる。「規則性(Regularity)」というのは、どの時代にも、どの言語にも起こりうる典型的な変化、頻繁な繰り返しとしてとらえるべきであり、新文法学派が音韻変化で論じるような例外のない変化と同類ではない。

　Richard Dasherは主として日本語のデータを受け持ち、Elizabeth Traugottはそれ以外を受け持つが、本書で提示したすべての内容について、2人でおよそ15年以上、数え切れないほど議論をしてきた。本書で提示した考えは、さまざまな場所でさらに掘り下げられている。本書は多くの人の多大な協力なくしては完成できな

かったであろう。まず、Joan Bybee、Maria Cuenca、Bernd Heine、Paul Kiparsky、Roger Lass、Nina Lin、Alain Peyraube、Eve Sweetser、Chaofen Sun、Yo Matsumoto に感謝しないわけにはいかない。さらに、Brady Clark、Andrew Garrett、Nigel Vincent は最終校正の段階で詳細にわたり助言をくださった。Elizabeth Traugott は Paul Hopper・Ekkehard Knig・Rachel Nordlinger・Whitney Tabor に感謝を捧げるが、とりわけ Scott Schwenter の知的洞察力に満ちた助言なくして、本書は実を結ばなかったに違いない。Juno Nakamura は原稿と索引を作るのに計り知れない協力をしてくださった。Citi Potts は校正の段階で多くの誤植を直してくださり、Cambridge University Press の Andrew Winnard は出版を請け負ってくださった。皆さんに心から感謝申し上げたい。

表記のきまり

　本書で最も詳しく取り上げて検討する三つの言語、中国語・英語・日本語の時代区分及びその表記法を掲げる。

　日本語、中国語、ギリシャ語など、すべての言語はローマ字で表記する。再構された長母音を意味する長音記号(āやēなどの「¯」の記号)は省かれている。

　すべての言語の時代区分の年号は概数である。初期の時代の文献は、それより前の時代の文献の特徴をもっとはっきり示すかもしれない。擬古文的文献もあるかもしれない。

(i)　中国語の表記

　中国語の例に使われる表記は中華人民共和国で使われているピンイン(中国語表音表記法)である。四声の記号は省かれている。

　中国語の歴史の大まかな時代区分は以下のとおりである。

(1)　　　中国語の時代区分　　　　　初め　　　　　終わり
　　　前古　前古代中国語　　　　紀元前1400年　紀元前1100年
　　　初古　初期古代中国語　　　紀元前1100年　紀元前500年
　　　後古　後期古代中国語　　　紀元前500年　　紀元前200年
　　　初中　初期中世中国語　　　紀元前200年　　600年
　　　後中　後期中世中国語　　　600年　　　　　1250年
　　　初官　初期官話　　　　　　1250年　　　　1800年
　　　近官　近代官話　　　　　　1800年　　　　現在

(ii)　英語の表記

　古代英語は、長音記号、「&」以外の略号は使わずに表記する。

　英語の歴史の大まかな時代区分は以下のとおりである。

(2)　　　英語の時代区分　　　　　初め　　　　　終わり
　　　古英　古代英語　　　　　　450年　　　　　1150年
　　　　初古　初期古代英語　　　450年　　　　　800年
　　　　後古　後期古代英語　　　800年　　　　　1150年
　　　中英　中世英語　　　　　　1150年　　　　1500年
　　　　初中　初期中世英語　　　1150年　　　　1300年

後中	後期中世英語	1370 年	1500 年
初近	初期近代英語	1500 年	1770 年
近英	近代英語	1770 年	1970 年
現英	現代英語	1970 年	現在

　古代英語文献の年代特定については、議論が尽きない。作られた年代と書かれた年代がかなり異なるからである。たとえば、叙事詩 Beowulf は、1000 年ごろ書かれたが、作られたのはそれよりかなり前である。学者の間では、作られたのが 8 世紀か 9 世紀かで意見が分かれている(Bjork and Obermeier 1997 参照)。ここでは、8 世紀とする。成立年代が確実である場合は具体的年を示すが、そうでない場合はヘルシンキコーパス英語テキスト(Rissanen、Kytö, and Palander-Collin 1993 を参照)か、文献を引用した版の年代に従う。

(iii)　日本語の表記

　日本語の文献には音韻表記が使われている。たとえば、現代日本語の［fu］と［tsu］は /hu/ と /tu/ のように表記される。古い時代の文献の表記法は、原則的にその時代の表記法にしたがうが、一つの単語が複数の時代にわたるときは、表記を変える場合がある。特に、/F/(両唇摩擦音。文献以前は破裂音の可能性が高い)から /h/ への音韻変化は、F を古代日本語表記に、h をその後から現代の表記に用いる。たとえば、「たまふ」(「与ふ」の尊敬語)は、奈良時代は tamaFu、平安時代から江戸時代は tamafu、近代は tamau と表記する。古代母音の甲類と乙類の区別をする表記は用いないこととする。

　日本語の歴史の大まかな時代区分は以下のとおりである。

(3)

	日本語の時代区分	初め	終わり	政治上の区分
上代	上代日本語	710 年	800 年	奈良時代(710～794 年)
中古	中古日本語	800 年	1100 年	平安時代(794～1192 年)
初中	初期中世日本語	1100 年	1330 年	鎌倉時代(1192～1333 年)
後中	後期中世日本語	1330 年	1610 年	室町時代(1333～1603 年)
近世	近世日本語	1610 年	1870 年	江戸時代(1603～1868 年)
近代	近代日本語	1870 年	1970 年	明治時代から 1970 年まで
現代	現代日本語	1970 年	現在	

　文献の時代決定を大まかにせざるを得ない例として狂言を挙げる。狂言は室町時代の口語を反映する文献と言われているが、狂言が書かれたのは 17 世紀初めからである。実際、狂言は室町時代のことばをモデルにした基層に江戸時代のことばが重なっていて、「舞台言語(stage language)」の慣用句も少し見られる(小山 1960 年 27 ページ)。

省略記号

格
 主 主格
 属 属格
 与 与格
 対 対格
 奪 奪格

数・人称
 単 単数
 複 複数
 1 一人称
 2 二人称
 3 三人称

時制
 未来 未来
 過去 過去形
 非過 非過去

相
 完了 完了

ムード
 願望 願望形
 仮 仮定法
 命令 命令法

品詞
 名句 名詞句
 助詞 助詞
 副詞 副詞

その他（文法）
 否定 否定詞
 関代 関係代名詞
 再代 再帰代名詞
 補標 補文標識
 定冠 定冠詞

不冠　　　不定冠詞

意味
　概構(C)　　概念構造
　語素(L)　　語彙素
　意素(M)　　意味素
　韻素(P)　　音韻形態
　統素(S)　　統語形態
　意変推喚論　意味変化の推論喚起論
　般喚推　　　一般化された喚起推論
その他(発話場面)
　話者／書者　　話し手／書き手
　話者／書者＋　話し手／書き手と関連集団
　聞者／読者　　聞き手／読み手
　聞者／読者＋　聞き手／読み手と関連集団

記号
$\updownarrow$　　　　　　連結した
→　　　　　　～として実現される
＞　　　　　　～に変化する
+＞　　　　　　推論を喚起する
－　　　　　　形態素の境界
：　　　　　　一形態素の意味と機能
X/Y　　　　　XとYともに(図の記号)
──　　　　　特定の時期まで意味の増化が証明された
-----　　　　　散在的に見られ、完全には意味が増化していない(図の記号)
->>-　　　　　変化が強まっていく(図の記号)

第 1 章
はじめに

1.1 本書の目的

　本書では、異なる概念領域や異なる言語機能領域にわたる意味変化には予測可能な道筋があるということを提示する[*1]。意味変化には、一般化と意味の縮小、隠喩と換喩などのように二方向性があるという分類学的モデルが百年ほど前から行われているが、多くの言語の語彙の歴史をたどっていくと、一方向的変化を示す証拠が繰り返し現れるのである。この変化は分類学的モデルにおけるものとは異なる。分類学的モデルは確かに、話し手と聞き手が言語学習や言語使用に際してもたらす認知伝達過程に注目している。しかしながら規則的変化は、何かをすべきであるという義務的意味から何かがこうであるという結論的な意味に変化する例のように、言語学的にコード化された意味から意味への変化である。そのような規則性はどの時代のどの言語にも見られる典型的なものであるが、これはあくまで傾向であって、新文法学派が音韻変化で提示したような、ある言語のある時期においてすべての語彙に繰り返し起こるといった例外のない変化とは異なる。そのような規則性が何度も多くの言語に現れるのは、語用論的意味が慣習的に固定し多義語として用いられるようになる認知伝達過程と密接に結びついていると考える。とりわけその規則性は「喚起推論(invited inference)[訳者注1]」、「主観化(subjectification)」のメカニズムと結びついている。したがって本書は歴史意味論だけでなく、歴史語用論にも寄与するものであり、法性(モダリティ)や指呼性(ダイクシス)[訳者注2]として考えられる概念構造に特に注目する。

　本書で議論する意味コードにおける変化の規則性を表す代表例として、近代英語の must を挙げよう。この must は、次の例のように意味が曖昧である場合がある。

(1)　　They *must* be married.

この文には文脈がなく、イントネーションの手がかりもないので、二つの意味が考えられる。まず一つは義務の意味である。

(2)　　They *must* be/get married, I demand it.
　　　　彼らは結婚しなければならない、そう要求する。

もう一つは結論(可能性)の意味である。

(3) They *must* be married, I am sure of it.
彼らは結婚するにちがいない、そう確信する。

(2)の must は「拘束の(deontic)」モダル、(3)の must は「認識の(epistemic)」モダルという。同じように日本語の歴史においても、古語の助動詞「べき(べし)」は、ある文脈では義務を、また別の文脈では可能性を表す。ある語に義務と可能の二つの意味があるとき、言語の歴史においては義務の意味が可能の意味よりも先に起こることが指摘されている(英語については Shepherd 1981 と Traugott 1989 を、中国語については Sun 1996 と Peyraube 1999 を参照)。異なる言語におけるこのような類似性をどのように説明したらよいのだろうか。単なる偶然の結果なのか、それとも同じような認知伝達過程の結果なのだろうか。

助動詞 must の例のように、義務と可能の両方の意味を表す語は自立した動詞ではなくて、文中の位置・共起性・形式という点で統語論的にも形態論的にも制約された文法形式である。義務から結論(可能)への意味変化は、語の形式と関係があると思う人もいるかもしれない。しかし、自立した本動詞が両方の意味を持つ例を見ると、意味変化と語の形式はたまたま合致したに過ぎないことがわかる。たとえば、

(4) I *promise* to do my best. ベストを尽くすことを約束します。

という、話し手自身に義務を課す文は、

(5) She *promises* to be an outstanding teacher.
彼女は傑出した先生になるにちがいない。

という、話し手の確信の高さを表す文よりも前に起こった。日本語でも、「誓う」という語は最も古い時代には「(忠誠と義務の)誓いを立てる」という意味であったが、後に「(何かが正しいと)断言する」という意味になった。日本語の「おっしゃる」(「言う」の尊敬語)の「命令する」(聞き手に義務を課す)から「言う」(何かが正しいと述べる)への変化もこれと似ている。「おっしゃる」は「おほせらる」(「おほす」の派生形)から来ている[*2]。似たような意味変化が、英語・中国語・日本語など、関連のない言語に繰り返し起こるのであるから、そこには、言語使用について何らかの支配的原理が働いているに違いない。

音韻変化が規則的であることは、前々から認められている。ある種の似たような音韻変化が多くの言語で起こるからである。たとえば、「連鎖変化において、舌の位置が前舌から奥舌に移動するにしたがって、口の開きが次第に小さくなる」

(Labov 1994: 601)。形態統語論的変化も同じように規則的であることが、ここ 20 年間の文法化研究によって明らかになった。たとえば「接置詞は格を表す語に変わるが、その反対は普通起こらない」(Lehmann 1995 [1982] 参照)。意味変化においても、さまざまな言語の個々の語に似たパターンが見られることから、その規則性が指摘されるようになった。音韻・形態・意味のどのレベルにおいても、言語使用は、語の構造的特徴と、言語が使われる認知伝達目的の制約を受ける。

　概念構造における意味変化の規則性は、文法化が起こる語彙項目によく認められる。たとえば、空間指呼動詞 come・go、時間指呼の now・then、アスペクトを示す have・finish、モダリティを示す want・will、格関係を示す belly・head などがそうである。しかし、さらに広範囲の概念領域を表す動詞や形容詞、副詞にも規則的な意味変化が見られる。規則的意味変化は、語の文法的特徴にかかわりなく、広範囲な概念構造において起こることを示すのが本書の目的である。

　あらゆる言語変化において、規則性は絶対的なものではない[3]。変化が起こらなかったり例外が起こったりする。殊に意味変化においては、規則性に反する例が現れる。ライフスタイル自体やイデオロギー自体が変化すれば、それを指し示す語彙の意味も変化するからである。しかしながら、不規則な意味変化は、主として名詞の領域で起こることがわかっている。名詞の中には、自然とか社会構造などの言語外的要因の影響を受けるものを指し示す語が多いからである。たとえば、町・軍備・ロケット・自動車・ペン・伝達手段・病気などの概念は歴史とともに大きく変化してきたので、それらを指し示す語の意味も言語学的一般化ができないほど変化したのである。語の意味変化は、1964 年の市民権条例による harassment(いやがらせ)の再定義のように、公共団体による認可によって起こることもある。あるいはまた、集団の独自性を示すために、ある社会集団が、それまで悪い意味で使われていた語をよい意味で使おうとするために変化することもある。たとえば、Yankee (ヤンキー)という語(おそらく John のニックネームであるオランダ語の Jan(ne)ke から来ている)は、もともとはレキシントンの戦い(1775 年)のあとに、イギリス人がニューイングランド移民をさげすんで使った語であるが、後にニューイングランド人は自分たちを呼ぶ名として堂々と使うようになった[4]。同様に queer という語は約二世紀あとに Queer Theory などといった句として使われるようになった。アフリカ系アメリカ人による nappy という語(髪の毛が縮れたという意味)も、軽蔑的な意味からよい意味(あるいは少なくとも中立的な意味)に変化している。

　このような意味変化の例は、微視的に見るとそれぞれ特異な特徴を持っているといえる。これらの語は変化を受ける語彙としての特殊な性質を持っているのかもしれない。あるいは、それらは概念構造を表現するのに必要な語彙文法体系を備えているのかもしれない。あるいはまた、ある特定の時代の言語共同体の変化がきっか

けとなって特異な特徴が現れたのかもしれない。つまり、それぞれの語彙項目には独自の歴史があるのである。しかしながら、巨視的に見ると意味変化の方向性は、ある一つの言語内だけでなくすべての言語において予測可能である。本書は巨視的見地からそれぞれの語の微視的変化を記述することを目的とする。

19世紀の終わりから、Bréal(1964 [1900]、1991 [1882])、Stern(1968 [1931])、Ullmann(1957、1964)らは、意味の向上と悪化、意味の拡大と意味の縮小、隠喩と換喩などのように対立するメカニズムを表す語を使って意味変化の分類を提示した。これらの中では、変化の分類がなされてはいるが、それぞれが対立する語として扱われただけで、支配的意味変化の型や、変化の一方向性を考察するような研究は示されなかった。対立する語相互の関係も示されていない。意味変化を論ずる領域においては、このような分類学が、なおも一般的知識としてとらえられている。しかしその中でもStern(1968 [1931])は、意味変化に一方向的なパターンがあるという可能性を考えていた。彼は、もともと「素早く(rapidly)」という意味だった語が、中世英語で「ただちに(immediately)」の意味になる例を示したからである。しかし、彼の研究は一言語の一時期における一現象を示すに留まったため、あまり注目されなかった。その後、諸言語を比較して意味変化に繰り返し起こる過程を示す研究が現れた。Berlin and Kay(1969)は色を表す語について、Williams(1976)は感覚や知覚を表す「共感覚の(synaesthetic)」形容詞について、その過程を示した。これらは語彙領域内の意味変化の研究であり、変化を起こす生理学的動機づけに重点が置かれていた。最近では、ある語彙構造・概念構造から別の語彙構造・概念構造への一方向性や、隠喩(類像的方策)と推論(換喩的、連想的、指標的方策)における一方向性の動機づけ、さらに主観化の証拠などに重点が置かれるようになった(Traugott 1982、1989、1995a、Brinton1988、1996、Sweetser 1990、Heine, Claudi, and Hünnemeyer 1991)。意味変化研究の歴史については第2章で概略を述べる。

意味変化における本書の重要な理論は、「意味変化の推論喚起論(Invited Inferencing Theory of Semantic Change)」(『意変推喚論IITSC』)である。それは、認知的問題、機能的問題の両方にかかわる次のような一連の研究にもとづく。(i)意味領域の構造に関する認知的研究(Talmy 1985、1988、Langacker 1987/91、Sweetser 1990、Geeraerts 1997)、(ii)語用論、特に言語使用の過程で生まれる含意の慣習化(これを「喚起推論(invited inferences)」と呼ぶ)を扱う語用論(Geis and Zwicky 1971、Grice 1989 [1975]、Brown and Levinson 1987 [1978]、Faltz1989、Horn 1984、Levinson 1995、2000、Clark 1996)、(iii)文法と言語使用の相互作用として考えられる談話分析(Hopper and Thompson 1980)。しかし、長い時間にわたる変化を研究するため、主要なデータは書かれた文献による(Fleischman 1982、1992)。「喚起推論(invited inference)」という術語はGeis and Zwicky(1971)から借

用したものである。しかし、ここではそれをより広い意味で解釈し、一般化された推論だけには限定しない。ここでは、話し手／書き手(話者／書者)が含意を喚起し、聞き手／読み手(聞者／読者)の推論を促すことによってコミュニケーションの複雑さを取り除くことを意味する。Heine Claudi and Hünnemeyer(1991)による術語「文脈誘発推論(contexts-induced inference)」よりも「喚起推論」という語を採用する。というのは、Heineらによる術語は聞者／読者による解釈がクローズアップされ、修辞法を使ったり、伝達行為を示したり演出したりするときの、話者／書者による積極的な役割が軽視されるからである[*5]。意味変化は、文と文との境界など、できる限り大きい談話の構造の中で検討する。したがって、本書は歴史的談話分析と歴史的語用論にかかわるものである(Fleischman 1992、Jucker 1995)。

さまざまな意味領域やさまざまな言語のデータから、意味変化において繰り返される型にはいくつかの一貫した筋道があることがわかる。その一つは意味が主観化(意味が話者／書者の見方による土台の確立を明確に示すようになること)の過程を経た後、究極的には相互主観化(意味が話者／書者と聞者／読者の関係における土台の確立を明確に示すようになること)の過程を経るという支配的傾向である。もう一つは、認識のモダルのように、節内の概念を表していた意味が節を超えたスコープを持つようになったり、前後の文のつながりを示す談話標識のように、発話全体を超えたスコープを持つようになったり、あるいはエピソード標識のように、談話全体を超えたスコープを持つようになったりすることである。そのようなスコープを持つ語は、特殊な会話場面におけるいくつかの条件のもとで、対話者相互の空間的、時間的、社会的配列を示したり、描写場面[*6]の可能性についての話し手の態度や評価を示したり、進行中の談話構造における特定の発話の機能を示したりすることで、文を明確につなぐ機能を果たしている。たとえば、日本語の「あげる」という動詞は最近まで、主語(あげる人)が間接目的語(受け取る人)よりも地位が低いことを表す謙譲語として使われていた。しかし現在では、「あげる」は多くの場合、あげる人もらう人相互の社会的地位に関係なく、話し手の聞き手に対する丁寧さを表す。この受け手尊敬を表す「あげる」は動物や地位の低い人に対しても使うことができる。「あげる」は、「受け手尊敬(addressee honorific)」を表す語として、話し手・聞き手の社会的関係において文全体の表現をつなぐ役割を果たしているといえる。

1.2 文法理論と言語使用の理論

本書のテーマは変化であり、特に変化を伴う談話の過程であるから、文法理論だけでなく、言語使用の理論と、言語使用と文法の相互関係を記述する理論が必要で

ある。取り立てて一つの文法理論を支持するわけではないが、ここでの研究法は「構文文法(Construction Grammar)」訳者注3 と「認知言語学(Cognitive Linguistics)」訳者注4 に多かれ少なかれ直接かかわるさまざまな理論と一致している (Fillmore 1982、1985、Lakoff 1987、Langacker 1987/91、Fillmore, Kay, and O'Connor 1988、Talmy 1988、Sweetser 1990、Jackendoff 1997、Kay 1997、Goldberg 1995 を参照)。言語における構造面と伝達面が文法形式を形作るというのがわれわれの仮説である(Valldují 1992、Lambrecht 1994 を参照)訳者注5。

もし「文法(grammar)」が「言語体系(linguistic system)」であり「コード(code)」であるならば(多くは言語特有であり、想像上の普遍文法から得るものはほとんどない)、「文法(grammar)」と「使用(use)」を結びつけるものは、状況に反応したり状況を作り出したりしながら相互的に意味を交渉し合う、「話し手・書き手(話者／書者)」と「聞き手・読み手(聞者／読者)」のペアである[*7](Silverstein 1976a、Schiffrin 1987、Duranti and Goodwin 1992 の中の論文を参照)。このペアは対称的のように見えるが(ソシュールによる「話す頭脳(talking head)」訳者注6 のような古典的モデルもある)、実際はそうではない。話者／書者が心に抱き、作り出した意味が、その意図どおりに聞者／読者に伝わらないときもあるからである。ペアのどちらも、会話場面や読書場面という文脈に想定された参与者という意味では「共通の基盤(ground)」訳者注7 であるが(読書場面における相互性については 1.2.3 を参照)、自分の番を行なうときは、話者／書者が中心的な役割を担う。あとでまた議論するように、話者／書者の中心的な役割から、言語変化は生産性にもとづくという見方が生まれ、また主観化が意味変化の大きな型であることもわかるのである。ここでは、話者／書者が、(話し手・聞き手・時間・場所・伝達の適切性・社会的地位などの変更を示す)指標語や指呼語を使って、対象や意味一般について(聞者／読者と)やりとりする中心であるということを言えば十分であろう。

1.2.1　意味と文法

言語の基礎的機能は意味を伝えるということである。意味は認知的であり伝達的であるというのも基本原理である。注目するのは語彙であり、構文における語彙項目の使用パターンである。語彙素(『語素』L)は巨視的レベルでの概念構造(『概構』C)が言語特有に現れたものである。『概構』は、「動作」・「場所」・「条件」・「程度」・「人間」・「認識態度」などのように非常に抽象的な構造で、視覚で解釈できるような非言語的意味も含まれる。それは文化によって多少影響を受けるのは避けられないが、おおよそ人類に不変で一貫している(Györi 1996: 180–181)。『概構』は特殊で、文化に左右され、非常に抽象的な言語的意味(『意素』M)と結びついていて、『意素』の結びつき方の制約を受ける。たとえば、「場所」という巨視的レベル

の『概構』は「中」・「外」・「周囲」などのような『意素』と結びついており、「人間」という『概構』は「男」・「女」・「両親」などのような『意素』と結びついており、「認識的態度」という『概構』は「高い可能性」・「可能性」・「低い可能性」などのような『意素』と結びついている[*8]。

　『意素』は、状況のタイプ(過程、活動、状態など)・その参与者(動作主、経験主、道具、位置など)・確信のタイプ(モダリティ)・伝達状況(会話行為)などの抽象的な言語表現である。これらのタイプは厳格な範疇ではなく、プロトタイプ、つまりある範疇のおおよその代表となる群族類似構造である(Rosch 1975、Coleman and Kay 1981、Wierzbicka 1985a、Taylor 1997［1989］)。『意素』は比較的個別的ではあるが、範疇としては絶対的ではない原型(モデル)的なものであるから、『意素』間の区別は決定的ではなく段階的であるといえる。これは、原型の核(中心)となる語も、時とともに変化することがあり、言語によって異なることがあることを意味する(Blank 1997、Geeraerts 1997 を参照)。枠組みや原型においてそのような相違点が現れるという可能性は、意味論や意味変化に関する通時的、多言語的データを分析する際に常に考慮されなければならない。

　概念構造における言語要素(『意素』と結合規則)は、仮説としては普遍的に適用でき、Jackendoff(1997)によってモデル化された形態統語論的、音韻論的構造とも関連している。しかし、『概構』は、すべての文化に対して、あるいは顕著性において同じ文化を持つすべての共同体に対して、当てはめることはむずかしい。細かいレベルでは枠組みや、概念構造・形態統語構造・音韻構造が言語によっても時代によっても異なるからである。たとえば、Pederson(1998)らは、空間の示し方には二つの異なる方法があることを示している。前と後ろ、左と右など、人間の体の位置関係を基準にした相対的空間を示す方法に加えて、北と南など、固定した方向認識にもとづく絶対的空間を示す方法である。

　個々の語彙素(語素 L)は、意味素(意素 M)、形態統語素(統素 S)、音韻素(韻素 P)の三つの言語特有の構成要素からなる。

(6)　　　語素 L　→　　意素 M
　　　　　　　　　　　　統素 S
　　　　　　　　　　　　韻素 P

意素と統素は、弁別特徴分析に見られるような個々の特徴の集積ではなく、枠組みの中のグループ構成員として考える(Fillmore 1985、Levin 1993、Levin and Rappaport 1995、Lehrer and Kittay 1992 の論文を参照)。たとえば、英語の run は概念的に(理論以前に)、動作主(動く人)と道筋(動作主が通る軌道)を伴う。そのような概念枠は重要な統語論的結果を導く。run の場合、統語論的結果は自動詞性と、時間

的・場所的関係の明示である(ran yesterday to the store)。この概念枠は局所的構造において、もっときめの細かな結果を導く。run と jog は、抽象的なレベルでは等価値であるが、もっときめの細かいレベルでは異なる。つまり、running は競争を伴うが、jogging はふつう競争を伴わない。たとえば Mary ran against Jane(マリーはジェーンと競って走った)とは言えるが、?Mary jogged against Jane(マリーはジェーンと競ってジョギングした)とは言いにくいし、Mary ran a race(マリーはレースを走った)とは言えるが、*Mary jogged a race(マリーはレースをジョギングした)とは言えない。したがって、統語論的枠組みの違いは構造的意味の違いを反映するという仮説を立てることができる。

　概念的枠組みの違いは、もちろん異なる言語間で対応する語にも見られ、二言語の語彙素群によって実現される『概構』や『意素』の枠組みにも違いが現れることがある。たとえば、英語の run とそれに対応する日本語の「走る」はどちらも自動詞であるが、通る道筋を表す目的語を取る。しかし、英語の run には run a race(レースを走る)、run a while(しばらく走る)、run a mile(一マイル走る)のように、限られた道筋や距離を完結させる用法のみがあるのに対し、日本語の「走る」には「道を走る」(道をずっと走る・道に沿って走る)のように、道全体・道の一部の両方の用法がある。他の動作動詞「飛ぶ」にも、「空を飛ぶ」(空全体を飛ぶ・空を通って飛ぶ)のように二つの用法がある[*9]。このような「擬似他動詞」的動作動詞(Martin 1975: 186–188 を参照)を比べることによって、英語と日本語では「動作」という『概構』が、やや異なる枠組みで実現されることがわかる(英語とフィンランド語の違いについては Fong 1997 を参照)。したがって、ここでは、統語法の違いは概念枠の違いを反映するという仮説を立てることができる。

　われわれの研究法は、構造文法・認知言語学と一致した枠組みの研究として共通点があることは明らかであるが、それらとは随分異なる。違いのいくつかは、われわれのテーマが談話の観点からの言語変化であるという事実と直接関係がある。つまり、データは書かれた文献であり、作られたものではないということである(要点を明示するために作る場合もたまにはあるが)。したがって、データは実際に使用された言語例であり、言語能力を示すために例文から抽出されたような例ではない。これまで述べてきたように、われわれの理論は認知(心の表出)だけでなく、動的な参与者としての話し手(話者)／書き手(書者)と聞き手(聞者)／読み手(読者)にかかわるものである。言語変化の動的特徴をとらえようという観点の中心にあるものは、話者／書者と聞者／読者が言語使用行為にオンライン(on-line)する(直結する)過程である。話者と聞者は範列的に組織された構造や語彙項目、その他の手段を材料とはするが、オンラインの生産と処理には、必然的に連辞的関係やつながりが使われる。したがって、喚起推論と換喩的関係が有力となる。隠喩的・類推的関

係は、変化の背景的文脈を提供し、変化の結果生まれるものであるが、変化の過程においては連想的・換喩的関係ほど重要ではない。さらに、認知言語学的思考の中心であるイメージスキーマは、言語使用者がもとにする概念構造の一つの(比較的小さい)要素に過ぎない。関連性理論(Relevance Theory)の主張や仮説の多くを支持するわけではないが(特に単義性や、聞き手による情報解釈を強調する点などは支持できないが)、いくつかの仮説は共有できる。その一つは、概念的意味(『概構』に同じ)は実在物・行為・態度などと関係し、それらが組み合わさって文になったとき、真の条件の解釈を必要とするということである。しかし概念的意味は真の条件の意味とは等しくはない(Wilson and Sperber 1993、Sperber and Wilson 1995 [1986])。たとえば、(7)で、

(7) 　　On the record, I'm happily married; off the record, I'm about to divorce.
　　　　公には、結婚して幸せだが、非公式には離婚することになるだろう。
　　　　　　　　　　　　　　　　　　　　(Wilson and Sperber 1993: 19)

on the record と off the record は「発話による(illocutionary)」あるいは「スタンス(stance)」副詞で、文の真の条件には寄与しないが、概念的意味には寄与する。そうでなければ、Wilson and Sperber が指摘するとおり、この文は矛盾してしまう。

　関連性理論学者と同じように、『意素』には役割の分担があると仮定する。内容的(contentful)意味と、文脈形成的(procedural)[訳者注8]意味である(Blakemore 1987)[*10]。名詞や動詞、形容詞、前置詞、副詞の一部によって表される意味は内容的意味である。一方、文脈形成的意味は、主として談話や談話の参与者に対する話者／書者の態度を指標する。それは文と文の間や文と非言語的文脈の間のメタテクスト的関係を指標し、談話標識(well、in fact、so のいくつか)、連接詞(and、but)などが含まれ、文同士をどう結びつけるかという話者／書者の観点を表す。たとえば、

(8) 　a. So, what's for lunch?　さて、お昼は何にする？
　　　b. So, our speaker tonight is Bella Johnson.
　　　　 さて、今夜話す人はベラ・ジョンソンです。

の so はそれぞれ、X is for lunch、Our speaker tonight is Bella Johnson という文には何も寄与しないが、話者／書者が喚起する何らかの連接性を表している(a では対話者がメニューを決めるだろうという予測に連接し、b では話す人が紹介されるだろうという予測に連接している)。さらに、内容的意味と文脈形成的意味の両方を持つ形式もある(Nicolle 1998)。これらを Silverstein は、「指示的―指標的」(referential―indexical)という「二重の記号(duplex sign)」と呼び(Silverstein 1976a:

24–25)、here、I、come などの語を特に挙げている。認識のモダルもこれに含まれる。たとえば、

（9）　　Bella *may* speak tonight.　ベラは今夜話すかもしれない。
　　　　　＝ベラが今夜話す可能性がある

の may は、(「高い可能性(must)と低い可能性(might)の間の可能性」という)発話の内容構造に寄与するだけでなく、(「ベラが今夜話すだろうと思う」という)主観的態度を表明している。モダルや接続語は文法要素として長い間認められてきたが、談話標識などの文脈形成語はごく最近になって認められてきた。というのは、一つには文をつなぐというよりは談話をつなぐという語用論的な意味を持つ語として理解されていたからであり、もう一つには英語などの言語で、起こる位置がいろいろに変わるからである。しかし、文脈形成語は節や句をつなぐことができるという点で、統語論的性格を持つだけでなく、順序という点で制約を受ける。したがって、それらは「言語学的体系(linguistic system)」という意味で「文法(grammar)」の要素である(Fraser 1988: 32)。言語使用という点でいえば、それらは文法と談話の境界面にあるといえる。

　「意味論的表現(semantic representation)」と「世界の百科事典的知識(encyclopedic knowledge of the world)」との境界線は非常に引きにくいものであるが、ここでは一般原理として、語彙挿入とか文法機能などに制約があるという含みを持った、主として言語学的な意味変化に焦点を当てる。形態統語論的分布を持った変化などの独立した証拠なしには、言語変化が起こったということを示す原理的方法がないからである。ラテン語の carrus(4 輪の荷馬車)が car(車)になるなど、指すもの自体の変化によって意味が広がっていく変化については、ここでは省くこととする。

1.2.2　多義語　同音異義語　単義語

　われわれの意味についての理論では、関連した意味の集まり、あるいは多義語が必ず存在するという仮説を立てる(Fillmore 1997［1971］、Brugman 1998、Pustejovsky 1995 その他多数)。意味変化は、その性質上多義語理論を引き合いに出さずに研究するわけにはいかない。どの文法のレベルにおいても、あらゆる変化に対して、すべてのAがBに置き換えられるという図式(A＞B)でなく、AがAとBになり、やがてBだけになることもあるという図式(A＞A〜B＞B)が成り立つ。古い意味は使用域が狭まり、退行していき、ought の「持つ」という意味のように、やがて完全に消えてなくなることもある。中世英語では、ought は「持つ・所有する」という意味の動詞と、義務のモダルを表す語の過去形であった。「持つ」と義務の意味の ought はどちらも後期古代英語の ahte(持つ)から来ているが(音韻変化

と意味変化によって)、もともとの所持の意味は失われた。しかし、古い意味の完全な喪失というのは、よくあることのように思われがちではあるが、比較的まれである。むしろ意味が増加していくのが典型的であるので、B は括弧に入れて、次のような図を提示する。

(10)　　　　A
　　　A＞　　　(＞B)
　　　　　B

A と B の共存は Hopper(1991) によって「重層化(layering)」と呼ばれている。それは、A と B についての音韻・形態・文法・意味を獲得する個々の話し手と聞き手にとっての、また、変化が広がるときの共同体にとっての心理的事実である。since に古い意味(時の意味)と新しい意味(理由の意味)があるように、古い意味は同じ形式の新しい意味と共存し、互いに影響しあうこともある。以下に述べるが、多義語の中の複数の意味は数百年以上共存しつづけることもあるが、その間に意味同士の顕著さは変わるときがある。

　多義語を仮定するについては議論の余地がある。まず、一つの形式には一つの意味があるというのが理想的であるという考えに特権を与える共時的分析があるが、これは、聞者／読者が伝達行為にかかわるという情報処理意味論においては特に最上の結果をもたらすかもしれない。というのはあいまいさが最小限におさえられるからである。しかし、話者／書者が日常の言語使用において、この理想を求めて実際に努力するという証拠はない(教育学・書物の校正にかかわる標準化、言語の博識者による主張を除く)。技術革新社会の要求により、法的判決を表す術語あるいは言語学的術語などの中で、厳格で特殊な語彙の区別が発展してきてはいるものの、日常のことばの中には一つの解釈しかありえないという語はまずない。学術的分野においても、術語には体系のあいまいさがある。たとえば、「意味論(semantics)」、「統語論(syntax)」、「音韻論(phonology)」、「文法化(grammaticalization)」、「意味変化(semantic change)」などの語は、特定の言語にかかわって現象そのものを指すときもあれば、抽象的には現象についての一般的理論を指すときもある。「言語は不必要な差異を避ける」ということがよく言われるが、差異は、殊に多くの意味(多義)にかかわる場合、必然的にあり得ることである。

　同じ形式に複数の意味が共存することに対する研究法の一つに、同音異義語を認める方法がある。この見方では、語素は唯一の意味・唯一の文法機能・唯一の音韻形式の組み合わせからなる。そのような研究法は Katz and Fodor(1963) によって提示された。彼らは、bachelor は同じ形式であっても概念的に関係のない四つの意味を持つ同音異義語として扱うことができると述べる。「結婚したことがない男」、

「最も低い学位を有する人」、「他の騎士に仕える若い騎士」、「つがいのいない雄のアザラシ」の四つの意味が共時的にはっきり異なるということはほとんどの人が認めるところであるが、McCawley(1968: 126)が言う sad の「生きているものについて悲しみを経験する」という意味と「芸術作品から悲しみを呼び起こす」という意味が同音異義であるということは認めるのが難しいであろう。happy、glad その他の心の状態を表す形容詞もみな、同じように「感情を経験する」と「感情が喚起される」の二つの意味があるからである。

　最近では、Fraser(1996)が、candidly(「率直に」)などの副詞の「態度副詞」の意味と「文副詞」の意味は同音異義として扱うべきであると述べている。たとえば、You should reply candidly(あなたは率直に答えるべきだ)の candidly は態度副詞、Candidly, you should reply(率直に、あなたは答えるべきだ)の candidly は「率直に話しなさい」という発話による機能を持つ文副詞である。しかし、frankly、truthfully などの副詞も「何かが行なわれる方法」と「あとに続く文に対する評価」の二つの意味を表すなど、同じような意味関係のパターンが多くあるので、同音異義の仮説を受け入れるのはむずかしい。同様に in fact、actually などの副詞も「意外性・反意性」の意味を表すだけでなく「詳述・明示・追加説明」の意味も表す。さらに、「意外性」と「詳述」の二つの意味を表す語は、中国語の shi(実は)、日本語の「実は」など、他の言語にもある(フランス語 en fait/de fait(実は)の例については Roulet 1987 を参照。イタリア語の infatti/difatto については Rossari 1994 を、さらに、スペイン語の si については Schwenter 1999 を参照)。

　共時的意味関係があるところには、歴史的な意味関係があることが多い。歴史的には、古い意味がある特定の文脈で使われて新しい意味になるのが一般的である。前の段落で挙げた candid の例では態度副詞がある文脈で(文頭に来て)文副詞になり、must の例では「義務的」意味が、ある文脈で「認識的」意味になったのである。しかし、歴史的に関係がないと思われる意味の共時的収束(convergence)の例も見過ごしてはならない。たとえば、辞書では「包む」という意味の lap と「(水などを)なめて飲む」という意味の lap が同音異義語として扱われている。前者は古代英語の lapa(掛けた上着の一部)から来ており(OED *lap* v1)、後者は古代英語の lapian(舌で液体をなめる)から来ている(OED *lap* v2)。にもかかわらず、それらの意味は関連していると考える人もいる。19 世紀に lap(舌で液体をなめる)が「波がピシャピシャ音を立てて打ち寄せる」という意味に広がったからである。

(11)　　Flinty steps, against which the tide *lapped* fitfully with small successive waves.
　　　　潮が、小さく連続した波とともに断続的に<u>打ち寄せる</u>固い帆柱。

(1823 年 Scott xxxvi [OED lap v1.4])

(11)の例の打ち寄せる波は、水・ピシャピシャいう音だけでなく、（波に対して波、帆柱に対して水が）目に見えて重なるという点で、（水やピシャという音と）関連した意味領域が広がったということができ、英語話者には、二つの意味が多義であると考える人もいる。しかし、そのような同音異義語の収束が多くの言語で起こるとは考えにくい。ここで議論した多義語の発展と違って、同音異義語の収束は特異で不規則だからである。さらに特異なのは、歴史的に無関係の意味を共時的に一つに収束させる理由づけをする「民間語源説(folk etymology)」(現存する語と不明瞭な意味関係を持つ語を結びつけること)である。たとえば、hangnail(ささくれ)は古代英語の angnœgl((足にできる)痛いたこ)から来ている。ang という独立した形式がなくなると(anguish の ang のように分離できない要素として再借用されて使われるようにはなったが)、それが hang- として再解釈され、足でなく手の痛みと結びつき、さらに特にもとあったところから「垂れ下がり(hanging)」、はがれた肌の小片という意味になった。

もし、もっともらしい意味関係が見られるとき、特に、似たような語彙表現をする語の構成員に意味関係の型が見られるとき、それは異なる品詞の間でも見られる(Brugman 1984)。たとえば、insist の義務と認識の多義性は、動詞の insist にも名詞の insistence にも存在する。さらに、類似した語彙には、音韻分化が見られることもある。たとえば、古代英語の an(一つ)は、Would you like an apple? No, I don't want one. などのように、冠詞の a(n) と、数の「1」・代名詞を表す one に分化した。このような見方からすると、『語素』(L)は二つ以上の意味を持ち(意素1、意素2、意素 n など)、規則的な語彙過程の結果できた形式を超えて、二つ以上の特異な形態統語論的特徴を持ち(統素1、統素2 など)、さらに音韻形態(韻素1、韻素2 など)を持つこともある。

(12)　　語素　→　意素1、意素2
　　　　　　　　統素1、（統素2）
　　　　　　　　韻素1、（韻素2）

意味変化や、殊に多義語に対する見方で大切なのは、『意素』(M)は概要的であり、部分的には確定的ではないということである。それは、慣習的に固定化し、文脈の中で制約されて解釈される原型的な「磁石の中心(magnetic center)」であり(Victorri 1997 参照)、明確に限定され、分離したものではない。したがって、われわれの多義語の見方は、多義語は語彙的だけでなく語用論的に決定されるという「弱い多形態モデル(weak polymorphic model)」Pustejovsky(1995)と一致するものである。しかし、ここでは彼のような強い共時的形式主義に従うわけではない。

同音異義語というのは、二つの同じ音韻の語に意味的関連が全くないときのみ、

つまり Weinreich(1964)にしたがって Pustejovsky(1995)のいう「対立的両義性(contrastive ambiguity)」があるときのみ、仮定することができる。ここで歴史言語学者にとっての方法論的課題は、多義語としての二つの意味の関係がなくなり、同音異義語になった時期を特定することである。この変化は、個々の語によって異なる時期に起こったに違いないが、他の変化と同じく、最終的には言語共同体全体に広がる変化である。たとえば、「よい態度で」という意味の well と、ためらいを表したり、自分が話す番だということを示す談話標識としての well は現代英語ではだれもが同音異義語だと思っているが、それらはかつて意味の関連性がある多義語だったのである。

音韻論では、かつての異音が分化して音素になり、音環境による予測が不可能になる例がある。たとえば、古代英語では異音 [v] は有声の音環境で起こったが、中世英語では語頭で音素 /f/ と /v/ が対立するようになった。しかし、語彙論ではこれに比した例がほとんどなく、同音異義語かどうかを判断するには話し手の直感に頼るしかない。たとえば、「静止した・静かに」という意味の still と「今でもずっと」という時間的意味や「しかし」という逆接的意味を表す still は全く関連性がない。また、「理解・心配」という意味の apprehension と border apprehension(国境逮捕)のように「逮捕」という意味の apprehension も全く関連がない。語が死滅する段階の話し手がいない限り、直感に頼るより仕方がない。しかしながら、証拠は全くないわけではない。辞書や文法から説明が見つかる場合もある。また、しばらくして使われなくなったり、あるいはある特殊な領域でしか使われなくなった意味があることを示す証拠が見つかる場合もある。たとえば、「面白さを引き起こす」という意味の humor は「体液」という意味の humor とは全く関連がない。どちらの意味も使われているが、全く違う領域で使われる。後者は古い生理学の本にしか出てこない意味である[*11]。

意味関係に規則的な型があったにしても、多義語より同音異義語を選択する言語学者が現在いる一方で、単義語や単義を選択する学者もいる。たとえば Kratzer(1977)は must と can に意味の「不変性(invariable)」あるいは「共通の核(common kernel)」を認める。『語素』に含まれる意味の数はあまりに多すぎる(おそらく無限にある)からである。Groefsema(1995)も、現代英語の may、can、must、should などのモダルの共時的用法を説明するのに多義語理論はきめが粗すぎると主張している。多義語という術語は意味の分離性を必要とするため、意味の収束などの不確定性を共時的に説明する原理とはならないというのである。彼女の見方によれば、義務から結論への意味変化は、部分的には「より特殊な意味から(推論の過程を経た)より一般的な意味への発展」である(Groefsema 1995: 59)。しかし、単義語的研究法では、実際の用法における変化の道筋を制約する、「特殊な(specific)」意味と

「一般的な(general)」意味の関連性を説明する原理がなく、多義語的研究法が浮き彫りにすることができる意味変化の繰り返し起こる型を区別することができない。

共時と通時の両方を説明する理論が最上である(Kiparsky 1982 ［1968］参照)という広く認められた仮説に立てば、もし多義性が通時態に必要であれば共時態にも必要である。共時的に存在する構造や過程に求めること以外に変化を説明する方法はない。したがって、われわれの見方では、多義語が意味論及び意味変化の理論の中心となる。それは喚起推論の過程から起こる。語用論的推論がどのような状況で使用されるかは言語使用の問題である。次の節に進もう。

1.2.3 意味と使用

意味変化、特に会話の流れの中から起こり活用される喚起推論について考察するとき、Levinson(1995)[*12]にもとづいて、語彙に関して次の三つのレベルの意味を区別するのが有益である[*13]。

(i) コード化した意味[訳者注9](意味論)

これは、一定の時期における言語の社会的慣習である。たとえば、現代英語のafterは「～よりあとの時期に」という意味で使われる一方、sinceは「ある時期から」と「～だから」の両方の意味で使われる。つまり、sinceは多義語であるが、afterはそうではない。また、英語の as long as は「～と同じ長さの」と「ある期間に」「～である限り」の二つの意味を持つ多義語であり、フランス語の tandis que (ラテン語の tam diu quam より)も「～と同じ(時間的)長さの」と「ある期間に」「～けれども」の多義語であり(1.3.2 参照)、室町時代の「ほどに」も「～時に(時間的)、～程度に(量的)」と「～だから」の多義語である。

(ii) 発話タイプ的意味[訳者注9]

これは一般化した喚起推論(『般喚推』)である。『般喚推』は選択された意味で、特定の言語共同体で決められ、取消可能である[*14]。特定の語彙や構造と結びついて結晶化した喚起推論であり、特定の意味をほのめかすのに利用される。たとえば、after や since は因果関係をほのめかすのに使われる。after の例を挙げると、After the trip to Minnesota she felt very tired(ミネソタ旅行のあと、彼女はとても疲れた)は「ミネソタ旅行のために、彼女はとても疲れた」という意味をほのめかし、Before TV two world wars; after TV zero[*15](テレビが現れる前は二つの戦争があったが、テレビが現れてからは戦争がない)は「テレビが現れたので戦争がなくなった」という意味をほのめかしている。しかし、因果関係は after や前置詞としての since のコード化した意味ではないので、簡単に取消ができる。After the trip to Minnesota she felt tired. It turned out she had been sick for quite some time(ミネソタ旅行の ために／あとで 彼女はとても疲れた。(しかしそれは)長い間具合が悪かった(からだという)ことがわかった)、などのように。そのような発話タイプ的意味は語用論的には多義的であるが(Horn 1985、Sweetser 1990 を参照)、意味論的には多義的ではない。

(iii) 　発話トークン的意味[訳者注9]
　これは広く用いられる推論にまで結晶化していない喚起推論(『喚推』)である*16。これは「飛行中の(on the fly)」文脈で起こる。それは百科事典的知識に基づいているかもしれないし、臨場的状況に基づいているかもしれないが、どちらも特有の知識・特有の状況である。しかし、それらはまた、普遍的な基礎の上に成り立つ言語学的知識(といっても特有の文化的経験を条件とするが)に基づいているかもしれない。したがって、「〜よりあとの時期に」は、どの言語でも、顕著性を帯びて『般喚推』として一般に利用されることなく、常に因果関係の推論を喚起しうることが考えられる。これはすべての言語が必ず「〜よりあと時期に」をコード化するという意味ではなく(それは可能ではあるが)、コード化するならば因果関係の意味が起こりうるということである。これは、すべての言語学的体系が同じ概念構造を含むというわけではないことを認めるものの、もし構造が同じであれば同じ喚起推論が起こる可能性があるという仮説を認めることにつながる。それぞれの概念枠は特有の推論を喚起するために使われうるが、この枠がいつも喚起推論に結びつくわけではない。読み書き能力が発話解釈のしかたに影響を与える(また、異なる共同体では異なる解釈のしかたがある)ということは考えられるが、『喚推』が異なる共同体で異なるという証拠はどこにもない(Olson 1994 を参照)。異なるという証拠は、現代の多くの言語から、異なる時代の作家によるメタ言語的発言から、さらに現代の語用論原理が全く説明できないような多くの反復する変化から求められるにちがいない。
　言語使用者は言語体系、文法を内面化する。彼らはさまざまな生産と知覚の方策を利用して言語使用(人々がことばを使って何かをする活動(Clark 1996: 3))に従事する。そのような活動は最も特殊な場合は私的で個人的なものであるが、より大きな社会場面において(貿易の取引、朝食の会話、説教や裁判所の命令・審理・宣言などの宗教的・公的活動など)、さらに手紙やドラマ、小説などを通して生産され、再生産される。
　これらの活動に必須の要素は話し手／書き手(話者／書者)と聞き手・読み手(聞者／読者)である(1.2.1 参照)。最近の談話分析研究(Duranti and Goodwin 1992、Chafe 1994 参照)を支持して、われわれも、読者を活発な参与者として捉える。読

者は受身的に読むだけでなく積極的に推論を行い、それも書き手の意図するところとできるだけ近い形で推論を行おうとするからである。書いたことばの受け手は、声に出して読まれた説教の話に対して声に出して反応したり、小説に対して感動的に反応するという明示的方法で相互伝達をする。一方、分析や解釈をするときには暗示的に相互伝達をする。とにかく、受け手の主な役割は、話者／書者の言わんとすることを見極めること、つまり、間近な役割あるいは知識構造を改めるようなもっと大きな役割を含め、述べられていることとその状況との関連性を見つけることである。聞者／読者は、話者／書者が言語伝達を系統的に行うのに影響力を発揮する。一方、話者／書者は、望ましい伝達効果を達成するための特別な言語形式を選ぶとき、聞者／読者の知識や言語能力、慣習、さらに聞者／読者が手近な談話に対してどの程度注意力を持っているかということを考慮に入れると考えられる。

　言い換えれば、書くことには文脈がなく、相互伝達的でなく、独白的であると思われることがあるが（そのような見方については Ong 1982 を参照）、それは書くことの伝達的側面を過小評価することになる。作家は聴衆のために書く。これは、ほとんどの人たちが読み書きできず、お説教や騎士物語、ドラマ、聖書の翻訳などの多くの本が声に出して読むために書き下ろされた、活版印刷ができる前の時代には特に当てはまる。紫式部は『源氏物語』（1001–1010 年）の読者に、作品を読むことによって、平安時代の宮廷生活とそのしきたりに強く親しむことを望んでいたことは確かである。しかしながら、個人的な手紙や裁判記録、委託劇などを除いて、書かれた文献の読者はたいてい無名で、書者と同時代にいたというわけではない。つまり、たいていの本は特定の人を意図して書かれたわけではないのである。16 世紀の Throckmorton、More その他の人たちの裁判を書き取った筆記者は現在の法廷の筆記者と同じように口語を記録しはしたが、彼らは裁判官のためだけでなく後世の人々のために、話されたものを校訂したと思われる。

　書くときの読者を意識した演出法は、話すときの聞者を意識した演出法と同じく、Levinson の言う一連の原理、教示法、あるいは「慣用語法の生成理論（a generative theory of idiomaticity）――適切な表現の選択を導き、特定の解釈を促すという理論。また、選ばれる解釈を説明する理論」によって統括されている（Levinson 1995: 94；斜体は原文のまま）。これらの原理は、書くという文脈のために変更されているが、Grice の「格言（maxim）」（Grice 1989 ［1975］）[訳者注10] と Horn の「原理（principles）」（Horn 1984）に関連している[*17]。

(i)　量の教示[訳者注11]

　「情報を必要なだけ伝えなさい。それ以上のことは意味しないように」「それぞれの場合に必要なことだけを言いなさい（書きなさい）」。これは Grice の量1の格言

とほぼ同じで、「言って(書いて)いないことは意味しない」とペアになっている。この運用法は非常に相対的である。ある場合(誰かと初対面のとき、初歩的な授業、教科書など)に必要なことは、別の場合には不必要であるか不適切でもあるかもしれないのである(長年の知己、上級者用の授業、学術論文、請求金に関する保険会社からの手紙など)。

(ii) 関係の教示[訳者注11]

「言わなければ(書かなければ)ならない以上のことは言わずに、言外に示唆しなさい」。これは Grice の量2の格言と関係の格言を合わせたものである。情報性の原理とも呼ばれている(Levinson 1983: 146)。これは豊かな解釈を導く。あらゆる会話と文書は関係の教示を必要とする。それを抜きにして意味を作り上げることはできない。たとえば、読者はこの文より前の二つの文の関係を強化するためには、文書や会話と意味との関係、Y(関係の教示)の必要性と Z(意味)を作り上げることとの関係を推論しなければならない。これは、ある時期の(ある共同体での)関係の教示の使用法は別の時期(場所)の使用法よりも価値があることを否定するわけではなく、またある科学の教科書の著者が関係の教示の効果を最小限にすることを目指す一方で、他の人(たとえば詩人など)はそれを最大限に利用しようとすることを否定するわけでもない。要は、それはどこにでもあり、避けられないということである。

(iii) 態度の教示[訳者注11]

「冗長性を避けなさい」、あるいは、特に目立った複合的表現が「有標の状況(marked situation)」を導く。これは Grice の態度の格言にほぼ当てはまる。Levinson と Horn の見方によれば、態度の教示は house(家)と residence(住居)、unnatural(不自然な)と non-natural(自然でない、人工の)、などの語彙項目のペアがあるときのみ適切である[訳者注12]。ここでは態度の教示を、使用領域や(residence、non-natural など)借用語(boutique(ブティック))、Weltanschauung(世界観)、sashimi(刺身)など)、構造的迂言法(eat up(食べ尽くす)、cross over(横切る)など)のような特別なやり方で有標となるペアにまで広げる。eat up と cross over は、使用域に関して devour(食らう)、traverse(横断する)と比べて一般的である。一語の語彙項目の方がより正式的(で借用語)だからである。しかし、eat、cross と比べて eat up と cross over はアスペクト的に有標である。このように、「有標の表現(marked expression)」はさまざまな次元から解釈する必要性がある。有標の表現となるものは言語や共同体に特定のものであるかもしれないが、どのように表現されようとも、有標性の効果は言語や共同体で一貫していると考える。

2.3.5 で詳述するように、量の教示は言外の意味を禁じるので、変化を妨げることになる(しかし、文字どおりの意味に重きを置く標準化、あいまいさの欠如、保守的な言語行為などでは変化と関係してくる)。一方関係の教示は言外の意味を呼び起こすので、変化を導く。つまり、それは「語用論的強化(pragmatic strengthening)」にかかわる。古い「意味と形式」からなる語の新しい用法は、ある文脈で冗長になり「有標の状況(marked situation)」を導くので、態度の教示による変化といえる。

1.2.4　主観性　相互主観性　客観性

　発話の意味に関連して、最近非常に重要視されるようになっているのが主観性にかかわる意味である。主観性はすでに Bréal の研究で取り上げられている(1964 [1900] の第 25 章)[訳者注13]。Bühler(1900 [1934])では、それは指呼語の基礎をなすと考えられている。主観性は時枝(1941)の『言語過程説』と、それに続く国語学的研究で顕著な役割を果たした[訳者注14](その英語による議論については Maynard 1993 の第 1 章を参照)。主観性というテーマは、その後国際的な言語学研究のテーマにはならなかったが、Benveniste が「主観性の表現が顕著に現れ」なければ「言語が言語として機能し、言語と呼ぶことができる」だろうかという疑問を発してから注目を浴びるようになった(1971 [1958] a: 225)。Bühler や Jacobson と同じく、Benveniste は「話し手・書き手」と「聞き手・読み手」のペアを言語伝達の条件(あるいは土台)として認め、この両者の関係を「相互主観性(intersubjectivity)」と呼んだ。相互主観性とは、コミュニケーションを図るとき、それぞれの参与者が話す主体となり、相手を話す主体として意識することを意味する。談話とは「相互主観性という条件のもとで話す人によって交互に使われる言語であり、相互主観性のみが言語伝達を可能にするのである」(Benveniste 1971 [1958] a: 230)。話者／書者は「相手(you)」に対して「私(I)」と言うことで自分自身を「主体(subject)」となしている。言語コードは話者／書者に「形式と意味」の一式を人称代名詞の領域だけでなく言語体系をとおして充当する。特にこの充当によって「文法的主語」と「話す主体」の違いが明らかになる(Lyons 1982、1994[*18] と Langacker 1985、1990 も参照)。言語使用において、主観性は「自分自身を表現することと、談話において話し手の観点を表示すること(話し手による押印と呼ばれる)を含む」(Finegan 1995: 1)。Stubbs(1986: 1)は次のように述べる。

>　話し手(書き手)が何かを言うとき、話し手(書き手)は何かに対する自分の観点を記号化するのである。理にかなっていると思う、とか、明白である・不適切である・無礼であると考える、など。そのような態度の表現は言語使用に広く見られる。すべての文はそのような見方を記号化するので、そのような見方を

表す語やその意味の記述が言語学の中心的なテーマになるはずである。
共時的には、話し手・書き手は内容を選りすぐるだけでなく、内容の表現をも選りすぐり、その中心的実体は、話題化によるものであれ、時制が現在であれ過去であれ、文法的主語として選ばれる。話したり書いたりする生産的営みにおいて、言語材料は主観性を表すために新しいやり方で用いられる。文法項目からの言語材料の選択は意識的であるかもしれないし無意識的であるかもしれない。創作作家や修辞学者は非常に意識して選択するが、他の人はそれほどでもないかもしれない。選択は言語使用域や(たとえば20世紀の科学論文は最近まで最大限に「客観的(objective)」であるべきだと考えられてきた)、聞き手(一人あるいは複数、ここで相互主観性が問題になる)に対する注意の程度に関連している。どんな場合でも、選択は方策的な意図と、意図の明確なコード化に深くかかわっている。

　もしも話し手の見方が表現に満ち満ちているとしたら、話し手に中立的で客観的な言語が存在するのだろうか。話し手の観点が明確にはコード化されていない能動態の断定文がよく「客観的(objective)」言語と言われる。修辞学の伝統では、科学実験を行う動作主や著者が「によって」の後に来たり、あるいはなくなったりする受身文が客観的言語と言われる。科学の書物では17世紀以来、実験や実験の分析を「客観化する(objectivize)」手立てとして名詞化や受身化その他の文法的変換が行われてきた。18世紀には「古典的(classic)」散文は「目に見えない作者(invisible writer)」による明快、正確で真実にもとづいたものであるという考えが主流だった(Thomas and Turner 1994)。修辞学に影響を与えただけでなく、意味論研究の土台ともなった論理学・哲学・コンピュータの伝統では、客観性は真の条件・情報の構造とかかわっている。客観性と主観性の連続体のどの部分にあるかという選択には、権威者の地位などの社会的役割がかかわってくる(Macaulay 1995)。欧米の伝統では、権力者の注意を引こうという人は「客観的な(objective)」言語を使い、全く権力がなく、権力者の注意を引こうと思わない人は「主観的な(subjective)」言語を使う傾向にある。しかしこれはすべての社会に当てはまるわけではない。むしろ情報源の性質や状態を表したり(うわさ、個人的経験、伝統的民間伝承など)、認識的態度を表したりすることがすべての話し手に求められる。これは、言語において「確定法(evidentials)」や情報源の標識に文法化(ケチュワ語その他多くの言語に見られる。Chafe and Nichols 1986、Mushin 1998などを参照)するときに顕著に現れる。

　Langacker(1985、1995)は、主観性の研究において、文の明示的主語と発話の暗示的主語というBenvenisteによる区別を支持している。Langackerは、主語がないかあるいは「舞台を下りた(off-stage)」場合、話し手・聞き手による暗黙の表現、あるいは両者の観点に主観性を認め、「舞台上の(on-stage)」話し手・聞き手双方

による明確な表現に客観性を認めた。ここで彼は、Benveniste に従うだけでなく、科学的書物や古典的散文の伝統にも従っている。この Langacker の主張については 2.3.4 でさらに詳しく述べる。経験が大部分言語によって決定される（視覚、聴覚や他の感覚もかかわる。Jackendoff 1997 参照）という仮説のもとに、主観性と客観性は、言語的観点の問題であるという Langacker の仮説は支持するが、本書では、主観性と客観性については異なる研究法をとる（Traugott 1989、1995a、1999a を参照）。

　本書の関心は言語使用が意味についての新しいコード化を導くというものであるから、話者／書者の観点をコード化（指呼語、モダリティ、談話方策の標識など）する主観性が重要になる。また、主観性とともに相互主観性も非常に有益な術語である。聞者／読者のイメージに対する、話者／書者の社会的、認識的意味での注意がはっきりコード化された表現、たとえば敬語などがこれにかかわる。このようなコード化に研究のねらいを定めると、次のような疑問が起こる。自然言語は、はたして、主観性と相互主観性のコード化において、またコード化された主観性と相互主観性の種類において、類型的、歴史的に異なるのだろうか（Lyons 1994: 16 を言い換えた）。

　主観性と相互主観性を考えるとき、二つの役割を区別する必要がある。一つは会話場面の世界における話者／書者と聞者／読者の役割、もう一つは同じ個人が、話題の対象として話されている世界での役割である。相互主観性は、話されている世界ではなく、会話場面において、話者／書者が参与者として聞者／読者に対して注意を向けることと大いにかかわるものである。したがって、少なくとも英語では、相互主観性は二人称を指すときの表現すべてにあてはまる特徴というわけではない。たとえば、I will take you to school は、会話場面の対話者としての個人的な役割を持つ聞者／読者のイメージ保持や必要に対する、話者／書者の側の注意をほとんど示さない。にもかかわらず、一人称代名詞 I と二人称代名詞 you の意味は、話し手の観点に決定的に立脚しているので、すべての指呼詞がそうであるように主観性を示している（Jakobson 1957、Silverstein 1976a、Fillmore 1997［1971］を参照）。さらに、tu と vous のように二人称代名詞に公的と私的の区別のあるフランス語などの言語では、聞者／読者のイメージ保護の必要は文においてはっきりと伝えなければならないので、相互主観性に明確な注意が払われている。4.3.3 で議論するが、Actually, I will take you to school の actually も同様に、話者／書者の聞者／読者に対する態度を示し、相互主観性の意味を持っているといえる。主観性は、話者／書者の聞者／読者に対する態度が話者／書者の観点を示す機能を持つという点で、相互主観性の前提になるものである。

　話者／書者と聞者／読者による推論が最も少ない表現が最も客観的であると考え

る。つまり、他の条件が同じならば(そういうことはあまりないが)、最も客観的表現は次のような特徴を持つ[19]。
(i) 断定文である。つまり、モダリティの標識が最小限である。
(ii) 場面における参与者はすべて表層構造で表現される。
(iii) 語彙項目は対話者の観点と最小限にかかわる。つまり、最小限に指呼的である。
(iv) 量の教示が優勢である。つまり、解釈が明確に決定されるような意味の文脈があり、述べられていないことが推論されることはない。

一方、最も主観的表現は次のような特徴を持つ。
(i) 空間、時間を表す指呼詞がある。
(ii) 認識的態度など、話者／書者の態度を表す明確な標識がある。
(iii) 前と後のつながりに対する話者／書者の態度を表す標識がある。
(iv) 関係の教示が優勢である。

相互主観的意味は「相互人間的(interpersonal)」であり(Halliday and Hasan 1976)、話者／書者と聞者／読者の相互作用から直接起こる。われわれの見方では、相互主観的意味は必然的に社会指呼性(話し手が一・二人称の指呼性を決定するという態度)[20]にかかわる。それは話者／書者あるいは聞者／読者の自己イメージや「面目(face)」の保護必要に直接影響を及ぼす(Brown and Levinson 1987 [1978]、Matsumoto 1988、Ervin-Tripp, Nakamura, and Guo 1995を参照)。したがって、最も相互主観的な表現は以下のような特徴を持つ。
(i) 明確な社会指呼詞がある。
(ii) 話者／書者の読者／聞者への注意を表す明確な標識がある。
(iii) 関係の教示が優勢である。つまり、述べられていること以上の意味を示唆する。

これらの見方によれば、表現の種類の中には明らかに主観性に属するものがあり、特に、I promise to X(Xすることを約束する)のような明確な発話による表現がこれに属する。一方、文副詞 in fact のような「客観的(objective)」事実にかかわる語彙によって主観性が隠されることもある。しかし、この客観性はいかに当てにならないものであるかについては第4章で述べる)。Halliday(1994 [1985]：362–363)が指摘するように、確実性の表現には、「確実でないときのみ確実だと言う」のように根本的な逆説がある。「日常行うちょっとした戯れの議論」の中でも、I think などでよく表される主観的な意見は、一見客観的に思われる surely(確かに)などの表現によって隠されてしまうのである[21]。

　情報と真の条件にもとづく意味論的研究法の見方、あるいは一つの形式に一つの意味しかないと仮定する見方からすると、多義語を持つ一つの語彙がどのようにし

て明確にになるのかという疑問が出てくる。しかし、明確性は文脈の問題であることに注意すれば、そのような疑問は少なくなるだろう。というのは、個々の多義語は孤立して起こるわけではないからである。多義語は配分的特性を持ち、その特性によって明確な用法がなされる。本書で何度も述べる驚くべき現象は、言語使用の冗長性の程度である。明確性は固有の文の続きや固有の言語的(非言語的)文脈の中での『語素』(L)の選択によって達成されるのである。

　結局、(相対的)客観性と(相互)主観性は認知的姿勢に関係するだけでなく、話者／書者と聞者／読者の双方から、さらに彼らがコミュニケーションに使う修辞的な使用から直接起こる言語の特性なのである。話者／書者の修辞的目的は 1.2.3 で議論した教示法とかかわっている。客観性は量の教示にかかわり、(相互)主観性は関係と態度の教示にかかわっている。図表 1.1 にこの関係を示す。教示法と同じく、客観性と(相互)主観性はともに文脈に依存し文脈を作り出す。

話者／書者と聞者／読者の間の認知度	主観性／客観性	教示法
最小限	客観性	量の教示
最大限	(相互)主観性	関係・態度の教示

図表 1.1　主観性と教示法の相関関係

　これは共時的モデルである。次に歴史的観点から、主観化が相互主観化より前に起こることを述べよう。

1.3　意味変化

　第 2 章以降では、規則的意味変化の過程において変化を駆り立てる主要な力は語用論であるという定説をさらに発展させるつもりである。言語を使用するときの抽象的な意味は文脈の中で決定され、特に、動的に言語を運用する話し手の役割が変化の原動力となるのである。Bartsch が指摘するように、「意味規則を含む特有な言語規則はあくまで仮説的な規則であり、最も重要なコミュニケーションの規則によって意味変化(語用論的意味変化)が可能となる」のである(1984: 393)。ここで問題になる含意／推論はどちらも認知的であり(情報と関係し)、伝達的／修辞的である(話し手と聞き手の意図的やりとりから起こる)。ここでは、Lewandowska-Tomaszczyk(1985)による人工頭脳フィードバックモデルを用いはしないが、意味は「出発点は慣習的であったが、進行中のやり取りの中で、意味の交渉が起こる。つまり、互いに協力し合って構築されるのである。これは意味の変動と変化のモデルである(Lewandowska-Tomaszczyk 1985: 300)」という彼女の主張には全面的に賛成

する。

　意味変化は、次の三つの問いによって考察することができる(Geeraerts 1997参照)。

(i)　形式と意味のペアからなる『語素』(語彙素)において、どのような『意素』(意味素)が変化したのか。

(ii)　『概構』(概念構造)と『意素』において、どのような『語素』が使われるのか。

(iii)　『概構』において、どのような意味変化の道筋があるのか。

(i)は意味変化論(semasiology)からの問いである。意味変化論研究においては、形式(形態統語論的、形態音韻論的特徴を持つ)は基本的には変わらない(音韻論的変化をすることはあるが)。意味変化論研究の目的は、as long as〜が「〜と同じ長さ(空間)の」から「〜と同じ長さ(時間)」、さらに「〜である限り」に変化したり、even が「平らな」から「〜でさえ」に変化したり、sanction が「認可する」から「制裁を加える」に変化したりするような、多義語の発展を記述することである。次の(13)に多義語の発展を図式化する。「形式」は文法と音韻の両方を含む。

(13)　　　　　形式　　　　　　　形式
　　　　語素→　　　　＞　　語素→
　　　　　　意素1　　　　　　　意素1＋意素2

意味変化論は本書の主要なねらいとする研究法であるが、それは常に他の二つの問いと関連している。

　(ii)は語彙充当論(onomasiology)[訳者注15]からの問いである。語彙充当論においては「色」「知性」「条件法」などといった特別な領域における表現の発展・再構成について記述する。たとえば、古代英語の「条件法」では gif(もしも)、butan(〜でなければ)、nyme(〜でなければ)が使われていたが、現代英語では if、when、as long as、suppose、provided that、unless などが使われるようになった。時期1と時期2の間における『概構』(概念構造)の表現の変化は次のように図式化できる。

(14)　　　概構　　　　　　　概構
　　　　　⇕　　　　　　　　⇕
　　　時期1(語素1、語素2)　＞　時期2(語素1、語素2、語素3)

(14)の図は、同じ概構を表すのに新しい語素を充当するという変化を示す。したがって時期2の方が時期1よりも語素の数が多くなる。もちろん語素1、語素2はなくなってしまうこともあり、その場合は時期nにおいて語素の数が同じか少なくなるかもしれない。語彙充当の例は Buck's(1949) dictionary of Indo-European synonyms(Buckによるインド・ヨーロッパ類義語辞典)に多く挙げられている。この辞典は「性、年齢、家族関係、人体部分、食べ物飲み物、衣類、動作、所持品、量と数、時間、知覚、感情、精神、思想、宗教」などの人間に関係した概念範疇によって構成されている。

　(i)と(ii)の問いは(iii)の問いにつながる。つまり、(iii)は抽象的な概念構造の間に、語素の意味変化に見られるような規則性を見つけることができるだろうかという問いである。ここでは、「時間関係」＞「条件関係」(逆はありえない)、「時間関係」＞「譲歩関係」(逆はありえない)、「時間関係」＞「認識関係」(逆はありえない)のような一方向的意味構造の関係に注目し、より巨視的には、場面構造にもとづく内容的意味から談話にもとづく文脈形成的意味への変化に注目する。共時的に論理的意味関係を述べると「もし、ある語が譲歩関係を表すなら、それは時間関係も表す(たとえばwhile、howeverなど。everにも注意)」ということになり、さらに強く言うと「もし、語素が時間関係と譲歩関係の両方を表す多義語であるならば、譲歩関係の意味は時間関係の意味から派生した」となる(2.2.3を参照)。これは次のように図式化できる[*22]。

(15)　　概構2　⊃　概構1

言語変化や言語の構成要素(意味など)について述べるとき、常に注意を要することがある。それは、「言語変化(language change)」、「時間関係＞条件関係」、mustの「義務」＞「結論」などの術語ができてはいるものの、自然言語は言語使用者なしには存在しないということである。言語使用者が言語を使って何かをするときに、よりどころとする抽象的な体系は、人も言語習得過程も個別であるので、それぞれの話し手によって大いに[*23]異なる。抽象的な下位体系が他の人とのつながりによって広がったり置き換えられたりすることもある。1.2.2で挙げた(10)の図のように、古い構造がなくならずに新しい構造と古い構造が共存することもありうる。特に、形式と意味のつながりが、他のつながりに発展するとき、古いつながりがなくなるのはごくまれなことである。体系の中での違いが集められると、変化が歴史的につながっているように見える。しかし、そう見えるだけである。したがって、厳密に言えば、モダル語が認識論的に「なる(become)」とか、個々の語素mustがもともとの概念と認識的概念を表すように「なる(become)」というべきではなく、話し手が時代とともに、もともとの概念だけでなく認識的概念を表すために語を使うようになる(come to use)というべきであろう。しかしここでは、便利な表現である「なる(become)」や「変化(change)」という語を使うこととする。

1.3.1 意味変化のメカニズム　隠喩化と換喩化

　形態統語論的変化と音韻変化において、二つの大きな変化のメカニズムがある。再分析と類推である[*24]。三つ目のメカニズムである「借用」はここでは検討からはずす。20世紀の大半は、再分析が形態統語論的変化の主要な要因と考えられてきた(Meillet 1958［1912］、Langacker 1977、Lightfoot 1979、1991、Harris and Campbell 1995、しかし Tabor 1994、Haspelmath 1998 も参照)。Meillet は再分析を新しい文法変化における唯一の場所だと考えた。Lightfoot(1979)はそれを「破壊的な(catastrophic)」文法変化の唯一の場所だと見なした。つまり、言語体系に根本的な結果をもたらす変化としてとらえた。その典型的な例として彼は、英語の助動詞の語形変化の発展を挙げている。にもかかわらず、再分析は極端に狭い性質ばかりが取り挙げられ、類推(拡張)が一般化の希望が持てるメカニズムとして認められるようになってきた。その結果、類推の役割に対する興味がふくらみ(たとえば、Kiparsky 1992、Vincent 1994 を参照)、類推と再分析を根本的に区別することが実際にできるのかという疑問が提示されることとなった(たとえば、Tabor 1994a を参照)。

　意味変化においても、二つのメカニズムが認められる。隠喩と換喩である。たとえば、Nerlich and Clarke は「新しくて同時にわかりやすいという芸当は、自明の意味の語を新しいやり方で使うことであり(これは意味変化論的主張である)」、結局「その方法は二つしかない。一つは何かをそれと関係のある語を使って示す方法(換喩)、もう一つは何かをそれとイメージの似た語を使って示す方法(隠喩)である」と述べている(Nerlich and Clarke 1992: 137)。隠喩と換喩について、静止した共時的見方と、メカニズムとして過程的機能を持つという見方の混同を避けるために、この二つを隠喩化・換喩化という動的な次元でとらえることとする。類推・再分析の場合と同じように、隠喩・換喩のメカニズムの重要性も時代によってとらえ方が異なっていた。20世紀の大半は、隠喩(化)が意味変化の大きな要因であると考えられてきた。隠喩化には主として類推の原理がはたらき、ある概念構造(概構 a)の一つの要素が別の概念構造(概構 b)の一つの要素によって表される。隠喩化は二つの「領域の間(*between* domains)」で表されるので(Sweetser 1990: 19；イタリックは原文どおり)、隠喩化の過程は、類似・相違という範列的関係の制約は受けるものの、異なる(不連続の)概念領域にある「源(source)」と「標的(target)」との比較によってなされる。たとえば、時を表す while(～の間)から譲歩を表す while(～けれども)への変化や、grasp の「握る」から「理解する」への変化は二つの領域の間を飛び越える変化である。ここで疑問になるのは「領域(domain)」とは何かということである(洞察力ある見解については Croft 1993、Barcelona 2000a、Kövecses 2000 を参照)。この術語はさまざまな意味で用いられる。たとえば、

Sweetser は本書と同じく、意味論・統語論・音韻論を言語構造・言語研究の大規模な領域としてとらえている。モダリティ・遂行性などの大規模な範疇も同様である。「社会的世界・物理的世界の理解を形作る」領域、「理由づけの世界の理解を形作る」領域、世界を記述する行為(「話すという行為」)の理解を形作る領域も同様である(Sweetser 1990: 21)。しかしこの術語はまた、空間・時間・強制のモダリティ・認識のモダリティ・譲歩など、これ以上縮小することができない「原初的表示域(primitive representational field [s])を指して使われることもある(Langacker 1987/91：第4章)。もしもこのような縮小できない原初的なものを領域(domain)と呼ぶならば(Lakoff(1987)、Heine Claudi, and Hünnemeyer(1991)などによる隠喩研究に現れる)、隠喩とみなすにはどのくらい大きく飛び越えなければならないのかという問題が大きな争点になる。大規模な範囲を示す「領域」という術語の代わりに、ここでは「概念構造(conceptual structure)」という語を使う。「異なる領域(different domains)」にあるものが隠喩化を導き、「同じ領域(same domain)」にあるものが換喩化を導くというような見方を前もってしないようにするためである。

一方換喩(化)は最近まで隠喩とはあまり関係がないと考えられてきており、その例も、「部分と全体」「原因と結果」などはっきりしたつながりを持ったものに限られていた(Gibbs 1993)。換喩の例には、cheek「あごの骨」が「あごの骨の上の部分の肉」を指すようになる物理的空間の変化、keel「船の竜骨」が「船」を指すようになる部分から全体への変化、「ホックネー(人名)」が「ホックネーによって描かれた絵」を指すようになったり、フランス語で Place de Grève(ストライキが行われる場所)が「ストライキ」を指すようになる省略による変化などがある。このような例をもとに、Ullmann は、換喩は「新しい関係を作るのでなく、既に関係のある語の間で起こるので、隠喩ほど興味深くない」と言っている(Ullmann 1964: 218)。にもかかわらず彼は、換喩を「意味変化の重要な要因」としてとらえていた。

しかしながら、換喩(化)も隠喩と同じく概念的現象として捉えるべきである(Hopper and Traugott 1993: 80-81 を参照)。この観点から、換喩の根本的重要性が最近認められるようになり(Barcelona 2000a など)、隠喩よりも「もっと言語と認知の基礎となる」(Barcelona 2000b: 4)という仮説が提示された。Stern は20世紀の初めに換喩に注目し、「置換(permutation)と「適応化(adequation)」(どちらも換喩の一種。2.2.3 を参照)は「対象に対する主観的理解(the subjective apprehension of the referent)」にかかわるとした(Stern 1968 [1931]：351)。たとえば、Stern は concern(名詞)が「ことがらに対する関心」から「関心を起こさせることがら」を指すようになるような、心の状態とその対象・原因とのつながりを示している(同376)。また、Kurylowicz は換喩の「統語的(syntactical)」特徴に注目し、換喩を「根本的、総合的現象」とみなした(1975: 92)。換喩は、会話や書物において、相

関的に連続した流れの中で、推論が喚起されて意味が増化する概念的メカニズムとして、隠喩と同等にまたはそれ以上に意味変化を説明するのに役立つものである(Traugott 1988、Traugott and König 1991)。部分と全体の関係を考えてみよう。意味変化において、オーストラリアのアボリジニ言語で fingernail(指のつめ)が finger(指)になり、さらに hand(手)になるように、部分を表す語が全体を表すようになることはあるが、その反対はないというのが定説である。これは、「部分―全体」関係における含蓄の一方向性によって説明できる。つまり、「部分」は「全体」に含まれる概念であるが、「全体」は「部分」に含まれる概念ではない(Wilkins 1996: 275-282)。強い意味のつながりだけでなく、非常に弱い意味のつながりであっても変化が起こることがある。変化を起こす誘因は「必要以上のことは言わずに、それによって言外に示唆せよ」という関係の教示である。譲歩の while を考えてみよう。譲歩の意味は、同時に起こる二つの事柄をはっきり示したときの驚きの連想(特別の、際立った効果)から現れるものである(誘因は関係の教示だけでなく態度の教示「複雑な表現が際立った状況を導く」も含む)。

　概念的隠喩も概念的換喩も互いに排斥し合うものではない。簡単に理解できる隠喩は典型的な関連性を持ち、どちらも語用論的意味を利用し、意味の価値を高める。実際、隠喩は、隠喩の源(たとえに使われるもの)と標的(たとえられるもの)が「換喩的に理解され、知覚されなければ可能とならない」という主張(Barcelona 2000b: 31。下線部は原文のまま)に賛成するものである。変化過程における本書の主要な焦点は『意変推喚論(意味変化の推論喚起論)』と喚起推論にあるので、焦点はまた、意味変化における概念的で談話的な換喩化とその役割にもある。喚起推論は、連辞的空間における言語的材料と規則的に結びついた含意から起こるものである。含意はまた、不特定の言語材料についての関係の教示、態度の教示の働きとも結びついている。その不特定の言語材料は、特定の文脈において、理由づけや修辞的方策を際立たせるものである。隠喩化は、換喩的変化を制約するだけでなく、換喩的変化の結果起こるものということができる。

　概念的換喩によって、主観化や相互主観化をも説明できるものと考える。そのどちらも話者／書者と聞者／読者のペアに依存し、会話場面における修辞的方策と結びついた換喩的推論のメカニズムから起こるからである。

　1.2.4 でも述べたように、主観性は共時的にどの言語にも見られる。主観化は話者／書者が語素の意味を歴史的に発展させるようになる過程であり、語素は話者／書者の観点や態度をことばとしてコード化する。その話者／書者の態度は会話場面のコミュニケーションの世界によって制約され、場面や状況のいわゆる「真の世界の(real-world)」特徴によって制約されるものではない[*25]。主観化は、非常に一般的で、これまで確認された意味変化の中でも最もよく起こる変化である。主観化

は、Bréal(1964［1900］)が少し取り上げているものの、意味変化研究においては比較的新しい概念である(Traugott 1982[*26]、1989、1995a、Langacker 1990、Stein and Wright 1995 の論文を参照)。

　主観化の顕著な例として、俗ラテン語で起こった指示代名詞の変化がある。古典ラテン語では、hic(私(一人称)の近くにあるものを指す。これ)、iste(あなた(二人称)の近くにあるものを指す。それ)、ille(それ以外(三人称)の近くにあるものを指す。あれ)という三つの指示代名詞があった。また、ipse(自身)、idem(同じ)という二つの同定詞(identitive)があった。俗ラテン語では話し手の指呼の方向が変化した。その結果、一人称指示代名詞が iste(前の二人称指示代名詞)で表されるようになり、二人称指示代名詞が ipse(前の「自身」を表す同定詞)で表されるようになった。「自身」を表す同定詞は met-ips-imum(同定詞 ipse が強調の met と最上級の -imum で補強された形式)で表されるようになった。Harris(1978: 69)はこの変化を次の図表 1.2 のように示している。

	指示代名詞				同定詞	
	一	二	三	前方照応	自身	同じ
古典ラテン語	hic	iste	ille	is	ipse	idem
俗ラテン語	iste	ipse	ille		met-ips-imum	

図表 1.2　古典ラテン語から俗ラテン語に至る指示代名詞の変化

　他の主観化の例としては、英語の after all などの副詞の談話標識への発展、promise、recognize(それぞれ空間と心を表す語に由来する)などの発話動詞の遂行的用法、真の条件の意味と指示的意味が次第に薄れていく「語用論化(pragmaticalization)」と呼ばれる発展(Aijmer 1996)、「談話機能化(discursization)[訳者注16]」と呼ばれる会話の慣用的語句の発展(Arnovick 1994)などがある。主観化には認知的原理が働いているが、伝達や修辞的方策が行われるところで起こる。それは話者／書者と聞者／読者の相互作用から起こる。つまり、情報を送り込もうとする話し手と、推論を働かせようとする聞き手が競合する中で起こる。特に、それは換喩にもとづく過程であり、その中で話者／書者は、聞者／読者への伝達をするために、つまり、考えや態度を表現(したり統制したり)するために、情報を伝える機能を持つ意味を探し出すのである。したがって、主観化はある程度の相互主観性を持つことになる。

　現在進行中の会話場面において、意味が話者／書者の聞者／読者に対する態度を明確に示すとき、相互主観化が起こっているということができる。たとえば、非尊

敬語が尊敬語として新たに用いられるようになるときなどがこれに当てはまる。したがって相互主観化は、受け手構想(談話のレベルにおいて、目標とする聞き手のための発話構想)が明確に表れる意味の発展に至る変化である(Clark and Carlson 1982)。発話を組み立て、社会指呼的目的のために意味を探し出すのは話者／書者であるから、主観化がある程度なければ相互主観化はありえない。相互主観化は、主観化と同じく、話者／書者が考えや態度を表現(したり統制したり)するために意味を探し出すという、換喩にもとづくメカニズムであるが、あくまで主観化の特別な型と見なされよう。

　これまで、特に教育学の学会などでは、明確性と客観性を結びつける傾向があった。ものを書く際の注意で大事な点はわかりやすく書くことである(「書き手は頭ではっきり理解していても読み手はそれを理解できるとは限らない」ので)。明確に書きなさいという注意には、「独自の参照をつけなさい」とか「あいまいな意味の語を極力避けなさい」、特に「四文字語や誓いのことば、スラングなどに含まれるようなマイナスの意味を暗示する語を極力避けなさい」などがある。そのような注意にはさらに、「科学的に客観的に書きなさい」などが加わることが多い。したがって、古い意味を先取りして話し手の主観性をことばによって表す主観化は、実は客観化である(Diewald 1993、Keller 1995など)という考えがあっても不思議ではない。しかし、1.2.3で述べたように、客観性が文字どおりの真の条件の意味にかかわり、(相互)主観性が談話場面の特徴をはっきり示す文脈形成的な意味にかかわるとするならば、主観性・相互主観性は、客観性とは明らかに異なるものである。

　主観化と相互主観化は、自然な変化という点で「内的(internal)」変化の典型である。一方客観化は、特殊な目的のために日常使う語が先取りされたりするように、非常に意識的で、故意に介入するような変化であり、散発的で不規則である。つまり、客観化は「外的(external)」変化といえる。したがって、客観化は、変化のメカニズムには違いないが、本書の観点では借用語と同じく副次的と考える。「客観化」の極端な例は、弁護士がことばの解釈を制約する場合である。「専門用語(technical jargon)」の発展も客観化の例である。これは、個人的な解釈に左右されないような意味の構築を目ざす専門家によって定義されたものである。たとえば、「言語能力(competence)」「言語運用(performance)」「共通の場(common ground)」「主観性(subjectivity)」「客観性(objectivity)」などの術語が談話を言語学的に記述する目的で再定義されるとき、客観化が起こる。それらの語の定義は個人が作ったものであり、定義をした人の考えを反映しているものの、定義の目的は分析的談話でだれもが繰り返し使うような公的な意味を確立することであり(科学者はラテン語やギリシャ語の一部からなる新しい語を発明することによってよく問題を避ける)、内容に対する話者／書者の態度を明確にすることではない。再定義したり新

しい術語を作ったりする行為には、客観性をなくすような言語遊戯的要素が含まれ、客観的でないようにも見える。しかし、あくまでも専門的に意味を定義することがその目的である。たとえば、「仮想の現実(virtual reality)」MOOs、MUDDsなども、少なくとも最初に使われたときには専門的に定義されていた。これらはみな、「外的(external)」で「非自然の(non-natural)」変化であり、歴史言語学の主要な関心である「内的(internal)」で「自然の(natural)」変化とは異なる。

語は、人々によって場面の中で使われるものであり、今まで挙げたような再定義された語も、さらに変化する可能性もあり、非専門的な談話の商業界にまで広がると、脱客観化にさらされる。たとえば、paradigm という語は Kuhn(1996 [1962])による専門的用語であったが、現在は一般的に「新時代のモデル、新時代のやり方」という意味で使われている。(たとえば、インターネット上のショッピングができるようになったことを称して a paradigm shift in shopping などという。Nunberg1979 の schizophrenia(精神分裂病)も参照のこと)。辞書の目的は、一般には「言語を固定する(fix language)」あるいは「客観化する(objectivize it)」ものと思われがちであるが、少なくともジョンソン博士の時代から、辞書はそのようなことをすることはできない。辞書はその時代のことばや歴史を反映し(OED を参照)、編集者の偏見を反映している。辞書の記述には、外延だけでなく内包も含まれる。つまり、かなり一般的になった主観化が含まれるということがきる。よい辞書にはまた、言語の実例も広く載せられ、ことばの使われている文脈を知ることができる。

主観化(と相互主観化)は、特有の語彙項目や語彙構造に意味変化をもたらす。換喩にもとづいた主観化のメカニズムを行使する話し手・書き手の役割に意味変化が負うところが非常に多いという主張は、特有の語彙や構造の歴史についての主張である。大規模な社会的要因がこの意味変化の逆の力となることも否定できない。読み書き能力の発展、特に文法や辞書の発展が言語や言語運用に客観的な効力を発揮したことは疑いの余地がない。話し手や書き手が歴史のある時点で個人的であれ集団であれ文体の選択をするとき、文化的態度の変化が強く作用する。あるときは「客観的(objective)」文体が好まれ、別のときは客観的でない文体が好まれる。たとえば、17 世紀の科学的書物では、研究の主体が格下げされるような文体に急激に変化した。名詞化、受身構文、主観性の最も少ない語彙などと結びついた「客観性(objectivity)」が好まれたからである(Halliday 1990(Olson1994 に引用)、Thomas and Turner 1994)[27]。Adamson は自由間接文体(Free Indirect Style)という興味深い文体を取り上げている。この文体は語りの観点をとおして濾過された意識を表す。その典型的なものとしては三人称・過去時制ながらも now とか here といった指示語・形式の決まった会話や感嘆詞・語りでなく登場人物の思いを伝えるモデルなどがある(Banfield 1973、Fludernik 1993)。

(16) 　グレッグ夫人が話していたときの車の音は、トゥリバー夫人にとって大いに歓迎すべき中断だった。「四輪車の音だから、妹のプーレにちがいない」。トゥリバー夫人は妹のプーレを出迎えようと急いで出て行った。

(1860 Eliot, vi ［Fludernik 1993: 188］)

ここで、「　」の部分は、語りでなくトゥリバー夫人の思ったことが描かれている。英語の自由間接文体は、Virginia Woolf の作品で頂点を極めた19世紀末の主観性の発展と結びついている。しかし、Adamson はその文体はもともと Bunyan の作品などのピューリタン文学で発展した、主体による過去経験の記憶を今のことのように髣髴とさせる I-was-now の表現法に由来すると述べる。ここでは、個人の「自分自身の(self)」過去の記憶、「決して改心しないものとして、罪とはどのようなものであるかを示すだけに価値をもつ記憶」に対する興味が最も重要であった (Adamson 1995: 208)。Adamson は自由間接文体における三人称への変化は客観化であり、Traugott の仮説である主観化の例外であると示唆している。しかし、これはどのような表現法(文体)を嗜好するかという大規模な選択にかかわる分野のことで、語素とその発展にかかわるものではない。丁寧さについての社会的運用などと同じく、このような文体の変化は『意変推喚論』の範囲外のものである。

　同様に、大規模な借用や新造語が起こるとき、特に地方のことばで、法律や教育、新技術あるいは中世封建主義や新しい社会政治的団体の必要に迫られてできた借用語が起こるとき、それらは最初に客観的意味で使われることが多い (Marchello-Nizia 1999)。しかし、それらの語は時代とともに主観化(相互主観化も含む)の過程を踏むことになるのである。

1.3.2 意味変化のモデルとしての意味変化の推論喚起論

　ここまでの議論をまとめると、t_1 という特定の時点において語彙素 L の意味素 M は概念構造 C と結びついているということができる。この関係は次のように表される(形態統語論的形式と音韻論的形式は無視する)。

(17) 　　L 　→ 　M
　　　　　　　⇕
　　　　　　　C

t_1 の時点で、話者／書者は子供であれ大人であれ、文法(言語体系)と、関係の教示・態度の表示・量の教示などの語用論的教示法を獲得する。話者／書者と聞者／読者は個人として、また共同体の構成員として隠喩・換喩・(相互)主観性を行使する。それらは刷新に対する認知的強制力を持つので新しい意味が発動される。

Nerlich and Clarke はそれらについて「意味刷新の小力学、つまり実際の言語行動の共時的過程であり、それらは伝達表現的必要にかかわる変化や、意味刷新の方法を生み出す」と述べている(Nerlich and Clarke 1992: 127)。言語のオンラインの生産において、話者／書者は隠喩化・換喩化(推論喚起、主観化・相互主観化を含む)を使い、話された談話や書かれた談話において客観化を用いる。

　話者／書者は発話において語彙の隠喩的使用を刷新することがある。特に創作作家がそうである。新しい用法は話者／書者にとっては瞬間的に発生するが、会話のスタイルやジャンルとしてはその個人にとって漸次的であるかもしれない。そのような用法は他の話者に広がらないことが多いが、広がることもある。その場合、共同体内での広まりは漸次的であるかもしれないが、新しい意味を獲得した個人にとっては、変化は瞬間的である。おそらくほとんどの読者は、「千年ウイルス(millennium bug)」という隠喩的で娯楽的な新語(2000年への日付の変化に対応できないコンピュータが出てくるという問題を予期して作られた語)を知ることになるだろう。あるいは、話者／書者はすでにある会話的推論(喚起推論『喚推』)を臨機応変に利用したり、それを新しい文脈で刷新的に使うかもしれない。その使用法は個人的な文体の特徴と考えられ、象徴的な価値が与えられない限り生き延びないし、変化に一役買うこともないだろう。もしそれが社会的価値を持つようになり、共同体において顕著になるとしたら、他の言語的文脈や他の話者／書者にまで広がる、つまりそれは強力な語用論的インパクトを持つ『般喚推』(一般化された喚起推論)になる。それはもともとの意味が支配的であるか、あるいは少なくとももともとの意味をたどれる場合、『般喚推』と考えることができるが、もともとの意味がある文脈で名残だけになったり、なくなってしまうと、『般喚推』は新しく多義語あるいはコード化された意味として増化すると考えられる。つまり、「大力学的(macro-dynamic)」変化が起こったのである(Nerlich and Clarke 1992)[*28]。新しい多義語の増化は個人にとっては瞬間的であるが、他の話者にはゆっくりと広まってゆく。

　さまざまな語用論的意味がさまざまな共同体で顕著になっていく。語用論的意味は、新しい意味が開拓される文脈の中から起こる。たとえば、Jurafsky(1996)は「女性(FEMALE)」を表す語の意味が大きくなったり指小辞(diminutive)になったりする例を取り上げている。彼はこの相反するような意味の発展は、それぞれが異なる概念構造を持つからだと説明している。「母(MOTHER)」はその語源と結びつき、さらに「子(CHILD)」と対比されるとき、「大きく、重要な」意味を持つようになる。しかし、「男(MAN)」よりも小さく力がないという概念を持つ「女(WOMAN)」は「小さく、重要でない」意味を持つようになる。ここで、「母」と「女」は、対比される語も異なり(「母」は「子」と、「女」は「男」と対比されている)、社会評価的概念も異なっている点に注意したい。

『意変推喚論』(意味変化の推論喚起論)の目的は語用論的意味の慣習化とその再分析を説明することである。つまり、歴史的には、コード化された意味から発話現場での意味(『喚推』)への発話の型の道筋と、語用論的多義語の意味(『般推喚』)から新しい意味論的多義語の(コード化された)意味への道筋があるということである。これは1970年代に非断定的に示唆された「時間とともに推論が指示機能を帯びるようになる」という見方である(Bolinger 1971: 522、Geis and Zwicky 1971、Grice 1989 [1975]、Levinson 1979 を参照。詳しくは本書の2.3.2も参照)。しかし、これらの著者の中で、仮説に対する経験的証拠を示すような詳細にわたる歴史的研究をした者はだれもいなかった。一般的に認められているように、変化の原動力は言語の中にあるのではなく(文法はそれ自身では変化しない)、言語使用にある、つまり言語構造の外の要因にあるのである。歴史言語学では、いつどのような状況で変化が起こったかを正確に予測することはむずかしい。しかし、さまざまな言語でいつの時代にも大きなレベルで繰り返し起こる強い傾向があり、それは人間による生産と知覚には共通点があるということを示唆している。それは、いったん始動すると繰り返されて社会全体に広まり、蓄積され、やがて社会に受け入れられる[*29]。

具体的な例として英語の as/so long as の発展を考えてみよう。古代英語と中世英語では、(18)の例のような空間の長さを表す意味と(19)の例のような時間の長さを表す意味がすでに共存していた(空間の長さを表す意味はおそらくゲルマン語から来ていると思われる)。

(18)　þa　　　 het　　 Ælfred　 cyng　timbran　lang　scipu　ongen　ða
　　　それから　命じた　アルフレッド　王　　造る(不定)　長い　船　　対して　定冠
　　　æscas;　 þa　　wæron　fulneah　tu　swa lange swa　þa　oðru.
　　　軍艦　　それら　だった　ほぼ　　二倍　as long as　　定冠　他のもの
　　　それからアルフレッド王は軍艦と戦うために長い船を造るよう命じた。その船は他の船のほぼ二倍の長さだった。　　(850–950年 ChronA, p.90)

(19)　wring　　　þurh　linenne　clað　on　þæt　eage　swa lange swa
　　　染み込ませる　通して　亜麻　布　　上に　その　目　　as long as
　　　him　ðearf　sy.
　　　彼　　必要　である-仮定
　　　亜麻布を使って(薬を)染み込ませて、彼が必要な時間、目に塗りなさい。
　　　　　　　　　　　　　　　　　(850–950年 Lacnunga, 100ページ)

(19)では、薬の必要に応じて薬を処方する時間の意味から、「〜する限り」という条件的意味の推論が喚起される。これは、主節が命令形であり、命令はそのあとに続く仮定的状況を含むからである。そのような仮定的状況では、必要は予期できず

一時的なものである(それは仮定法で示されている)。これはまだ「条件の完了(conditional perfection)」の『喚推』(喚起推論)であり(「その時に限り」という関係。Geis and Zwicky 1971、Van der Auwera 1997 参照)、その喚推は、必要が一時的なものであり、薬が個別的にあてはまるということから起こるものである。古代英語と中世英語の文献では、as/so long as は主として存在の動詞 be や、仮と考えられる生活にかかわる動詞とともに使われている。ここで、時を表す節が未来のことを指したり一般的事項を指したりする場合、条件の解釈が可能となる。しかし、それが特に顕著になるわけではない。ここまでの例はみな、「～の間(時間的意味で)」とか「X がもはや Y しないようになるまで」といった時間の意味の解釈ができるからである。たとえば(19)では、「彼が必要な間、薬を目につける」とか「彼がもはや(薬を)必要としないようになるまで」という時間の解釈が可能である。

しかし、初期近代英語では、条件の『喚推』がより顕著になり、時間の意味が優勢ではなくなる例が現れるようになる。用例は、時間から条件への変化が起こりそうにないような理由づけや認知にかかわる例にまで広がる。しかし、用例を見ると条件の解釈が可能であるだけでなく、それがもっともふさわしい。

(20)　　They whose words doe most shew forth their wise vnderstanding, and whose lips doe vtter the purest knowledge, so <u>as long as</u> they vnderstand and speake as men, are they not faine sundry waies to excuse themselues?

(1614 年 Hooker, p.5)

「賢い理解を見せるようなことばを使い、純粋な知識をしゃべるような唇を持つ人は、人として理解し、話す<u>限りにおいて</u>、言い訳をして満足しているのだろうか。」

この段階で、時を表す as/so long as の条件としての解釈が『般喚推』になったということができる。しかし、(20)では「彼らが人として理解し話す間」つまり「彼らが生きている限り」という時間の解釈もなお可能である。

19 世紀の半ばには条件の解釈しかできないような例が現れる。ここにおいて、時間を表す as/so long as が条件も表す多義語として増化したということができる。

(21)　a.「ここからどちらに行ったらいいか教えてくれない」
　　　「どこに行きたいかによりますね」と猫は言った。
　　　「どこに行きたいかなんてどうでもいいわ」とアリスは言った。
　　　「では、あなたがどこに行こうが知ったことではないよ」と猫は言った。
　　　「どこかに着く<u>限り</u>(so long as I get somewhere)」とアリスはつけ加えた。

(1865 年 Carroll, 第 6 章 p.51)

b. ガリガンは、警察が親の付き添いのない子供の取調べをするのは、「親に知らせるための理性的な努力」をする限りにおいて(as long as they made a "reasonable effort" to notify the parent)正当だ、と陪審員に言った。

(1990年8月 United Press Intl.)

ここで興味深いのは、英語の as/so long as が次のような意味を持つ節とは結びつかないという事実である。
(i)　前提となる事実
(ii)　逆接的、つまり譲歩的(「けれども」の意)

ところが、時間を表していたフランス語の tandis que は、1623年ごろから譲歩の『般喚推』となり、同じく時間を表していた日本語の「ほどに」は、後期中世(室町時代)に「なぜなら」という前提となる事実を表すようになった[訳者注17]。このように、初めは同じ『喚推』で使われていても、異なる文脈で別の方向に発展し、異なる『般喚推』として多義語に発展する場合があるのである。

意味変化の推論喚起論は、次の図表1.3のように表すことができる[訳者注18]。これは、個人による刷新がまず起こり、やがて社会に受け入れられて顕著になっていくメカニズムを表したものである。個人による言語体系の刷新が「言語の」変化となる場合、刷新は社会全体に広まり、伝わらなければならない。「一人の話者による出力の変化は言語体系における変化の一点であり、それが二人以上の(*more than one*)話者によって採用されるまで、その変化は変化ではない」(J. Milroy 1992: 79；斜体は原文のまま)。話者／書者が言語を刷新するとき、聞者／読者はそれをまねする。話者／書者は言語知覚者でなく、言語生産者として言語刷新をするのである。

意味変化における隠喩の役割を研究する分野では、図表1.3のモデルの一番下の箇所に注目している(たとえるものとたとえられるものの関係でステージ1とステージ2を決める)。意味変化の語用論的推論の役割を研究する分野では、モデルの一番上の箇所と変化を導く過程に注目している(たとえば、言語を指標的、換喩的に使うなど)。すでに指摘したように、隠喩と換喩の研究法は相互排他的ではなく、相互に強化し合うものであるが(Heine, Clauid, and Hünnemeyer 1991、Andrews 1995参照)、そのどちらも非常に異なる観点を持っている。このモデルはまた、新しい意味と新しい多義語の発展について両方の研究法に注目するという点で、何かの意味がなくなること(喪失)を説明するものではないことにも注意したい。喪失は予測がつかず、不規則である。一方、意味が増し加わっていく発展は非常に規則的で、それこそがこのモデルの説明しようとするところなのである。

図表1.3のモデルは繰り返される。つまり、M_1 は喚起推論を生むどのような意

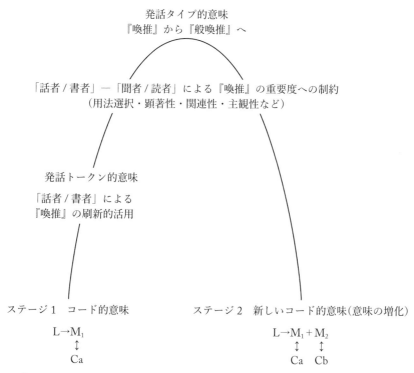

図表 1.3　意味変化の推論喚起論モデル(『意変推喚論』Traugott 1999a: 96、M はコード化された意味、C は概念構造)

味をも表す。M_1 はそれ自身が、もっと前の喚起推論・隠喩化・介入的意味変化などから生まれることがある。as long as の変化の場合、時の意味に発展する前のもとの意味は空間的意味であった(つまり M_1(空間的) + M_1(時間的) となった)。時の意味が多義語の一つとして生まれると、M_1 を時の意味としてリセットして、それが条件の意味 M_2 を生むという図式ができる(つまり、M_1(時間的) + M_2(条件的) となる)。しかし、多義語を図式化するときは、古い意味が推論喚起をし続け、それ自身が変化を受け、さらに発展する場合もあるので、それぞれの意味を分けて扱わなければならない。

　M_1 がステージ 2 における正しい書き方であるか考えてみよう。変化は厳密ではっきりしているという理論によれば、正しくない。そのような理論では、さまざまな関連した意味を持つもともとの M の時の意味は、後の多義語の時の意味 M_1 とは異なるとみなされる。なぜなら、新しい意味 M_2(条件的意味)が増化したあと

に、M の二つの意味が分割されるからである。これは次のように公式化できる。

(22) 　　M(時間的＋条件的意味)　＞　$\begin{array}{l} M_1(時間的) \\ M_2(条件的) \end{array}$

　しかし、この公式は『喚推』と、それが慣習化した『般喚推』が、ある文脈では時間が経過しても安定して使用され続けるという事実を説明できない。それは M が確定したものではないからである。たとえば、since は時の意味と理由の意味がはっきりしている場合と、はっきりしない場合がある。Since coming to the US, she has been very happy(アメリカに来て以来／アメリカに来たから、彼女はとても幸せだ)の例のように、時の since が喚起推論によって理由の解釈も可能な場合である。

　このモデルは意味変化が起こるメカニズム(隠喩化、換喩化、主観化、相互主観化)を示すものではない。それらは、話者／書者が会話や書き物の流れの中で必要な推論を働かせる語用論的過程である。このモデルが繰り返し作動することによって、意味はますます語用論的・文脈形成的になる。作動するときの強制力は顕著性や主観性である。つまり強制力は伝達機能と認知機能のつながりから起こる。意味変化はメタテクスト的方向に向かうという傾向、つまり「話された世界」から「会話行為における話し手による世界の組織」へと表現方法が変化するということである(Frajzyngier 1991、Traugott 1980: 47 を参照)。そのような変化は、叙述的レベルで機能する意味から(態度副詞など)、文を超えた範囲の意味(文副詞など)、さらに談話単位を超えた範囲の意味(談話標識として機能する副詞など)へと向かうような、範囲の広がる変化である。この変化の軌跡は、図表 1.4 のように示される。

真の条件	＞			真でない条件
内容	＞	内容／文脈形成	＞	文脈形成
表示内	＞	表示外	＞	談話外
非主観的	＞	主観的	＞	相互主観的

図表 1.4　意味変化における一方向的道筋

　この図の「内容／文脈形成」というのは、もし内容を持つ語彙素(L)が文脈形成的意味を持つようになったとき、それは内容と文脈形成両方の意味を持つ多義語となったということである(たとえば、if の意味は仮定という点では内容的だが、if が導く節が話者／書者によって主節の土台となるように扱われたとき、文脈形成的となる)。図表 1.4 をたてに見ると、個々の語は互いに関連はしているものの、横並びをたて並びにする必要はない。ある語彙素におけるそれぞれの意味変化は、そ

れぞれ全く異なる面を表しているからである。第一段階と第二段階の間において、あるいはすべての段階においても、必ず「重層化(layering)」が起こるということも注意すべきである。このような性質を示す図は、意味の変化のみを示すものであり、意味の継続を示すものではない。

また、ここで注目する変化は「自然で(natural)」無意識であるという意味で「内的(internal)」変化と呼ばれるものではあるが、意味変化の推論喚起論のモデルで示されているメカニズムは外的なものである。というのは、そのメカニズムは、理由づけ、心の投影、関連性、顕著なものに対する焦点化(社会的要因であれ、話者／書者自身の観点によるものであれ)などの過程にかかわるもので、言語体系を構成するものではなく、言語体系を土台として、言語使用においてもたらされる過程だからである。

1.4 意味変化における児童言語習得と成人言語習得

最近、児童と大人のどちらが刷新にかかわるのかという議論が白熱している。したがって、そのどちらの言語習得が意味変化の推論喚起論のモデルになるのかという疑問が起こる。児童による言語習得が変化の場であるという考えがずっと主流であった。言語変化、特に文法やコード化された構造の変化は児童が言語を(不完全に)学ぶ過程において起こるという考えである(Paul 1920 [1880]、Meillet 1958 [1905–06] を参照)。この見方は生成文法の中心的見方で、児童は文法を単純化し大人は精巧にするだけだという仮説が提示された(Halle 1964、Lightfoot 1979、1991、Kiparsky 1982 [1968])。この仮説の特に強いものは、Bickerton(1984)による生物プログラム仮説で、それはハワイアンクレオール、特にサラマカンの発展において、世代から世代への言語伝達なしに、児童が特別の意味構造や文法構造(たとえば、制限された時制・アスペクト・モダリティの結びつき、明示的非限定詞と非明示的非限定詞の区別など)を刷新したという証拠にもとづいている。

1970年代には、児童の言語意味習得、クレオール化における意味の発展と、歴史的データにおける意味変化の順(「空間」から「時間」、「時の意味」から「条件の意味」への変化などの、概念構造における変化)には一致が見られるということが繰り返し提案された(特に Slobin 1977 を参照。Baron 1977 とその中で引用されている Shepherd 1981 も参照)。しかし、さらに最近になって、この仮説には多くのところから疑問が提示されている。一つには、生物プログラムの仮説は、クレオールが大人によって発展し広がり、子供によって促進されるという事実によって、くつがえされた(Sankoff 1980、Baker and Syea 1996 の論文を参照)。また、サラマカンクレオールが発展したスリナムやハワイアンクレオールが生まれたハワイなどの

クレオールの状況において世代から世代への言語伝達がないという証拠はほとんどない(McWhorter 1997)。さらに、談話における言語習得や変化に注意が払われるようになるとともに、初期の言語習得における任務と、『喚推』や『般喚推』から起こる語用論的拡張の任務とは随分異なるということがはっきりしてきた。Slobin も英語の現在完了が談話においてどのように起こるかという議論の中で、「児童は文法形式の語用論的拡張を発見はするようになるが、刷新はしない。拡張は大人の話し手によって歴史的に刷新され、子供は会話推論の長い発展過程において習得するのである」と述べる(Slobin 1994: 130)。これから議論する変化の多くは子供によって始められるものではないと仮定する。推論が複雑で、文脈を構成する談話機能が複雑だからである。新しい意味が「文化的意味という市場における通貨として」使われるようになるとき、習得のモデルは若い子供に特権を与えるものではなく、若い大人に与えるものであり(Milroy and Milroy 1985、Eckert 1989 を参照)、特に子供の時代には、教育や法律の権威のある人、政治的、聖職者的、教育的力のある人が主導権を持っている。しかし、変化は刷新を見つける子供や若い大人によって広がっていくのである。

　言語習得者は言語を習う過程においてさまざまな理由づけの方法を使うとよく指摘される。その中で最も重要なのは「常識の理由づけ(common sense reasoning)」と「仮説演繹法(abduction)」である(Peirce 1955 [1898] をもとにした Andersen 1973 と Anttila 1992 を参照)。その基礎的考えは「仮説演繹法は結果を観察し、法則を呼び起こし、個例となるものを推定する」ということである。たとえば、言語学習者はさまざまな会話行為を観察し、それらを言語体系(文法)の出力として解釈し、含意や推論喚起の解釈、「必要以上のことを言わないで言外に意味しなさい」といった教示法などの一般原理を使い、いかなる体系であるかを推論する。話者／書者にもとづく変化の理論では、話者／書者は結果(習得した体系)から、個例を導き出す含蓄や教示法といった一般原理を呼び起こして使う。

　刷新や変化は知覚と習得の過程からは主として起こらず、話者／書者による方策的選択と、聞者／読者との相互的やりとりの過程から起こるというのがわれわれの仮説である。その仮説に対する証拠はいくつかある。一つは、書き手による新しい用法の開拓が見られるようなデータで、それは新しい用法が冗長的であるがゆえに理解されやすいような環境で行われる。二つ目は主観化である。話者／書者は言語を自分たちのために操作する。聞者／読者はそれを認識し、話者／書者の会話・作品を相互主観的に処理するのみで、自分自身の指呼的姿勢にもとづくことはない。三つ目は相互主観化である。1.2.4 でも見たように、丁寧さの表現、婉曲などの相互主観的過程はみな、究極的には話し手が土台となっている。

1.5 個体発生が系統発生を繰り返すという仮説

　言語変化は主として児童言語習得によってもたらされるという仮説は、個体発生が系統発生を繰り返す(個人による言語習得が言語変化を繰り返す)という仮説と密接に結びついている。生成文法では、「(知性の内容(知識)は個体発生をとおして次第に獲得されるものの)人間の知的能力は論理のメカニズムとともに生得のものであるというチョムスキー派の新前成説」(Gould 1977: 146)を試す仮説として提示された。この個体発生が系統発生を繰り返すという仮説は、多義語が、歴史的に起こったのと同じ「核」から「派生」への関係によって共時的に順序立てられるという考えにつながった(初期の意味がなくなった場合を除く)。その考えは、意味変化の規則性についての仮説にもとづいて、共時的多義語から意味の内的再構ができるという Traugott(1986 など)の研究の土台にもなっている。それはまた、G. Lakoff (1987 など)、Sweetser(1990 など)その他による隠喩理論の土台にもなっている。たとえば、Heine, Claudi, and Hünnemeyer は、「人体部分」と「空間」の関係などの隠喩(と文法化)の連鎖を説明するとき、その連鎖は通時的、共時的であり、さらに汎時的であるとしている(1991：第9章)[*30]。次の(23)は北東ウガンダの言語であるクリアク語の例である。

(23)　　nE'kE　cúc　sú-o　ím.
　　　　いる　蝿　背中-奪　少女
　　　a　少女の背中に蝿がいる。
　　　b　少女のうしろに蝿がいる。

(Heine, Claudi, and Hünnemeyer 1991: 249)

Jurafsky は「どの言語においても、指小辞が「一員」の意味で使われるとき、それは「子供」の意味を持つようになる」という、さらに強い仮説を提示した(1996: 543)。しかしながら、魅力的ではあるが、その仮説を証明する原理は何もない。意味は、歴史的関係をあいまいにするように再組織されることもあるからである。また、たとえ歴史に永遠に埋もれてしまったとしても、初期の段階が必ず存在したということを確証することはできないのである。

　共時的な「核」と「派生」の関係が通時的発展と一致しない例は、still の「静かな」から「なおまだ」への意味の発展である。動きがなく静かであることが時の継続の推論を喚起するということが考えられるかもしれない。時の用法は、状態を表す動詞や長い時間を表す動詞とともに出てきたように思われる[訳者注19]。

(24)　　In tokne … That sche schal duelle a maiden *stille*.

(1393 年 Gower, 337 ［OED *still*, adv. 3a］)

(25)のように新しく譲歩の用法ができると、時や譲歩の用法は「静かな、動きのない」という意味と関係がなくなった[訳者注20]。

(25) 　Tis true, St. Giles buried two and thirty, but *still* as there was but one of the Plague, People began to be easy.
(1722 Defoe, 7 ［OED *still*, adv. 6b］；ここで but は still とともに逆接として重複して用いられ、譲歩の推論を喚起していることに注意)

Michaelis は、これらの意味の関係を近代英語における段階的多義語として扱い、文法的制約は違っていても、三つの意味は時間的連続・逆接の段階・範疇の段階といった段階的な特性を持つとしている (Michaelis 1993: 232)。Lakoff(1987)は、これらの意味の中で、時の意味が核となるという放射状の範疇モデルを示しているが、Michaelis は時の意味を核とすることはできないことを示している。Lakoff のモデルは多義語構造において通時的意味変化が繰り返されることを前提としているからである[*31]。結局、共時的変化形が通時的発展を示す証拠であるというのは正しいかもしれないが、歴史的な変化に正当性があることを前提とすることはできない。それぞれの場合を一つ一つ試していかなければならないのである。

1.6　意味変化の根拠

　歴史言語学者は、喚起推論(『喚推』)の始まりをどのようにして知るのだろうか。これは、『喚推』が汎言語的であるという過程のもとでの解釈の問題である。『喚推』が作動した古い時代があってはじめて、それに続く時代があるという仮説が成り立つかもしれないが、書かれたデータからそのような『喚推』の始まりを提示するときには、常に最大限の注意を払わなければならない。もともとのコード化された意味がはっきりしている場合、『喚推』は談話と結びついた意味から派生した意味と考えることができる。書かれた文献では、多義語の意味の増化は、ある語が、古い意味では意味をなさないような「新しい」文脈に現れたときに起こる。その後、古い意味はなくなるかもしれないしなくならないかもしれないが、なくなった場合、語用論的喚起推論がコード化されたと見ることができる。

　歴史的変化の証拠が、記録の中に現れる文化的価値体系や、火事・略奪・放置にもかかわらず残った文献の出現によって曲げられることは自明の理である。しかし、にもかかわらず、強い仮説を立てるための証拠は、ヨーロッパや中央アメリカ、日本、中国などに確固としてある。

歴史的変化のデータには過去現在の方言の違いも含まれる。特に、現代の言語体系における進行中の変化は歴史的変化の価値のある証拠となる。この研究法は社会言語学における音韻研究(Labov 1974 など)と辞書編集で使われている。モダリティを表す語の変化の例として、Denison は現代英語の仮定法の may have を挙げている(1980 年代に始まり、現在では一般に広まっている)。

(26) The whole thing *may* never *have* happened if it hadn't been for a chance meeting.
偶然の出会いがなければすべてのことは起こらなかったに違いない。
(1983 年 11 月 1 日、Guardian [Denison 1992: 231, ex.(6)])

可能な変化の道筋は、実際の変化の道筋とその参与者の観察によって確かめることができる。Denison は、この変化は内的な意味変化ではなく、might が(すべての用法とともに)次第に退行するときの過剰訂正による外的意味変化であると仮定している。つまりここでの第一の要点は、入手可能なモダリティ表現における変化に伴う複雑な相互作用と、may と権威のある方言が結びつくなどの社会的要因である。このような研究から、変化の動機や変化の過程は、比較的少なく似たような歴史的資料から想像するよりもはるかに複雑であることを心にとめなければならない。

にもかかわらず、証拠が見つからないのはすべてゆがめられた結果であると見なすべきではない。もし新しい時期の言語において、ある語が、前の時期には使われていなかった意味で一貫して使われる場合、その意味は前にはなかったと仮定することができる(Faarlund 1990: 16–18)。もし、たまたまある意味が喚起されたとしたら(冗長な文脈において)、それは初めて使われるようになったが、一人の作家の作品や共同体において(使われるデータベースによって)まだ一般的にはなっていないと仮定することができる。

1.6.1 書かれた文献の信憑性

変化の確証は、現代を除くと書かれた文献に頼らざるを得ない。古い時代の話された言語を見るために書かれた文献を使うのには、気をつけなければいけない点がいくつかある(Herring, Van Reenen and Schøsler 2000 参照)。書かれた文献には、会話共同体全体では使われないような、学識者による使用法を反映することがある。読み書きには少なくとも教育が必要であるから、書かれた言語は会話共同体全体の断片を伝えるものでしかない。前近代的社会の多くでは、筆記による伝達は、主として聖職者などの社会的エリートたちによって行われていた。しかし、書かれた文書の受け手には字の読めない人もいて、その人たちには文書が読まれたり(説

教や新しいパンフレットなど)、演じられたり(礼拝式や劇など)したこともあった。

　文学や礼拝式などは、世間的に認められて長続きする面があるため、書かれた文献は、ある時期の会話共同体で行われる話された言語とは異なる書きことばを反映する。にもかかわらず、書くことが知識や伝統を保存する主要な手段となるとき、書かれた文献は確認の目的、つまり「客観化」の行為として伝播していく。書くことは、体験を演出したり再現したりする重要な方法である(たとえば、中世英語でのフランス語の使用、文芸の目的のために英語を母語としない人が英語を使用するなど)。それはまた、他の文献の意味にある程度則って一人歩きするようになる(古代英語以来のラテン語を法的、宗教的、教育的目的のために使用することなど)。歴史言語学者にとっては、「文献は会話のモデルを備えている」(Olson 1994: xviii)、つまり、「ウォーフの仮説のように、筆記によって規定された枠組みという観点から言語を内省する」ということが最も重要なのである(同ページ)。

　書くことは最近までほんのわずかな人たちの権限であったという事実から、ある時代に書かれた文献は、その時代における読み書きのできる共同体や使用規則を反映することになる。つまり、書かれた文献は会話共同体全体における変化や保存の証拠を必ずしもはっきりとは示さないのである。これは、あるテクストタイプやある問題の資料が、ある意味領域における刷新の場所である場合、特に当てはまる。たとえば、モダルの変化は宗教や法、哲学の文献に最も現れ、談話標識はメタ言語的方法を示すのが重要な修辞学的・学問的談話に現れ、会話行為動詞は祈り・法的議事録・国王による宣言などの公共の書籍に現れる。

　書かれた文献はもともと形成された文脈から離れることができ、会話よりも意識的に注意深く練ることができるので、モダリティや発話による行為(契約など、会話よりも書くことによってなされる行為)、認識的文副詞、談話接続語など、本書で議論した多くの言語構造の使用において、正確さ・明確さをはっきり示すことになる。しかし、作家が明確さを達成させるやり方は、さまざまな要因によって異なる。たとえばSeidensticker(1980: xii)は『源氏物語』の翻訳のはしがきで、「平安朝の文において主語や目的語をはっきり示すのは不可能ではなかったはずだが、動詞や形容詞を複雑に活用させて情報を遠回しに伝えるのがよいと考えられていた」と述べている。では、書かれた文献と話されることばとはどのような関係にあるのだろうか。言語の歴史において語や構造の歴史をたどっていくと、それらの中には現代の会話のデータにおける十分な証拠となる跡が見られるので、書かれたものと話されたものの間には明らかに関係があるといえる(Biber 1988)。

　編集に頼る歴史研究すべてにおいて、編集作業の過程での校訂や句読点の追加に気をつけなければならない。特に談話における語用論的標識については、編集の過程で「必要ない(extraneous)」ものとして省かれる傾向にある(Blake 1992–93、

Jucker 1997 を参照)。にもかかわらず、歴史的変化の方向性やメカニズムは、テクストタイプの広い範囲内で詳細に決定づけられる。一般的にドラマや個人的な手紙や裁判のテクストは学術的な哲学論文や国王の宣誓などのテクストよりも口語に近いと思われる(Rissanen 1986)。したがって、前者のテクストから変化の証拠を探すのが重要である。

本書での研究は日本語の歴史からの文献を多く使用しているので、初期の日本語の歴史は中国語からの借用による書くという行為による歴史であることと、われわれのテクストには中国語の影響がかなり現れていることに注意を向ける必要がある。中国語の文字は3世紀から7世紀の間に日本にもたらされた(Miller 1967)。中国語の文字は仏教の輸入とともに6世紀、8世紀、14世紀に伝わった(Shibatani 1990: 120–121)。中国語の文字は日本で現代まで記録や公的文書に使われ、学識者や宗教書のためのものであった。さらに、日本の記録に残る歴史をとおして、中国語の文字は、文化文芸的美学の宝庫として、また連語・ことわざ・広い談話構造のモデルとして重要な役割を果たしてきた。しかし、地理的、政治的障害によって中国人との交渉は厳しく制限され、日本における中国語とのつながりはほぼ書きことばだけによることになった。これは、英語におけるフランス語の影響と対照的である。フランス語は、書きことばだけに制限されてはいなかったからである。

中国語がそのまま文書に取り入れられたのに加えて、8世紀までに、中国語の文字は、より広範囲な日本語の文献に使用された。中国語の文字(漢字)を省略して草書体にした日本語の音節文字(かな)の発展は、Miller(1967)やSeeley(1991)などに記述されている。現在、日本語の文書は漢字かな混じりで書かれている。漢字は名詞、動詞や形容詞の語幹など、内容語に使われ、かなは動詞の語尾や助詞などの機能語に使われている。この漢字かな混じりの文体は数百年の間に発展し、正書法の歴史においてはさまざまな文体が発見されている一方、文献の歴史をとおして変わらずに続いている日本語の正書法の特徴は、書き手が発話を書き取るときの柔軟性である。たとえば、書き手は、単語をかなで書くか漢字で書くかを選ぶことができる。それは、(i)かな(特に曲線的なひらがな)と漢字(画数が多く込み入って見える)のバランスを取って見やすくするため、(ii)語と語の境界線をはっきりさせるため(日本語は語と語の間にスペースがないので)、(iii)多義語の意味をはっきりさせたり二つの意味を持たせるためである。書き手はまた、すでにある語に新しく漢字を当てて、二つの意味をかけることもできる。

漢文訓読(中国語の文献を日本語で読むこと)においても、漢字は、日本語の歴史に影響を与えた。漢文訓読においては、中国語の文を日本語の文にするために必要な語順の変換(動詞と目的語)と形態統語論的要素(助詞)の追加が行われる。日本語の話しことばで使われる言い回しの中には漢文から来ているものが多い。さらに、

第4章でも述べるが、日本語の談話標識には、漢文で使われた接続詞から来た語もある。

日本語の正書法の体系における漢字と漢文の存在は、書かれた文献独特の意味の重層化の可能性を提供する(Tamba 1986を参照)。日本における正書法研究は国文学の注釈には役割を果たしたが、日本語の言語変化に対して正書法がどのようにかかわるかについては、さらに分析が必要である。日本語の正書法は日本語の語彙の大きさや構造に確かに影響を及ぼした。数多くの同音異義語は、漢字がなければできなかったであろう。同様に、和語とそれに対応する漢語が同じ漢字で書かれることもよくある。したがって、中国語の多義語が日本に輸入されたのか、中国語が日本語に借用されたあとに多義語ができたのか、はっきりしない場合がある。しかし、もともとの中国語の漢字の意味から日本語の漢字の意味への変化の方向性は、ほかの言語に見られる意味変化の方向性と一致している。特別の言語の歴史ではなく、意味変化の型にわれわれの興味があるので、変化が先に起こったのは日本語なのか英語なのか、あるいはドナー言語(語彙供給言語)であるかは、究極的には重要な問題ではない。

1.6.2 本書の言語と資料

変化の型を確立するためには、長期にわたる歴史的文献を研究することが必要である。そのような歴史を持つ言語は少ないが、一方でそのような言語では、首尾一貫した分析が可能になる。英語と日本語は言語的にも文化的にも異なるが、どちらも千年以上の歴史を持つので、英語と日本語、さらに他の言語から得られた証拠によって規則性を提示すれば、歴史意味論や談話分析に寄与すると同時に、意味変化の規則性についての懐疑をなくすことができるであろう。

英語のデータソースの最大のものは、英語テクストのヘルシンキコーパスで、その他のコーパスや辞典がそれに続く資料である。日本語の古くからのデータは、古典文学の注釈書によって得られる。本書の研究は、当時の口語を比較的反映していると思われるような散文の文学に焦点を当てる。

1.7 本章のまとめと後章のあらまし

本章では意味変化の推論喚起論(『意変推喚論』)について述べた。それは、歴史的に、コード化された意味(『意素』)から発話トークン的・発話タイプ的意味(『喚推』)への道筋と、語用論的多義語(『般喚推』)から意味的(コード化された)多義語への道筋である。この研究では、語用論的推論が、意味変化において決定的な橋渡し的役割を担う。この見方によれば、「意味変化」という体系的変化は、話者/書者と聞

者／読者が意味を交渉し合った結果である。談話において、話者／書者と聞者／読者は一対として考えられるが、意味論の観点からの意味変化の傾向は、話者／書者の態度や観点が強くなる主観化である。これは、話者／書者が変化を起こすからである。時とともに受け手にも注意が必要になってくるが、相互主観性を表す標識は主観性をはっきり表す標識が前提となる。

　意味変化については解明されなければならない点が多くあるが、共時的推論の過程や方策的伝達の過程が世代から世代へと繰り返されるならば、語用論や談話分析の研究によって、意味変化は規則的であり、規則的でなければならないということが裏づけられるであろう。

　第2章では、過去と最近の意味変化研究を振り返り、特に現在の研究についての仮説や発見を紹介する。それ以外の章では、『意変推喚論』の観点からの意味変化の経験的研究を紹介する。第3章では、「核」助動詞 must、準助動詞 ought to などのモダル動詞を取り上げ、特に認識的意味の発展について議論する。第4章では in fact や「さて」などの副詞を取り上げ、認識的・逆接的意味の段階を経て談話標識機能を持つに至る過程を述べる。談話標識の用法は最も主観的であるから、談話標識機能の獲得過程は主観化ということができる。第5章では、会話行為動詞の発展について考える。空間的意味を持った動詞（たとえば promise はラテン語の pro（前の）と miss（「送る」の過去分詞）からなる）の発話による力を持つ語法動詞への発展は、特殊なタイプの主観化といえる。多くの場合、統制や支配といった制度上の目的のための話し手による先取りが行われる。研究の最後の領域は日本語の敬語、つまり、相互主観的指呼詞の発展である。

　本書の中心点となる領域はばらばらのようにも見えるが、実はいくつかの共通点がある。第一の領域は、比較的狭い意味でのモダリティである。自然言語ではモダルは義務や、文についての疑いを表す。「モダリティの本質は、文の意味の正当性を現実の世界に関係づけることである」(Kiefer 1994: 2515)。もっと一般的に言えば、モダリティはものごとの可能性にかかわる観点の表現である。われわれのモダリティの見方は Lyons(1977)、Coates(1983)、Chung and Timberlake(1985)、Palmer(1986, 1990 [1979])、Bybee, Perkins, and Pagliuca(1994)らによる「源(root)の」あるいは「拘束の(deontic)」モダルと認識的モダルの区別によっている。モダリティはさまざまな言語において、さまざまなやり方で示される（つまり、ある言語では他の言語より文法化が進んでいる）。たとえば、ドイツ語では本動詞 willen、mögen(望む)で示され、英語では must、ought to などの助動詞や probably などの副詞、さらに括弧づけの I think などで示される。日本語には英語のモダルの助動詞のような統語論的な構造がない。それに代わって、日本語のモダリティは、動詞につく可能の接尾語「れる」や述語に現れる要素である予測の「はず」や義務

の「べき」、さらに「動詞＋なければならない」のような迂言的条件構造によって示される。狭い意味ではふつうモダルとしては扱われないが、広い意味では、逆接的機能を持つ副詞 in fact, truly などは、認識的やり方で文の真実を表す動詞を修飾するという意味でモダルに含まれる。同様に、promise などの会話行為機能を持つ動詞も広い意味でモダルに含めてもよい。実際、will によって promise（約束）を示すなど、ここで挙げた多くのものは真のモダルによって間接的に表されている。会話行為動詞の命令的機能は、強制のモダリティとして義務を課す。一方会話行為動詞の表示的機能は、認識的モダリティとして言表の事実に対するかかわりの度合いを示す。モダル語と同じように発話の動詞のいくつかも、強制と認識の二つの意味を持つ。たとえば、suggest は suggest that you do（すべきだと思う）という強制の意味と suggest that something is the case（〜であると思われる）のような認識的意味がある。

　モダリティを表す語と指呼詞にはいくつかの関係がある。一つは、認識的モダル動詞は時制とかかわる場合に、明確に指呼的機能を持つということである（Lyons 1982、Chung and Timberlake 1985、Frawley 1992、Diewald 1999）。もう一つは、認識的モダル副詞と談話標識は、自分の述べたことに対する話し手／書き手の立場を示すだけでなく、距離や時間に対する話し手／書き手の観点を示すということである（Schiffrin 1990b）。三つ目は敬語である。敬語は社会的指呼を示す特別の語であるが、たとえば英語の You must have some cake（あなたはケーキを食べなければならない→ケーキはいかがですか）は日本語の敬語を連想させる機能を持っていると R. Lakoff(1972)は述べている。モダリティと指呼性とが相俟って、さまざまな発展のしかたを示しているといえる。

原著者注
* *1　第1章の部分、特に 1.3.2 は Traugott(1995a、1996/97、1999a、1999b)がもとになっている。
* *2　この公式は「使役―受身」（逐語訳は「命令することを許される」）である。この構造は中世日本語で、尊敬表現としてよく使われた。したがって、この公式は必ずしも「使役―受身」の意味を表さなかった。
* *3　言語構造に関する正式な(formal)理論では、普遍的に定義できるものでない傾向的なものにはほとんど関心を示されなかった(Newmeyer 1998 など)。しかし、機能にもとづいた理論では、制約に反するものがありうるということが認められてきた。最近の Optimality Theory が大成功した理由は、一つには、例外のない普遍性を構築するのはむずかしいということが基本になっていることが

挙げられる(Archangeli 1997)。
* 4　The American Heritage Dictionary(2000)の「Yankee という語の歴史」より。
* 5　この術語にもかかわらず、Heine Claudi and Hünnemeyer は刷新においては話し手／書き手の役割を中心に見ている。
* 6　ここで、「描写場面(described event)」という語は、節構造の核となる行為・状況およびその参与者を指す術語である。
* 7　ペアというのはもちろん単純化である。このペアには、多くの場合、複数の聞き手(傍観者や立ち聞き者など)、その他の参与者(other participants)が含まれる(Clark 1996: 14、Verschueren 1995: 85 を参照)。
* 8　『概構』と『意素』の例は「　」に入れた。これは、同じ形式の個々の語彙と区別するためである。
* 9　このような「擬似他動詞」的動作動詞は、他の日本語の他動詞とは異なる。たとえば、「空を飛ぶ」は、他の真の他動詞と違って、「＊空が飛ばれる」のように受身文にすることができない。
* 10　Blakemore と他の関連性理論家たちは、「内容的(contentful)」でなく「conceptual(概念的)」という術語を使っている。しかし、ここでは「内容的」の方を使う(Sweetser 1990 参照)。というのは、言語に特有の文脈形成的意味、非文脈形成的意味はどちらも抽象的な『概念構造』(『概構』)の表現だからである(Sweetser 1990 を参照)。
* 11　話し手によって共時的に関連していないと認識されるにもかかわらず、歴史的には関連している形式に対して「同綴同音異義語(heterosemy)」という術語が提示されている(Lichtenberk 1991)。これによって、二つの歴史的に関連した意味を持つ still を同綴同音異義語、全く意味の関連がない pear と pair などを同音異義語と呼んで区別することができる。
* 12　Levinson(1995)によるこの提示は Levinson(2000)によってさらに発展した。残念ながら Levinson(2000)はここでの議論には間に合わなかったが、Stephan Levinson はその草稿段階で一部の議論を紹介してくれた。感謝の意を表する。
* 13　ここでの三つのタイプの意味の区別は完璧に明確というわけではない(Carston 1995 を参照)。
* 14　『般喚推』は、一般化された会話推論(Levinson による術語では『般会推』)に近い。
* 15　1998 年 8 月にサンフランシスコ郊外の掲示板で見つけたもの。明らかに因果関係を作り出してはいるが、常識の範囲内(と広告における事実の適合性)に納まっている
* 16　喚推はアドホックな会話推論、あるいは Levinson(1995)による会推という術語に近い。
* 17　これらの原理に対するさまざまな研究法については Atlas and Levinson(1981)、Levinson(1983、1995)、Horn(1984)、Blakemore(1987、1990)、Traugott

(1989)、Traugott and König(1991)を参照。

*18　Lyons(1994)を参照するよう教示してくれた Susan Fitzmaurice に感謝の意を表する。

*19　Brady Clark が指摘しているように、これらの特徴が当てはまる正確な条件は言語使用域によって異なる。英語では命令法、フランス語では不定詞で表される傾向にあるが、どちらも動作主的主語は表現されない。主語に不定であり、指示的には推論できないが、もちろん文脈的には推論できる。

*20　これと異なる「相互主観性(intersubjectivity)」の用法は、通常聞き手の解釈と理解が前提となっている。たとえば、Schiffrin は主観性と相互主観性は「行為者がすること(認識されることを意図する行為と意図しない行為を含む)と、聞き手によるあらゆる可能な情報からの解釈の相互作用から起こる」と主張する (1990a: 142)。Nuyts(1998)は「相互主観性」を、話し手と同じ結論を分かち合う広い範囲の人々も含むものとして使っている。

*21　Halliday はこれをモダリティの「隠喩的表示(metaphorical representation)」と呼んでいる。

*22　「B ⊃ A」は、「もし B ならばおそらく A であろう」という意味で、「もし B ならば必ず A である」という意味ではない。

*23　「大いに」異なるとしたのは、名詞や動詞、文法構造の存在など、言語には普遍的な面も確かにないわけではないが、言語構造の大部分は言語特有であると考えるからである。

*24　Harris and Campbell(1995)は「類推」をとらえ直して「拡張(extension)」と再定義している。これは統語的変化研究の用語であるが、「類推」と「拡張」のねらいの違いはここでは問題にしない。

*25　主観化に主語の薄弱化を認める Langacker(1990、1999)と対比のこと。1.2.4 における Langacker の主体性についての見方も参照。

*26　Traugott(1982)では「主観化(subjectificatoin)」という術語は使用していない。Traugott(1982)の中では、意味変化における「表現的(expressive)」傾向がここでいう主体化にほぼ近い。

*27　ここでいう客観性は 1.2.4 で定義したものとは同じではない。科学的書物では主体(研究者や著者)の繰り下げが好まれるが、われわれの客観性の見方では、客観的言語は場面構造においてすべての参与者に明確な表現を与える。

*28　個人の「小力学(micro-dynamic)」的変化と共同社会の「大力学(macro-dynamic)」的変化の区別は、「刷新(innovation)」(個人のレベルで起こり、他へは広まらない)と「変化(change)」(他の話者、共同体、言語使用域に広まる)の区別に近い(Weinreich, Labov, and Herzog 1968、Milroy 1993)。

*29　Keller(1994)は、18 世紀の経済哲学者の Adam Smith から「目に見えない手(invisible hand)」という隠喩を引用し、意図的でなく小さなレベルで行われた個人的な行為が蓄積されて、大きなレベルの結果に至ること説明している。そ

れは、道を作ろうという意図はなくても、時間節約のために草を踏んでいるうちに、近道ができたりするようなものである。そのような言語使用の小さなレベルでの行為の蓄積は意図的であるかどうかはわからない。しかし、その蓄積には、話者／書者による喚起推論の利用と、聞者／読者による顕著性の解釈が含まれる。それにはまた、話者／書者の自身の見方による意味の先取り（主観化）も含まれる。

*30 汎時的というのは存在論的には非常に問題のある概念である（Newmeyer 1998: 284–288 参照）。共時的と通時的の明確な区別を避け、時のない観点と時の観点の両方から言語を動的に分析することができるという利点はあるが、時とともに構造の関係が完全に再編成されるという事実をぼかしてしまうからである。

*31 Goossens(1992)は、古代英語の cunnen（（知的に）～できる）から can への発展について、同様の指摘をしている。Dekeyser も、もともとの核の意味がなくなってしまう場合がある例を挙げて、核の意味を前提とすることはできないことを示している。たとえば、harvest はもともと「3 番目の季節」の意味だったが、やがてその季節における顕著な行為を換喩的に指して「収穫の季節」の意味になり、さらに換喩的に「収穫」「自然の産物」の意味になった。sell ももともとの「(無償で)与える」から「金を取って与える」の意味になった。

訳者注

訳者注1　喚起推論（invited inference）
　著者は意味変化は、話し手・書き手が聞き手・読み手に積極的に働きかける意味交渉の中で起こるという仮説を立てており、invited inference の解説（本文 5 ページ）にも「話し手・書き手が含意を喚起する（invoke）」と述べられている。invite には「引き起こす」という意味もあるので、invited inference を喚起推論と訳した。

訳者注2　指呼性（ダイクシス）
　ダイクシス（deixis）は「直示(性)」とも訳される一方で（『言語学大辞典』など）、「指呼(性)」とも訳されている（『言語学大辞典』、『ラルース言語学大辞典』など）。原著では「ダイクシス（deixis）」が話し手・書き手の観点を示す語として使われているので、話し手・書き手が何かを「指して呼ぶ」という「指呼」を採用する。

訳者注3　「構文文法」（Construction Grammar）」
　「構文文法」はさまざまな方法で定義されているが（概略については Langacker 2003、Croft and Cruse 2004、Fried and Östman 2004、Goldberg 2006 を参照）、その主張は以下のようにまとめられる（Traugott 2007: 2）。

　①形式と意味が対等にペアになる。根本の構文文法（Croft 2001）では、形式は統語論（文法）・形態・音韻の三つの下位要素からなる。意味も意味論・語用論・談話機能の三つの要素からなる。

　②文法は全体的構造として理解される。つまり、文法はどのレベルにおいても自律

的でも核(core)でもない(Fried and Östman 2004 参照)。構造は、形態統語論的・音韻論的・意味論的・語用論的に連合している。
③文法は、話し手の発話にもとづいた語法中心の構造として理解される。
④文法は、複文構造から語・形態素にいたるまで、すべて構造的である。
⑤個々の構造は独立しているが、いくつかのレベルの概念構造と段階的に関連し、交差する。

訳者注4　認知言語学(Cognitive Linguistics)
　認知科学の主要な目標は、人間がどのようにして自然言語を理解したり獲得したりするのかを理解することである。その歴史において最も傑出した言語理論はチョムスキーによる生成文法であった。それは、自然言語を数学的、機械的に自律する正式言語として記述するものであった。しかし最近は、自然言語を数学的な形式でなく、心理学的機能によって分析しようとする新しい理論、機能言語学が現れた。その中心点は、自然言語が構成される認知社会的過程であり、その過程には知覚・注意・概念化・意味・象徴・範疇・スキーマ・観点・談話の文脈・社会的相互作用・伝達目的などの心理学的現象を含むものである。機能言語学の中の一つである認知言語学は、言語伝達の認知的側面を主として取り扱う一連の理論を指す。Lakoff(1987)や Langacker(1987)がその中心である(Tomasello 1998: 477-478 より)。

訳者注5　「言語における構造面と伝達面が文法形式を形作るという仮説」
　Vallduví(1992: 11)は、「情報の構造化というのは、話し手が聞き手に文章にコード化された情報を取り戻させて聞き手の知識の貯蔵庫に入れるための方向付けのいくつかからなる」と述べ、話し手と聞き手の会話のやりとり、特に話し手の役割に焦点を当てた文法の構造化を提示している。

訳者注6　ソシュールによる「話す脳(Talking heads)」
　ソシュールの『一般言語学講義』(小林英夫訳)による次のモデル(23-24 ページ)を指す。

図1　「話す脳」

　まず、甲の頭脳の中で概念が聴覚映像と結びつき、発声器官(口)に刺激が送られた結果、甲は音声を発する。乙はそれを聞き、乙の頭脳の中で聴覚映像と概念が結びつく。次に乙の頭脳が乙の発声器官に刺激を送り、乙は音声を発し、それが甲の耳を通して頭脳に伝わり、甲は乙を理解する。これは、人間の会話を機械的に示したもので、科

学的であるが、実際の会話では、聞き誤りなどもあり、このように単純にはいかない。
訳者注7　共通の基盤(ground)
　ground を共通の基盤と訳したのは、原著注*7 に挙げられている Clark(1996) の grounding(共通基盤の確立)による。Clark(1996: 93) は、「二人の人間の共通基盤(common ground)とは、お互いに共通した知識や考え、想像の総体である」と述べている。
訳者注8　文脈形成的(procedural)
　procedural は procedure(手続き、手順)の形容詞形であり、「手続き」も「手順」も文脈の中でのつながりに関係する概念である。内容的意味は辞書的、文字通りの意味であるのに対し、procedural な意味は談話の文脈において、話し手が前後関係をつないだりする文脈形成にかかわる。したがって、「文脈形成的」と訳す。
訳者注9　コード化した意味(coded meaning)、発話タイプ的意味(utterance-type meaning)、発話トークン的意味(utterance-type meaning)
　発話タイプ的意味とは、一人一人が実際に個別に使う意味である。たとえば、since は「〜以来」というコード化した時間の意味で使われていたが、Since coming to the US, she has been very happy(本書38ページの例)という発話(あるいは文)の since coming to the US(アメリカに来て以来)を、あとの「とても幸せそうだ」という主節との関係からある人が「アメリカに来たので」と推論したとする。これは発話トークン的意味で、一人の人の喚起推論(『喚推』)である。しかし、ほかにも多くの人がこれと同じ喚起推論をすると、それが一つのタイプとして一般的になる。これが発話タイプ的意味であり、一般化された喚起推論(『般喚推』)である。しかし、Since coming to the US の「アメリカに来たので」という意味は、その後の She was also happy in Japan, too などの文で打ち消されるので、コード化した意味ではない。一方、Since you look tired, you should go home の since は理由の意味としてコード化している。この意味変化の図式については、図表1.3を参照。
訳者注10　Grice(1989)の格言
　Grice(1989: 26–27)は、話し手と聞き手が互いに協力し合って会話するための原則として次の四つの格言を提示する。
　　量の格言
　　　1 必要な限りの情報を伝えなさい(その場のやりとりにおいて)
　　　2 必要以上の情報を与え過ぎてはならない。
　　質の格言「ほんとうのことを言うようにしなさい」
　　　1 間違いだと思うことは言ってはならない。
　　　2 十分な証拠がないことを言ってはならない。
　関係の格言「関係のあることを言いなさい」
　　態度の格言
　　　1 不明確な表現を避けなさい。
　　　2 両義性を避けなさい。
　　　3 簡潔に言いなさい(不必要な冗長性を避けなさい)

4整然と述べなさい。

訳者注11　量の教示(Quantity-Heuristic)、関係の教示(Relevance-Heuristic)、態度の教示(Manner-Heuristic)

　ここで使われている heuristics とは教育学で「発見的教授法(自分で真理を発見するように指導する教授法)」を指す(『研究社新英和大辞典』より)。Levinson(1995: 96-97)は、Grice の格言をもとに、三つの heuristics を提示している。ここでは「教え導く」という意味で「教示」と訳す。

　Levinson(1995: 96-97)において「教示」は、「格言」よりも普遍的で、発話の情報内容を豊かにする。質の格言は、既定の教示(default heuristics)と仮定するため、省かれている。

　量の教示とは、「必要なだけの情報量を与えよ。言わないことは含まれない」ということである。Levinson(2000: 36)は、以下のような例を挙げている(「A + >B」は「A は B を示唆する」という意味である)。

Some of the boys came(何人かの男の子が来た)+>not all(全員ではない)
Three boys came(三人の男の子が来た)+>not four(四人ではない)
Possibly, there's life on Mars(たぶん、火星には生物がいるだろう)+>not certainly(はっきりはしていない)

　関係の教示とは、「必要以上ことは言わずに、言外にほのめかしなさい」ということである。Levinson(2000: 38)の例を挙げる。

I don't like garlic(にんにくが嫌いだ)+>contrary I dislike it(それどころか大嫌いだ)
John turned the switch and the motor started(ジョンがスイッチを入れてモーターが動いた)+>ジョンはモーターを動かすためにスイッチを入れた
John and Jenny bought a piano(ジョンとジェニーはピアノを買った)
+>二人で(買った)

　態度の教示とは、「冗長性を避けなさい」で、Grice(1989: 26)の態度の格言3に対応する。しかし、Grice の態度の格言は「明白に伝えなさい」ということであり、単純で一般的な(unmarked)表現ではステレオタイプ的な解釈しかされないので、目立った特別な(marked)表現をしなさい、ととらえることもできる(Horn: 1984: 22)。Levinson(2000: 39)の例を挙げる。

Bill stopped the car(ビルは車を止めた)+>ブレーキを使って普通のやり方で
Bill caused the car to stop(ビルは車を止めさせた)+>間接的に、普通でないやり方で。緊急ブレーキなどで

訳者注12　house(家)と residence(住居)、unnatural(不自然な)と non-natural(自然でない)

　Levinson(1995: 104)は、house を無標(普通の家)、residence を有標(house よりも立派なな家)とし、unnatural を無標(悪いという価値判断が含まれる)、non-natural を有標(価値判断が含まれない)としている。

訳者注13　Bréal(1964 [1900])第25章(229-238ページ)による「主観性」についての

記述
　Bréal は「主観的要素(Subjective Element)」がことばに表れる例として、まず An accident took place yesterday...but happily caused no loss of life の副詞 happily を日常語として挙げ(本書 68 ページにも言及されている)、さらに no doubt、perhaps、probably などの副詞も挙げ、次に法(mood)という文法範疇を取り上げる。法の例として願望法(optative)、仮定法(subjunctive)、命令法(imperative)をギリシャ語、ラテン語、フランス語より引用している。
　最後に、「わたし」と「あなた」を指す人称代名詞 us や双数(dual number)を挙げる。ここで Bréal は、本書の主観化に加えて、相互主観化も示唆しているといえる。
訳者注 14　時枝(1941)による言語過程説
　時枝誠記は『国語学原論』(1941 年)で、言語に対する「主体的立場」を以下のように提示する(22 ページ)。

　　我々が言語の発音を練習したり、文字の点画を吟味したり、文法上の法則を誤らないように努力したりするのは、かかる立場(表現あるいは理解の立場)においてであり、また談話文章の相手に応じて語彙を選択したり、敬語を使用したり、言語の美醜を判別したり、標準語と方言との価値を識別してこれを使い分けたりするのもこの立場においてである。…このよう立場を言語に対する主体的立場ということが出来ると思う。

この「主体的」は話し手の「行動」にかかわる語で、「主観的」は話し手の「観点」にかかわる語である。本書における subjective は話し手の「観点」にかかわる語であるので「主観的」と訳す。しかし、subjective は話し手の姿勢・態度にもかかわる語で、広く「主体的」をも含む語として使用できる。本書では、たとえば「さて」が談話標識として「話し手の修辞的姿勢を示す」ようになる変化を主観化と呼んでいる。
　時枝はさらに、ソシュールの自然科学的構成観による研究法を批判し、「言語は主体を離れては、絶対に存在することのできぬ」(23 ページ)ことを前提として、言語を「精神生理的継起的過程現象」(85–86 ページ)として捉える「言語過程説」を提示した。
訳者注 15　「語彙充当論(onomasiology)」
Buck(1949)による『インド・ヨーロッパ語類義語辞典』から語彙充当論の例を挙げる。
　　①結婚する　　古英語 weddian(中世英語、新英語の wed-)wīfian(妻を娶る)wif(妻)
　　　　　　　　　中英語 mary
　　　　　　　　　新英語 marry
　　②住む　　　　古英語 wunian(住む、慣れている)＞新英語の wont(慣れた)
　　　　　　　　　　　　 būan(インド・ヨーロッパ祖語＊bheu「いる」より)
　　　　　　　　　　　　 sittan(すわる、住む)
　　　　　　　　　中英語 dwelle live
　　　　　　　　　新英語 dwell live
　　③部屋　　　　古英語 cofa bed-cofa(寝室)rūm(空間、場所)
　　　　　　　　　中英語 chambre ラテン語の camera(丸天井の屋根)より roume

新英語 room chamber(寝室)

古英語、中英語、新英語それぞれの時代に、同じ意味「結婚する」「住む」「部屋」に異なる語彙が充当されている。

訳者注 16　談話機能化(discursization)

　Arnovick(1999)は、「談話機能化」を「語用論的強化(pragmatic strengthening, pragmatization)」の特別なものとして位置づけ、God be with you が Good-by になったり(第6章 pp.95–118)、God bless you が Bless you になったりする変化(第7章 pp.119–138)を例に挙げている。Good-by は「さよなら」、Bless you はくしゃみした人に言うことばで、どちらも、もともとは教会などで相手を祝福する語であった。それが今は、Good-by は別れの挨拶、Bless you はくしゃみした人を少し気づかう形式的な表現になっている。どちらも、もともとの公的な文脈から離れて、日常の談話における形式的機能のみを持つにいたった。したがって、これを「談話機能化」と訳す。

訳者注 17　「ほどに」の用法「時」から「理由」へ

　「ほどに」が時から理由に変化する例を挙げる(『岩波古語辞典』1200 ページより)。

　　海人の釣舟かと御覧ずるほどに、都よりの御消息なりけり(増鏡)

　　　(海人の釣舟かと御覧になったところ、都からの便りであった)時の意味

　　今はや手が自由にござるほどに、何か書きまらせう(コリャード文典)

　　　(今はもう手が自由に使えますので、何かお書き申し上げましょう)理由の意味

　これは、英語の since と同様の変化である。

訳者注 18　推論喚起論のモデル

　この放物線状モデルに、英語の as long as の例を当てはめてみよう。空間の意味を省き、時の意味からスタートする。

　　第一段階　M_1(コード化した意味):～している間(時間的)(19)古英～中英

　　　　　　　　↓喚起推論

　　　　発話トークン的意味(M_2):～する限りは(条件的)個別の喚起推論(=『喚推』)

　　　　　　　　　↓

　　　　　　さらなる喚起推論

　　　　　　　　↓

　　　　発話タイプ的意味(M_2):～する限りは(条件的)喚起推論の慣習化(20)初近英

　　　　　　　　↓　　　　　　　　(一般化された喚起推論 =『般喚推』)

　　　　　　さらなる喚起推論

　　　　　　　　↓

　　第二段階　M_2 のコード化(意味の増加 $M_1 + M_2$) (21ab) 19世紀半ば～

訳者注 19　「時の用法は、状態を表す動詞や長い時間を表す動詞とともに出てきた」

　(24)の That sche schal duelle a maiden *stille*. は「彼女は少女を静かに住まわせた」の「静かに」は時間的に「長い間」と解釈することも可能である。

訳者注 20 「(25)のように新しく譲歩の用法ができると、時や譲歩の用法は「静かな、動きのない」という意味と関係がなくなった。」

(25)はデフォーの『ペスト』の一節で、以下にこの一節の平井正穂訳を挙げる。

セント・ジャイルズ教区ではそれ(死体埋葬数)が 32 もあったことはほんとうである**が**、それでも、疫病にかかって死んだのは**わずか** 1 名**に過ぎなかっ**た。こう死亡率が減ってくると、そろそろまた市民たちは安堵の色を浮かべるようになった(下線部は筆者による)。

(『デフォー　スウィフト』世界文学大系 15　平井正穂・中野好夫訳　1959 年　筑摩書房　175 ページより)

「それでも」は still の訳、「〜が」「わずか〜に過ぎない」は but の訳である。ここで著者の言うように、二つの but が still とともに逆接として重複して用いられ、譲歩の推論を喚起している。

第2章
意味変化研究の歴史

2.1 はじめに

　本章では、意味変化に関する現在までの研究や問題を概観する。特に注目するのは意味変化の規則性とメカニズムの研究であり、それらについては第3章以降でさらに詳細に述べる。本章で、意味変化に関する研究の歴史をすべて網羅することはできない。本章で紹介するのとは異なる研究に関するあらましについては、Kronasser(1952: 第1章)、Ullmann(1957: 第4章)、Warren(1992: 第1章)、Blank(1997: 第1章)、Geeraerts(1997: 第3章)、Fritz(1998: 第4章)を参照のこと。

2.2 現代の研究の背景

　ヨーロッパやアメリカでは、意味論研究のほとんどがギリシャやローマの文法学者の研究にもとづくものである。彼らは、意味と形式の恣意性と自然性、同音異義語と多義語について詳細にわたって議論したが、特に17世紀からの哲学者や論理学者は指示性に注目した。同様に、語彙の性質については、特に18世紀からの辞書編纂者によって議論された。19世紀には、インド・ヨーロッパ比較言語学を生んだ語族研究によって、音韻対応や音韻変化が注目されるようになったが、同族の意味やもっともらしい意味変化といった意味の概念も必要になり、意味変化に関する洗練された見方も現れるようになった。特に新文法学派の伝統を受け継ぐ大きな辞書にこの見方が現れている。たとえば、Pokorny(1959/69)、Oxford English Dictionary(1989、初版は1884年)、Wartburg(1928–66)など。

　日本語は、インド・ヨーロッパ比較言語学の発展を促したような多くの明確な同族語を持たないが、日本には900年ころから、漢字のなりたちや和歌における正しいことばの使用法を説明することを目的とした辞書を作る伝統があった(『国語学大辞典』の「辞書」の項460–464ページ(小松英雄による)を参照)。日本語の歴史についての学問は、18世紀の「国学」(日本国についての学問)の研究から起こった。現在は、伝統的国語研究は「国語学」(国語についての学問)によってなされている(国語学の英語による説明はHattori 1967を参照)。国語学は19世紀のドイツで起こった新文法学派の影響を直接受け(『国語学大辞典』の「上田万年」の項58–59ページ(筧五百里による)を参照)、古い時代の国語についての記述的研究と

なって開花した。汎言語的理論でなく、国語の記述に重点を置いた国語学研究に、20世紀初めの意味論・意味変化の見方がなおも反映されているのは不思議ではない。同時に、日本の「言語学」における意味論・意味変化研究は、次の節で取り上げるような理論的研究に寄与している。

2.2.1　Bréal

意味変化の基準を成文化しようという試みは、早くもインド・ヨーロッパ言語を中心とした研究の中から現れ、ことにBréalはEssai de Sémantique(1897)を著し、その先駆けをなした(英語にはSemantics: Studies in the Science and Meaning(1900)として翻訳された)[*1]。ここでは、その1964年版を使う。Bréalによる研究の目的は、「言語の変化に影響を与える知的原因」(Bréal 1964 [1900]：5)を研究することによって意味の科学を発展させることであり、「人間の作り出したもの」(同：2)としての言語と、「法則(laws)」によって規定される目的のある行為に注目している。ここでいう法則とは、経験的調査によって発見可能な傾向という意味である[*2]。彼は文法一般に意味的研究を試みたので、彼のいう「法則」は語彙・屈折表・語順など、言語における広い領域の変化にかかわっていた。

Bréalは、類推などの一般的なメカニズムに加えて、現在でもなお多くの本で引用されているようないくつかの「法則」を述べている。これらについては、Bréal以外の資料から多くの例を挙げて説明する。彼自身ははっきりとは述べていないが、これらを語彙変化論と意味変化論の観点から二つに分けてみよう。後者について、彼は「意義の科学(science of signification)」という正統な学問として取り扱っている(p.99)。

Bréalが述べる語彙の変化には次の二つの型がある。

(i)　専門化　ある一つの要素が「文法概念として顕著な特徴を持つ」(p.15)にいたること。たとえば、フランス語でqueがただ一つの補文標識として選ばれるなど(Schlieben-Lange 1992)[*3]。

(ii)　分化　類義語関係にある二つの要素が分かれること。典型的な例として、(a)dogがスカンジナビア語から借用されたときのhoundなどに見られる専門化、(b)古代英語のlett-から来た「禁ずる」の意味の中世英語letが、古代英語lœtan(許す)も中世英語でletになったあとになくなる例に見られるような、音韻変化が「同音衝突(homonimic clash)」を起こすことによる形式の喪失がある(音韻変化による同音異義語の発展についてはUllmann 1957, 1964、Geeraerts 1997：第4章、Campbell 1999 [1998]：第10章を参照)。

専門化や分化によって、喪失が起こったり、一組の中の一つあるいは二つ以上が重要でなくなったりする。それらは、一方で危険な同音異義語を避けるため、また

一方では完全な同義語を避けるためであると考えられる。どちらも「一つの形式に一つの意味」(Hock and Joseph 1996: 225 など)という原理によってできた変化形である。「一つの形式に一つの意味」という原理の問題点は、語を文脈の外で扱うことである。現代の英語にも見られるように、話し手は『語素』(L)が文脈で使われるとき、かなり分化した意味にも耐えうるものである(たとえば、rent an apartment は「借りるアパート」とも「貸すアパート」とも取れる)。語はかなり分化した多義語、時には矛盾した意味を持つ多義語になる場合もある(Lepschy 1981 は、これを「対称多義語(enantiosemy)」と呼んだ)。16 世紀に「判決」という意味の名詞として借用された sanction という語は、換喩的に意味が広がって、まずは判決を施行するために制定された罰を指すようになった。

（1）　The *sanction* and pain of this divine Law being by sin incurred.
　　　この神聖な法の罰と苦痛が罪によって招かれた。
　　　　　　　　　　　　　　　　　　　(1671 年 MacWard, 316 ［OED］)

その後、換喩的に意味が広がり、「是認」という意味になった。これは、「判決」を下す際の正しいという判断にもとづく態度で、「判決」から推論が喚起されてできた意味である。

（2）　［He］told her, this experiment had not only his *sanction*, but warmest approbation.
　　　(彼は)彼女に、この実験は是認されただけでなく、心からの賞賛を受けた、と言った。　　　(1798 年 Lee, Yng. Lady's T. II, 103 ［OED］)

この新しい意味は、18 世紀に借用された動詞 sanction(「判決を下す」か「是認する」の意)があることによっても証明される。

（3）　My own voice never shall *sanction* the evils to which I may be subjected.
　　　私自身の声は、私が服従している悪に判決を下す／を是認することは決してない。　　　　　　　　　　　　　　(1797 年 Radcliffe, viii ［OED］)

sanction には、文脈によって(1)のような否定的意味を表す名詞がすでにあったが、否定的意味を表す動詞は OED によれば 1956 年が初めてである。

（4）　(heading)Let Church *sanction* road killers.
　　　(見出し)教会に道路壊し屋の罪をかぶせよう。
　　　　　　　　　　　　　　　　　(1956 年 7 月 27 日 The Universe ［OED］)

OED はこの例を「許容されるか疑わしい」として挙げている。Sanction の肯定的

意味「是認する」と否定的意味「罰する」は、文脈の中で区別できる場合が多いが、どちらも現代英語で広く使われている。

（5） a. Bush again outlined the sins of Iraqi leader as described by the United nations in an unprecedented series of punitive resolutions, including Thursday's move to *sanction* the use of force if Iraq does not comply by Jan. 15.
(1990年11月30日の United Press Intl. より。「是認する」の意味で使用)
ブッシュは、イラクの指導者の罪について再度述べた。それは、先例のない厳しい決議案の中で国連が述べてきたもので、その中には、もしもイラクが1月15日までに従わなければ武力の使用を是認するという木曜日の措置が含まれている。

b. Justin Antonin Scalia asked if a state could *sanction* a cigarette manufacturer that printed the surgeon general's warning along with a statement that cigarettes are "good in other respects."
(1991年10月8日の United Press Intl. より。「罰する」の意味で使用)
ジャスティン・アントニン・スカリアは、アメリカがタバコ製造業者を罰することができるかとうかを尋ねた。軍医総監による警告と「他の点ではタバコはよい」というコメントがタバコに印刷されていたからである。

同音異義語恐怖症という概念は、語が同じ表現を使って複数の機能を表すこと、つまり多義語として、字面の意味に加えて慣用的・語用論的意味を表すことができる、ということを過小評価することにつながる。多義語はともに調和することもあればしないこともある。にもかかわらず、みな共存する。たとえば、近代日本語の動詞「ことわる」は「断る・辞退する」と「謝る」の意味があった。複合語「ことわる」の「こと」は「もの・ものごと」、「わる」は「割る・分ける」で、「ものごとを分ける」というの文字どおりの意味であり、上代日本語(750年)では、「(よい悪い、利益不利益などの)ものごとをわきまえる」という意味の意識動詞として使われていた。中古日本語(1000年)では、「ことわる」は「(心の働き、性質、筋道を)理解する」という意味に広がった。初期中世日本語(1225年)では、会話動詞として「理由を言う、言い訳をする」という意味になり、続いて14世紀には会話行為動詞として「(理由を言って)謝る」という意味としても使われ、17世紀には「文書を整理する、告訴する」という意味としても使われるようになった。さらに19世紀終わりには、「拒絶する」「解雇する」の意味でも使われるようになった。初期の意識動詞としての意味としては現在残っていないが、会話行為動詞としての意味は、同音衝突の可能性があるにもかかわらず、文脈の中で区別されて、現在でも

残っている。

　Bréal による意味変化の型は現在一般的になっている。意味の悪化と意味の向上、制限と拡大[訳者注1]、隠喩と換喩である。主として Bréal 以外の文献の例をもとに、順に述べる。

　(i) 意味の悪化(pejoration)：語の持つ否定的な意味合いが増化する変化である。たとえば、古代英語の cnafa(少年)が knave(悪漢)になったり、mistress(一家の女主人)が(めかけ)になったり、古代英語の selig(無邪気な)が(ふざけた)になったり、初期中世英語の bourgeois(中産階級の人)が(俗物)になったりする例がある。Bréal は意味の悪化を、人間の持つ悪意や「良質の背後に隠れた欠点や落ち度を探す楽しみ」が一つの原因であるとしている(Bréal 1964［1900］：101)。Hock and Joseph (1996)はさらに、意味の悪化は「若くて幼い人、若い男の子、女性すべて」を指す語に起こることを指摘している(1996: 244)。Bréal はまた、それを婉曲表現の結果であるとしている。つまり、いやな概念を隠したり、いやな概念を新しい語を使ってごまかしたりする傾向からできたというものである。新しい語はやがて隠されたタブーの意味を持つようになる(1964［1900］：100)。たとえば、古代英語の stincan は「におう」という意味で、いいにおいにも悪いにおいにも使われていた。

（6）　Ic *stince* swote.
　　　　甘いにおいがする。　　　　　　　　(1000 年 Ælfric, Grammar, 220 ［OED］)

中世英語の stincan は主として悪いにおいを表すようになった。初期中世英語(1300年)の smell は古代英語の stincan と同じくいいにおいにも悪いにおいにも使われたが、次第に悪い意味とよく結びつくようになると、いいにおいは have、be と借用語の odor(1300 年)、scent(1375 年)、fragrant(1500 年)、fragrance(1670 年)によって表されるようになった。この点に関して、現在の映画のタイトルである「Scent of a Woman」(女性の香り)と、実際にはないタイトル「Smell of a Woman・Odor of a Woman」(女性のにおい)を比べてみよう(防臭剤が「odors(臭い)を消す」という例もあるので、odor の意味の悪化も現在進んでいる)。

　意味の悪化の中には、単に高い価値から低い価値への変化を示す場合もある。日本語の敬語で、もともと尊敬の意味を持っていた語が、(婉曲の目的で)規則的に使われるうちに次第にその意味を失い、尊敬の薄い人を指すようになるのが、そのよい例である。たとえば、たとえば、「おまへ」(二人称単数)は中世日本語では話し手よりも位が低い人(親が子に対して、など)に親しく呼びかけるのに使われていた。しかし、「おまへ」はもともと上代日本語の尊敬の接頭辞「おほ」と「前」(位置を表す)からできており、「神や偉大な人の御前」という意味で使われていた。それが、平安時代(10 世紀)には高貴な人(二人称と三人称)を婉曲的に指す語として

使われるようになった。Ohno(1980: 35-37)は16世紀の文献から「おまへ」の尊敬の二人称代名詞の例を引いている。

　(ii)意味の向上：語の持つ肯定的な意味合いが増化する変化である。たとえば、古代フランス語の ber/barun(普通の人、召使)が(王の従者)になり、(男爵)になる例、ラテン語の nescius(無知の)が古代フランス語で(愚かな)の意味になり、そのまま英語に借用されたが、次第に「はにかみ屋の」という意味になり、さらに「魅力的な」という肯定的な意味も持つようになった(例は Hock and Joseph 1996: 241–244 より)。中世日本語の「かはゆし」(かわいい)と「いとほし」(愛らしい)もまた、それぞれもともとの「かわいそうだ」と「同情的だ」から変わっていった語である。このような古い意味と新しい意味にはどちらも、強い人の弱い人に対する感情的関心が含まれるというのが一般的見方である(Izumi 1963: 82–84, 181)。

　もともとの語源は同じでも、ある言語ではよい意味に、別の言語では悪い意味になる場合がある。Bartsch(1984: 387)は、ゲルマン語の「(衣服が)ぴったりの、きつい」という意味の語から、オランダ語の knap(できる、適した、賢い、顔立ちがいい)とドイツ語の knapp(狭い、全く十分でない)ができた例を挙げている。

　(iii)意味の縮小：古代英語の deer(動物)が(鹿)を指すようになったり、corn(穀物)がアメリカで(とうもろこし)を指し、スコットランドで(オーツ麦)を指す(Geeraerts 1997: 96)ようになったりする例がある。縮小は一つの品詞内だけで起こる場合がある。たとえば、名詞の erection は16世紀から、建物と人体の一部について使われてきたが、今は建物については普通使われない。一方、動詞の erect は今でも建物を作るという意味でも使われており、子供は erector sets(組み立てセット)をプレゼントにもらったりする[*4]。18世紀に、日本語の「やくざ」は「ろくでなしの」人、「取るに足らない」人を一般的に指す語として使われていた。その後、その指す領域は、浮浪者・金持ちの遊び人・ばくち打ち・ならず者など、社会に積極的な役割を果たさない人にまで広がった。しかしその後、その領域は逆に、組織的な犯罪に参与する人に狭まっていった。

　(iv)意味の拡大・一般化：ラテン語の armare(肩を覆う)が(腕)を指すようになる例、ラテン語の arripare(川岸に着く)が(目的地に着く)になる例、インド・ヨーロッパ祖語の *wendh-(編む)がドイツ語の Wand(壁)になる例(壁は枝を編んで作られたため)などがある。toilet はもともと「衣類を包む布、頭をおおう布」という意味であったが、後に衣類に関するさまざまな物品を指すようになり、「作ったり」「したり」する文脈では「身なりを整えること」「着飾ること」を指すようになった(トイレを指す用法は換喩・婉曲法によるものである。以下を参照)。ejaculate は16世紀には体から液を射出するという意味だったが、その後は話す行為に使われるようになった。

（7） I could not but with hearty thanks to Almighty God *ejaculate* my thanks to him.
心から感謝を込めて、全能の神に感謝を捧げざるを得なかった。
(1666 年 7 月 23 日 Pepys, Diary, IV, 22 ［OED］)

現代日本語の「あした(明日)」は「あけ－した」(夜明けのころ。朝)から来ている。「翌朝」を指す例は上代にも見られるが、中世日本語では次の日の一日中を一般的に指す「明日」という意味になった(Takemitsu 1998: 26)。

　源は同じでも、一つの言語では意味が拡大し、別の言語では意味が縮小することがある。たとえば、ゲルマン語で「野生の動物」を指していた語(古代英語の deor を参照)が、ドイツ語では Tier(野生だけでなく野生でない動物も指す：意味の拡大)になり、英語で deer(ひづめのある反芻動物、「鹿」：意味の縮小)になった (Bartsch 1984: 385)。

　(v)隠喩：ある概念から別の概念への変化である。たとえば、before の「(空間的)前」から「(時間的)前」への変化、pending の「(位置的)ぶらさがっている」から「(時間的)までに」への変化がある(Kortmann 1992)。Bréal は、隠喩はイメージと結びつくもので、言語は隠喩に満ち満ちていると述べている。彼は、「インド・ヨーロッパ言語は隠喩的会話を宣告されている」(1964［1900］：3)とまで言っている(おそらく他の言語もそうであろう)。たとえば、「無味乾燥な文法(dry grammar)」でさえも「clou(つめ)は複数形の s を取る」(同：4-5)のような擬人法による隠喩が使われている。Bréal の「宣告されている」(これ自体も隠喩であるが)という表現は、当時の科学的談話は客観的、文字どおりであるから比喩的ではないという美文家による主張を呼び起こすことになった。「役に立たない人」から「ならず者」に転じた日本語の「やくざ」は、もともと伝統的カードゲーム(「三枚」というカブ賭博)で最も悪い手である「8(や)」「9(く)」「3(ざ)」を指していた[*5]。語の意味はカブ賭博の領域から人間の特徴に移り、やがて縮小されていった(前の(iii)を参照)。

　(vi)換喩：ある語が別の語に結びつく変化である。たとえば、中世フランス語では rien(もの)と pas が否定の ne と結びつき、やがて ne が落ちて、rien と pas だけで否定が表されるようになった。色の特徴を持った物が、その色自体を表すようになるのも換喩である。オレンジ、金、銀などがそうである(Berlin and Kay 1969)。また、材料が、材料から作られた物を指すという換喩もある。たとえば、ギリシャ語の「パピルス」(植物名)が「紙」を指すようになったり(Buck 1949: vii)、インド・ヨーロッパ祖語の *wendh-(小枝で編む)がドイツ語で、「小枝を編んでできた壁」から「壁」を指すようになる(前の(iv)を参照)する例がある。さらに、物が、

そのものを使う目的と結びつくこともある。たとえば、フィンランド語のraha(羊の皮衣)は交換の媒介として使われたので、やがて「お金」を指すようになった(Campbell 1999 [1998]: 169)。部分が全体を表すシネクドキも換喩の一種である[*6]。日本語の「車」(車輪)が「四輪駆動の自動車」を指すようになったのがその例である(英語の wheels (車輪)も「車」を指すようになった)。縮小、拡大、意味の悪化、意味の向上のほとんどの例は換喩的変化である。換喩は、使用される文脈に依存した変化である。

日本語の「包丁」は、さらに複雑な換喩の例である。「包丁」はもともと「はう(庖)」(台所)と「ちやう(丁)」(下働きの人)からなる中国語からの借用語であり、上代の終わりには「台所で働く人、料理人」を指していたが、その後、換喩的に意味が広がり、彼らがしたこと、つまり「食事を準備する行為、料理」を指すようになった。現代の「包丁」(台所で使う大型のナイフ)は、中世日本語の「包丁刀」(包丁＋刀)の省略形である[*7]。この例は、意味変化が隠喩的変化であるか換喩的変化であるかを決めるには、きめの細かな分析が必要であることを示している(Goossens 1995a, 1995b も参照)。「包丁」の現代の意味「大型のナイフ」と、もともとの借用語の意味「台所で下働きする人」を比べると、変化は隠喩であるかのようにも思える。しかし、よく見ると、この意味変化は二段階の換喩的変化を経ていることがわかる。つまり、一つは「台所の下働き人」と「その人の行為」の結びつき、もう一つは、料理のためだけに使う明確な道具である語(刀)の省略である。

Nerlich and Clarke は Bréal 以来使われてきた換喩のパターンについて、次のようにまとめている。

> 部分が全体を表す(シネクドキと呼ばれる)、原因が結果を表す、入れ物が中に入っているものを表す、形が機能を表す、材料が材料によってできた物を表す、場所がそこに住む人を表す、物を作った人の名が物を表す、着物の商品名がそれを着る人を表す、著者の名前が著者による作品を表す、使われている物が使っている人を表す、制御する人がされる人を表す、協会名が協会の責任者を表す、地名が行事を表すなど。　　　　(Nerlich and Clarke 1992: 134)

このような換喩のパターンに、会話の流れの中で起こる語用論的結びつきも含めることにする(2.3.2 を参照)。

Bréal(1964 [1900])は、そのような変化の動機は社会的、心理的なものであるとしている。彼は、次のような五つの動機の型を挙げている。そのうち初めの三つは、伝達の目的のための言語の運用にかかわっている。

(i)　　むずかしさを避ける(60 ページ)
(ii)　　明確さの確保(65 ページ)
(iii)　　タブーと婉曲(100–103 ページ)：これによって一般化(婉曲によって意味が

広がること)、意味の縮小あるいはタブーの話題を指す語の喪失が起こる。toilet はこの二つのよい例である。もともとは「着物や頭を包む布」を指していたが、次第に「身なりを整えたり着飾ったりする行為」にまで広がっていき、遂には、排泄物処理のための設備や、それが備え付けられている部屋と婉曲的に結びつくようになった。その後、toilet は、婉曲的に用いられればられるほど、身なりを整えるという意味では使われなくなっていった。さらに、toilet はタブーによって使われなくなり、代わりに restroom や bathroom が使われるようになった(風呂がトイレにないことはわかっていても)。Janda(2001)は婉曲的「端折り(clipping)」や名詞(「体」など)の喪失について論じ、英語の behind(うしろ)やフランス語の derrière(うしろ)、ドイツ語の After(うしろ)の前置詞が名詞化して「おしり」を指すようになった例を挙げ、Kluge and Seebold(1995)を引用して、ドイツ語の After は前置詞から名詞に転じ、婉曲的に「肛門」を指すようになったことを述べている。しかし、その用法はタブーのため、すぐに使われなくなった。

(iv) 意味の希薄化、意味内容の喪失、漂白(103 ページ):たとえば、英語の awfully は「畏れを呼び覚ますやり方で、恐ろしく」から「とても」の意味になり、ドイツ語の sehr は「残酷に」から「とても」の意味になった。

(v) 文化的変化などの外的要因(105 ページ):たとえば、bourgeois(ブルジョワ)の指す対象に対する態度など。Bréal は意味変化の内的要因に主として注目していたため、外的要因についてはほとんど論じていない。

　このリストは統一性のある原理ではなく、「法則」とは言いがたい。しかし、Bréal はすべてを等しく扱っているわけではない。意味変化の「法則」に関して、Bréal は、意味の向上よりも意味の悪化がよく起こること、意味の縮小は言語内の要因で起こり、意味の拡大は言語外の要因で起こることを指摘している。さらに、隠喩はどのタイプの変化にも働く原理であることも示唆している。変化の動機に関しては、むずかしさを避けることと明確さへの注意が支配的な動機であり(60, 65 ページ)、究極的には、言語収容力にとって基本的な類推の原理によって変化が起きるとしている。このような競合しあう動機については、Bréal 以後再定義された。たとえば、Langacker(1977)は、際だつ単純性や広い情報性を目指して競合してなされる探索について述べ、Slobin(1977)は「速くわかりやすく」「明確に」などを含む「言語に対する責任」について述べている。

　Bréal は共時的章全体を主観性に費やしている。Bréal のいう主観性とは、話し手から起こるものであり、話し手は「話すと同時に興味を持った観察者であり、出来事の作者でもある」(229 ページ)ような筋書を発展させるのである。主観性は、特に法や「スタンス副詞(stance adverbs)」(Biber and Finegan 1988)と関連している

(230 ページ)。スタンス副詞の例としては、An accident took place yesterday... but happily caused no loss of life(事故が起こったが、幸いなことにだれも死ななかった)の happily が挙げられる。Bréal は「主観的要素が、言語の特性の中で最も古いものである」と仮定する(237 ページ)。これは、会話が話し手と聞き手にもとづいていて、「記述や語り、興味のわかない考察などのために作られているのでなく」「願いを表現したり、命令を暗示したり」(238 ページ)するために作られているからである。彼が主観性を意味変化の要因として議論しなかったのは、おそらくそれが言語の基礎であると考えたからであろう。しかし、意味の悪化や向上の例を見ても、表現しようという意図が変化にかかわっているという彼の興味を見ても、主観性が意味変化にかかわっているという彼の考えが読み取れる。

　ごく最近まで、Bréal による意味変化の特徴に従ってきた著者は多いが、彼らは主観化の果たす役割や、「あいまいさや混乱」(287 ページ)をなくすような文脈に対してはあまり注意を払っていなかった。用例を収集する中で、お互いに他を排斥しあうような変化に直面し、どちらか一方が優勢であったとしても、言語学者の多くは意味変化は体系的ではないと見ている。この考えは Hock and Joseph にも受け継がれている。彼らは、「ある環境においては意味変化は圧倒的に体系的な効果を発揮する」ことを認めながらも、「意味変化の大半はあいまいで矛盾が多く、語彙意味論同様、予測することがむずかしい」(1996: 252)と述べている。にもかかわらず、意味変化の理論は発展を遂げてきた。そのことを次に述べよう。

2.2.2　20 世紀初頭の理論

　20 世紀初頭に意味変化理論の発展に偉大な功績を果たした人が二人いる。Meillet(ことに 1958 [1905–06] を参照)と Saussure(1996 [1916])である。Meillet は社会構造における意味変化の樹立に注目し、Saussure は共時的体系を比べることによって、「意味領域(semantic field)」(2.2.3 を参照)に関する研究に従事した。Saussure の研究の大部分が言語変化に関係していること、喉頭音理論として開花したインド・ヨーロッパ語の輝かしい再構(1967 [1879])から彼の研究が始まったことは忘れられがちである。Saussure の研究で最も有名なのは共時的体系における要素としての記号論である。Saussure によれば、変化は体系を壊し、変化はまた過程であり、共時態はその所産である。個々の記号は長年にわたる個々の変化の結果であるので、言語変化とは恣意的である(音韻変化のような例外のない変化もあるには違いないが)。「外見とは裏腹に、通時的事象は常に偶発的で特異な性質を持っていて」(Saussure 1996 [1916]: 92)、「命令的で(imperative)」「一般的な(general)」規則性という意味での「法則(laws)」とは相容れないものである(同: 90)。Saussure はフランス語の poutre(牝馬)が(建物の梁)に変化する例を挙げ、「変化は特殊な環

境を参照して説明が可能となる」(同)と述べる。poutre は古代英語の poutrel(若い馬)、poutre(若い牝馬)から来ている。牝馬は荷を運ぶ。同様に建物の梁も屋根を運ぶ(Wartburg 1928-66 ラテン語の pulliter)。個々の記号は個々の変化の結果であるという Saussure の洞察は正しいが、そのほとんどが一般的変化の例である。pourtre に代表される「特殊な(particular)」例は、実は隠喩的変化の一般的過程を表す例なのである。

　Saussure 後の学派では、物質文化における変化のような外的要因による変化を特に証拠とした、変化の恣意性が強調されるようになった。そのような研究では指示的意味、外延的意味が注目された。Ullmann(1964)は、一見単純に見える例を挙げている。Croissant(クロワッサン)という巻きパンは、その形から来ていると思われるかもしれない。フランス語の crescent が「月の初期の段階(三日月)」から換喩によって単純に「三日月のような形をしたもの」を指すようになったと考えられるからである。しかし、実は語の結びつきはそんなに単純なものではなかった。ドイツ語の Hörnchen(小さな角)がフランス語に翻訳借用された(母語に訳された)。この語は、17世紀末にウィーンで、トルコに勝利したのを記念して焼かれた巻きパンを指すようになった。そのトルコ国家の象徴が三日月であった(Ullmann 1964: 197。Bloch and Wartburg 1960 より引用されている)。これも換喩的説明であるが、この説明には社会的要因と、間接的ではあるが視覚的要因もかかわっている。

　社会や技術の変化を反映する外延的意味の変化を表す例として、経済的交流や生活共同体を指す語が挙げられる。現代英語の town という語は、古代英語の tun とは指す対象が非常に異なっていた。tun は、「人々のいる中心」であり、人々が住む共同体という場所とはかけ離れた囲いを指していたからである。古代英語の時代には、そのような中心は現在の村よりも小さく、囲まれていて、「都市」や「都会の中心」が果たすような役割を果たしてはいなかったのである。今世紀の航空機産業や情報技術の質の変化によって、plane の指す外延も変化した(ライト兄弟が飛ばしたエンジン一つだけの飛行機から、ボーイング747、コンコルド、ステルス機へ)。computer もデスク型の大きいものからラップトップ型も指すようになった。日本語の「車」は、一部が全体を指すようになる換喩の例として「車輪」から「(車輪のある)車」を指すようになったことはすでに述べたが、その対象も、初めは「手押し車」「馬車」だった。20世紀初めには主に「人力車」を指していたが、第二次世界大戦後には「自動車」を指すようになった。近代日本語の「台所」は上代末期の「台盤所」から来ている。「台盤所」は「台盤」(食器を盛る盤を載せる台)と「所」(場所)からなる合成語である。台盤所は9世紀の宮中にあった特別な部屋で、調理済みの料理をお盆に盛って貴人に差し出すための部屋であった。そのころは食べ物を調理する部屋は「厨」といったが、やがて「台(盤)所」も同じ意味で使

われるようになった。「台所」は中世日本語では、侍の家の部屋や大きな農家の鉄瓶のやかんがかかっている部屋を指していた。現代日本語でも「台所」は使われているが、Takemitsu(1998: 195)は、現代日本のしゃれた設備やテーブルのある「ダイニングキッチン」を指して「台所」は使いにくいと言っている。

　Meillet(1958 [1905–06])が指摘しているように、言語外の要因で意味変化が起こる程度の大小を問わず、意味変化は言語的意味や概念構造の枠内での説明が可能である。つまり、意味変化は 2.2.1 で概説したような傾向に当てはめることが可能である。たとえば、「台(盤)所」は、初めは宮中で食事を準備する部屋を指していたが、やがて侍の家の台所を指すようになり、ついには台所一般を指すようになった。この一般化にはまた、わずかながらの意味の悪化もかかわっている。「台所」が「ダイニングキッチン」を指して使いにくいという Takemitsu の指摘は、後に「台所」と「ダイニングキッチン」の専門化が起こることも示唆している。

　Saussure による意味変化の恣意性を支える証拠として、物質文化の変化が最も多く挙げられているが、恣意性を表す例として最も顕著な例は、意識的選択と言語的干渉(命令による言語政策)である(Bartsch 1984: 369)。科学研究の分野と社会的相互作用の分野からの二つの例を挙げる(他の、特に寡頭政治の分野の語については Hughes 1992 を参照)。Gould(1977: 28–32、Bowler 1975 を引用)は、ラテン語から来た科学的術語 evolution が前成の部分をどのように明らかにするかについて議論している。evolution は、英語の最も古い例では前成部分の発展や、成長にかかわる事柄、さらに「発達(progress)」をも意味した。前成説が衰えるにしたがって、初めの意味は使われなくなった。19 世紀の半ばには、ばらばらなものから区別が生じるという定義(後成説)が盛んになってきた。evolution という語は Darwin が『種の起源(On the Origin of Species)』で使っている「変異による系統(descent with modificatoin)」よりも短いので、生物学者たちは、更なる複雑性に導く有機的変化として evolution を使うようになった[*8]。20 世紀には、evolution は「一般的発達」から、「特殊なタイプの順応(specific cases of adaptation)」を含む「個体群の遺伝的変化(any genetic change in population)」」に意味が広がっていった(Gould 1977: 32)。そのような意味変化は生物学理論の変化の影響を受けてきた。その理論によって価値ある研究とは何か、補助金に値する研究とは何かが示され、さらにその理論は主に教育的手段や情報をとおして広く意識されるようになる。その方法は本書で取り上げたどの型の規則性にも左右されるものではない。

　最近、社会意識を発展させたり文化的慣習を深く留めようという努力によって、rape とか harassment とかいう単語の再定義がなされてきている。evolution の変化と同じく、議論や、もともとの概念とは異なる統制行動を先取りしようとする限りにおいて、これらは必然的に「客観化(objectification)」といわれる変化である。最

近は harass という語は、声に出して言う行為と結びつくようになってきた。

(8) He chose to live with the poor. He chose to argue for the homeless. He chose to embarrass, *harass* and challenge our leadership.
彼は貧しい人と暮らすことを選んだ。彼はホームレスの人と議論することを選んだ。彼は惑わせ、困らせ、われわれの指導に挑戦することを選んだ。
(1990年7月6日、United Press Intl.; Jesse Jackson が Mitch Snyder を賞賛して)

OED では、harass は17世紀にフランスから借用された語であり、以下のように定義されている。

(9) 1. すり減らす、くたくたに疲れさせる、疲労、心配、災難などで疲弊させる。古い用法、方言(1626年に現れる)。
2. 悩ます、荒らす、荒廃させる、略奪する。古い用法(1618年に現れる)。
3. 何度も攻撃することで悩ませる(1622年に現れる)。
4. 悩ませる、重労働や心配事、しつこさ、災難などで苦しめる(1656年に現れる)。
5. 専門用語。ひっかく、擦る(1875年に現れる)。

どの意味も話すこととは厳密には関係していない。しかし、どれも結果と関係がある。The American heritage Dictionary もこの語を同じように定義している。声に出して言う用法は類義語の解説のところにだけ現れる。「harass と harry はどちらも、繰り返し悩ましたり脅したり強要したりすることによって、故意に人をいじめるという意味を含んでいる」(American Heritage Dictionary 2000)。しかし、harass は19世紀には声に出して言う行為にまで広がった。

(10) but was strangely *harassed* by a queer, half-witted man, who would ["wanted to"] make me dance with him, and distressed me by his nonsense.
私は、ダンスを強要する奇妙で愚鈍な男によってひどく苦しめられた。その男はまた、くだらないことを言って私を悩ませた。
(1818年 Austen, Northanger Abbey, vol. I, 26)

ここで、「ダンスを強要する」「くだらないことをいって悩ませる」は声に出して言う行為であると思われる。(11)も Austen からであるが、harassing は明らかに、自分に質問するという意味で、声に出す行為である。

(11) while *harassing* herself in secret with the never-ending question, of whether

Captain Wentworth would come or not?
ウェントワース船長が帰ってくるだろうかという終わりのない質問で、密かに自分を質問攻めしながら。　　　（1818年 Austen, Persuasion, vol. II, 227）

現代の harass の意味は、公民権法(1964)の第7条と教育改正法(1972年)の第9条を含むアメリカの連邦法と密接に関係している。これらの法は、セクシャルハラスメントや人種差別ハラスメントなど、いかなる種類のハラスメントをも禁じている。特に影響が大きいのは、1980年の性差別についての機会均等雇用委員会によるガイドラインである。

(12)　　いやな性的言い寄り、性的許しの要求、その他ことばや体による性的行為は、(1)そのような行為に対する服従が個人の雇用規約期間に明確にあるいはほのめかすように行われたとき、セクシャルハラスメントと認定する[*9]。

この定義の中心は、ことばによる行為である。1986年の Meritor と Vinson の訴訟以来[*10]、意味を解釈する聞き手の役割が注目されるようになり、「unwelcome（いやがられる）」や「reasonable person（適度な人）」、さらに最近は「reasonable woman（無理でない女）」「hostile environment（悪意のある環境）」などの意味について法的な議論が長々とされるようになった。名詞の harassment と動詞 harass が非法的な文脈で使われるようになると、行為の影響に関する古い意味から解釈に関する新しい意味に変わり、語の意味についての不確定要素が大きくなり、職場や学校での行為規定が常に改定されることになった。しかし、一つはっきりしていることは harassment と harass の意味において、ことばの果たす役割が以前よりもずっと目立つようになったことである。この変化が起きたのは、社会的思いが変化したからであるが、特に1980年の雇用機会均等法のガイドライン、つまり訴訟の変化によるところが大きい。興味深いのは、訴訟の変化が「会話行為」動詞への変化と一致していることである。(10)、(11)の Austen の例は、この変化が進行中であり、訴訟によって変化が早まったに過ぎないことを示している。

　Saussure の講義が出版された後の意味変化の研究は、多くが個々の恣意的な変化にかかわるものだったが、一方 Bréal のリストにあるような構造的に対立した術語や対立語に現れる制約にも興味が向けられてきたことは注目に値する(Ullmann 1957, 1964: 244 参照)。

　たとえば、Language（『言語』）の意味変化の章で、Bloomfield は、意味変化の伝統的分類として、意味の縮小と拡大、隠喩と換喩、シネクドキ、誇張法、曲言法、意味の悪化と向上などを作ったが、このような型の変化は明確な説明が可能ではな

いと述べた。彼の見方では、このような変化は「実際的物と物との間の結びつき」(1984［1933］：428)から起こり、殊に言語使用から起こるといい、「実際的状況というのはすべて先例のないものであり、よい話し手の適切な反応が意味刷新にすれすれに近づいている」(1984［1933］：443)と述べている。このことから、変化が起こる文脈を正確に決定する必要が出てくる。ほとんどの場合、社会的、政治的な文脈は手に入らなかったので、より抽象的な文脈を探す必要があった。Bloomfield にとって、意味変化の探求において最も重要なことは、他の語と競合しつつ、ある状況における例から別の状況の例に次第に広がっていくということであった。たとえば、英語の meat の「食べ物」から「食べられる動物の肉」への変化について、Bloomfield は、「料理するのに flesh(体の一部としての肉)がなぜふさわしくないかということがいつかわかる」一方で、言語分析としては、次のように説明している。

 意味の尋常な拡張は文法機能の拡張と同じ過程である。meat が、理由はどうあれ好まれ、flesh が、理由はどうあれ廃れていくのは、次のような比例的拡張が起こったからである。

 <u>leave the bones and bring the flesh</u>　　：<u>leave the bones and bring the meat</u>
 (骨を残して肉(flesh)を持ってくる)　　(骨を残して肉(meat)を持ってくる)
 ＝<u>give us bread and flesh</u>　　：x,
 (パンと肉(flesh)をください)

この公式の結果、新しく give us bread and meat(パンと肉(meat)をください)という句ができる。Flesh を使った左の形式は、悪い意味合いを持ち、meat を使った右の形式はそれがなかったのである。

　　　　　　　　(Bloomfield 1984［1933］：441；下線は原文ではイタリック体)
そこで Bloomfield は、意味変化と指示変化の恣意性から、構造的形式に作動する類推や比例の結果起こる拡張や退廃など、構造的側面に目を転じた。意味変化の方向性について明確にではないが、彼はこのように主張している。「変化については、その一般的過程はすべての言語で同じであり、同じ方向性をたどる傾向にあることを示すに足るデータがある。特殊な型の変化でさえも、ほとんど同じように、しかし独立して、さまざまな言語に起こるのである(Bloomfield 1984［1933］：20)。彼の意味変化の章は、「個々の刷新は最も新しい形式をモデルにしている」(1984［1933］：443)という書き方で終わっている。日常の隠喩と詩的隠喩との関係については、Bloomfield らの行動主義者の後も長く続くはずのテーマであったが、言語に対する指示的な見方から、心理的、認識構成へと焦点が変わっていき、それはやがて意味領域という研究の中で取り上げられることとなる。次へ進もう。

2.2.3 意味領域

意味領域という概念は、一千年の歴史を持ち、直感的な概念である。対立する術語や分類に関心を抱いた構造主義者によって、構造概念領域、あるいは「意味領域(semantic field)」(あるいは「語彙領域(lexical field)」とも)という概念が発展していった。「意味領域」という術語は Ipsen(1924)にもとづく Ullmann(1964: 244)による。意味領域研究によって、学者の関心は、概念範疇および概念範疇に語彙を当てはめること、つまり語彙変化論に移っていった。

意味領域研究の先駆けをなしたのは、Trier(1931)による「知性」に関する術語の発展の研究である。Ullmann による説明を次に挙げる。

> Trier は領域の概念を、密に編んだ語彙の領域としてとらえ、その中ではさらに特定の領域に分割され、分類され、編成される。そのとき、それぞれの要素は互いに境界を定めたり、定められたりする。それぞれの領域においては、経験という生の素材が独特なやり方で分析されて生み出される。それは言語によっても時代によっても異なる。このようにして、意味領域の構造は特別な原理体系と価値基準を具体化するのである。　　　　(Ullmann 1964: 245)

Trier は、1200 年ころの中世高ドイツ語において、知性という領域は三つの語によって構成されていたことを述べている。wisheit(宮廷的、騎士道的学識)、list(非宮廷的学識)、kunst(神学的、世俗的などあらゆる面での人間の知恵)である。しかし、1300 年ころには封建制度が崩壊し、list の意味が悪化し、現代ドイツ語では「ずるさ、ごまかし」を表すようになった。さらに、新しい語 wizzen(知識)が加わり、wisheit(宗教的、神秘的経験にもとづく知識)、kunst(芸術)とともに、知性の領域は再編成された。Lehrer(1985)はこの変化の過程を図表 2.1 のように表した。

図表 2.1　知性を表すドイツ語(Lehrer 1985: 284; Trier 1931 にもとづく)

Ullmann(1964: 249)は、このような分析には問題があると指摘している。意味の「モザイク(mosaic)」はきちんとしていて重なることがないという Trier の考えは間

違っている。意味はそれぞれがきっちり区別されているわけではない。もし領域に空白が見つかったとしたら、それはたいてい理論の機能による。Trier はまた、現在まで続いている list の押しやられてしまった意味には何の役割も付与していない。Matoré(1953)は、意味領域が編成される中央にある mots-témoins(証拠-語。証拠となる語)と、特定の時点に社会によって特権を与えられた mots-clés(鍵-語。鍵となる語)という概念を導入して、この問題を部分的に解決した(Ullmann 1964: 252-253 で議論されている。Williams 1985［1976］も参照)。

　Trier の研究はほとんどが社会的、文化的歴史にもとづいていた。一方 Stern(1968［1931］)は心理学的観点から意味を検討し、意味領域における変化は、文化とは独立したものであると考えた。特に興味深いのは、「置換(permutation)[訳者注2]」と呼ばれる変化の分析である。置換は、関連にもとづく換喩と非常に近い概念である。なお、Stern は置換に対立する型としてシネクドキ(Stern は adequation[訳者注3] と呼ぶ)を挙げている。置換は「全体的状況」(同 351 ページ)から別の状況への変化で、たとえば、beads が「祈り」から、祈りに関連したものへの変化を挙げている。つまり、beads は中世英語では、祈りを数えるのに使われたロザリオのビーズを指すようになったのである(353 ページ)。フランス語の cependant や英語の while が、「〜の間」という時間的意味から「けれども」という逆接的な意味に変化した例も置換の例として挙げられている。Stern はこのような変化を、「対象の主観的理解(subjective apprehension of the referent)」、つまり知覚の変化にかかわるものとしてとらえた(351 ページ)。

　Stern はまた、「素早く」から「直ちに」への変化にも注目している。彼は、「素早く」という概念範疇を指す語は、完了を表す動詞とともに使われて、「直ちに」という意味も表すようになると主張した(Stern 1968［1931］: 185-191)。たとえば、古代英語の swifte や georne は 1300 年ころに「速く」から「直ちに」に変化した。この変化は 1300 年より前に「速く」という意味だった語には影響を及ぼしたが、別の意味から「速く」の意味になった fleetly(1598 年)などの語や、1400 年以後に「速く」という意味で借用された rapidly(1727 年)などの語には影響を及ぼさなかったという。

　ここには理論的に興味深いことがいくつかある。まず、Stern は、関連語(全部で 22 語挙げている)が一方向的意味変化をしているということ、また意味変化は一定期間だけ起こり、やがて終わるということ、それによってもともとの意味を持った新しい語がそれ以上変化しなくなることを示そうとした。彼はまた、古い意味から新しい意味に至るには中間的段階があることを示した(A＞A〜B＞B。1.2.2 の(10)を参照)。さらに彼は、rapidly が過程的出来事(非完了的出来事)と結びつき、immediately が完了的出来事と結びつくように、変化は動詞の語彙的面に左右

されることを示した。しかし、最も重要なことは、彼がこの変化を「置換」として、つまり新しい意味を導く換喩としてとらえたことである。彼はまた、反対の変化は起こりにくいことも示した。「もし人が何かに素早く乗ったとしたら、その行為は直ちに完了するのは明白である。しかし反対に、人が何かに直ちに乗ったとしたら、その行為は素早く行われる、という論法は成り立たない」(同 186 ページ)。これは一方向性の理論である。われわれの術語を使うと、この変化は推論喚起と一方向性に加えて、主観化である。つまり、記述的態度副詞から時の指呼的副詞への変化である。

　残念ながら、Stern の例は当時、英語だけに特有な例であるとみなされたので、結論として導かれた一方向性や文化からの独立性は説得力を持つに至らなかった。彼は文脈の中からの例は挙げていないし、副詞の持つ別の意味や(georne は「速く」のほかに「熱心に」の意味がある)副詞の喪失(georne など)についても説明していない。また、意味変化は一般的過程を経ると彼は考えてはいるものの、変化が 1400 年までに完了したという議論は、変化は規則的で「法則」を示すのだという経験的研究を示そうという大きな目標を弱めてしまった。しかし、彼の提示した例は、英語の意味領域だけではなく、他の多くの言語でも繰り返し起こる変化を示している。Buck は「時間」についての章で、「「直ちに」という意味の語の大半は、かつては単に「速く」という意味だった」と述べている(1949: 964)。

　Buck はインド・ヨーロッパ言語だけにしか言及していないが、日本語にも同様の意味的関係がある。中世日本語では、副詞「早く」(「早い」の変化形)、「早速」、「速やかに」はみな「速く」と「直ちに」の両方の意味を表していた。日本語の文献からは変化の方向性はわからないが、「速く」と「直ちに」という意味領域の分布は、「速く」と「直ちに」が関連していることを示している。日本語で「速く」の意味を持つ語はほとんどが「直ちに」の意味も持っている。さらに、形容詞「疾し」(刀の刃などが鋭い。機敏な)は、上代末期には「速く」と「直ちに」の意味があった。「早々」も上代末期に「速く」と「直ちに」の意味があった。しかし、「速く」を表す語で「直ちに」を表さない語もあった。「すばやい」(副詞「すばやく」は「素+速く」)がそうである。同様に、中国語からの借用語「迅速に」(「迅」も「速」も「速いこと」を表す)も「速く」だけを表した。一方「直ちに」を表す語は「速く」以外の概念から来ている場合が多い。たとえば、「すぐに」と「直ちに」は空間(真直ぐに)から時間(直ちに)への意味変化をしており、「にわかに」(出し抜けに、突然)と「即座に」(直ちに、即席に)は態度副詞から来ている。

　ヨーロッパの意味変化の規則性に関する研究が心理学に注目していたのに対し(たとえば、Stern より数十年後の Kronasser 1952 の意味変化論など)、アメリカの主な原動力は人類学から来ており、中でも Berlin and Kay(1969)による色を表す語

の多くの言語を使った研究がその代表である。言語学の意味領域という概念と人類学の親族分類法をもとに、彼らは、言語記号の恣意性・言語と思想の関係に関する「サピア・ウォーフの仮説」[訳者注4]を試そうとした。その結果、あらゆる言語で色を表す「基礎となる(basic)」単語は最大で 11 の知覚的焦点(色)があり、子供によるそれらの色の習得と意味の発展にはある程度順番が決まっていることがわかった(図表 2.2 参照)。

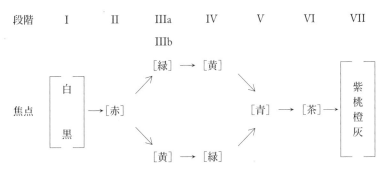

図表 2.2　色を表す語の汎言語学的発展(Kay 1975: 257)

このような発展の道筋は普遍的であり、言語外の知覚的要因、特に視覚によってできるものであり、したがって恣意的ではない、と彼らは結論づけた。その後この仮説の詳細については疑問もはさまれ、かなり改められたが、ここでは問題にしない。意味変化研究にとっての関心は「色」の発展には順位づけがあるという点である。つまり、もしある言語に「青」があるならば、その言語には「黄」と「緑」があり、「青」は「黄」や「緑」よりも後に発展するということである。

　普遍性や順位づけの暗示については、さまざまな文法領域において、多くの言語にもとづく類型学的研究によって明らかにされており、その大部分は Greenberg (1966 [1963])や Greenberg, Ferguson, and Moravcsik(1978)による(その詳細なまとめについては Croft 1990 を参照)。普遍性の暗示は「もしある言語が Y という特性をもつならば、X という特性も持つ。しかし、逆は必ずしも成り立たない」という傾向をとらえるためのものである。たとえば、もしある言語に鼻母音があるとしたら、口腔母音もあるが、逆は必ずしも成り立たない、など。順位づけの暗示もこれと似ているが、確からしさによるランクづけにもとづき、たとえば「A という特性は B という特性よりも言語的過程により多くかかわる」などがある。有生性の順位づけが最もよく知られている(Silverstein 1976b、Dixon 1979 とその後の版を参照)。

(13)　　一人称・二人称代名詞＜三人称代名詞＜固有名詞＜一般名詞(人)＜一般名詞(有生)＜一般名詞(無生)
　　　　　　　　　　　(Croft 1990: 113、Dixon 1979: 85 にもとづく。ここで、
　　　　　　　　　　　「＜」は左側の語が右側の語より順位が高いことを示す)

この順位づけは、一人称・二人称代名詞が三人称代名詞などよりも、人称・指示代名詞間の形態的区別(Greenberg 1993)、主格対格・能格絶対格の形態的区別(Dixon 1979など)、感情移入・情報提示時の語順(Kuno and Kaburaki 1977)などの言語現象に関してランクづけが高いことを示す。

　通時的には、順位づけの暗示は「CはBから起こった蓋然性が高く、BはAから起こった蓋然性が高く、その逆は必ずしも成り立たない」という一方向性については弱い主張である。たとえば、Greenberg(1978)は次のようなものを示した。

(14)　　限定指示詞＞定冠詞＞性標識
　　　　　　　　(ここで、「＞」は右の語は左の語から起こったことを示す)

(ここで、「性標識(gender marker)」は名詞に付く標識である)。通時的順位づけの暗示を示すと、性標識は定冠詞から起こり、その逆は成り立たないということになる(もちろん性標識は別のものからおこることもある)。つまり、限定指示詞は三人称を普通指すが(ラテン語の ille/illa、古代英語の þœt など)、それが前方照応専門に用いられるときは定冠詞になり(フランス語の le/la、英語の the など)、前方照応の機能がなくなると性標識になる。性標識は名詞につくのが普通である。英語では性の区別のある名詞は少ない。The Mississippi や The Hague など、ほとんどは場所や川を表す固有名詞である。しかし、フランス語では、j'aime les livres(私・好きだ・定冠・本)のように、定冠詞は性や数の適切な標識なしに用いられる(Harris 1978: 75-76)。このように、英語は指示詞から性標識への発展への萌芽期にあり、フランス語はさらに進んだ段階にあるといえる。

　Berlin and Kay の研究は意味領域とその指示性(被検者はきめの細かいカラーチャートに対して反応する)に焦点が当てられていた。ここで重要な点は色を表す語がいくつあるかということと、その語彙に歴史的順番があるかということである。初め彼らの研究では、目の生理学などといった外的要因が意味領域における変化を起こさせると主張していた。その他の意味領域研究者は、社会的態度や実践における変化が意味変化を導く、あるいはその逆もありうると主張した。たとえば、Dahlgren(1978)は、王の尊厳に対する長年にわたる社会的構築が king の意味を変えたと述べる。古代英語の cyning は「戦いの主」という意味だったが、やがて「首となる主」という意味になり、ノルマン人によるイギリス征服の後、king は「絶対君主」という意味になった。つまり、「現実の世界の王が「王」という語の意味

を決める」(1978: 61)ことによるステレオタイプである。社会的関係の生産再生産という見地から意味を解釈する批判的文化的理論(Crowley 1996 など)によれば、王の尊厳についての神話や語りが変化の言語的文脈になるという。つまり、「現実の世界」はある意味で言語的である。ステレオタイプ的意味に注目し、言語を表すことに対する言語外の影響に注目した Dahlgren の研究は、後に認知言語学の中心的関心となる問題を提起したが、認知体系というよりは社会的体系を述べたという点で、認知言語学とはかなり異なるものであった。

　暗示的意味領域分析は「知性」などの認知分野においてもなされた。その先駆的研究は、Derrig(1978)である。彼は色に関して、「白」は隠喩的に無邪気さ(したがって「おろかさ」にもなる)を、「黒」は悪意・無知・暗さを、「赤」は怒りとセックスを、「青」と「緑」は未経験・未教育を、「黄色」は成熟を表すと仮定している。度合いについては、「輝かしさ」は理解と結びつき、「光」は知性と結びつき、「暗」は無知・あいまいさと、「明るさ」は機敏さと結びつくとしている。Viberg(1983)による「知覚」の研究も先駆的である。彼は、ある一つの感覚と結びついている意味は別の感覚とも結びつくという仮説を立てた。特に視覚と聴覚は、他の感覚だけでなく「知性」にも広がっていく。彼は、知覚動詞を横に並べるだけでは複雑な意味の拡張を示すことはできない点に言及し、図表 2.3 のようなフローチャートを提示した。

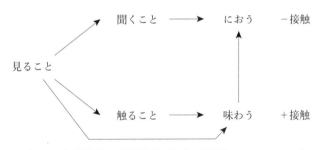

図表 2.3　知覚動詞の感覚相互の意味の拡張(Viberg 1983: 147)

Sweetser(1990)に代表されるような、「知覚」と「知性」に関するさらに新しい研究については、2.3.1 で取り上げる。これは、認知言語学的見地からの隠喩研究である。

　「知性」と「知覚」という意味領域についての発見は、共感覚の研究と直接結びついている。共感覚研究とは、五感を表す語の間での隠喩的拡張[訳者注5]、あるいは五感を表す語から社会的行動・言語などへの拡張をテーマとする(Williams 1976、

Kronasser 1952 を参照)。この現象はすでに Bréal によって注目されていたことで、彼は bright note(明るい音)のような視覚から聴覚への拡張、bitter reproach(辛い叱責)のような味覚から言語への拡張の例を挙げている(Bréal 1964［1900］: 130)。Williams はこのような研究を英語の共感覚研究に応用して、図表 2.4 のような拡張の道筋を示した。

図表 2.4　共感覚形容詞(Viberg 1983: 159、Williams 1976: 463 の例も含む)

Williams はインド・ヨーロッパ言語に対して(インド・ヨーロッパ語の類義語辞典 Buck 1949 で取り上げられている)、日本語でも 91％が図表 2.4 に当てはまることを発見した。Derrig(1978)は Williams によって提示された方向性は Williams がいうほど確固としたものではないが、方向性(意味変化における予測)を示す証拠はどの言語からも見つけることができるという仮説は正しいと述べた。Viberg(1983)は触覚・味覚・嗅覚の関係は「知覚」の順位づけにおいても共感覚においても同じだが、視覚と触覚の関係は逆であると指摘している。知覚における拡張において、また「知覚」から「知性」への拡張において視覚が優勢である一方で、共感覚においては触覚から聴覚への拡張が優勢であると述べている(1983: 159)。

　類型学的に多くの言語を使った意味領域研究の中で最も実りの多いのは、体の部分を表す名称である(Brown and Witkowski 1983、Wilkins 1996 を参照)。たとえば、Brown and Witkowski は 118 の言語を使って、「目」と「顔」の関係を探求した。「規模の小さい社会」では「目」は「顔」よりもはるかに文化的に重要(顕著)であること、「目」を表す形式が「顔」も表す多義語になるが、逆はないことを示した。それらの言語において「目」が単一の形式を持つ点で「一般的(unmarked)」であるのに対し、「顔」は複合語の要素、または「目」から派生したものである。そのような社会では「種」と「実」が同じ関係にある。つまり、「目」と「種」はそれぞれ顔と実の中心(核)であるのに対し、顔と実は目と種の周辺にある。形式的にいえば、中央が周りに対応し、「前景(figure)」[訳者注6]が「背景(ground)」[訳者注6]に対応するように、目と種が顔と実に対応するということである(Brown and Witkowski 1983: 76)。さらに、「目」が「種」や「実」にまで拡張することがある。つまり、文化的顕著性などの言語外の価値基準によって、個々の語彙だけでなく並行した語彙も同じ方向性を持つことがあるのである(図表 2.5 参照)。

図表 2.5 「目と顔」、「種と実」の領域における多義語の発展(Brown and Witkowski 1983: 73)

社会が「大規模で(large-scale)」都会的になると、文化的重要性が変化する。そのような社会では、「顔」と「実」は「目」や「種」と同じくらいに、またそれよりも重要になる傾向にあるので、Brown and Witkowski は、図表 2.5 のような多義語はそのような社会では見つからないと予測している。彼らは、古代ギリシャでは ops という単語が目と顔をあらわすのに使われ、後に ops から派生した複合語二つが目と顔を区別するようになり、やがて目と顔の結びつきがなくなったことを報告している(Brown and Witkowski 1983: 83)。

Derrig や Williams、Brown and Witkowski らの意味領域研究において、変化の基礎的メカニズムは隠喩である。このメカニズムは評価、特に意味の悪化と深くかかわっている。Lehrer(1985)は、英語では動物学における下位範疇用語で、軽蔑的意味の多義語が発展したことを述べている。たとえば、「霊長類」(サル、ヒヒ、ゴリラ)が残忍性を表し、「鳥」(ガチョウ、カッコウ、クジャク、クロガモ、七面鳥)が愚かさを表し、「腐食鳥」(ハゲタカ、ハゲワシ)が貪欲さを表すようになる例がある。同様に Kleparski(1990)は人を指す用語も動物や食べ物の領域から派生して、軽蔑的意味を持つに至ることを指摘している。たとえば、ポーランド語の burak(赤カブ)が「田舎者」を表し、grzyb(キノコ)が「年取った不快な男」を指すようになる例がある(Kleparski 1990: 130–131)。

本書の関心に直接関係した意味領域は、会話(あるいは「話し方」)の動詞の意味領域である。Goossens(1985)は「言語学的行動場面」研究で、中世英語の speak、talk、say、tell と、それと同等の機能を持つ古代英語の動詞を比べている。彼は speak と talk は中でも言語行動に焦点がある動詞であると述べる。speak には、(i)

音声化(speak loudly)、(ii)受け手とのかかわり(speak to you)、(iii)公的なかかわり(speak at a meeting)の三つの型を認める。talk は speak とよく似た役割をするが、受け手を対話者として扱い(talk to you)、会話機能を特定する場合が多い(talk business)(Goossens 1985: 154–155)。一方 say と tell は伝達内容に焦点がある。say はすべての型の言語行為を導き、会話の性質に注意を向ける(Just say quietly "I am going to leave now など)が、tell は主として語りを導く。しかし、古代英語では、会話に関係した同士は sp(r)ecan、cweþan、secgan という三つしかない。sp(r)ecan は言語行為に焦点があり、cweþan と secgan は伝達内容に焦点がある。sp(r)ecan は speak と似ていて、語源的にも speak のもとになる語であるが、受け手を対話者として扱う点では speak よりも talk に似ている。さらに、speak の持つ公的な面は全くない。cweþan は会話を直接導いたり間接に導いたりするのに対し、secgan は主として会話を間接に導く。この点で cweþan は say に近く、secgan は tell に近い。ここで、大きな意味変化が起こったといえる。つまり、cweþan は quoth のような古い言い方を除いて使われなくなり、say のもとである secgan が一般的になった。Goossesn は現代にある語と「同じ特定性を持った語は古代英語にはない」(同 470)と結論づける。つまり、中世英語で talk(初期フリースラント語)が導入されると同時に tell の焦点は言語行動になるという配置換えが起こった(古代英語の tellan は bank teller のような「数える」という意味と、続けて「何度も数える[*11]」つまり「物語る」という意味だった)。この配置換えは、古代英語に特定性がないということで「少なくとも部分的には」説明できる。治療学的(したがって目的論的)な「穴埋めをする」という観点から変化の動機を公式化するよりも、談話や談話に関係したメタ言語の観点から変化を考えるべきであろう。

　「話し方」の動詞の中で最も興味深いのは Benveniste がいう「脱発話(delocutive)」動詞[訳者注7]、つまり決まり文句的言語行為を表す動詞である(Benveniste 1971b [1958]：245)。これらの動詞は、世界の言語において(少なくともヨーロッパの言語において)、談話の中から、特に儀式的談話の中から起こると彼は述べる。たとえば、ギリシャ語の khaírein(挨拶する)は「say khaíre!」(挨拶をしなさい)から、英語の hail(挨拶する)は「shout Hail!」(挨拶を大声で言いなさい)から、フランス語の (re)mercier(感謝する)も「say merci!」(感謝を言いなさい)から来ている。彼は、談話行為を表す動詞を作る能力を、談話における反応を示す語から動詞を作る能力と比べている。たとえば、ラテン語の negare(nec と言う、否定する)は nec(いいえ)から、autumare(autem と言う、議論する、主張する)は autem(しかし)から来ている。したがって、この変化は換喩の例として(この場合は会話行為を報告する際の省略による)提示されている。これは主観化の反証になると思われるかもしれない。「X を言う」という行為に名前をつけるということは、「X」の主観化

を客観化することであるから。しかし、ここの例は、単一の形態統語論的範疇における意味変化をあらわす例ではなく、別の範疇に派生する例である。このような派生においては形態素や句が名詞や動詞になったりする。たとえば、サンドイッチ伯爵から名詞「サンドイッチ」ができたり、派生接辞の -ism から名詞「イズム」(主義)ができたり、whodunit(who done it、誰がそれをしたか)という句から「推理小説」ができたりする例がある。

意味領域に関する仮説は、証明可能である点で、音韻論におけるグリムの法則に匹敵する意味変化の「法則(laws)」を見つける可能性を秘めている。この変化は、Stern がいうような孤立した規則性でなく、鎖のように連関した変化と見なされることもあった。たとえば、Anttila は、意味領域における「形式と意味」一対の変化を「段階(one notch)」(ラテン語における正式な術語)としてとらえ、その変化が「非常に規則的で大規模である」ため、音韻体系における鎖変化のようであると述べている(Anttila 1989［1972］: 146-147)。音韻法則と違って、意味的「法則」は型に関して述べたものであり、暗示的・分類学的順位づけは絶対的でなく、あくまで傾向である。さらに、音韻変化で示されたような「例外のない」法則というわけでもない。したがって、音韻変化への類推は魅力的ではあるが、誤解を招く恐れもある(詳細な批判については Hoenigswald 1992 を参照)。意味変化が音韻変化と違って、すべての M(意素)に当てはまるわけではないという事実は、意味変化が基本的には不規則であるという姿勢につながるものである(したがって意味変化理論も遅れることになった)。にもかかわらず、音韻変化からの類推によって意味変化を分類しようという試みは、意味特徴や分化・融合といった術語を使った研究という点で(Anttila 1989［1972］: 第 7 章、Kleparski 1986 を参照)、また規則の追加・消滅といった生成文法用語を使った研究という点でも(Voyles 1973 などを参照)価値のあるものであった。本書の観点において、意味領域研究が最も寄与した点は、概念領域研究の基礎を築いたことと、意味単位・ネットワーク・順位づけという観点から、多くの言語において、語彙の歴史的意味変化には共通点があることを見出した点である(Lehrer 1974)。

2.3　現代における中心的理論

この節では、殊に本書にとって意味のある意味変化研究の理論的問題についてまとめてみたい。

2.3.1　隠喩

1970 年の終わりごろから、意味変化に関するさまざまな研究が起こってきた。

言語普遍性の観点からの研究(Greenberg, Ferguson, and Moravcsik 1978 など)、歴史統語論と文法化の観点からの研究(Givón 1979 など)、生成意味論の観点からの研究(McCawley 1968 など)などである。この時期の研究はほとんどが人類学者や心理学者が研究した分野で、「空間」から「時間」に移る(Traugott 1978 など)、「体の一部」から「空間」に移る(Kahr 1975 など)などの分野であった。それ以前の研究と同じく、それらの主要なメカニズムは隠喩であり、具体的な「源」領域から抽象的な「標的」領域に移っていくと考えられていた。以前の研究と同じく、彼らの研究も、辞書や文法、二次資料などの文脈外の語彙項目に焦点が当てられていた。しかし、それ以前の研究と大いに異なる点もいくつかあった。第一に、物理的、社会的、文化的対象を扱った分類学的研究(「目」と「顔」など)をやめて、概念的範疇とその関係を研究するようになったことである。その関係は、要素分析のような二つの特徴によって示されるのではなく、抽象的な認知領域、あるいは「心的空間(mental space)」によって示され、心的空間の「地図(map)」の上への配列することによって示された。さらに、焦点は語彙の意味変化から語彙項目から文法項目への移動としての意味変化に変わっていった。体の一部を表す語についていえば、「目」という意味から「顔」という意味が派生した、あるいはその逆であるということよりも、体の一部を表す語が「格」のような文法領域における意味を発展させたことに焦点が当てられるようになったのである。たとえば、Kahr はパパゴ語の wui(目)が wul(〜へ)になったり、エウェ語の nkúmè(顔)が「〜の前に」になる例を挙げている(Kahr 1975: 45) (2.3.3 の文法化の項を参照)。

　しかし、最も大切なのは言語における隠喩の役割を再概念化したことである。隠喩を美文的で派生的であるとする伝統によれば、隠喩は文字どおりの意味からはずれていると考えられた。認知言語学の目的の一つは、隠喩が派生的、付加的、逸脱的でないことを示すことであった。むしろそれは、思想表現の一つの方法であり、人間の認知、人間の言語にとっての根本であり、根本であるがゆえに言語は隠喩なしには考えられない。隠喩は知覚や体の動き、特に抽象的で位相空間的なイメージスキーマにもとづく(Lakoff and Johnson 1980、Talmy 1985、1988、Lakoff 1987、1983 を参照。やや異なる見方については Langacker 1987/91 を参照)。認知言語学は、通時的原型意味論(Geeraerts 1983、1992、1997 参照。Györi 1996 も参照)と通時的隠喩分析(Sweetser 1990)の二つの研究に寄与した。

　Geeraerts は、原型理論に関連して、意味変化に関係の深い原型性の特徴をいくつか指摘している(Geeraerts 1997: 22-23)。原型理論が多義語における意味の不平等性に注目し、関連した意味がまとまりをなす傾向があることを見つけた点が重要であり、それによって、ある種の変化が他の変化よりも顕著で重要であるという結論に達した。彼の結論は、「あまり長く続かない周辺的な意味と、長く続く重要な

意味が隣り合わせになっている」(Geeraerts 1997: 24)ということであった。範疇の境界はなかなか定まらないので、「ある語彙項目について、同じ意味がその語の歴史で二回以上独立して起こるという現象」があり、これを Geeraerts は「意味的多元発生(semantic polygenesis)」と呼んでいる(同)。彼はその例として、オランダの作詞者によって 1983 年に作られた verduisteren(消す、見えなくする)を取り上げ、これと似たような用法が 16 世紀、17 世紀から続いていたとは考えにくいと述べる。これは「暗くなる」という文字どおりの意味にもとづいた刷新であると彼は見なしたのである(Geeraerts 1997: 63)。1.3.2 で述べたように、変異の刷新ではなく通時的変化が起こったというためには、共同体の中で広まらなければならない。したがって、一人の作詞者による用法を通時的変化として扱ってよいかは疑問である。にもかかわらず、このような例から導かれた Geeraerts の結論は重要であり、われわれの見方とも一致するものである。つまり、「意味の原型的概念において、顕著な意味は世代から世代へ慣習的に受け継がれてきた意味の中から生まれるものであり、一方、伝えられてきた意味にもとづきつつも創造的、独立的に生まれる別の意味もあるのである」(Geeraerts 1997: 68)。

　隠喩についてはある経験領域と別の領域の「二つの領域の間に」作用するものであるから(Sweetser 1990: 19。下線は原文どおり)、その変化は不連続で突然起こるものと考えられていた。しかし、隠喩における源と標的の意味は経験的に制約し合うものであるから、源と標的についての抽象的なイメージスキーマは「隠喩のマッピングをとおして保存される」(同 59 ページ)と仮定される。今では古典的研究となっている知性の語彙領域における研究では、経験に基づいて心を体の物理的作用で表す隠喩が取り上げられている。たとえば、「視覚・聴覚・触覚」によって「知性」を表す例として Sweetser はギリシャ語の eīdon(見る)が完了形で oīda(知る)になる例を挙げている。このように、「見る」「つかむ」などの動詞が理解を表す動詞として隠喩的に使われるのは、多くの言語に見られる現象である(Sweetser 1990: 33。ロシア語の動詞「見る」が「知る」「信じる」になる例は Andrew 1995 を参照)。彼女は、さらに抽象的なモダリティの領域においても共時的、通時的に二つ以上の領域にまたがる隠喩的マッピングがあることを指摘している。たとえば、英語の may は次のように、共時的に三つの領域において隠喩が作動する。

(15)　I　　社会物理的世界(内容)　：Kim *may* go.　キムは行ってもよい
　　　　　　　　　　　　　　　　　　(許可という内容のモダル)
　　　II　　心の世界(理由づけ)　　：Kim *may* be tired.
　　　　　　　　　　　　　　　　　　キムは疲れているにちがいない
　　　　　　　　　　　　　　　　　　(認識的モダル)

　　　　Ⅲ　会話の世界(会話行為)　：Kim *may* be a nice guy, but I don't trust him.
　　　　　　　　　　　　　　　　　キムはいい男か<u>もしれない</u>が、信頼はしない。
　　　　　　　　　　　　　　　　　(会話行為のモダル)

ここのイメージスキーマには次のようなバリアー(障害)を伴う(Sweetser 1990:
61、70。一部 Talmy 1988 にもとづく)。

(16)　Ⅰ　内容：X は Y をすることを権威者によって除外されはしない。
　　　Ⅱ　理由づけ：Y という結論は私の前提によって除外されはしない。
　　　Ⅲ　会話行為：私は Y という言明を会話の世界から除外しはしない。

　意味変化は内容から理由づけや会話行為に至るのであってその逆はありえないこと
を Sweetser は示した。これは現在の研究において重要な巨視的主張である。
　内容のモダル(第一段階)から認識的モダル(第二段階)に至る一方向的変化の歴史
的証拠は確固としてある(初期の研究については Shepherd 1981 を参照)。認識的モ
ダルから会話行為モダルに至る変化についての証拠はあるかどうか疑問である。モ
ダル助動詞の領域における証拠がいま一つ得られないのは、データの性質によると
思われるが、本書のいたるところで議論するように他の領域における仮説を支える
証拠は数多くある。特に、メタテクスト的談話標識の出現や、語法動詞の会話行為
的用法の出現などである。これらについては第 4 章と第 5 章でさらに議論する。

2.3.2　換喩と喚起推論

　Bréal が隠喩と換喩(連結)を区別し、Jakobson and Halle(1971)以来、みなそのよ
うに区別しては来たが、実のところその区別はあいまいであった。たとえば、
Hock and Joseph は、隠喩が「語が新しい意味、広い意味を獲得する大きな力であ
る」(1996: 228)と言いながら、部分が全体を表すシネクドキ(hand(手))が labor(労
働)を表すなど)、換喩(連結、bar(弁護士と陪審員の間の物理的障壁)が legal pro-
fession(弁護士)を指す)[*12]、ハイパーバリ(誇張、awfully を強調語として使うな
ど)、リトテス(控え目な表現、a bit を rather(むしろ)の意味で使うなど)、婉曲
(pass on を die(死ぬ)の代わりに使うなど)を隠喩に含めている。認知言語学では、
1980 年代に隠喩が中心的地位を占めていたが、一方で Lakoff and Johnson(1980)
は、Washington が「アメリカ政府(のある場所)」を指すように、よく知られた(顕
著な)部分によって全体を表す換喩の重要性も指摘していた。
　換喩は最近まで、White House がアメリカ合衆国の大統領を指すような特異な用
法として、また Picasso(ピカソ)がピカソによる絵を指すような省略の用法として
考えられてきたが、1.3.1 で述べたように、ごく最近は、認知言語学などの分野で

換喩に対する考えに根本的な変化が現れた(Barcelona 2000a とその中の論文、Barcelona 2000b、Radden 2000 を参照)。殊に枠意味論に関する共時的研究が変化の要因となっている。これは、Fillmore(1982)や Lehrer and Kittay(1992)に代表される研究で、枠組みの中の要素間に全体と部分関係を認める「枠換喩(frame metonymies)」を提示した。たとえば、レストランという枠組みでは、客と食べ物は全体の中の部分である。したがって、The Ham sandwiches wants a second glass of coke (Nunberg 1978、ハムサンドイッチは二杯目のコーラを欲しがっている)という文では、サンドイッチを注文した人からサンドイッチへの換喩だけでなく、レストランの場面すべてへの、また心のモデルへの換喩にかかわっている(Sweetser and Fauconnier 1996)。日本語の「私はウナギだ」という文も、構造的には「私はウナギです(I am(an)eel)」だが、レストランいう場面では、「私はウナギがほしい」という意味である。換喩について、Langackerは、その「広がりはいくら言ってもいい足りない」と言った(Langacker 1995: 28)。実際、指し示すときの基礎となる。「換喩において、表現の通常の対象(つまり人物)は、指される対象(標的)との心の接触をとおして指示点として理解される。

(17)　She bought **Lakoff and Johnson,** used and in paper, for just ＄1.50.
　　　彼女はペーパーバックの古本「レイコフとジョンソン」を1ドル50セントで買った。　　　　　　　　　　　　（Langacker 1995: 28、太字は原文のまま）

ここで、Lakoff and Johnson は顕著な指示点であり、換喩的に著者でなく本との心の接触を確立している。同様に、Croft(1993: 354)は、換喩を、大きな枠組みの中で「人物概念のある面をハイライトすること」として解釈している。

換喩は、歴史的研究と同じく、より広い意味でとらえられるようになった。隠喩と換喩(連結)の機能的違いが考えられるようになったのである。つまり、隠喩は、ある領域と別の領域の類似性にかかわり、類推という概念様式における範列的選択と類像にかかわる。一方換喩は、隣接性、連辞的関係、指標性にかかわり、同じ領域で変化する(Anttila 1989［1972］[*13]、Traugott 1988)。しかし、1.3.1 で述べたように、「領域(domain)」とは正確には何を指すか、また変化の起こる場所はどこかについては必ずしも明確ではない。同じ意味領域における速さの度合いはアスペクトなのか別のものなのか(2.2.2 の Stern による「すばやく」＞「ただちに」を参照)。これは領域の変化であり、隠喩と考えることができる。つまり、話し手の主観的見方による、社会物理的世界(すばやく)から時の指標の世界(話し手によって主観的に解釈された、ある時点の直後の時間)へのマッピングである。しかし、Stern はその変化を、継続動詞・瞬間動詞との結びつきによる置換(句的連結、つまり換喩)として扱った。隠喩と換喩は別々の軸にあるが、相互に影響しあう。

Goossens はこの相互作用を「隠換喩(metaphotomy)」と名づけた(1995a を参照)。

認知言語学などの意味研究に加えて、前提・含意・推論を使った語用論研究、談話分析やコンピュータコーパスによる詳細なテクスト研究によって、換喩が意味変化において言語内の大きな力となることが示された。

1.3.2 で述べたように、Bolinger(1971)による推論が指示的になるという仮説が、弱い仮説ではありながらも提示された。同様に Cole は let us から let's への発展を用いて、文の「論理構造にもとからあるのではない」会話的意味が、何度も使われるうちに「文字どおりの」意味になること(1975: 273)を示し、Grice は「いわゆる人生の始まりである会話的推論が慣習化するということは不可能ではない」ことを暫定的に示した(1989［1975］: 39)。会話的推論から慣習的推論に至る通時的変化は Brown and Levinson(1987［1978］)によって詳細に研究され、Levinson はさらに「一般化を通して特殊化した推論が慣習的推論に至ることは可能である」(1979: 216)と主張した。しかし、少なくとも Traugott の考えにおいて、最も有力な研究は Geis and Zwicky(1971)による「喚起推論(invited inference)」についての論文であろう。それは、条件の完了とか約束の傾向といわれるもので、たとえば、I'll give you ＄5 if you mow the lawn(もしあなたが芝を刈るなら、5 ドルあげよう)を If and only if you mow the lawn will I give you ＄5(あなたが芝を刈ったときのみ5ドルあげよう)と解釈する場合である。彼らの論文の中では、時の since が理由に発展する例を挙げている。

> 喚起推論が歴史的に厳密な意味で意味的概念の一部になるといえる。たとえば、英語の接続詞 since の純粋な時を表す語から理由を表す語への発展は、時の意味からの喚起推論によって(「原因」が)since の意味内容の一つになる変化と解釈できる。　　　　　　　　　　(Geis and Zwicky 1971: 565-566)

Geis and Zwicky は喚起推論と Grice の会話推論を区別し、Grice による「関連性の原理では、時から理由への推論を明確には説明できないと述べた。しかし、Grice の量2の原理(「必要以上のことを言わずに多くを伝えよ」という関係の教示の原理。1.2.3 参照)と、ここで取り上げられた運用的、修辞的言語使用が発展を促すのである。つまり、話し手・書き手は、時を明示するとき、純粋な時よりも豊かなつながりを主観的に課することを示唆している[訳者注8]のである。

言語使用において生まれる語用論的意味に対して注意が向けられると、言語使用、連結、連続、指標性などの連辞的文脈から起こる「概念的」言語内的換喩についての考察がなされるようになった。概念的な意味でのより広い換喩は、隠喩に代わるものとして重要な地位を占めるようになった[*14]。実際、換喩は、文脈の中での意味変化を概念化する鍵を握るものである。

隠喩的と認められている変化を見ると、「隠喩」は、語彙項目を「前」と「後」

の二つの段階として文脈からとらえたときに機能すると考えることができる。たとえば、「白」から「無邪気な」、「空間」から「時間」、「サル」から「野蛮人」への拡張である。統語的、究極的には談話の文脈という点で変化を見ると、文脈から起こるつながりが変化の重要な役割を果たすと考えられる(Brinton 1988 の第 5 章、Traugott 1988 を参照)。以前の言語使用の型から起こった、すでに存する隠喩は、テンプレートや心的モデルと考えられ、顕著になる喚起推論を制約し、多くの場合、変化の結果は『般喚推』の意味の増化によってもたらされると考えられる(1.3、1.4 参照)[*15]。

さらに、きめ細かい変化の「道筋(paths)」は、はっきりした境界を越えた飛躍についての証拠を探らずとも説明が可能である。意味変化における冗長性や意味的調和は、話し手・聞き手による推論喚起の試みをする場合に見られる。さらに重要なのは、主観化が、話し手・書き手の運用過程における結びつき、つまり換喩の一種として考えられることである。しかし、主観化の議論は最後の章に譲り、文法化研究と一方向性の仮説を先に紹介したい。主観化が変化の大きなメカニズムであるという考えは、これらの研究の中で発展してきたからである。

2.3.3　文法化と一方向性

1980 年代の意味変化における隠喩と換喩の役割についての議論は、ほとんどが文法化研究の一貫として行われてきた。Meillet(1958 [1912])によって定義された文法化は語彙項目が文法項目に発展する過程であった。Meillet はまた、相対的に自由な語順から固定した語順への変化も文法化の例であると考えた。いずれの場合も、変化は A から B への一方向的変化であり、その逆ではないと考えられた。その後、Givón は「談話 > 統語論 > 形態論」という変化を提示した(Givón 1979。Lehmann 1995 [1982] も参照)。Givón による公式は談話の過程を視野に入れた研究にとっての触媒となるものであり、Stern の本でも意味変化のところで簡単に触れられてはいたが、それほど追究はされなかった。その後の文法化研究では、文法化は、非常に制約を受けた語用論的、形態統語論的文脈において語彙項目に機能的品詞が付与され、語の語彙的意味に構造的意味が付与される変化として考えられている(van Kemenade 1999: 1006、Traugott 2003 を参照)。

最も古い研究においては、文法化の構造的特徴に焦点が当てられていたが(Lehmann 1995 [1982]、Heine and Reh 1984 など)、語彙の起源や談話の起源に対しても焦点が当てられるようになると、意味変化に対する研究も盛んになってきた。一つは語彙充当論(たとえば、どのような語が前置詞や補文標識、アスペクト標識、呼応標識になるのかなど)、もう一つは意味変化論(たとえば、ラテン語の cantare habeo(「歌う」の不定形＋「持つ」の一人称単数形)がフランス語の chanterai にな

るとき、どのような意味変化の道筋をたどるのかなど)である。このような疑問についての文献が一気に多くなってゆく。意味変化を重要な変化として扱った研究の代表としては、Fleischman(1982)、Heine, Claudi and Hünnemeyer(1991)、Hopper and Traugott(1993)、Svorou(1993)、Dasher(1995)、Sun(1996)、Haspelmath(1997)、Ohori(1998)などがある。文法化の語彙目録についてはHeine et al.(1993)が取り上げ、Bybee, Perkins, and Pagliuca(1994)は、76の言語から用例を挙げて文法化を探求している。要するに、接辞、語幹の変化、重複、助動詞、助詞、be going toなどの時制・相・法の目的領域における複合構造など、閉じた品詞といわれる文法形式によって表される意味には言語間に規則性や類似性があるのだろうかという疑問が起こったのである。その答えは劇的に「はい」である。ほとんどの文献は指示文法であり、談話のデータがほとんどないが、特定の言語におけるテクストにもとづいた研究によって、標的としての文法形態素の源について一般的仮説が提示されている。

　本書では文法化にかかわるいくつかのデータについて議論する。特に法のmustの発展については第3章で、prayのような副詞的語の発展については第6章で述べる。ここでは、文法化の例を二つ概観する。英語のbe going toの発展と現代ギリシャ語の法の助詞asの発展である。

　be going toの歴史はよく知られているが(Pérez 1990、Bybee and Pagliuca 1987、Hopper and Traugott 1993: 80–86、Tabor 1994を参照)、隠喩と推論喚起に関する分析に直接関係するので、ここでもう一度取り上げたい。「行く」と「来る」を意味する動詞は「空間」＞「時間」の最上の例として使われてきた。語彙変化論的大規模な変化という視点から考えると、これは意味変化の典型的な例として広く多言語に認められている。「行く・来る」＞「未来」の変化は隠喩の例として多く扱われてきた(Traugott 1978、Bybee and Pagliuca 1987、Heine Claudi amd Hünnemeyer 1991など)。しかし、多言語をもっときめ細かく分析すると「行く」と「来る」だけでは「未来」にはならない。Bybee, Pagliuca, and Perkinsは、その変化は非常に特殊な文脈でのみ起こると述べる。つまり、「意味の要素としての動きに加えて、未来のもととなるものは非完了の(あるいは継続の)要素と方向格の要素を含む」(1991: 30)。これは、言語使用から起こる推論という観点から容易に理解できる制約である。何かに向かう動きには時間がかかり(つまり非完了で)、動きが始まって少ししてからそこにたどり着くのである。そのような制約がどのようにして隠喩に当てはまるのかは明確ではなく、Bybee, Perkins, and Pagliucaはその変化に対する隠喩的研究の有効性には疑問を持ち、代わりに語用論的意図と推論にもとづく分析を提示する。

　文構造の意味においてやがて支配的となる時の意味は、空間の意味からの推論

としてすでに存している。ある人が空間的に目標を目指して道を動くとき、その人は時間的にも動いている。ここで起きる大きな変化は空間的意味の喪失である。ここで、意図を表現する機能が役割を果たす。話し手がどこかへ何かをしに行こうとするとき、話し手は、何かをしようという意図も知らせているのである。意図は初めから意味の一部であり、必要な変化というのは、意図が表現される文脈への一般化だけである。しかし、主語はその意図を全うするために空間的に移動するわけではない。　　(Bybee, Perkins, and Pagliuca 1994: 268)
空間の意味がなくなるか、少なくとも背景に移るとき(「漂白(bleaching)」と呼ばれる現象)、この変化は時の推論の語用論的強化を伴う(Traugott 1988)。時の意味の増化は新しい多義語の発展を伴い、多義語はもとの語よりも抽象的で主観的である(Traugott 1988、Langacker 1990)。

go は動作動詞として中世英語に頻繁に現れる。going という形式は、ほとんどが非完了・継続の意味を持った動名詞として用いられている(Pérez 1990)[*16]。be going to が動作でなく、時の意味として使われている最初の例が(18)である。

(18)　　thys　unhappy　sowle　by　　　　the　　vyctoryse　　pompys　of　her
　　　　この　不幸な　魂　　によって　定冠　勝ち誇った　誇示　　の　彼女の
　　　　enemyes
　　　　敵
　　　　was goyng to be broughte　　into　helle　for　　the　　synne and
　　　　was going to be bring 過分　中へ　地獄　ために　定冠　罪　　と
　　　　onleful　lustys　of　her　　body
　　　　非合法の　肉欲　の　彼女の　体
　　　　この不幸な魂は、彼女の死体の非合法的な肉欲のために、彼女の敵による
　　　　勝利の行進の中で地獄に連れて行かれようとしていた。
　　　　　　　　　　　　　　　　　　　　　(1482 年 Monk of Evesham, 43 ページ)

この文脈は非完了であるだけでなく、主語の動作主性が受身によって格下げされている。現代語訳では、動作でなく時の解釈がされている。魂には動作するという物理的な性質がないからである。この解釈によれば、時性は顕著な『般喚推』(一般化された喚起推論)となり、新しく意味が増化した「内在する未来(immanent future)」の例となったといえる。しかし、文字どおり動作動詞に解釈することも極めて可能である。というのは、この説教において魂が、矢で射られた胃で苦しむ物理的実体として見えるように描写されているからである。この解釈では、(18)で時性はまだ『喚推』(喚起推論)に過ぎない。間違いなく時性のみを表す例は 17 世紀の初めまで現れなかった。17 世紀の例を引く。

(19) Witwoud: Gad, I have forgot what I *was going to say* to you.
ああ、あなたに言おうとしていたことを忘れてしまった。
(1699 年 Congreve, Way of the World, I, 331 ページ)

(18)と(19)の例から、初期の段階では変化は主として抽象化(空間的＞時間的)であることがわかる。19 世紀になると、(繰り上げ(raising)構造[訳者注9]における)無生の主語の例が現れる。初めは、(20a)のように、身近な根拠からだれでも雨を予想するという意味で客観的な例が現れ、後には(20b)のように、話し手／書き手の理由づけの過程にもとづく主観的な例が現れる。

(20) a. Do you think it's *going to* rain?　雨が降ると思いますか
(1865 年 Carroll, 第 4 章、146 ページ)
b. There *is going to* be a shooting and somebody *is going to* get hurt.
撃ち合いがあり、だれかが傷つくだろう。　(1894 年 Doyle, 568 ページ)

20 世紀の初めには時の be going to が一つの単位として(一語化して(univerbated))固定化した確固とした証拠を見つけることができる。be gonna の例が出始めたからである。この形式は口語的な文献のみで使われている((21)では me and Jeanne、put the skids under のような口語的な句にも注意)。

(21) Me and Jeanne *is gonna* have a flat over in Brooklyn as soon as we put the skids under the Kaiser.
私とジアンは、Kaiser を失脚させたらすぐにブルックリンに一階の家を立てよう。　(1918 年 Whitwer [OED])

文法化の特徴としては、
(i) 特殊な構造(この場合、非完了のアスペクト、be going と目的節)
(ii) 希薄化(動作の意味の)
(iii) 語用論的強化(非完了の動作構造＋目的節からの『般喚推』)、主観化、多義語としての究極的意味の増加(動作構造の)
(iv) 再分析(場面構造文を時の文として)
(v) 構造の固定化(going to の一語化を含む)
(vi) 音韻減少(going to から gonna へ)

(i)から(iii)は文法とは独立した語彙の変化である。(iv)から(vi)は(i)から(iii)と密接に結びついているので、be going to の例は文法化の例である。

このおなじみの例とともに、なじみはないが一部似た例を挙げる。現代ギリシャ語で多義語となっている法の助詞 as の発展である。as は勧告の let's の働きをし、

願望、非実現、条件、譲歩を表す(Nikiforidou 1996)。Nikiforidou によれば、as はコイネー(紀元前 5～3 世紀の標準ギリシャ語)の時代の aphiemi(遣る、させる、許す)の命令形 áphes(許せ！)に由来する。

(22) 　　adelphè,　*áphes*　　　　　exbálo　　　　　　tò　　kárphos.
　　　　兄弟　　させる：命令：2 単　取り除く：仮定：1 単　定冠　おがくず
　　　　兄弟よ、私におがくずを取り除かせてくれ。
　　　　　　　　　　　　　　　　　(紀元 300 年以前ルカ 6: 42 [Nikiforidou 1996: 602])

6、7 世紀までには as という形式で現れ、na(非実現)と tha(未来)の語形変化とともに、屈折する動詞ではなく動詞の前に来る助詞として使われるようになる。

(23) 　　elthé　　　　　　oun　　pròs　emas　　kaì　　　*as*
　　　　来る：命令：2 単　だから　へ　　私たち　そして　as
　　　　lalesomen　　　　tà　　pròs　　　eirénen.
　　　　話す：仮定：1 複　定冠　について　平和
　　　　だから私たちのところへ来て、平和について話し合おう。
　　　　　　　　　　　　　　(9 世紀 Theophanis, Chronographia 387 2 [同 605 ページ])

もともとの許可の意味から、示唆、さらに願望の意味に発展する。

(24) 　　*as*　génetai　　　　　　　　　　parà　　　　sou.
　　　　as　　である：する：完了：非過去：3 単　によって　あなた
　　　　それがあなたによってなされますように。
　　　　　　　　　　　　(13 世紀半ば Sfrandzis Georgios, Small Chron. [同 609 ページ])

さらに、as は条件や譲歩を表すようになる。これは、Sweetser がいう「会話行為」のモダル(2.3.1 参照)と同じ機能を果たす、つまり「as 節の内容が真実であるかどうかは問題ではない。問題なのは、会話の目的のために話し手が主節の内容を断言しつつ、それを事実として受け入れるということである」と Nikiforidou は述べる(1996: 612)。

(25) 　　*as*　chionísi　　　　　　　　　emís　　　tha　　páme
　　　　as　雪が降る：完了：名句：3 単　私たちは　未来　行く：完了：非過：1 複
　　　　私たちは行く。たとえ雪が降っても、　　　　　　　(同 611 ページ)

ここでも、be going to と同じく六つの特徴を挙げることができる。どちらも文法化の過程を示している。

　ここで挙げた二つの変化の例は、意味的には一般化である。どちらももともとの

語彙的意味が他の意味に広がっている。しかし、研究者にとっての文法化における意味変化の興味は一般化ではない。多言語を使った文法化研究における意味変化で重要なのは「空間」から「時間」、許可から勧誘、記述された事柄から会話的事柄、客観的から主観的などの変化で、その逆はないという規則性である。文法化研究が談話の文献をもとにした変化に焦点を当てていることも重要である。

　ここで取り上げた文法化の例は文法化研究における普遍的仮説に結びついている。相互に関連した変化すべてにおける一方向性の仮説である。一方向性の仮説には、いくつかの学問分野から疑問が投げかけられている。特に形態統語論の領域が多い(Janda 1995 とその中の参考文献、Newmeyer 1998 の第 5 章、Lightfoot 1999: 220–225、Lass 2000 など)。文法化研究における概念で、「漸次変容(clines)」、「道筋(paths)」、Givón の提示した「談話＞統語論＞形態論＞形態音韻論＞ゼロ」となどの「軌道(trajectories)」がはたして存在するのかという疑問もある。また、もし存在するのなら、どこに存在するのか。それらの概念は説明可能な言語学的原理なのか、それとも非言語的要因の結果なのか。

　そのような道筋は歴史的な客観的規則性を図式化したものである。道筋上の範疇(接語、接辞、時的、譲歩的など)は変化しない。個々の形式は時代とともに予測可能な一方向的方法で語彙変化の範疇と結びつくようになる。つまり、道筋は形式が新たな多義語になることを示す。言語学者によって作られた変化のモデルのように、道筋あるいは連続体は変化におけるメタ言語の一部である。それらは隠喩であり、具体的な術語によって必ず表現されるが、変化において具体的な道筋や水路が存在するわけではない。文法化の過程を経る形式や構造が通る道筋は、信号の単純性を追求するという話し手の傾向(接語が音韻減少して接辞として固定する傾向など)によって作られる。これは、その形式や構造の意味が取る道筋が、指示的でない機能を表すために指示的な意味を使うという話し手の傾向(アスペクトの機能を表すために具体的空間的語を使う傾向など)と同じである。この道筋は、意味のレベルでの「時的」から「譲歩的」、形態統語的レベルでの「接語」から「接辞」へ一方向的に変化することが頻繁に立証されている。「譲歩的」から「時的」、「接辞」から「接語」への変化の誤りの立証の例も多く挙げられている。話し手は古い形式や構造を使って新しい意味を作り出す。それは意味的、語用論的制約を受ける。この新規の用法が他の話し手に広まると、道筋の一点において使える資源が更新される(Meillet(1958 [1915–16]))はこれを「刷新」と呼んでいる)。新しい形式や構造が現存する概念範疇のために開発されるのは、最大のコミュニケーション効果(情報性、修辞学的運用法など)を追求するという話し手の傾向による[*17]。つまり、文法化は話し手と聞き手のペアの伝達状況によって起こるのである。

　文法化の一方向性に対する議論の一つは、語彙項目から文法項目への変化の型、

形態統語論的に結合した形式への変化の型には例外がないわけではないということである。この点に関して、「昇格の例はどれを取っても一方向性に反駁できる」(Newmeyer 1998: 263)という強い立場を取る学者もいる。Newmeyer が挙げる昇格の例の一つ(Nevis 1986 からの引用)は、フィノペルミック語の欠格接辞 *-pta から北サーメ語(ラッピ語)の接語後置詞 taga への昇格である。第1章でも述べたように、われわれはあくまで絶対でなく傾向を記述するのである。言語は人間の産物である。文法化は、意味の増化と同じく、言語構造と言語使用の相互作用にかかわっている。言語運用的相互伝達は人間がかかわり、人間がかかわるときの常であるが、そこに百パーセントの絶対的規則性を予期することはできない。そのような見方では、仮説を裏切る少数の例外が仮説の信頼を失うことはない。全体の四分の一が仮説を裏切る例外であれば、仮説は失墜するであろうが。意味変化の一方向性に対する例外の数は少ない。

本書の目的にとって驚くべきことは、これまで引用されてきた文法化に対する例外の多くは意味変化や意味変化の規則性にかかわるものではない(*-pta の接語化など)ということである。つまり、たとえ構造的一方向性の例外であっても、意味的一方向性の例外ではない。たとえば、Yo Matsumoto(1988)は、文法化の構造的一方向性の例外として、節の最後の逆接の助詞「が」が節の初めに来て接続詞になる例を挙げている。接辞から接語への昇格という点で、文法化の構造的一方向性の例外であるにもかかわらず、意味的、語用論的には、より大きな主観化に向かう規則的変化である。

文法化の研究が進むにつれて、文法化において観察される意味変化は、語彙の規則的変化の副次的変化であることがわかってきた。その違いは、文法化において意味変化は、ある意素(比較的一般的な意味を持った語)のみに影響を与え、形態統語的脱範疇化のような変化とかかわることである。このことは、Jurafsky(1996)によって提示された指小辞の意味の発展についての汎言語的傾向の研究を見ればわかる。Jurafsky は、「指小辞の機能(少なくとも「小さい」ということを意味する形態的道具として定義できる)「は文法的原初の機能の一つである」と言いながらも、指小辞を文法化の観点からはとらえていない。むしろ彼は、Lakoff(1987)による意味論をさらに通時的に発展させて、隠喩の多くは、核となる語からネットワーク的に広がっていく放射状の範疇に複雑に構成されるものとしてとらえた。Jurafsky は、指小辞の核となるのは「子供」の概念であるという。エウェ語の vi、広東語の -dzai、ナホル語の -pil などの、「子供」から「小さい」への変化は、おそらく換喩的である(また、文法化の例でもある)と述べる(Jurafsky 1996: 562)。Jurafsky は、指小辞が女性を表したり(ドイツ語の Junge(男性の若者)と、指小辞 -chen を使った Mäd-chen(女性の若者)を比較せよ)、軽蔑を表したり(広東語の nui(女性)と、

軽蔑の指小辞 mo を使った mo nui を比較せよ）する拡張を隠喩としてとらえている。種のうちメスは小さく、オスよりも弱いという社会的、対立的見方として考えると、これらは換喩的である。そこで Jurafsky は、指小辞の放射状の範疇を隠喩化、換喩的推論、一般化のメカニズムの証拠としてとらえ[*18]、隠喩的一般化の特別のタイプを「ラムダ抽象化(lambda-abstrauction-specification)」と名づけた。「ラムダ抽象化は、ある形式における一つの属性を別の属性で置き換える。結果的に二次的属性よって表現されることになる。二次的属性が他の属性を超えて存在するからである。」(Jurafsky 1996: 555)。

　ラムダ抽象化によって、指小辞は多くの二次的意味の中から唯一の一般化がなされると、Jurafsky は言う。たとえば、イディッシュ語の der samd（砂）と dos zemdl（砂の粒）のように(Jurafsky 1996: 555)全体から個々の部分を取り出したり、日本語の「ちょっと」のようにあいまいな表現として使われるようになったりする。

(26)　　太郎はちょっと意地が悪い　　　　　　　（Yoshiko Matsumoto 1985: 145)

ラムダ抽象化では、さまざまな変化の後、二次的な意味への唯一の一般化が起こると同時に、意味変化に必須の特徴も起こる。源語彙、源概念の中のある特定の部分だけが的の領域に受け継がれることである。どの部分が選ばれるかは、顕著性の原型理論によって説明が可能である。もし、もともとの語が具体的で物理的な物体をさすとき、形や位置が顕著になる。たとえば、目について顕著になるのは、一対として現れるのではなく、顔の中心にあり、注意を引く点である(Brown and Witkowsky 1983、2.2.3 を参照)。足について顕著になるのも、一対として現れるのではなく、人が立つ土台である（丘の foot（足）といえば、丘の麓を指す）。口について顕著になるのは、歯や唇ではなく、食べ物が入るところであり、ことばを発するところである（洞窟の mouth（口）といえば、洞窟の入口を指す）(Heine 1997 を参照)。どの面が選ばれるかはまた、推論喚起によって説明ができる。抽出されるとき、捨て去られるものも必ずある。さらに、これらは対話者同士の相互作用によっても説明できる。

　Jurafsky による指小辞における放射状の範疇のモデルを図表 2.6 に示す。

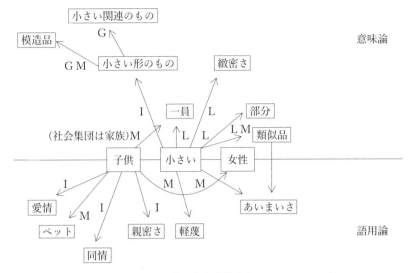

図表 2.6 指小辞の普遍的意味構造（Jurafsky 1996: 542）

　これは、意味変化における最近の研究をまとめようという試みで、隠喩的変化（M）、喚起推論（I）[*19]、一般化（G）、ラムダ抽象化（L）などの意味領域の理論も取り入れられている。さらに、この図における変化は、「現世界の指示対象」（「子供」など）から純粋に言語範疇にもとづく意味（「正確性」など）への変化、話し手にもとづく談話における意味（あいまいな表現など）への変化を示す証拠となる、と Jurafsky は述べる。この変化については次の節で詳しく述べよう。

2.3.4　主観化と相互主観化
　変化の要因としての主観化は、文法化を議論する中で特に注目されてきた。しかし、主観化は、一般的に意味変化の典型であり、文法化に限られたわけではない。それは相互主観化についても同じである。
　意味変化における初期の研究は、最も新しい研究と同じく共時的であった（特にBenveniste 1971［1958a］と Lyons 1977 を参照。1.2.4 も参照）。日本語における話し手の経験と文法的制約の関係は、主観性の記号化の問題として早くから注目されていた（Kuroda 1973）。Kuroda は、日本語において、話し手が経験動詞と願望の「たい」を使って明白な断定をするのは、話し手自身の経験や心の状態を指す場合に限られる、と説明する。そのような直接表現は二人称や三人称の心の状態や経験を指しては使われない。

(27)　a. 私は魚を食べたい。
　　　b.*先生は魚を食べたい。(あるいは、学生が先生に対して「*先生は魚を食べたい」)

(27b)は、「先生」が二人称で使われても三人称で使われても非文法的である。二人称や三人称を経験主として表現するには、可能性を表す形式「でしょう」などをつけて、話し手の観点を導入する必要がある。

(27)　c. 先生は魚を食べたいでしょう。

(27c)の「でしょう」は、話し手の観点からの強い認識可能性を表している。この日本語文を英語に訳すとき、プロの翻訳家はよくI think that... という句を使う。

　このような制約は日本語に限られたことではない。次の英語の例を見てみよう。

(28)　a. I am thirsty. ?? Am I thirsty?*[20]
　　　b. ??You are thirsty. Are you thirsty?

You are thirsty と Am I thirsty? が不自然なのは、心の状態や認識的位置に対する認知度の制約による。話し手は聞き手の心を知ることができないので、聞き手の心について確信する表現は、相手が気を失っている、あるいは相手が自白したなどの直接の証拠がない限り不自然になる。一方、話し手は自分自身のことを知っているので、自分の心について聞くのは、You are thirsty と断定的に言われたのに対してからかって言うときや、意識不明の状態から目が覚めたときでなければ不自然である。同様に、I think, I guess の方が You think, You guess よりもより適切であり、前者のほうが後者よりも頻繁に使われる(Thompson and Mulac 1991 を参照)。

　I think と I guess は一人称代名詞による表現ではあるが、主観的姿勢だけでなく、相互主観的「イメージ保持の(image-saving)」必要を果たすためにも用いられる。したがって、それらは、y'know、you see などのような、聞き手に焦点を当てる表現とともに、ある文脈では丁寧表現、遠回し表現、陳述の緩和表現(これについては G. Lakoff 1972 で議論されている)として機能する。これらの表現はどちらも、相互主観的であると同時に、根本的には本書でこれまで述べてきたように主観的である。というのは、聞き手・読み手のイメージを保持するというのは話し手・書き手だけが選ぶことのできる行為だからである。つまり、どんなに聞き手・読み手に注意が払われても、彼らを保持する垣根は話し手によって築かれているのである。

　相互主観性(この術語がいつも使われているわけではない)が機能する例としてよく知られているのが、姿勢や社会的指呼の目的で使われる人称代名詞の選択である。たとえば、二人称単数の聞き手に対して、「丁寧で(polite)」「正式の(formal)」

役割を果たす複数形の人称代名詞を選択する例がある(フランス語の vous(二人称複数)と tu(二人称単数)、ドイツ語の Sie(三人称複数)と du(二人称単数)など)。あるいは、中国語のように一人称単数と二人称単数を避ける例もある(Brown and Gilman 1960、Silverstein 1976a、Brown and Levinson 1987［1978］、Held 1999 を参照)。しかし、その他にも、二人称単数のために一人称複数を使うという配慮的用法もある。

(29) Yes, *we* can take the eye-drops. はい、私たちは目薬をさすことができます。
(1996 年 4 月 病院の救急室で看護士が言ったことば)

この用法は、話し手を相手に対する感情移入の立場に位置させる(positions、O'Connor 1994)。次のウェイトレスのことばも同様である。

(30) What would *we* like tonight? 今夜は何にしましょうか。

それと同時に、この表現は隔てをも意味する。というのは、聞き手はこの状況で話し手が参加するのは不可能であり不適切であることを知っているからである。つまり、看護士は患者の目薬を自分の目にさすことはできないし、ウェイトレスは客が何を食べるかを、客が決めてくれと頼まない限り決めるべきではない。

(31)は話し手が代名詞を使って見方を次々に変えていく例である。保険会社の代理人である話し手が、相手の客に対して一人称、二人称、三人称をすべて使って説明している。

(31) So say *I* put in 100 a month, *you*'re going to take out ＄5 a month of that, 5% of the premium. *They*'ll also take out ＄5 a month administrative charge. And then the mortality cost which will vary depending on how old *I* am and how much insurance *I*'m buying.
私(客)が 100 ドル入れると、あなた(会社)はひと月 5 ドル、保険料の 5% を取得します。彼ら(会社)はまた、もう 5 ドル管理税として取得します。それから死亡時の支払いは、私(客)の年齢と保険料の額によって異なります。
(Lewis 1996: 2)

この代理人は、まず自分を客(これから保険を買う可能性のある人)に見立て(say I put in 100 a month)、続いて会社に見立てるが、会社を you と言い(you're going to take out ＄5 a month of that、これは会社を総称的、一般的に扱い、客が直接それにかかわっていることを示唆している)、次に三人称で指すことによって会社と距離をおき(they'll also take out ＄5 a month)、最後にまた客に戻る(depending on how old I am)。この変化はすべて、三つの文の一続きの中で起きている。

二人称 you を指すのに一人称 I を使ったり、一人称 we を指すのに二人称 you や三人称 they を使ったりするのは、話し手・書き手と聞き手・読み手のペアの関係からすべて投影されている。このペアの関係において、中心の指呼である一人称は話し手・書き手を指し、末端の空間にある三人称（たいていは複数）は文脈に現れない他の人やもの、中でも前に出てきた人やものを指す（Silverstein 1976a: 38 参照。歴史的観点では Greenberg 1985 を参照）。二人称は、近くの空間にある一人称や離れた空間にある三人称と結びつくことが多い。

規範的指呼手段である一人称、二人称、三人称を使った位置決定は、話し手・書き手による運用法である。多くの言語において、代名詞にはまた、社会的位置を指し示す特別に記号化された意味がある。たとえばドイツ語では、二人称単数を丁寧に指すときに三人称複数の Sie を用いる。記号化された意味の中には、歴史的に任意の位置決定から生まれたものもある。丁寧標識は、Comrie(1976)、Levinson(1983: 90)、Brown and Levinson(1987 [1978])らによって基本的に区別されてきた。大まかには、次の二つに分けられている。

(i) 描写場面において言及された参与者や、発話において話された参与者を指呼する形式。これらは「対象尊敬(referent honorifics)」[21] と呼ばれる。

(ii) 会話場面における参与者を、描写場面に直接かかわる参与者として表現することなしに指呼する形式。Brown and Levinson はこれらを「受け手尊敬(addressee honorifics)」[22] と呼んでいる。

Brown and Levinson は、さらに次のような重要な区別をつけている。

(i) きまりや会話的推論によって丁寧さの社会的姿勢を表すが、丁寧さを直接記号化しない形式。

(ii) 多義語のうち少なくとも一つは文脈形成的で、社会的な近さ遠さといった指呼体系を単に表すのが主要な機能である形式。推論が新しい意味として慣習化するという Grice による考えを初めて検討した研究の中で、Brown and Levinson はそのような形式を固定化した会話推論として「丁寧さの運用の中で文法化した産物」(1987 [1978]：23)である、としている。

この区別を前提とすると、挨拶（呼びかけ）の語や、描写場面での参与者である一人称、二人称、三人称代名詞は(i)に属し、「指示対象」機能を果たしている。参与者が何人かかかわるが、丁寧さが与えられない者もいる。たとえば、話し手が聞き手に挨拶をするとき、英語では、代名詞 you を使う以外に、名字に肩書き(Ms、Mr、Professor、Dr.など)をつけたり、名前を使ったり(Elizabeth、Richard など)、ニックネームを使ったり(Liz、Dick など)、さまざまな三人称表現がある。これらの形式はそれ自体では丁寧さを表さないが、会話場面における参与者間の社会的関係などによって、社会習慣的に丁寧さの度合いが異なってくる。一方、二人称単数

に略式と正式の区別があるとき(ドイツ語などのように、Sie が三人称代名詞 sie にまで広がる場合もあるが)、vous は二人以上の聞き手を指さず、その機能は丁寧さ(社会的距離)を指呼的に表すことである。それは慣習化されている。二つの二人称代名詞は聞き手・読み手を指すが、それらは彼らを指呼的指示対象として扱う。二つの代名詞は、描写場面における参与者として言及するだけで、聞き手・読み手の社会的地位も指呼することができる。現代標準英語にはそのような区別はないが、初期の時代には thou と複数形の ye(丁寧に単数を指して使う)の区別が、言語の標準的特徴としてあった。

第6章では、Brown and Levinson の共時的研究にもとづいて、「丁寧」の含意が慣習的に指示対象尊敬になる過程と、指示対象尊敬が慣習的に聞き手尊敬になる過程を説明する。さらに、これらの変化は主観化と相互主観化にかかわることも議論する。

言語使用に関するさまざまな研究と同じく、主観化と相互主観化もまた、初めは共時的観点から議論された。ごく最近は、記号化された主観的意味は主観的でない意味から起こり、記号化された相互主観的意味は主観的意味から起こったことが明確になった。

1980年代には、意味変化においては、のちの主観性につながる「表現性(expressiveness)」の増加という強い傾向が指摘された。Traugott の仮説によれば、初期の文法化における意味変化は一方向的で、次の(32)のような道筋を経ていき、反対の方向への変化はない。

(32)　　叙述的＞(テクスト的)＞表現的　　　　　　　(Traugott 1982: 257)

この仮説は Halliday and Hasan(1976)による言語の三つの機能領域である「観念的(ideational)」要素、「テクスト的(textual)」要素、「人間関係的(interpersonal)」要素にそれぞれもとづいている。「叙述的(propositional)」という術語は、Halliday and Hasan が「観念的(ideational)」(1976: 26)に含めた「文化的状況(context of culture)」よりも言語の「内容(content)」を表すために選ばれた。「表現的(expressive)」という術語は、Halliday and Hasan による「人間関係的(interpersonal)」という術語の定義である「言語の社会的、表現的、能動的機能を持ち、話し手の「角度」を表す。「角度」とは話し手の態度や判断、状況における役割関係の記号化、発話の意図を含む」(Halliday and Hasan 1976: 26–27)を解釈した結果である。「表現的(expressive)」という術語の選択はまた、すべての変化は聞き手を含むという点で主観的かつ「人間関係的」であるだろうかという疑問、人間関係的意味は歴史的に主観化よりも早いのか遅いのかという疑問を公にするためである。「表現的」という術語は「感情的(affective)」、「態度的(attitudinal)」、「情緒的

(emotive)」とほぼ同じ意味で使われ、語用論と意味論の両方に関係している(Lyons 1995: 44 を参照)。

(32)の公式ははっきりしていて証明できる点で有効な仮説であった。表現性(主観化)が増してゆくという証拠も多く見つかり、その後の多くの研究の土台ともなった。しかし、この順番ははっきりしすぎていた(Powell 1992a、Brinton 1996: 225 その他を参照)。順番の問題の処置として、(32)の仮説は次のようないくつかの傾向に改められた。

(33) 傾向Ⅰ 外的な記述状況にもとづく意味＞内的(評価的、知覚的、認知的)記述状況にもとづく意味
傾向Ⅱ 外的、内的記述状況にもとづく意味＞テクスト的、メタ言語的状況にもとづく意味
傾向Ⅲ 叙述に対する話し手の主観的考えや態度にもとづく意味
(Traugott 1989: 34-35)

傾向Ⅰは、特に「物理的＞心理的」などの「具体＞抽象」の変化を含んでいる(古代英語の felan の「触る」から「心で経験する」、agan の「持つ」から「義務」「べきである」への変化など。社会物理的世界から理由づけの世界への変化については Sweetser 1990 を参照)。Kakouriotos and Kitis(1997)はホメロス時代のギリシャ語 phobomai の「飛ばされる」から「恐れ」への変化を挙げ、ゲルマン語の「恐れ」を表す語が古サクソン語の far(待ち伏せする)から来ていることとの類似性を指摘している。現代日本語の「こわい」は「こわいご飯」のような「(物理的に)固い」と「恐ろしい」の二つの意味がある。室町時代の「こわい(こはし)」は様々な意味で使われたが、すべて筋肉が固くなったり心理的緊張、硬直を表したりするものであり、「疲れきった」、「つらい」、「(物理的に)気持ちが悪い」、「恐ろしい」「痛ましい」「どぎまぎした」などの意味があった(Iizumi 1963: 153、Ohno 1980: 35b)。「恐ろしい」という意味が増化すると、「こわい」の二つの意味は、文献の中では異なる漢字で書かれて区別されたが、二つの意味の関連性は明確である。

傾向Ⅱは、while の意味変化が当てはまる。古代英語の副詞句 þa hwile þe(the time that)の hwile は「時」という意味の名詞であったが、やがて文法化によって þa hwile þe が hwile になると、時を表す接続詞になり、さらに後には譲歩の意味も表す多義語の接続詞になった。傾向Ⅱは接続の意味の発展だけでなく、「メタ言語的」(あるいは「メタテクスト的(metatextual)」の方がより適切である[*23])変化をも含む。「メタテクスト的」変化とは、I recognize のような発話動詞の遂行的意味の発展、anyway のように前の話題に戻ることを話し手が表す談話標識機能を持つ副詞の発展などを指す。日本語では「すなわち(すなはち)」の発展が挙げられる。上

代の「すなはち」は時を表す名詞で、「そのとき」の意味だったが、鎌倉時代には「ただちに」の意味になり、室町時代には接続詞として「つまり」の意味になった。「テクスト的」という術語は、内容的と文脈形成的つながりの両方の意味で使う語である。1.2.1で述べたように、so は内容的であるとともに理由を表す節を導く。

(34)　She left *so* she could get to Bella Johnson's talk on time.
　　　彼女はベラ・ジョンソンのトークに時間どおりに着く<u>ように</u>家を出た。

あるいは、主として語用論的で、テクスト的方策という話し手の態度を表す(35)のような例もある。(第1章の(8b)に同じ)

(35)　*So*, our speaker tonight is Bella Johnson.
　　　<u>さて</u>、今夜の話し手はベラ・ジョンソンです。

意味変化論で大事な点は、語彙素 L における意味素 1(M1)には接続の機能がなく、意味素 2(M2)には接続の機能があるとき、意味素 2 があとに起こることが予測できることである。さらに、第 4 章で詳細にわたり検討するが、語彙素 L に接続の意味があり、その意味が内容的であり(たとえば、so の「だから」の意味など)、語用論的である場合、語用論的意味があとに起こることが予測できる。語用論的意味は、話し手／書き手と聞き手／読み手の間のとりとめのないやり取りの中に組み込まれる機能、また会話場面辞退の中で話し手／書き手が修辞的用法のために素材を先取りするという主観化の力となる機能を持っている[*24]。

　傾向 III は最も有力な傾向であり、「自己の方向づけ(self-orientation)」(Seiler 1983)と「主観化(subjectification)」にかかわる。例としては、英語の尺度副詞 even のような認識的モダルの発展や、接続詞 while のような(現代英語では meanwhile)時の意味から譲歩の意味への発展が挙げられる。主観化の過程は、話し手の知識の範囲を超えたことを考えたり言ったりすることができる能力、未来に何が起こるかを知っているかのように話すことができる人間の能力が基礎になっている、と Harkins は述べる(Harkins 1995: 275)。この見方によれば、主観化は話し手の認知過程の指標となる。しかし、主観化は社会的でもある。Dasher(1995)が述べるように、日本語の非敬意語彙による社会指呼的意味の獲得も主観化(と相互主観化)の例である。聞き手／読み手や第三者に対する話し手／書き手の見方(社会的地位と距離)がそのような語彙の意味の本質的部分である。たとえば、「あがる」という動詞は上代以来「浮き上がる」「持ち上がる」などさまざまな意味があるが、それらはみな「低い位置から高い位置へ移動する」という点が共通している。中世では、「あがる」には、さらに「尊い場所に向かって移動する」という意味が加わる(京都

では宮中に向かって行く、大坂では城に向かってゆくなど)。19世紀になると「あがる」には、さらに自称敬語の用法(「話し手・書き手がいる尊い場所に行く」) (Dasher 1995: 170)が現れる。「あがる」の敬語用法において、場所と結びついた対象(人間)に社会的優位性を認め、付与するのはすべて話し手／書き手である。

　1.3.2で述べたように、主観化は重要な意味変化の型である。相互主観化はその次になる。主観化なしには相互主観化は起こりえないからである。主観化は話し手／書き手の伝達行為、特に姿勢に関連している。この姿勢は意味の悪化や向上のように、他の対象に向けられることがある(2.2を参照)。言語学的に興味深いのは叙述の事実性に対する姿勢の表明(probablyのような認識的モダルやI hearのような証拠性表現など)、そして議論における雄弁性に対する姿勢の表明である(in factのような談話標識によって表される)。

　さらに、1.3.2では、主観化は話し手／書き手の姿勢を明確にすることにかかわることを述べた。Langacker(1985、1990、1999)は、意味変化における主観化の重要性を認めながらも、Benvenisteによる「文法的主語(syntactic subject)」と「話者としての主語(speaking subject)」の区別に直接関係のあるもう一つの主観性の理論を発展させた。Langackerによる客観性は、我々の見方とは対照的に、参与者を注意の焦点として「ステージ上の(on-stage)」場面に明確に置くことにかかわる。一方主観性は、「背景(ground)」としての表現されない「ステージ外の(off-stage)」要素(会話場面とその参与者)にかかわる。

(36)　a. Vanessa jumped across the table.
　　　バネッサはテーブルを横切ってジャンプした。
　　　b. Vanessa is sitting across the table from Veronica.
　　　バネッサはベロニカから見て、テーブルの向う側にすわっている。
　　　c. Vanessa is sitting across the table from me.
　　　バネッサは私(話し手)から見て、テーブルの向う側にすわっている。
　　　d. Vanessa is sitting across the table.
　　　バネッサはテーブルの向う側にすわっている。　　(Langacker 1990: 17-20)

(36a)は、acrossが話し手／聞き手の位置に関係ない動きにかかわるので、最大限に客観的である、とLangackerは言う。(36b、c)は話し手がVeronica、me(話し手)の位置から見た心的軌道をacrossによって描いているので、より主観的である。(36d)は話し手がステージ外にいて話し手の位置にかかわらないので最も主観的である。Langackerは次の(37)を最も主観的であると述べる。地震が場面を制御しているのではなく、ステージ外の話し手が地震が起こることを予言しているからである(1990: 23)。

(37) An earthquake is going to destroy that town.
　　　地震がその町を壊そうとしている。

　Langacker の研究は認知言語学的方法によるもので、特に場面構造と項構造、つまり概念的主語(目的語)と文法上の主語(目的語)とのかかわりに注目している。ほとんどの例は文脈外から作られたものである。この理論の中核は、概念的主語と目的語にかかわる「概念構造」である。主語は「潜在意識の世界における場(implicit locus of consciousness)」であり、「観点(perspective point)」である。主語は、概念過程に本来備わっており、ステージ外にあって現れないとき最大限の主観性を持つと解釈される」(Langacker 1999: 149. 太字は原文どおり)。最大限に主観的な概念標識は現れないだけでなく、自己の意識もない。「最大限の主観性は暗黙の概念標識を形づくる。その注意は別のところに向けられ、すべての自己意識を失う」(Langacker 1993: 451)。結局、場面構造、特に文法上の主語の選択は、繰り上げ構造におけるごとく、Langacker の主観化の見方にとって基本となるものである。
　一方われわれの研究は談話の観点から、モダルや指呼詞、副詞などの選択や配列を問題にするもので、場面構造だけに制限された語を扱うわけではない。われわれの見方では、主観性は言語体系におけるさまざまな場合にさまざまなやり方で現れ、文脈外の概念構造でなく、談話における言語運用においてさまざまに機能する。能動断定文など、文脈の中において客観的と思われるものは、学術論文や言語学者が作った例文などのように、談話機能的様式において付加される価値によってそう言えるのである。表現はそれ自体主観的でも客観的でもなく、発話全体とその文脈が主観性の程度を決めるのである。つまり、(36d)のような文は、我々の見方では構造的に中立的であり、Langacker(1990: 20)が主張するような最大限の主観性は表さない。彼は、話し手としての主語は「ステージ外にいて」表現されないとしている。しかし、たとえば、電話による会話で、誰かが夕食の席について説明しているという文脈を考えてみよう。

(38) Max is sitting next to Bill, and Bill is sitting next to Martah. Vanessa is sitting *across* the table.
　　　マックスはビルの隣にすわり、ビルはマーサの隣にすわっている。ベネッサはテーブル越しにすわっている。

話し手が推論をする必要はない。それはマーサかも知れない。もしこれと同じ会話がステージの上で行われたとしたら、話し手ではなく観客の観点からの描写となる。
　適切な言語的構造においては「客観的に描かれた主語」は主観化の過程の中で弱

められるのは確かである。われわれにとって、これは、ここで議論した意味変化の方向性(主観化に向かう)と一致する構造の変化(繰り上げ)の問題である。しかし、それは意味変化論にも語彙変化論にもかかわらない。われわれの見方では、主観化が起これば、ある語彙素 L は記号学的に豊かになり、新たに増化した主観性の明確な表明に至る。したがって、(37)で、主観性があるのは、話し手としての主語に対する言及が明示されないからではなく、話し手・書き手による「ある未来時に地震が町を壊す」可能性に対する強い思い入れが明確に現れているからである。Langacker による主観化の理論は、相互主観化が主観化から生まれることを説明するなんらの原理もない。1.3.2 で述べたように、主観化がある程度なければ相互主観化はありえない。これは、話し手／書き手が、談話を作り出すときに、相互交渉の中で自分の見方を示すからであり、この見方が聞き手／読み手の特別な注意を呼び起こすとき、相互主観化が起こる。したがって、主観性の偏在に対する Langacker とわれわれの見方は一致するものの、われわれの「主観化」という術語は実質的に異なる現象を指して使っているのであり、理論や方法論に対しても観点が異なっている。したがって、問題は、Langacker(1999: 150)が言うように、「純粋に術語上の」問題ではないのである。

2.3.5 歴史語用論

　認知言語学における隠喩、換喩、主観化の研究のほとんどは意味論に基礎を置いているが、語用論がなくなったわけではない。Sweetser(1990)は意味変化における隠喩の役割を考える上で先駆けをなした本であるが、その本の題は『語源論から語用論へ』(From Etymology to Pragmatics)である。つまり、隠喩研究は、意味的あいまい性に加えて語用論の正当性についての議論も特に含めて、語用論研究の中に位置づけられているのである(異なる観点からの議論については Horn 1985 も参照)。

　言語構造と談話的意味の関係に焦点を当てる歴史語用論の観点からの研究も盛んである。Traugott による三つの傾向(1989 年(33)を参照)や、主観化についての見方(1995a)などがその例である。第 4 章では、語りの理論、会話分析、特に Schiffrin(1987)によって発展してきた談話分析にもとづく研究を詳細に検討するが、ここでは、語りの筋書きにおける題材の顕在化、潜在化(Hopper 1979、Fleischman 1990)と語りの構造を知らせる標識(Brinton 1996 など)に焦点を当てることとする。

　歴史語用論と歴史談話分析の間に本質的な違いがどの程度あるかは今のところはっきりしない。どちらも歴史的に言語使用を追究する学問である。我々の研究は、『意変推喚論』(意味変化の推論喚起論)が新グライス派の語用論を基礎としているので、歴史語用論という学問に含めることとする。さまざまな観点からの歴史語用論についてのあらましは Jacobs and Jucker(1995)や Foolen(1996)に述べられ、

歴史談話分析についてのあらましは Brinton(2001)に述べられる。

　Jacobs and Jucker(1995)は歴史語用論を二つに区別している。「語用文献学(pragmaphilology)」と「通時語用論(diachronic pragmatics)」である。この二つの違いは、調査する談話の現れる型による。語用文献学は、宗教、法律、教育その他の基準によるテクストタイプの研究である。この研究は人類学的問題や異文化間の問題を提示するものである。一方通時的語用論は、言語の構造と使用のかかわりに注目する研究であり、談話標識の発展(第4章参照)、遂行性(第5章参照)、丁寧標識の発展(第6章参照)の研究などが挙げられ、どれも言語学的分析がなされる。Jacobs and Jucker は通時語用論には二つの研究法があるとしている。「形式を機能と対応させる」(主として意味変化論的)方法と、会話行為の機能に焦点を当てる「機能を形式に対応させる」(主として語彙変化論的)方法である。本書では Jacobs and Jucker のいう、形式を機能と対応させる通時語用論を検討する。

　歴史語用論の大部分は Grice の研究がもとになっている。新 Grice 派語用論で必須の問題は、量1の格言「(現在の情報交換の目的のために)情報量をできる限り豊かにせよ」と量2の格言「必要以上の情報を与えるな」(Grice 1989［1975］: 26)の区別が必要かどうかということである。関係論者はそのような区別は必要ないと述べている(Sperber and Wilson 1995［1986］など)。一方、Atlas and Levinson (1981)、Horn(1984)らは、Grice とはやや異なるものの、区別を説いている。ここでは、Horn(1984)が投げかけた問題、特に反対や矛盾に関する論理的体系を概観することとする。というのは、Horn の議論は意味変化と明確に関係しているからである。

　言語使用の多くは話し手の経済性と聞き手の経済性という競合的力によって説明できるとする Zipf(1965［1949］)による説をもとに、Horn は Grice の格言(量、関係性、態度など)を、Q(量)と R(関係)の二つの原理にまとめている訳者注10。

(39)　a. Q(量)の原理(聞き手にもとづく)
　　　　　十分に教育的に伝えなさい(量1参照)
　　　　　できるだけたくさん言いなさい(関係性を前提として)
　　　　　最低限(「少なくとも」)の原理、上限を暗示する
　　　b. R(関係)の原理(話し手にもとづく)
　　　　　必要な分だけを伝えなさい(関係の格言、量2、態度の格言を参照)
　　　　　言わなければいけない以上のことは言ってはいけない(一定の量を前提として)
　　　　　上限(「せいぜい」)の原理、最低限を暗示する　　　　(Horn 1984: 13)

(39a)は、「話し手が「…p…」と言ったとき、それは「せいぜい p である」」とい

う意味で理解される(Horn 1984: 13)。たとえば、Some of my friends are linguists(私の友だちの何人かは言語学者です)という文は、私の友だちがみな言語学者であるというわけではないということを意味する。これは垣根を低くする原理である。というのは、質や真実の原理をもとにしてこの文を言うということは、私には言語学者の友だちが少なくとも何人かいるという主張をしているからである。それは、せいぜい p であるという垣根の高い推論を持つ。それは語用論的で破棄できる。というのは、Some, if not all, of my friends are linguists(友だちの何人かは、すべてではないにしても、言語学者だ)のように if not all などの句によって取消しができるからである。一方(39b)は、「話し手が「…p…」と言ったとき、それは「p 以上のことを意味する」という関係性の推論を促す(同 14)。たとえば、Can you pass me the salt?(塩を取ってくれませんか)は「はい」「いいえ」の答え以上のことを要求しているし、I broke a leg(足を怪我した)は、怪我をしたのは私の足であることを意味している。Geis and Zwicky(1971)の原型的喚起推論、条件的完了「もし p ならば q である」から「もし p でなければ q でない」への推論は関係性の推論のもう一つの例である。

　Horn は量の原理と関係性の原理を反映する意味の縮小には、「共時的には区別できないが」(1984: 34)、歴史的に二つのタイプがあると述べる。量の原理にもとづく例は、rectangle である。rectangle(長方形)は、直角がある四辺形で、正方形を含む。Horn は、正方形を除外する使用法を量にもとづく狭化であると考え、量に基づく縮小は、一般的術語を特殊に使うことによって語彙領域の一部の穴埋めをした結果であると指摘する(同 33 ページ、Kempson 1980 を引用している)。しかし、関係性にもとづく意味の縮小は、一般的なものを含む外延から特殊一つを表す変化であり、Horn は undertaker(請負人＞葬儀屋)の例を挙げる(32 ページ)。一方、意味の拡大は常に関係性にもとづいており、Xerox や Kleenex の例を挙げている(35 ページ)。ここで、xerox は傑出した典型であり、コピー機の代表であることから、一般化してコピー機を指すようになった。これらの説明は魅力的ではあるが、歴史的データは必ずしもこの量にもとづく縮小の証拠とはならない。文脈の中での用法、時代によって異なる用法がない限り、どのような文脈でいつ縮小が起こったのかを明確に述べることはできない。たとえば、OED で最初に引用された(40)の rectangle の例では、少なくとも英語において、初めから正方形を除外した狭い意味で使われている。

(40)　　If one side containing the right Angle, be longer than the other containing side, then is that figure called a *Rectangle*.
　　　もし直角を形づくる一辺が他の辺よりも長いとき、その形は<u>長方形</u>である

(1571 年 Digges, 1 [OED])

1.2.3 で取り上げたように、量の教示と関係の教示の違いに対しては別の研究法がある。量にもとづく変化は変化を遅らせ、標準化と関連している。harass の例のように、公共団体の命令により縮小が外的に課せられるとき、この縮小は量にもとづいている。いずれにしても、変化は「自然」ではない。というのは、意識的な伝播によって獲得されるからである。

Horn(1989)は、量の教示と関係の教示に関して特に興味深い仮説を提示している。それは、二つのペアのうち、弱い方の語の否定を表す語彙項目はほぼ普遍的に存在しないということである。英語その他のほとんどの言語に見られる現象であるが、図表 2.7 のような、数量詞の対立関係を示す論理的四角形において、O(特殊否定)にあたる語彙は存在しない、と Horn は言う[*25]。

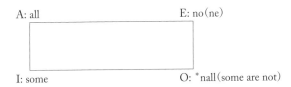

図表 2.7 数量詞の論理的四角形(Horn 1989: 254 にもとづく)

同様に、*nalways も *noth of them も存在しない。評価的語彙領域においても、true-untrue-false は存在するが、*unfalse は存在しないし、friendly-unfriendly-hostile は存在するが、*unhostile は存在しない。Horn はそのような構造的空白は、否定的 O は情報性がなく、関係の原理に反するからであると述べる。たとえば、some are は some are not を示唆する。これら二つは情報的に(伝達的にではなく)互換性があるので、some の存在が *nall の存在をなくす(Horn 1989: 245)。それは冗長的で情報性がないからである。

Horn と、彼の研究にもとづく Van der Auwera(2001)は、数量詞や接続詞には O に当たる語彙がない場合が多いが、モダル語はこれとはやや異なることを指摘している。モダルの語彙領域では、E と O の区別は、可能性を表すフランス語の例のように、語順によって示される。

(41) a. Tu　*ne*　*peux*　*pas*　manger de la　viande.
　　　2単 否定 できる 否定 食べる の 定冠 肉
　　　あなたは肉を食べることができない(E: あなたが食べることは不可能だ)

b. Tu *peux* *ne* *pas* manger de la viande.
　2単 できる 否定 否定 食べる の 定冠 肉
　あなたは肉を食べることができない。(O: あなたが食べることができない可能性がある)　　　　　　　　　　　　(Van der Auwera 2001)

英語でも、E と O は語彙で区別されている。

(42)　a. John *must not* eat his soup today.(E: しないことが必要だ)
　　　b. John *need not* eat his soup today.(O: することは必要ない)

これは、図表 2.8 のようなモダル(義務)の論理的四角形で表すことができる。

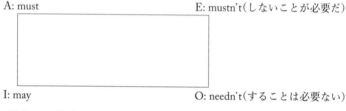

図表 2.8　義務の must の論理的四角形(Horn 1989: 259–260 にもとづく)

歴史的には、義務と必然性の概念構造においては、たとえ O が表現されても、E の表示は O の表示から派生する場合が多い。たとえば、14世紀のフランス語の、

(43)　Il　*ne*　*faut*　　*pas*　que　tu　meures
　　　それ 否定 ねばならない 否定 補標 2単 死ぬ
　　　　　　　　　　　(Horn: 1989: 262; Van der Auwera 2001: 8 ページ)

は次のどちらかの意味であった。

(44)　a. It is necessary that you not die.(E)
　　　　あなたは死なない必要がある。
　　　b. It is not necessary that you die.(O)
　　　　あなたは死ぬ必要はない。

Horn(1989: 261–262、Tobler 1921 [1882] を引用)によれば、14 世紀には、語順は同じであったが、主となる解釈は(42a)であった。Van der Auwera(2001)は、ヨーロッパとインドの 29 の言語にもとづく研究で、右下の角は必要性においても可能性においても体系的に不均衡であることを発見した。(43)のフランス語の例のよ

うに、区別があいまいになったり、あるいは英語の needn't のように語彙のまとまりの中からある形式が選ばれることもある。ここで大切な仮説は、「〜の必要がない(not necessary that)」から「〜ない必要がある(necessary that not)」という意味への一方向的仮説である。これは関係の教示が独占的である、つまり「〜の必要がない」から「〜ない必要がある」への強い推論であり、「その過程はあいまいさを生むか、元の意味を排斥する推論によって新しい意味をもたらすかのどちらかである」(Van der Auwera 2001: 12 ページ)。次の章では、意味変化において関係の教示が強い働きをすることを示す。

2.4 まとめ

本章では、Bréal による競合する相反する変化から始まって、現在の意味変化論に貢献する理論的研究法をいくつか紹介した。意味領域理論の発展、隠喩・換喩・文法化・主観化、さらに歴史語用論などの研究である。本章では特に、新 Grice 派語用論にもとづき、歴史語用論と歴史意味論のかかわりについて述べてきた。

次の章では、われわれにとって最初のケーススタディであるモダルの助動詞や助詞の意味変化を述べよう。

原著者注
- *1 "semantique" という術語は Bréal によって初めて作られた。
- *2 ここでいう原理とは、彼自身の経験的意味変化研究によっている。Bréal(1991)1882])では、意味変化の「原理」とか「法則」と言えるような方法をまだ見つけているわけではなく、経験的に観察できる傾向にもとづいて、そのようなものを作り上げようとしただけであった。
- *3 Hopper(1991)はこの概念を改善させて、文法化の原理として位置づけた。
- *4 erection と ejaculate((7)の例)は Bryson(1991: 72)による。Bryson は Robert K. Sebastian 1989, Red pants, Verbatim, Winter issue より引用している。
- *5 よく調べてみると「やくざ」は換喩である。
- *6 Nerlich and Clarke(1999)は、部分が全体を表すシネクドキと、種が類(属)を表すシネクドキを明確に区別しており、われわれもそれに従う。前者は、sail(帆)が ship(船)を表す例のように換喩の一種であり、意味変化の大きな要因となる。後者は、TV(テレビ)が color TV(カラーテレビ)を表す例のように、種から属に、あるいは属から種に至る分類学的変化であり、それほど多くはみられない意味変化である。

*7 「刀」(長く鋭いナイフ)は、「包丁刀」という複合語の中では「料理のためだけに使われる長く鋭いナイフ」という意味でとらえられていた。
*8 しかし Gould(1977: 32)は、これはダーウィンによる系統の見方とは異なることを指摘している。
*9 雇用機会均等法の第7条。性による差別についてのガイドライン、『連邦登記簿』1980年、45(219):74677。
*10 Meritor Savings Bank 対 Vinson(477 U. S. 57, 1986)。
*11 話すことと数えることの語彙的関係に注意。
*12 さらにここで、Hock and Joseph がシネクドキと換喩を別々のものとして扱っていることに注意。シネクドキは換喩の一種である。
*13 Anttila は Guiraud(1955)によっている。
*14 一方、Warren(1998)は、換喩と「推論(inference)」「含意(implicature)」を区別する試みをしている。
*15 別の見方として、Kövecses and Radden(1998)は「怒りは熱い」などの隠喩は概念的換喩から経験的に起こるというものもある。Kövecses(2000) と Radden(2000)も参照。
*16 -ing による進行形の用法は中世英語後期になって、はじめて現れた。
*17 文法化における競合する動機の公式化については Langacker(1977)を参照(彼はこれを文法化でなく「再分析(reanalysis)」と呼んでいる)。
*18 これが隠喩的かつ換喩的過程でなく、別々のメカニズムとしてとらえるべき理由が何なのかは明確ではない。
*19 Jurafsky は、Traugott(1989)や Heine, Claudi, and Hünnemeyer(1991)による術語である「(文脈帰納)推論」を使っている。
*20 (28)は感嘆文 Am I thirsty! と混同してはならない。この文は、イントネーションも発話の力も異なるだけでなく、さまざまな統語的制約も持っている(Rosengren 1992 を参照)。
*21 「対象」という術語は真の条件の考察にかかわりなく使われている。この語は単に描写場面における参与者を指しているに過ぎない。
*22 三つ目の傍観者尊敬は、デバル語にある「義母語(mother-in-law language)」(Dixon 1972)のように傍観者や立ち聞き者との関係を指呼する形式であるが、ここでは扱わない。
*23 「メタテクスト的(metatextual)」の方がより適切である。なぜなら、「メタテクスト的」という術語は、進行中の談話を明確に言及することによって意味を交換し合うという言語使用行為を指すからである。一方「メタ言語的」という術語は、I object to U.(Horn 1985: 136)の U(これは抽象的叙述ではなく重大な言語発話である)などのような修正的な用法を指すために使える。I didn't manage to trap two monGEESE-I managed to trap two monGOOSES.(Horn 1985: 132)では、不規則複数形が否定されている。これもメタ言語的用法である。

*24　Wegener(1998) による「超文脈的、発話外の意味の増加」という第 4 の傾向は不必要だと思われる。

*25　この四角形で、A は一般、I は特殊、E は一般の否定、O は特殊の否定を表す (Horn 1989: 11)。たとえば、Every woman is happy は A、Some woman is happy は I、No woman is happy は E、Not every woman is happy は O である。

訳者注

訳者注 1　拡大 (expansion)

　ここでの「拡大」の例はゲルマン語の Tier「野生の動物」がドイツ語で「動物一般」を指すようになった例である (本書 65 ページ)。これは指す範囲が広まった例で、broadening of meaning とも言い換えている (64 ページ)。そこで、expansion と broadening を「拡大」と訳す。これは、認知的な広がりを示す「拡張 (extension)」[訳者注5] と区別して訳した。

訳者注 2　置換 (permutation)

　Stern (1968: 352) は、置換の代表的例として、中世英語の *bedes* (祈り) から現代英語の *beads* (ビーズ) への変化を挙げている。中世の教会での祈りは、ほとんどが Pater Noster (主の祈り) と Ave Maria (アベマリア) で、それらが繰り返された。その祈りを数えるのに、rosary beads (ロザリオ数珠) が使われた。それを見た人が *he is counting his beads* (彼は祈りを数えている) と言ったのを聞いた別の人がその場面を見たところ、現実には数珠を数えていたので、*he is counting his beads* を (彼はロザリオ数珠を数えている) と解釈したところから、*beads* が「祈り」から「ロザリオ数珠」に変化したのである (下線部は筆者)。

　現代英語では、「ロザリオ数珠」がさらに一般化して「ビーズ」を指すようになったが (*beads* の歴史的変化全体については、Arlotto 1972: 171–172 を参照)、「祈り」の意味が「ビーズ」に置き換えられたので、置換といえる。

訳者注 3　適応化 (adequation)

　Stern (1968: 168–169, 380–382) は、適応化の代表的例として、英語の *horn* の「動物の角」から「楽器のホルン」への変化を挙げている。Stern は、この変化を次の四段階で説明する。

　　第一段階：動物の角
　　　　↓　代替
　　第二段階：音楽としての音を出すために使われた動物の角
　　　　↓　適応化
　　第三段階：動物の角からできた楽器
　　　　↓　代替
　　第四段階：楽器 (原材料は何でもよい)

ここでの二つの代替 (substitution) は、換喩の中でもシネクドキといわれるもので、

第一段階から第二段階は「動物全体の角から音を出すための角」という「全体から部分」への変化、第三段階から第四段階は「動物の角という特殊な材料からできた楽器から楽器一般」という「部分から全体」への変化である。第二段階から第三段階に至る変化が「適応化」で、第二段階では「動物の角」が主要な意味、「楽器」は二次的な意味であったが、第三段階では「楽器」が主要な意味、「動物の角」が二次的となる。これは、語の意味がその指し示す実物の特徴(楽器として音を出すという目的)に適応化した結果だとする。興味深い理論であるが、第二段階と第三段階の区別を歴史的に証明するのは困難であると思われる。

訳者注4　サピア・ウォーフの仮説 Sapir-Whorf hypothesis

　「言語はそれぞれ独自の構造をもっており、その言語構造は、その言語を母語とする話者の思考や認識に影響を及ぼす、あるいは思考や認識を決定する、という仮説」(言語学大辞典 602 ページ)。たとえば、アメリカ原住民の話すホピ語の文法では、有生(animate)と無生(inanimate)の区別があり、雲や石は有情に属する。そこでウォーフは、ホピ族は雲や石を生き物として見ていると結論づけた。言語には男性と女性の区別もあり、フランス語では石とドアは女性名詞である。しかし、フランス人は石やドアを女性と見ているわけではない。これは、言語的分類(有生、女性 feminine)と生物的区別(生き物、生物的女性 female)との混同であるが、言語にはこのような対応関係が見られることもしばしばある。

訳者注5　隠喩的拡張(metaphorical extension)

　ここでの extension は metaphorical extension(隠喩的拡張)、「明るい音」などの「視角から聴覚への extension」など、認知的な広がりに使われており、これを「拡張」と訳す。指す範囲が広がる「拡大(expansion)^{訳者注1}」と区別して訳した。

訳者注6　前景(figure)と背景(ground)

　Hanks (1992: 60-62) は、「前景」の特徴として「明確性、個別性、限定性」を、「背景」の特徴として「拡散性、変性」を挙げている。言語学における例としては、「ペンがテーブルから落ちた」の動的「ペン」が前景、静的「テーブル」が背景、アスペクトでは「完了」が前景、「非完了」が背景である。前景は背景よりも顕著な性質を持つが、この二つの関係は「有標(marked)」「無標(unmarked)」の対立(opposition)関係でなく、組み合わせ(combination)関係であると述べる。

訳者注7　脱発話動詞(delocutive verb)

　これは、もともと会話の中で使われていた語が動詞になった語で、本書では、ラテン語の nec(いいえ)から negare(否定する)、autem(しかし)から autem(論争する)などの例が挙げられている。「いいえ」は否定する機能を持ち、「しかし」は反論する機能を持つという点で、それぞれの動詞と関係しているので、機能という点で結びついた換喩の例である。

訳者注8　「話し手・書き手は、時を明示するとき、純粋な時よりも豊かなつながりを主観的に課することを示唆している」

　since が、「時」と「理由」の両方に推論できる例がある。

Since coming to the US, she has been very happy.(本書 38 ページの例)
時の推論：アメリカに来て以来、彼女はとても幸せだ
理由の推論：アメリカに来たから、彼女はとても幸せだ
　従属節と主節を単純な時間関係でつなぐのが時の推論であるが、話し手／書き手は聞き手／読み手に対して、この文の前後の節の関係について、原因と結果の関係の推論を喚起する。この因果関係の推論は、時の関係よりも一歩進んだ豊かな推論であり、時の推論が因果関係の推論に置き換えられているので、この since の意味変化は概念的換喩による変化といえる。

訳者注 9　繰り上げ構造(raising construction)
　変形文法において、(1)Hobbes seems to be irritating などの文の深層構造は、以下のようになる(Borsley 1999: 157-9 を参照した)。I は Infinitive(不定詞)である。

(1)
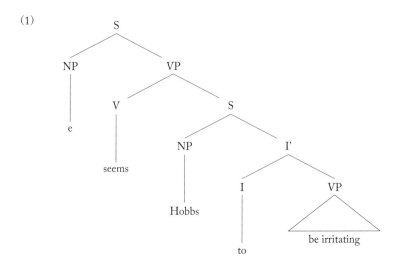

(1)の Hobbs が次の表層構造では、主語 NP の位置に繰り上げられる。

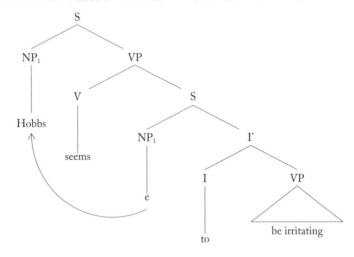

これは、seem(繰り上げ動詞)に主格を付与する機能がないからで、上の NP の位置に来ることによって Hobbs に主格が付与される。

(20a)の it's going to rain、(20b)の There is going to be shooting、somebody is going to get hurt の be going to も繰り上げ動詞であり、同様な変形ができる。

訳者注 10　Horn(1984)による二つの原理

Horn(1984: 12–13)は、Grice(1989: 26–27)による四つの格言を以下の理由により 94 ページのように二つの原理にまとめた。

① 質の格言がなければ会話や推論の体系が全く機能しなくなる。
② 量の 2 の格言「必要以上の情報を与えてはならない」は、関係の格言「関係のあることを言いなさい」と密接に関連しているのでひとつにまとめることができる
③ 量の 1 の格言「必要な限り多くの情報を伝えなさい」のあとに量の 2 の格言「必要以上の情報を与えてはならない」を加えていることから、二つに分けることができる。

Q(量)の原理が「聞き手にもとづく」とは「聞き手の立場に立った原理(聞き手の経済性)」で、「聞き手に対して話し手はメッセージを十分に伝えなさい」という原理である。「最低限の原理」とは、「少なくともこれだけは伝えなさい」いという原理である。

R(関係)の原理が「話し手にもとづく」とは「話し手の立場に立った原理(話し手の経済性)」で、「最小限の努力で経済的に伝えなさい」という原理である。「上限の原理」とは、「せいぜいこの程度にしなさい」という原理である。

Horn(同：31-35)はこの二つの原理によって、歴史的意味変化の説明を試みている。まず、rep(repetition の略)、TV(television の略)などの省略(clipping)を挙げ、関係の原理にもとづくとする。これは、話し手のエネルギー節約の経済性の原理である。また、drink が「酒を飲む」の意味になったり、smell が「いやなにおいがする」の意味になったりする「自律下位語(autohyponomy)」(意味の狭化)も関係の原理に基づく変化として挙げている。drink alcohol、smell bad というよりもエネルギーが少なくて済むからである。一方、同じ自律下位語(意味の狭化)でも、量の原理に基づく例として dog が「雌雄両方の犬」から「雄の犬」に変化する例を挙げる。しかし、これは、上位語(雌雄の犬)から下位語(雄の犬)への変化で、上位・下位の関係にもとづく関係の原理による変化である。また、dog がオスの犬だけを指した時代があったかどうかも定かではない。Horn はこれと同様の例を五つ挙げている。

 cow「牛」から「牝牛」へ(「牡牛」を除外する)
 rectangle「四角形」から「長方形」へ(「正方形」を除外する)
 finger「五本指」から「四本指」へ(「親指」を除外する)
 gay「ホモ」から「ゲイ」へ(「レズビアン」を除外する)
 player「守りの選手」から「野手」へ(「投手」を除外する)

第3章
モダル動詞の発展

3.1 はじめに

　本書のケーススタディの多くの焦点はモダリティと指呼性である。本章ではまず、モダリティ領域における義務的意味から認識的意味への発展の例を選択し、比較的狭い観点から分析する。後の章ではモダリティに関連したテーマについて、より広い観点から分析する。

　1.7で引用した「モダリティは文の意味の正当性を現実世界に関係づける働きをもつ」(Kiefer 1994: 2515)という考察以上のモダリティの定義についてはほとんど同意が得られていない。論理学においては、モダリティは根本的に、命題の真偽に関係した必然性と蓋然性を表す。言語学においては、拘束的(義務的)と認識的(結論的)という二つの型が認められているが、さらにもう一つ能力的／容力的も提示されている(Leech 1971、Lyons 1977、Palmer 1990［1979］、1986、Coates 1983、Sweetser 1990、Bybee, Perkins and Pagliuca 1994、Kiefer 1994、1997、Van der Auwera and Plungian 1998などを参照)。モダリティの三つの型の特徴を以下に挙げる[*1]。義務的モダリティと認識的モダリティについては3.2でさらに詳しく述べる。

　(i) 拘束的モダリティ(ギリシャ語の deon(結びつけるもの)に由来する)。「根源的(root)」モダリティ[訳者注1]とも言う(Coates 1983、Sweetser 1990など)。これは義務や強制にかかわる。Lyons は、モダリティに関するそれまでの基礎を覆すような研究で、義務的モダリティにいくつかの特徴を認めた。それは、「道徳的責任を持つ動作主によってなされた行為の必要性、可能性にかかわり、…行為がなされた場合にもたらされる状況を表す(Lyons 1977: 823)。またそれは、道徳的、社会的規範や権威ある人、「内的強制(inner compulsion)」などといった「何らかの源や原因に由来する」(824ページ)。義務的モダリティは「行為としての言語(language as action)」にかかわるものである(Palmer 1986: 121)。

(1)　　Jane *must* go. (I require Jane to go.)
　　　　ジェーンは行か<u>なければならない</u>。(ジェーンが行くことを要求する)

あるいは、もっと弱く、許可を表すこともある。

(2)　　Jane *may* go. (I permit Jane to go.)

ジェーンは行ってもよい。（ジェーンに行くことを許す）

括弧内の言い換えが示すように、(1)の意味も(2)の意味も遂行を促すが(Boyd and Thorne 1969、Sweetser 1990 を参照)、第5章でも議論するように、われわれの見方ではモダルは間接的に遂行を促すに過ぎない。(1)と(2)の節は(3)のように間接話法にすることができる。

(3) a. Jane *must* go, the boss requires it.
　　　ジェーンは行かなければならないとボスが要求している。
　　b. Jane *may* go, the boss said so.
　　　ジェーンは行ってもよいとボスが言った。

　もう一つの弱い義務的モダリティは忠告性である。主語による行為は規範的に望ましいだけでなく、主語にとって有益である。

(4)　　Jane *ought* to swim if she wants to keep fit. (It would be advisable for/I advise Jane to swim if she wants to keep fit)
　　　健康でありたいならジェーンは泳ぐべきだ。（健康であるためにジェーンに水泳を勧める）

忠告性のモダルは、義務のモダリティの議論においてあまり取り上げられないが、英語のモダルの発展においては重要であり、英語のモダルと機能的に同等と考えられる日本語の構造においても重要である(3.5 参照)。

　(ii)認識的モダリティ（ギリシャ語の episteme（認識）より）　これは認識や信念（事実に対する）にかかわる。認識的表現は命題に真実性を与える。つまり、それは、命題の真実性に対する話し手のかかわりの度合いを表すのに使われる。

(5)　　Jane *must* be tired. (The evidsence suggests to me Jane is tired/I conclude that Jane is tired.)
　　　ジェーンは疲れているにちがいない。（ジェーンは疲れていると結論する）

あるいは、もっと弱く、

(6)　　Jane *may* be tired. (I think it is possible that Jane is tired.)
　　　ジェーンは疲れているかもしれない。（ジェーンは疲れている可能性があると思う）

認識的モダリティは、殊に時制との相互作用に関連して、指呼性と同じ特徴を持っている(Lyons 1977: 819)。もし表現が描かれた世界（記述された場面）であり、現実

の世界とかかわるなら、認識的モダリティは現実世界との距離の度合いを示すといえる(Chung and Timberlake 1985 をもとにした Frawley 1992: 387-389 を参照。Diewald 1999 も参照)。must は、Jane is tired(ジェーンは疲れている)と非常に近い位置で、現実に参照された世界に対する自信を表しているが、断定形 Jane is tired は、表現が現実世界と一致し、真に現実世界に「近い(proximal)」という話し手・書き手の信念を表すのみである。may は、Jane is tired という表現と現実世界の直接の一致に対する自信が少ないことを表し、might になるとさらに自信が少なくなる。つまり、might は may よりも現実世界との距離が大きいことを表している。

(iii)能力／容力[*2] これは、場面や状況に対する障壁や制約がないことを表す。たとえば、

(7) Jane *can* swim.(Jane is able to swim/Nothing prevents Jane from swimming.)
ジェーンは泳げる。(ジェーンは泳ぐことができる／ジェーンを泳ぎから妨げるものは何もない)

規則的にモダリティを表す形態統語論的範疇やモダル表現の数、義務的機能・認識的機能は、言語によってかなり異なっている。範疇に関して、英語のモダリティはふつう助動詞(can、could、may、might、shall、should、will、would、must など、モダリティの歴史的研究の土台となる語)や準助動詞(be to、got to、have to、had to、ought to、need to、dare to、be supposed to、(had)better)、副詞(probably、possibly、necessarily、supposedly、in fact、indeed、actually、truly)で表される。モダリティの定義をさらに広げるなら、支持や断定などを表す発話行為動詞(to will、require、suggest、insist that、など)や括弧づけ表現(I think、I guess)も含まれる(Perkins 1983、Halliday 1994 [1985])。さらに、条件の if や条件譲歩の even if、譲歩の although で表されるモダル節もさまざまなやり方でモダリティを表す。密接に関連のある言語同士でも、文法範疇のみならず、一つの文法範疇における多義が異なる場合がある。たとえば、英語の may とオランダ語の mag がその例である。英語の may は 8a と 8b の二つの用法がある。

(8) a. You *may* leave now.(もう帰ってもよい：許可)
b. To get to the station you *may* take bus 66.(66 番のバスに乗れば駅に着くことができる：可能)

しかし、オランダ語の mag は許可の意味しかない。

(9) a. Je   *mag*   weggaan nu.
You   may   leave   now

b. *Om   naar het station te gaan, *mag* je   bus 66 nemen.
In order to   the station to go   may you bus 66 take

(Van der Auwera 1999: 57)

したがって、同じ歴史を全く持たない言語間では、モダリティはさらに異なることは当然である。にもかかわらず、巨視的に見れば、明らかな類似性が何度も見られる。たとえば、ある語が認識的モダリティと他のモダリティとの多義語であるとき、認識的モダリティの方が言語の歴史の中であとに発展している（Shepherd 1981、1982、Traugott 1989、Kytö 1991、Bybee, Perkins and Pagliuca 1994、Van der Auwera and Plungian 1998 などを参照）。また、もし言語に、might could や might ought to のような「モダル語の連続(double modals)」があるとすれば、認識的モダルの意味は本動詞から遠ざかり、義務的モダルの意味は本動詞に近づく（Shepherd 1981、Bybee 1985、Montgomery and Nagle 1993 などを参照）。

Palmer(1986: 123)が指摘しているように、「同一の形式によって、話し手の真実に対するかかわりの度合いを示すのに使われたり、他の人に何かをさせるために使われたりする明らかな理由があるわけではない」。本章の主要な目的は、意味変化の推論喚起論の見方によって、同一の形式がどのようにして義務的モダリティと認識的モダリティに用いられるようになったのかを、主に英語の must に焦点を当て、ought to にも少し言及して説明することである。その中で特に注目するのは、モダル語が機能する範囲の変化、話し手による主観性の度合いの歴史的変化、動詞の過去形が現在時制を表すようになった理由である。

3.2 義務的モダリティと認識的モダリティの詳細な区別

本節では義務的モダリティと認識的モダリティの区別について、モダルの意味の発展をもとに、さらに詳しく述べる。まず、3.1 で引用した Lyons による基準について述べることから始める。特に義務的モダリティには動作主がかかわるという主張について考察し、強制の源は何かを（その度合いの違いにもとづいて）検討する。次に、義務と認識の違いについて、必要性や可能性の一般化、範囲、（相互）主観性、時制の観点から考察する。最後に、それぞれの領域内の強さの度合いの類似性について言及する。

3.2.1 モダル語の主語

義務的モダリティにおける道徳的責任のある動作主が、モダル語の主語の典型的定義である。ふつう、義務の表現の例を挙げるように言われた話し手は、行為を制

御できる動作主として、人などの有生物を意味的主語として選ぶ。

(10)　"You *must* play this ten times over," Miss Jarrova would say, pointing with relentless fingers to a jumble of crotchets quavers.
「あなたはこれを十回以上弾かなければならない」と、ジャロバさんは、容赦ない指を四分音符や八分音符の混ざった楽譜に向けて、よく言ったものだった。　　　　　　　　　　　　　　　　　（Coates 1983: 34）

しかし、あまり一般的でない用例も現れる。たとえば(11)では、主語は人であるが、動作主ではなく、何らかの行為を義務づけられるわけではない。この場合、主語は意味的に（尊敬の）所有者であり、動詞の have は状態を表す。

(11)　You *must* have respect for other people's property.
あなたは他人の財産に敬意を払わなければならない。　（Coates 1983: 34）

義務のモダルの主語は人でない場合もある。

(12)　Clay pots *must* have some protection from severe weather.
陶器は激しい天候から守られなければならない。　（Coates 1983: 35）

中世英語では、義務や認識のモダルは本動詞と違って、主語や動詞に制約を課したりしなかった。主語は有生でも無生でもよかったし、能動態でも受動態でもよかった。これらのモダルは there 構文や、本動詞にかかわる特徴に対しては中立的であった[*3]。

3.2.2　概念的源

原型的拘束のモダリティにおける義務・許可の概念的源は人間である。「「意志の要素(element of will)」という特徴を持つ何らかの力がある」(Jespersen 1924: 320–321)。つまり、それは「起こる起こらないにかかわらず事柄に興味を持つ者である」(Heine 1995: 29)。(10)は典型的例である。ジャロバさんは義務の源であり、You must play this ten times over と言うとき、彼女は、自分の生徒の技術が完璧になることを期待するとともに、自分の意志を直接相手に課そうとしているのである。しかし、(13)のように、典型とは異なる例もある。

(13)　Parents *must* obtain a social security number for their children.
両親は彼らの子供のために社会保障番号を手に入れなければならない。

parents は番号を手に入れるということをもたらすべく義務づけられる「動作主(agent)」であるが、「強制力(force)」は行政規定である。この「強制力」にかかわ

る「意志の要素」はみな間接的である。つまり行政規定は、人の意志にもとづいて、人の意志によって行使されるが、それ自体は意志を持たない。(12)では、主語(clay pots)は動作主でないだけでなく、義務の源(分別のあるふるまいの規範)もまた暗示されるのみで、意志の要素はまったく見られない。

　拘束のモダリティの源は義務に関係する主語にとって外的であるときもあれば内的であるときもある。(10)から(13)の場合、明らかに外的である。(10)と(11)では you 以外の誰か、(12)では clay pots 以外の誰かである。can(内的能力という意味での)や(14a)の need(内的必要性)のように、内的源にかかわるモダル動詞もあれば、may(許可の意味での)や(14b)の ought to のように、外的源にかかわるモダル動詞もある。

(14)　a. Boris *needs* to sleep ten hours every night for him to function properly.
　　　　ボリスはしっかり活動するのに毎晩 10 時間眠る必要がある。
　　　　　　　　　　　　　　　　　　　(Van der Auwera and Plungian 1998: 80)
　　　b. Boris *ought to* sleep ten hours a day to regain his strength.
　　　　ボリスは元気を回復するのに 10 時間眠るべきである。

一方、認識のモダリティの源は、(5)、(6)のように、表現が真であるかないかの証拠にもとづいて結論を下す話し手である。

　義務のモダリティ・認識のモダリティとその概念的源との関係についての有力な見方に、「強制の力学(force-dynamics)」がある。Talmy(1988: 53)は、義務のモダルの根本は概念的源を、主人公(Agonist)あるいは「中心的強制の実体(focal force entitiy)」が制御する感覚的「強制(force)」としてとらえることであるという。主人公とは、「心理社会的(psycho-social)」相互作用をする動作主である(同79ページ)。たとえば、(12)のような無情の主語を持つ文においては、文に現れない(背景に押しやられた)people などが主人公である。Talmy による強制の力学理論にもとづいて、Sweetser は、モダリティは意図的強制(権威)にかかわり、選択に影響を与えると述べる(Sweetser 1990: 52)。義務のモダルの場合、選択は障壁を課すことによって制限され、能力や許可のモダルの場合、選択は障壁を取り去ることによって広がるのである。(12)、(13)の must の場合、モダルは、主語が持つ選択肢を話し手／書き手が制限することを表す((12)では悪い天気のときに陶器にカバーをかけること、(13)では社会保障番号を手に入れることが唯一の選択である)。一方 She can go の場合、モダルは、話し手・書き手が、彼女が行くことについて物理的、法的障壁がないことを断言することを示すか(能力の解釈)、障壁を取り去ることを示す(許可の解釈)。結局彼女は、行く行かないのどちらかを選択することができる。

Sweetser はさらに、認識の領域は、義務という社会物理的世界(根源の(root)領域、拘束の領域)から理由づけの世界(認識の領域)への隠喩的移し変えとして考えるべきであることを提示した。must の場合、主語は、証拠によって命題の中に表現された結論を導くよう強制される。たとえば、次の二つの例では、(15a)の社会物理的義務の世界は、(15b)では心理的認識の世界に移し変えられている。

(15)　a. You *must* come home by ten.(Mom said so.)
　　　　　あなたは 10 時までに帰らなければならない。(母がそう言った)
　　　　　(母の権威という直接の源が、あなたに、10 時までに帰るよう強制する)
　　　　　　　　　　　　　　　　　　　　　　　　　　　　(Sweetser 1990: 61)
　　　　b. You *must* have been home last night.
　　　　　あなたは昨晩家にいたにちがいない。
　　　　　(手に入る直接的証拠が、私に、あなたが家にいたという結論を強制する)
　　　　　　　　　　　　　　　　　　　　　　　　　　　　　　　　　　(同)

拘束の must によって示唆される主語のしたくないという気持ちは、認識的 must には現れない。Sweetser はこれを、意味づけの性質と、それにともなう価値によると分析している。

　このような分析は魅力的ではあるが、強制とか障壁を使った隠喩が拘束や認識のモダルの意味的発展の鍵を握るということには疑いを挟む余地がある。一つは、モダルの語彙的源が強制や障壁の意味を示すという証拠が乏しいことである(3.3 を参照)。もう一つは、義務の意味から認識の意味に発展したことを示す隠喩は義務から認識への変化を説明するのに役立つかもしれないが、隠喩化は意味変化の過程を理解するのにはあまり重要ではないと思われることである。これは、3.4 で示す文献的証拠によって明らかになる。

3.2.3　拘束性と認識性の必要性(必然性)[訳者注2] と可能性

　拘束の must を使った原型的でない文には、(16)のような「X が Y する(Y である)ことが必要である」という意味の客観的表現がある。

(16)　　The simple truth is that if you're going to boil eggs communally they *must* be hard. "it is necessary for the cook to boil eggs hard"
　　　　卵を一般的にゆでようと思ったら、硬くしなければならないというのは単純な事実だ。
　　　　「卵をゆでる人は、硬くゆでる必要がある」　　　　　　　(Warner 1993: 14)

同様に、(17)のような「唯一の可能な結論は〜」あるいは「〜でないことはあり

えない」という意味を持つ、認識の must の一般的表現がある。

(17) All scientific results *must* depend on a rather specialized form of history. "scientific results can't not depend"
「唯一の可能な結論は、科学的結果はすべて特定な形の歴史によるにちがいない。」
「科学的結果で特定な形の歴史によらないことはありえない」
(Palmer 1990 [1979]: 32)

(18)のような可能性のモダリティを表す例では、拘束性と認識性の両方の解釈ができる。

(18) or the pollen *may* be taken from the stamens of one rose and transferred to the stigma of another. 花粉はバラのおしべから取り去って別のバラの柱頭につけることができるだろう。
　a. "it's possible for pollen to be taken" (root)
　　花粉を取り去ることは可能である(取り去ってもよい)(根源的)
　b. "it's possible that the pollen will be taken" (epistemic)
　　花粉を取り去るであろうことは可能である(取り去ることができるかもしれない)(認識的)　　　　　　　　　　(Coates 1995: 62)

このような一般的なモダルの文では、権威の源はふつう示されない(Warner 1993: 15)。それは常に外的である。(16)は一般的拘束の必要性、(18a)は拘束の可能性、(17)は一般的認識の必然性、(18b)は認識の可能性と呼ぶ[*4]。拘束の必要性(必然性)は、論理学者がいう「真理的(alethic)」であること、つまり「必然的真(necessary truth)」に近い。しかし、必要性(必然性)と可能性のモダリティの条件は、普遍的に真理的モダリティとして定める必要はない。

　Coates は(18)のような拘束と認識の可能性の多義は、殊に書き言葉においては「問題である」(つまり決定しがたい)と指摘し、多くの例で二つの「合流(merger)」が見られると述べる。聞き手は「(あいまいな例の場合)一つの意味を選択しもう一つを捨てなければならないのでなく、**両方の**意味を処理することができる」(Coates 1995: 61, 太字は原文のまま)。拘束と認識の必要性(必然性)の多義は「問題でない(unproblematic)」(つまり決定できる)という(Coates 1995: 56)。しかし、初期の研究で Coates は、(18)と同じく決定しがたい例として(19)を引いている。

(19) and anyway I think mental health is a very relative thing—I mean, mental health *must* be related to the sort of general mentality or whatever other word

you use of the community you're living in.
とにかく心の健康というのは相対的なものです。つまり、心の健康は一般的な心の状態、あるいはみなさんが住んでいる共同体で使っている何らかの語と「関係していなければなりません(必須である、根源的)」あるいは(or)「関係しているにちがいありません(まちがいなくあてはまる、認識的)」[*5]（「　」あるいは「　」の解釈は Coates 1983: 47 による）

英語のモダルの意味の発展において、(一般的拘束性の)可能性と必要性は軸上で回転しているようなものである(Bybee 1988、Nordlinger and Traugott 1997、Goossens 2000 を参照)。いずれにしても、モダルは初期の段階では、可能性と必要性(必然性)、拘束性と認識性の区別があいまいであった。

3.2.4　スコープ

　モダリティに関する議論の中の一つに「スコープ(scope)」の問題がある。これは、モダルが適用される範囲のことである。意味範囲の広さ狭さの区別は、ストア派の哲学にまでさかのぼる。狭い範囲は文の一部だけに当てはまり、広い範囲は文全体に当てはまる。最近では、スコープは、主として副詞(Jackendoff 1972 など)、否定表現、数量詞、モダル(Horn 1972、1984、1989 など)にかかわっている。否定表現の範囲の例を挙げる。

(20)　　All the girl scouts did*n't* attend.
　　　　すべてのガールスカウトが参加しなかった。

これは次の二通りに解釈できる。

(21)　　a. ガールスカウトの幾つかは参加したが、全員ではない(all を否定、狭いスコープ)
　　　　b. ガールスカウト全部が参加しなかった(all the girl scouts を否定、広いスコープ)

同様に、副詞のスコープの例も挙げる。

(22)　　a. She ran *happily*.　彼女はうれしそうに走った。
　　　　　(狭いスコープ、happily は ran を修飾する)
　　　　b. *Happily*, she ran.　うれしそうに、彼女は走った。
　　　　　(広いスコープ、happily は she ran という文を修飾し、話し手にもとづく表現：I am happy to say she ran.(彼女が走ってうれしい)の意味)

拘束のモダルと狭いスコープ、認識のモダルと広いスコープという関係がしばしば指摘されている(Bybee 1988 など)。しかし、一般拘束必要性、一般拘束可能性の表現はどちらも広いスコープにかかわっている(Nordlinger and Traugott 1997)。たとえば、(10)の拘束の must は動作主 you に対して狭いスコープを持っているが、(16)の拘束必要性の must は広いスコープを持っている。ここにもう一度それらを示す。

(23) a. "You *must* play this ten times over," Miss Jarrova would say.(must のスコープは you play this、狭いスコープ。あなたがこれを弾くことが要求される)

b. The simple truth is that if you're going to boil eggs communally they *must* be hard.(must のスコープは eggs be hard、広いスコープ。卵を硬く煮ることが要求される)

3.4.1 では、拘束必要性の意味における広いスコープの発展が認識の意味の発展を促す一因になったことを示す。これは、認識の意味が増化する前に、広いスコープの拘束の用法が発展したことを意味する。

3.2.5 （相互）主観性

狭いスコープ・広いスコープと低い主観性・高い主観性を関連づける学者もいる(Palmer 1986、Gamon 1994 など)。しかし、主観性はスコープと等しくはない(Nordlinger and Traugott 1997)。モダルは、拘束性であれ認識性であれ、話し手の態度・意見・結論を述べる程度によって、多かれ少なかれ主観的観点を表す(Lyons 1977: 797 脚注)。論理学者は客観的必要性と可能性にずっと関心を示してきたが、自然言語ではモダリティは主観性と強くかかわっている。たとえば、Palmer は、Lyons(1977: 452)にもとづいて、「言語のモダリティは発話における主観的特徴にかかわり、主観性はモダリティに必須の基準となる」と述べた(Palmer 1986: 16)。しかし、Palmer は、自身のモダルの could の例によって、すべてのモダルの発話が主観的であるとは限らないと注意を促している。You must leave at once は、話し手による主観的主張である場合もあるが、話し手も聞き手も制御できないような逃れられない状況に対する一般的(比較的客観的)コメントである場合もある(同：17ページ)。All men must die のように、拘束のモダルが普遍的真実をあらわす場合もあるし(少なくとも話し手の解釈では)、今まで述べてきたように、拘束必要性と可能性は一般的条件にかかわることもあるのである。さらに、能力のモダリティは主観的ではなく(Hoye 1997: 43)、規範や規則に訴える弱い主観性の認識のモダルと、話し手の意見や信念だけにもとづく強い主観性の認識のモダルには、かなりの概念的隔たりがある。最後に、一般的真実でなく話し手の判断にもとづく認識のモダル

でさえ、主観性の程度がさまざまある。たとえば、Sanders and Spooren(1996)は、知識にもとづくか観察にもとづくかという二つの根拠にもとづいて、オランダ語の認識的主観性の連続性(程度)を示唆している。本章の終わりには、拘束と認識の must や ought to が歴史的に次第に主観的意味を持つに至る過程を述べる。

　拘束のモダルについては、客観的(義務の源は普遍的である)から主観的(義務の源は話し手である)に至るまでの連続体がある。Myhill によれば、もう一つ拘束のモダルで注意を要する用法として相互主観的用法を挙げている。19世紀の終わりから20世紀にかけてのアメリカ演劇の台本の研究(1995、1996、1997年)をもとに、Myhill は「聞き手に同意させるために、他の人々がみな同意していることを知らせる修辞的道具として」モダルを使うという「集団に向けた」用法があることを指摘する(Myhill 1997: 9)。この相互主観的意味は演劇において ought to とよく結びつき、個人による主観的意見を表すときは should がよく使われると述べる。たとえば、(24)では、ought と should はちょっと見たところ置き換え可能であるようにも思えるが、初めの ought to は対話者を認識し、「極束に何が起きてもおかしくはない」ことに対する対話者の同意をもたらしているのに対し、あとの should は別のことに対する話し手の主観的意見を表している。

(24)　　Norman:　Are you doing anything relevant?
　　　　Dick:　　You can't get more relevant than Far Eastern studies. Ask me anything about the Far East and I'll tell you the answer. That's where everything's happening. China, Vietnam, Japan, Korea. You name it.
　　　　Norman:　I guess I *ought to* know more about those things. I don't know, I keep thingking there's a lot of things I *should* know about.
　　　　　　　　　　　　　　　　　　(1970年 Weller 131ページ［Myhill 1997: 3］)
　　　　ノーマン：あなたは何か有意義なことをしていますか。
　　　　ディック：極東研究ほど有意義なことはありません。極東のことなら何でも聞いてください。お答えしますから。そこは何が起きてもおかしくないところです。中国、ベトナム、日本、韓国などなど。
　　　　ノーマン：極東のことについてもっと知るべきでしょう。わかりませんが、知るべきことがたくさんあることを気に留めておきます。

Myhill は、少なくとも演劇に関しては、20世紀の間に must、ought to、意志の will などの「集団に向けた」(相互主観的)用法から、got to、should、gonna などの個人による用法への変化があったことを指摘する。Myhill が発見したアメリカ英語におけるこの傾向は、現代の口語イギリス英語の have got to、gotta の用法に関する

統計によって確証されている。Krug(2000)は、have got to と gotta は、使ってはいけないという警告にもかかわらず、must よりも、英国コーパスに1.5倍の頻度で現れることを発見したのである。この変化が、演劇で表現されたあるイデオロギーによるのか、社会的変化全般によるのかを速断することはむずかしい。いずれにしても、この変化は、個々のモダルの意味変化ではなく、使用規範の変化であって、本書の焦点である動機とは異なる動機にさらされているといえよう。

　(相互)主観性は、may や can などのような認識のモダルと結びついている。たとえば、

(25)　　She *may* jog.

はジョギングが許されている(拘束のモダル：手術の後に医者が言うことば。ジョギングしてもよい)、あるいは走ることが可能である(認識のモダル：コーチが部員の名簿の中の一部員について言うことば。走るかもしれない)の意味であるが、さらに、

(26)　　I acknowledge that she jogs.　ジョギングすることに賛成する。

という意味にもなる。(26)のような解釈が可能になるのは、次のような複文の構造に限られるようである。

(27)　　She *may* jog, but she looks unhealthy to me.
　　　　彼女がジョギングするのに賛成はするが、彼女は不健康に見える。

ここで、最初の節は譲歩節で、相手あるいは別の人が、彼女は走る、と言ったことが前提となっている(彼女は走るとあなたは言うが…)。話し手はいやいやながらこれを認めるが、その後に、モダル表現には直接従わない結論を導く。Sweetser (1990)は、(27)のようなモダルの用法を「会話行為(speech act)」的用法と呼んでいる(2.3.1参照)。伝達行為そのものをメタテクスト的に相対化しているからである。モダル語の会話行為的用法がどの程度汎言語的であるかは今のところはっきりしない。また、モダル語がどのような道筋を経て、この段階に至ったかという文献的証拠も見当たらない。しかし、メタテクスト的意味が最も(相互)主観的であるので、それが意味変化としては最後の段階であると仮定することができる。Bybee, Perkins, and Pagliuca(1994: 240)は、譲歩的意味がモダリティの最も新しい段階であるとしている。Van der Auwera and Plungian もオランダ語の会話行為と譲歩的意味を表す mag(英語の may)を引用し、オランダ語の mogen は「認識的意味はもはやない」と指摘している(1998: 93)。さらに、談話標識に関する章で明らかになるが、逆接的認識の意味を表す文副詞がメタテクスト的談話標識に変化するのであ

3.2.6 時性(Temporality)

動作主性拘束モダルでは、指示時よりもあとにことがらが起こる。したがって、You must/may leave(あなたは出発しなければならない)の指示時(出発時)は発話時よりあとである。一方、認識のモダルは、現在を指示時とする。

(28) They *must* be reconciled.
彼らは和解<u>しなければならない</u>／<u>しているにちがいない</u>。

は拘束性(義務)の意味では未来指示であるが、認識の意味では現在(発話時)指示である。しかし、関係はそれほど単純ではない。英語では、(18)のような一般的拘束必要性(必然性)モダルの場合、指示時は総称的現在である。また、認識のモダルも、確率を表す場合、未来時を指すことがある。

(29) The storm *should* be clear by tomorrow.
嵐は明日までにおさまる<u>にちがいない</u>。
(Bybee, Perkins, and Pagliuca 1994: 180)

歴史的には、拘束のモダルが未来時制になることはよく指摘されている(たとえば、Fleischman 1982、Bybee, Perkins, and Pagliuca 1991 など)。特に、「願望」や「義務」のような動作主的意味を持つ場合がそうである。文法化研究における典型的な例は後期ラテン語の cantare habeo(歌う–持つ不定–1 単)からフランス語の chanterai(私は歌うでしょう)への発展である。ここで、hab-(持つ)は義務の意味を獲得し、続いて未来接尾辞になる(Benveniste 1968、Fleischman 1982、Pinkster 1987 を参照)。

認識のモダルでは過去が指示時となることもある。英語ではモダルのあとの「have＋過去分詞」で表される。

(30) They *must have been* reconciled.*6　彼らは和解<u>したにちがいない</u>。

ここで、話し手の主観的観点は現在からであるが、指示時は発話時よりも前である。しかし、拘束のモダルの過去は、must 以外に、had to でも表すことができる。

(31) They *had to* be reconciled. 彼らは和解しなければならなかった。

had to によるモダルは must の場合に比べて、義務の源が話し手/書き手でない場合が多いという点で、主観性が少ない。過去時制の拘束のモダルにおいて、話し手が義務の源になることはできないので、主観性の少ない had to が過去指示として

使われる。

3.2.7 モダルの強さの程度

最後に、モダルによって表される必要性や可能性の強さの程度をモダルの特性として取り上げる。拘束性と認識性のあいまいさがあるとき、記述された世界と現実に指示された世界との相関関係において、義務の程度と可能性の程度の間に規則的な関係がある。

Horn(1972)は拘束と認識の must、should、may について共時的一致性を認め、Coates(1983)は拘束と認識の must、have to、ought to について、現実の指示された世界に対する強さの尺度において、図表 3.1 のような一致性を認めている。

拘束性	認識性	強い
must	must	↑
have(got)to	have(got)to	↓
ought to	ought to	弱い

図表 3.1　must、have(got)to、ought to のモダル強度
(Coates 1983: 19、26、31 ページにもとづく)

同じような一致性は他の言語にも多く見られる(Steele 1975、Bybee, Perkins, and Pagliuca 1994 の殊に 195 ページ)。

そのような強度の一致性は共起する副詞によっても裏づけることができる(Lyons 1977: 807、Halliday 1970: 331 より引用)。たとえば、must(ought to ではなく)は absolutely(絶対に)とともに使われるが、ought to(must でなく)は perhaps(おそらく)とともに使われる(Hoye 1997)[7]。モダル節が従属する動詞との共起性もある。たとえば、grant や request は(正式な文脈において)may と共起するが、must とは共起しない。

(32)　　I request that she *may*/*must leave.　彼女が出発することを要求する。

いつも協同し合っているわけではないが、このような一致関係を保ってモダルが発展していったことを明らかにしていこう。

3.3　拘束のモダルと認識のモダルの意味的源

ケーススタディに入る前に、モダルの源についての多言語研究を簡単に紹介する。Bybee, Perkins, and Pagliuca(1994：第 6 章)は、拘束の(動作主にもとづく)モダル全体を捉えて分類する研究をしている。彼らの研究では特に、意味的源(彼らは

「語彙的源(lexical source)」と呼ぶ)と標的の形態(独立と結合)を、意味論的、形態統語論的文法化の証拠として取り上げている。ここでは、彼らの研究の中で、拘束と認識のモダルの意味的源と、モダル語の類型的発展に注目して取り上げることとする。

Bybee, Perkins, and Pagliuca のデータベースは、ほとんどが共時的であるが、源としての「文法形態素(grammatical morphemes)」と「標的(target)」としての義務のモダルの関係を明らかにしている[*8]。図表 3.2 は、彼らの発見をわれわれの英語の例で補ったものである。

	意味	言語
i	必要	バスク語(-tu bear)
	願望	トゥカノ語(ro＋ia)
ii	存在	アブハツ語(r)、チェパン語(sa)、英語(be to)、スラブ語(woleani)
	存在、座る、立つ	ブリ語(bo-)
	なる、起こる	バルチ語(əg kap)
iii	所有	英語(have to、ought to)
	存在、持つ	チェパン語(sa、haŋ)
	得る、捕える	ラフ語(ɣa)、テムネ語(ba kə)
	負う	広東語(ying goi)、デンマーク語(skulle)、英語(shall)
iv	適当な	ラフ語(cɔ)、ムウェラ語(wandicila)
	よい	英語('d better)、パラウン語(la)
	計る	デンマーク語(mätte、英語の must と同族)

図表 3.2 義務のモダルの源の例(Bybee, Perkins, and Pagliuca 1994: 182–183 にもとづく)

図表 3.2 を意味領域の観点から整理したのが次である。
(i)　未来志向の必要と願望
(ii)　存在、生まれること
(iii)　所有、負うことを含む
(iv)　プラスの評価

(ii)と(iii)は密接に関連している。所有すること(have)と存在すること(be)・あること(be at)は多くの言語で関係があるからである(Lyons 1968、Clark 1978 を参照)。

Bybee, Perkins, and Pagliuca が引用する義務のモダルの源についての例の中に、モダルの根本的概念構造であると Talmy(1988)が指摘している強制力と障壁(3.2.2 参照)に関係したものが一つもないのは注意すべきである。さらに、拘束のモダルの原型には主語として動作主がいるのであるが(3.2.1 参照)、図表 3.2 の例には、

活発で意志を持った力が伴っていない[*9]。

　Bybee, Perkins, and Pagliuca(1994)によると、能力・可能・許可のモダルも拘束のモダルと部分的に同じ源を持っている。中でも知識(方法)の動詞が特に優勢である(英語の can は cunnen(心的能力を持つ)から、may は magen(物理的能力を持つ)から来ている［might は「力(strength)」の意味である］)。図表3.3では、源となる文法形態素を次の四つの意味領域に分類し、

(i)　　完了
(ii)　　存在
(iii)　　所有
(iv)　　知識

北京官話の de を付け加えた。de については、3.4.3 で検討する。

意味	言語
i 終わる、着く	モロワ語(golleh)、グアミ語(reb)、ラフ語(gà)
ii いる、ある	ラオ語(bpe: n)、ラフ語(phɛ)
iii 得る、手に入れる	ラフ語(ɣa)、北京官話(de)
iv 知る(方法)	モツ語(diba)、デンマーク語(kunne)、ムウェラ語(manya)
	ヌング語(shang)、トークピジン(kæn, sævi)、バルチ語(əga zan)

図表 3.3　能力・拘束的可能性・許可のモダルの源(Bybee, Perkins, and Pagliuca1994: 188 にもとづく)

　認識のモダルすべてが拘束のモダルからや能力のモダルから派生するわけではない。たとえば、Bybee, Perkins, and Pagliuca(1994: 205–210)は、「〜の状態になる」「〜になる」などの動詞が、義務や能力の段階を経ずに直接、認識のモダルになることを示唆している。しかし、多くのヨーロッパの言語においては、認識のモダルの意味の源は拘束や能力のモダルである。Bybee, Perkins, and Pagliuca(1994: 195–196、203–205)はアブハツ語、バルチ語、バスク語、グアミ語、ラオ語を認識のモダル(モダルだけでなくムードや条件節標識も含む)が拘束のモダル(異なる時制で起こる場合が多い、また、文法化によってかなり短くなっている)と同族である言語として挙げている。

　Bybee, Perkins, and Pagliuca(1994)は、図表3.2、図表3.3で示されるようなモダル前の意味から、モダルとしての核となる意味(拘束性と認識性)、さらに(27)の例のように従属節に現れる譲歩などのモダル後の意味への変化を示す図式を考案した。これは、多義語の発展の道筋を示す仮説として検証可能である。これは、Van

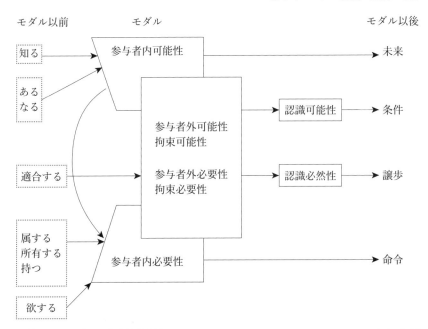

図表 3.4　モダルの多義語発展(Van der Auwera and Plungian 1998: 98、111 にもとづく)

der Auwera and Plungian(1998)による詳細な図式である「語彙地図(lexical map)」のもととなったものである。これらの学者の観点によれば、内的源と外的源がモダリティの鍵となり(3.2.2 参照)、彼らの図式には「参与者内の(participant-internal)」モダリティ[訳者注3]、「参与者外の(participant-external)」モダリティ[訳者注3] という術語が現れる。彼らは、一般拘束可能性と必要性(必然性)の間に「あいまいさ(vagueness)」や重なりを認めつつも、この二つは歴史的に両方向的であると述べている(それ以外は、彼らのモデルにおいてすべて一方向的であるが)。

　図表 3.4 は、本章で最も注目している認識と拘束の発展を総合的に示している。この図における仮説は、すべて矢の先の方向に一方向的に発展するということである。これは、以下のケーススタディでも裏づけられる。Van der Auwera and Plungian によるモダルの図に対する重要な変更点は可能性から必要性への変化である。これは一方向的であると仮定する。というのは、拘束必要性から許可や能力への弱化の例はないからである。逆に、許可から拘束必要性への強化は以下に示すようによく見られる。もう一つ、彼らの図との重要な違いは、「参与者内の」意味と「参与者外の」意味は、明確に区別するものではなく、可能性と必要性の縁で重なり合うということである。というのは、歴史的に必ず一方が他方に先立つというような

例が見つからないからである。この図では主観性は扱わない。主観性はモダルの意味において変化ではなくメカニズムだからである。図表 3.4 が主観性とどのようにかかわるかは、後で述べる。

3.4 認識的意味の発展

3.4.1 英語の must

現代英語の must は、助動詞という統語的見地からも、拘束と認識という意味的見地からも核となるモダルである。この二つの意味はどちらも義務・確実性という尺度の中で高い位置にある。Coates は、拘束性と認識性の意味は、彼女のデータベースではそれぞれ 53％と 47％で、ほぼ同じ頻度で起こっている(1983: 24)。しかし、古代英語では状況が異なっていた。統語的には、本動詞だった。意味的には、初期古代英語では能力と許可を表していたが、後期古代英語(1000 年)になって初めて義務を表すようになる。認識の意味は、古代英語のテクストではまれで、1300 年までは完全には発展していなかった。したがって、must の認識的意味は、初期の時代は、現在に比べてかなり頻度が低かったのである。must の大まかな発展はよく知られている(統語的観点からは Visser 1969、Denison 1993、Warner 1993 を参照、意味的観点からは OED、MED、Goossens 1987a、1987b、1999、2000 を参照)ので、ここでは少ししか触れない。ここでは、次の三つの問題を提起しよう。

(i) どのような文脈で能力の意味から拘束の意味が生まれるのだろうか。
(ii) どのような文脈で認識的意味が起こるのだろうか。
(iii) どのような文脈で must の過去時制が一般化するのだろうか。

must のもとは古代英語の mot-[*10] で、「できる、許される」という現代英語の may の意味だった。will を除く英語のモダル以前の語と同じく、それはもともと過去・現在動詞、つまり、動作が完了した結果の現在の状態(「〜できるようになる」)を表した。祖語はインド・ヨーロッパ語の *med-(適切に測る)までさかのぼり(medical、modal、modify、commodity などを参照)、古代英語における意味は、初期ゲルマン語の mot-(能力、測る、余地がある)から受け継いでいる。したがって、もともとは参与者内の(能力的)意味を持っていたと思われる。初期ゲルマン語の時代までには、参与者外の許可の意味が現れた。これは、内的に制限されていないものが(神的、社会的な)外的力や規定によってそうなるという喚起推論から生まれたものだろう。その結果、意味が一般化した。

第一段階：must$_1$：能力、許可

モダル以前の「能力」を表す mot- の例は古代英語では稀有である。もともとのゲルマン語の参与者内の能力の意味を表す例が(33)である。

(33) Wilt ðu, gif þu most,[11] wesan usser her aldordema,
Will 2単 もし 2単 できる である：不定 われわれの 軍隊 指導者
leodum lareow?
人々：与格 先生
あなたは、もしできるならば、軍隊の指導者、人々の先生になる気がありますか。 (8世紀 Genesis 2482)

しかし、(34)のような参与者外の能力を表す例が一般的であった。

(34) Ic hit þe þonne gehate, þæt þu on Heorote most[12]
1単 それ 2単 では 約束する 補標 2単 中で Heorot できるだろう
sorhleas swefan.
心配なく 眠る
Heorot では心配なく眠ることができることをあなたに約束する。
(8世紀 Beowulf, 1671［Visser: 1969: 1791］)

(34)では、Beowulf は眠ることができることを約束している。彼は眠りの妨げを除くことを約束する外的人として解釈できる。この意味で彼はまた眠りを「許可して(permitting)」いる。ここでは少なくとも許可の喚起推論ができるが、古い意味と新しい意味のどちらかを定めることはむずかしい。

能力の用法よりも許可や禁止を表す例の方がはるかに多い(Goossens 1987a)。Aelfric は、彼の書いた『ラテン文法』の中で、ラテン語の licere を翻訳するのに mot- を使っている。たとえば、licet mihi bibere は mot ic drincan(私は飲むことを許される)と訳されている(Warner 1993: 146)。テキストのデータの中における古代英語の mot- の許可の例を挙げる。

(35) a. þonne rideð ælc hys weges mid ðan feo & hyt
そして 乗る それぞれ 彼の やり方 で その お金 そして それ
motan habban eall.
許可される 持つ：不定 すべて
そして、それぞれは自分のやり方でお金を持って馬に乗り、それをすべて持つことが許される。 (880年 Orosius 21ページ4［Traugott 1989: 37］)
b. he ne mot na beon eft gefullod.
彼 否定 許可する 否定 である もう一度 洗礼する：過分

彼がもう一度洗礼を受けることは許されていない。

(1000年 ÆLS I, 270.142［Denison 1993: 425］)

(35a)はエストニア人の埋葬の習慣の説明から来ており、権威の源は習慣である。(35b)は Aelfric の説教から来ており、権威の源はキリスト教信者の信仰である。どちらも一般的状況を表している。しかし、mot- はまた、話し手が聞き手の許可を請うという特殊な文脈(つまり、mot- の主語は参与者外である)でも使われる。

(36)　　Mot　ic　nu　cunnian　hwon　þinre　　　fæstrædnesse, þæt　ic
　　　　 許可　私　今　調べる　　少し　　あなたの　不屈の精神　　接続　私
　　　　 þonan　ongietan　mæge　hwonan　ic　þin　　　tilian　scyle &
　　　　 それ故　判断する　できる　どこから1単　あなたに　用意する　べき　と
　　　　 hu.
　　　　 どうやって
　　　　 あなたの不屈の精神について、今、少し調べてもいいですか。どこからどうやってあなたのために用意すべきかを判断できるように。

(880年 Boethius 5, 12.12［Traugott 1989: 38］)

mot- の許可の意味は中世英語を通じて生き続けたが、後期中世英語の時期には用法が狭まり、so mot I then(繁栄しますように)とか cristes curs mot thou haven(キリストの呪いがあるように)(MED moten 9–12)のように、祈りや賛美、呪い、誓いなどの決まり文句だけに現れるようになった。後期古代英語から中世英語の時期に、許可の意味の mot- は magan(物理的能力を持つ、後の may)に置き換わった。

第二段階：must₂：義務／拘束のモダル

　後期古代英語から初期中世英語において、mot- に、能力・許可の意味とともに、新しく義務の意味が現れた。例を挙げる。

(37)　a. Hit　is　halig　restendæg; ne　most　ðu　　　styrigan　þine
　　　　 それ　だ　神聖な　休日　　　否定　must　あなたは　動かす　あなたの
　　　　 beddinge.
　　　　 ベッド
　　　　 今日は神聖な休日だ。ベッドを動かしてはならない。

(1000年 ÆCHom II, 42［Goossens 1987b: 33］)

　　　 b. we　　moton　eow　　secgan　eowre　sawle　þearfe, licige
　　　　 われわれ　must　2単：与　告げる　あなたの　魂：属　必要　喜ばす
　　　　 eow　　　ne　　licige　eow.

2 単：与　否定　喜ばす　2 単：与
われわれは、あなたが満足するしないにかかわらず、あなたに魂の必要を話さ<u>なければならない</u>。
(1000 年 ÆCHom I, 17 (App) 182.240 [Goossens 1987b: 32])

c. Ac　　ðanne　hit　is　þin　　　wille　ðat　ic　ðe　　　loc
しかし そして それ　だ　あなたの 意志 補標 私 あなたに 犠牲
ofrin　　*mote*.
差し出す　must
それにしても、私があなたに捧げ物を<u>しなければならない</u>のはあなたの意志だ。　　　　(1200 年 Vices and Virtues 85.5 [Warner 1993: 175])

d. Ær　ic　*moste*　in　ðeossum　atolan　æðele　ʒebidan.
前に 私　must：過去 中に この　　黒い　場所　留まる：不定
この暗い場所に留まら<u>なければならない</u>より前に。
(1000 年 Fallen Angels 108 [OED must v1 I., 2])

(37a)は否定形で、「することが許可されていない」と「しないことが義務づけられる」の区別がなくなっている*[13]。(37b)では、聞き手の選択肢の可能性をすべて排除している(つまり、許可の解釈が排除される)。(37c)では、mot- は名詞句「神の意志」に組み込まれ、高い度合いの義務を表している。(37d)では、義務の過去形が示されている。(37)の文の主語には選択肢が全くない。

　比較的弱い許可から拘束的義務への強化はどのようにして起こったのだろうか。一つの可能性は、(35b)や(37a)のような否定許可(you may not、許可しない)の文脈において、「しない義務(obligation-not-to)」という推論(われわれの術語では喚起推論)が起こったのではないかということである(Goossens 1987b: 34)。もう一つの可能性は、望ましくない(歓迎されない)何かのために許可を与えるという権限貸与の文脈において、(37b)のように義務の喚起推論が起こったのではないかということである(同)。しかし、ある参与者にとって望ましくないことが、別の人にとっては望ましいこともある。たとえば(38)では、許可された人(相談役)はおそらく許可を歓迎したであろうが、許可された人に行為をされる人であるエクイティウスはおそらく歓迎しなかったであろう。

(38)　swa　　þa　　　lærendum　þam　　preostum　se　papa　　geþafode
　　そこで そして 助言：与 その：与 僧：与　定冠 ローマ法王 認めた
　　þæt　Equitius　　*moste* [MS vr. sceolde]　beon　gelæded　to　Romebyrig.
　　補標 エクイティウス should　　　　　　be　brought　へ　ローマ
　　そこで、ローマ法王は、あの僧の相談役に対して、エクイティウスをロー

マに連れて来る(<u>べきだという</u>)ことを認めた。

(1000年 GD 35.19［Warner 1993: 161］)

　この例を見ると、与えられた許可が歓迎されないという制約は強すぎるであろう。Leech は、現代英語の過去形の叙述表現 He allowed me to borrow his car(彼は私に車を借りることを許した)を例に挙げて、「この文は「その上、実際に借りたのだ」という推論を喚起する」と述べる(1970: 206)。古代英語で、何かをすべく許可することを告げることは、その通告どおりなされた(認められた行為が実現された)という推論を喚起し、それによって許された人と従属節の主語の両方が持っている選択肢を減らしたといえる。この形式の文では、特に(37c)の神のように全能の力があったり、(38)のローマ法王のように強い力があったりする場合が多い。(38)ではエクイティウスをローマにつれてくるという依頼が認められている。別のテクストの moste のところに現れる sceolde は、ローマ法王がエクイティウスをローマに必ずつれて来いという強い意図を持っていたことを示す。つまり、エクイティウスには選択の余地がなかったのである。ここで、節は geþafode(認めた)に従属しているので、必要性(強制)について強い拘束力を持つものではない。訳が「エクイティウスを連れて来なければならない」ではなく「エクイティウスを連れてくるべきだ」となっているとおりである。したがって、これは「エクイティウスがローマに連れてこられることが可能になった」という、義務ではなく可能性の例である。にもかかわらず、義務と許可の連続線上では義務のほうに近い。

　拘束の mot- について、参与者外の古い例が数多くあることと、今まで取り上げた拘束の意味の源に関する意見をもとに、mot- の拘束の意味は、(38)の例のように、参与者外の文脈で発展したと仮定する。後期中世英語には、数は少ないが、参与者内の例が現れる。

(39) 　I *moste* han of the perys that I se, Or I *moot* dye.
　　　I must have of the pears that I see or I will die
　　　ここにある梨をいくつか食べ<u>なければならない</u>。さもなければ死んでしまう。

(1395年 Chaucer, CT, Merchant, 167 ページ l.2331［MED moten 3］)

　(39)の moste は参与者内であるだけでなく、一人称である点も注意を要する。これは、社会的、宗教的規範の力が示されていない点で、もっと古い時代の他の例よりも主観的例である。しかし、must の主観的用法がすべて一人称主語や参与者内主語を持つわけではない。もし話し手・書き手が一人称でない主語に義務を課すならば、源は主語に対して参与者外である(You must go、I demand it など)。しか

し、拘束性は主観的である。というのは、拘束性が話し手／書き手という主観的自身によって先取りされているからである。古代英語の終わりから中世英語のはじめの決定的な時期に、拘束のモダルの多義が発展したことを示す例は、多くが説教などの歴史的文献であり、この早い時期に拘束の must にどの程度主観性が働いていたかを述べるのはむずかしい。しかし、ヘルシンキコーパスを見ると、後期中世英語のころから次第に主観的用法が増えていることがわかる。Goossens はヘルシンキコーパスでは中世の参与者外の must の例の 70％が非主観的であるのに対し、ブラウンコーパスではその反対で、1500 年から 1570 年には主観的と非主観的が半々になっている (Goossens 2000: 165)。

　主観性は、客観的義務表現によって隠されることがよくある。(40)はこの点で特に興味深い例である。話し手の Lord Chief Justice が穴を開けることができる人間の動作主であることは推論してわかるが、彼は自分がこのように行動する可能性から距離を置いている。それは、be opened という動作主のない受動態、there で導入される不定主語と if we should grant this というモダル条件節の中に自分への言及を埋め込む表現による。

(40)　　Ld. Ch. Just.: There *must* not such a Gap be opened for the Destruction of the King, as would be if we should grant this. You plead hard for your self, but the Laws plead as hard for the King.
　　　　首長のジャスティス：そのような穴は王の破壊のために開けられ<u>てはならない</u>。もしわれわれがこれを認めるとすればそうなるが。あなたは自分自身を強く弁護するが、法もまた王を強く弁護する。

(1603 年 Raleigh, 1213 ページ)

　中世英語初期の義務の mot- の例は、被義務者は人か、少なくとも体の一部（人間の認知や行為にかかわるものを換喩的に指す。心、手など）だったが、中世英語後期には被義務者は無生物に広がった[*14 訳者注 4]。

(41)　　nota　　þæt　　euery　　centre　　*mot*　　ben　also　smal　　as　a　　nedle
　　　　銘記する　補標　すべての　中心　　must　be　as　　小さい　as　不冠　針
　　　　&
　　　　そして
　　　　In　　euery　　equant　　*mot*　　be　a　　silk　thred.
　　　　中に　すべての　同等物　　must　be　不冠　絹　糸
　　　　すべての中心は針ほど小さくし、すべてのところに絹の糸を通<u>さなければ</u>

ならないことを銘記しなさい。

(1392 年 Equatorie of the Planets, 26 ページ)

結局、拘束のモダルの多義は古代英語に起こり、中世英語の初期には広く使われた。must の弱い許可から強い義務への発展は、次のような複雑な過程を経ていると考えられる。

(i) 　(38)のように、誰かに何かをさせようという文脈の中から、義務の推論が喚起された。
(ii) 　(37a、b)、(38)のような、参与者外の用法から発展した。

拘束の多義が確立されると、さらに次のような発展があった。

(iii) 　(39)のような、参与者外の必要性から参与者内の必要性への拡張。
(iv) 　(41)のような、参与者外の必要性から無生の主語への拡張。
(v) 　さらなる主観化

第三段階：must₃：認識的

　認識の must は古代英語から現れ始める。認識の解釈が可能な(適切な)文脈は、非人称構文で(Denison 1990、Warner 1990)、ことにそれは条件節に起こる(条件節そのものが認識的である)。

(42) 　&　　raðe　æfter　ðam, gif　hit　*mot*　gewiderian,　mederan
　　　そして　すぐに　あとで　あれ　もし　それ　may　(天気が)よい　アカネ
　　　settan.
　　　植える
　　　そのあとすぐに、もし天気がよければ、アカネ(の根)を植えることが<u>できる</u>。

(950–1050 年 LawGer 12, 454 [Denison 1993: 300])

このような非人称構文の例はまれである。もし認識的であれば、客観的である。
　次に、一般的叙述で、拘束の必要性(広いスコープの解釈)の例ではあるが、認識的解釈も可能な例を挙げる。文脈から考えて、次の例は拘束の解釈ができる(われわれすべてにとって死ぬことは必然的である)。

(43) 　Ealle　we　　*moton*　sweltan.
　　　すべて　われわれ　must　死ぬ
　　　われわれはみな、死な<u>なければならない</u>。

(8 世紀？　出エジプト記 12.33 [Warner 1993: 162])

しかし、Warner(1993: 162)は、この文脈は特別な状況において起こりうることであり、避けられない未来についての認識的結論という解釈もできる(これは、「われわれがみな死ぬことは必然的だ／避けられない」と言い換えることができる)。Warner はこの状況を次のように描写する。「エジプト人はユダヤ人にエジプトを出て行くよう強制して言う：もしあなたたちユダヤ人がエジプトを出て行かないならば、エジプト人はみな必然的に死ぬだろう」。もしこの認識的解釈が正しいならば、認識的未来は拘束的義務からの未来への喚起推論によって生まれたということができる。

　主語に all などの一般的数量詞を含む(43)のような例は、Coates(1983、1995)が指摘した現代英語の「合流(merger)」の例とよく似ている(3.2.3 参照)。つまり、これらの例は、義務と認識の両方の解釈が可能であり、おそらく両方を意図しているだろう。これらの例は一般的源(社会的と認知的)を呼び起こすので、広いスコープを持った解釈が可能である。英語の歴史に関しては、中世英語でまだ区別が起こりつつあったので、「合流」という術語はあきらかに不適切である。

　義務と認識の意味で決定しにくい構造は、認識の意味の新たな増化への鍵となると考えられる。Goossens(2000: 161)は、「参与者外から(from participant-external)」「一般客観的用法(genaral objective use)」への変化を must の認識的解釈の「最初の踏み石(first stepping stone)」ととらえ、(44a)をその例として挙げている。

(44) a. why　burieth　a　　man his　　goodes by　　　his　grete　avarice,
　　　　なぜ　埋める　不冠　人　彼の　所有物 によって　彼の　大きな　貪欲
　　　　and　　knoweth wel　that　nedes　moste　hy　dye? For　　deeth
　　　　そして　知る　よく　補標　必ず　must 彼　死ぬ ために　死
　　　　is　　the　　ende　of　every　　man.
　　　　である 定冠　終わり　の　すべての　人
　　　　なぜ人は自分の所有物を強い貪欲さのために埋めてしまうのか。必ず死な<u>なければならない</u>ことを知っているのに。死はすべての人の終わりなのだから。
　　　　(1386–90 年 Chaucer, CT, Melibee、234 ページ 1.12 ［Goossens 2000: 161］)
　　b. ho-so　　hath　with　　him　godes grace: is　　dede　*mot*　nede
　　　　だれでも　持つ　～とともに　彼　神の　恵み　である　行い　must　必ず
　　　　beo　　　guod.
　　　　である　よい
　　　　神の恵みをいただいている人はみな、必ず行いがよくなければならない／よくなる<u>はずである</u>。　　　(1450 年 Life of St Edmund、440 ページ)

Goossens(2000)が指摘するように、(44a)は潜在的に認識的であるだけではない。副詞 nedes(必ず)も伴っている[*15]。(44b)も同じである。古代英語では mot- と nedes の連続はまれであったが、中世英語、初期近代英語では頻繁になった。中世英語辞典では、この連続について moten の項目を副項目に分けて説明している。認識の must の意味の増化に nedes が鍵となる役割を持ったと考えるのは理のあることである(Goossens 1999 も参照)。もしも話し手・書き手が、ある事件が未来に必ず起こるよう強いられると述べるならば、特に源が神の権威、法、霊の意識、論理である場合、表現された状況が未来に実現するだけでなく、今も実現しているという推論が容易に喚起される。

(45) Ah heo *mot* nede beien, þe mon þe ibunden bið.
しかし 彼は must 必ず 提出する 定冠 男 関代 義務がある である
しかし、義務がある人は必ず提出しなければならない／提出するはずである。
　　　　　　　　(1225年(1200年？)Lay Brut, 1051 [MED *moten* 2c])

少なくとも現代英語の観点では、(45)の mot- と nede は、拘束の解釈(義務づけられている人は必ず提出する必要がある)と認識の解釈(義務づけられれば提出するということが、誰もが導く結論である)のどちらとも決めがたい。このような総称的な文脈の場合は特にそうである。

明らかな認識の must[*16] は、中世英語の半ばに現れる(46abc)。(46b)では認識的結論が明示され(I have concluded)、(46b, c)では nedes が使われ、(46c)では主語が総称的である。

(46) a. He *moste* kunne muchel of art,
　　　　彼は must 知る 多く の 芸術
　　　　ðat þu woldest ȝeve þerof part.
　　　　関代 あなたは つもりだ 与える その 一部
　　　　彼は芸術の多くを知るにちがいない。あなたがその一部を喜んで与えようとしているからである。
　　　　　　　　　(1300年(1250年？)Floris(Cmb)、521 [MED *moten* 4])
　　b. I have wel concluded that blisfulnesse and God ben the sovereyn good; for whiche it *mote* nedes be that sovereyne blisfulnesse is sovereyn devynite.
　　　　至福と神は最上の善であると正しく結論した。したがって、最上の至福は最上の神性であることは必然であろう。
　　　　　　　　　(1389年 Chaucer, Boece 432ページ、1.124)
　　c. For yf that schrewednesse makith wrecches, than *mot* he nedes ben moost

wrecchide that lengest is a schrewe.
堕落が人を惨めにするならば、彼は邪悪が最も長く最も惨めということに必然的になるだろう。　　　（1380 年 Chaucer, Boece 447 ページ、1.47）

(46)の例は認識的必然を表し、また客観的でもある。初期近代英語の終わりには、次第に主観性を表す例が増えてくる。その例は(46a)のような一般的意見を呼び起こすものでもなければ、(46b, c)の哲学的議論や、法廷の記録、科学的実験の報告のような論理的理由づけのを表すものでもなく、ある時点における話し手の推論に対する自信を単に表すものである。認識の must の純粋に主観的な用法の初期の例は(47)である。

(47)　a. There ys another matter and I *must* trowble you withall... hit ys my lord North... surely his expences cannott be lytle, albeyt his grefe *must* be more to have no countenance at all but his own estate.
私があなたを悩ますにちがいないことがもう一つある。それは私の主ノースのことだ。彼の出費が少ないはずはない。自分の私有地以外には何の評判もないことは、彼にとってさらにつらいことにちがいないが。
（1586 年 Apr. 30, Dudley）

　　b. Lady Touchwood: Don't ask me my reasons, my lord, for they are not fit to be told you.
Lord Touchwood:（Aside）I'm amazed; here *must* be something more than ordinary in this.（Aloud）Not fit to be told me, madam?
タッチウッド夫人：理由を聞かないでください、ご主人様。というのは、それはあなたに告げるのにふさわしくないからです。
タッチウッド伯：（小さい声で）驚いた。尋常でないものがあるにちがいない。（大きな声で）私に告げるにふさわしくないだって？おまえ。
（1693 年 Congreve, Double Dealer, III, 154 ページ）

拘束の意味と同じく、認識の意味が起こった文脈を次にまとめる。
(i)　（42）のような、条件節に意志を持つ主語がない非人称構造
(ii)　（45）のような、ある総称的未来の時間に行うという義務から、現在の可能性の推論が喚起される文脈。
しかし、われわれのテクストによる主要な文脈は以下のとおりである。
(iii)　（43）のような、拘束必然性が一般化された広いスコープ
ここで、一般的主語の使用と一般的権威の源が、未来に起こるべく余儀なくされた

ことは現在に起こることも余儀なくされるという推論を喚起している。

　Goossens(2000)は、認識のmustの発展に複数の源があることに注目し、この発展は「部分的図式性(partial schematicity)」を示すという。Langacker(1987/91: Vol. I 69ページ)の術語では「部分的認可(partial sanction)」である。「部分的認可」とは、われわれの意味変化の推論喚起論にしたがうと、意味変化において、いつもではないが、ある推論が顕著になることを指す。

　ここで取り上げたmustの発展は、図表3.4で示したモダル語の発展に適合するものである。モダル語の中でも、mustの意味の発展を図表3.5に示す。

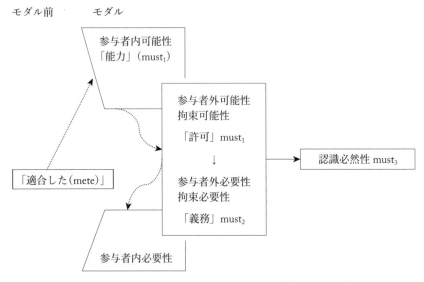

図表 3.5　$must_1$ から $must_3$ への発展(→は再構された発展)

mustのゲルマン語以前の明確なデータがあれば、モダル前の「適切な、適合した(mete)」から参与者内の能力(「能力」$must_1$)への発展の直接の証拠となるが、古代英語ではすでに$must_1$の用法しかないので、図表3.5ではこの変化を破線の矢印で表すことにする。

　Bybee, Perkins, and Pagliucaは、現代英語をもとに、「mustの義務の解釈ができる文脈と認識の解釈ができる文脈は互いに排他的である」(1994: 200)という仮説を立てた。具体的には、mustは未来の文脈でのみ義務の意味になり、状態動詞の現在形、進行形、過去形とともに使われたとき確実性を推論する(認識の)意味になる。さらに彼らは「義務は確実性を推論する意味を暗示しない」といい、「認識のmust

は義務の用法とはまったく異なるアスペクト的解釈の中で起こる」という理由で、「推論の慣習化が認識の意味の源であるはずがない」(1994: 201)と結論づけ、その代わりに、「動作主に当てはまる社会的義務と物理的必然性という領域から、文が真であるはずだという必然の条件を述べる認識の領域への変化」(同)という隠喩的源を提示した。彼らは、その仮説を支持する例を現代英語から引いている。

(48)　　He *must* understand what we want.
　　　　彼はわれわれが望むことを理解し<u>なければならない</u>(そうでなければ、われわれはそれを得ることができない。義務の解釈)
　　　　彼はわれわれが望むことを理解する<u>にちがいない</u>(われわれは何度も彼に言ってきた。認識の解釈)。　　　(Bybee, Perkins, and Pagliuca 1994: 201)

(48)で、義務の解釈では、「彼」が未来において理解する(「彼」は今はまだ理解していないことを示唆する)ことが前提となるが、認識の解釈では、understand が現在の状態を表し、彼が今理解していることを示唆する。

　現代の義務と認識の両方に解釈できる例を引いて、過去に変化した可能性を論じるのは、簡易な方法論として有効ではあるが、それは、特に歴史意味論においては決定的な再構には至らない。というのは、推論喚起による変化の結果が共時的に隠喩的に見えるからである(2.3.2 参照)。共時的分析自体に疑問がある場合もある。Goossens は、共時的例による隠喩的分析を否定はしないものの、「換喩的土台 (metonymic underpinning)」はあると主張する(Goossens 1996: 38、2000)。これは、ある文脈において、認識の意味は義務の意味から推論できるということである。その例として彼は、Coates から(19)を引用している。この点で、現代英語のすべての例において、隠喩的分析をする必然性はない。これまで見てきたように、中世英語のいくつかの must の例には、義務と認識が重なったり決めがたいものがあった。must の義務から認識への発展を示すテクストデータに変化のメカニズムとしての隠喩による説明は必要ない。実際、義務と認識で決定しがたいということは、隠喩による説明とは相容れないものである。隠喩的移し変えが喚起推論を導き、一般的になり、意味が増化したということは疑いのないことではあるが。

　図表 3.6 はこれまで検討してきた must の歴史的変化をまとめたものである。

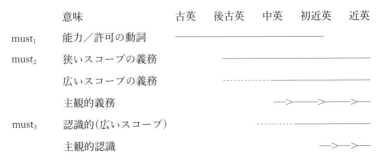

図表 3.6 must の歴史的発展(実線は意味の確立、破線は断続的使用、矢印は強い変化を示す)

これは、図表 3.5 にスコープと主観化の次元を加えたものである(破線はかなり制限され、まだ完全には確立していない用法。矢印のついた実線は強い増加を示す)。

ここまで、時制の問題については述べてこなかった。どのようにして過去時制が一般化したのか。またどのようにして非過去時制が最も多く使われるようになったのか。現在、過去時制は迂言的形式で表される。つまり、had to が過去時制の義務、must have が認識を表す形式である。

本章のはじめに挙げたように、mot- は、古代英語の前モダル動詞の大部分のように現在-過去の形式であった。つまり、mot- は、ag-(所有する)、durr-(あえて〜する)、scul-(義務的に行う)、mag-(できる)、(前モダルではないが)wit-(知る)と同じように、できごとの結果としてなる状態を表す動詞であり、達成された状態を強調し、結果としての行為は強調しなかった(Prokosch 1938: 188)[*17]。Prokosch は、この動詞はインド・ヨーロッパ言語よりもゲルマン語にかなり多く残っており、ゲルマン語の時代に多くなったと指摘している(彼はラテン語の gno-(知る)と関連性のある前モダルの cunn-(できる)を引用している)。mot- を含むこれらの形式は、「現在(present)」(非過去)時制を過去形で表し、過去時制はゲルマン語では弱い -t- という語幹によって新たに表された。

古代英語では mot- は非過去に、most- が過去時制として使われた。(37d)では、過去時制は ær(今より前に)と対応している。それは現代英語では had to で表さなければならない。(38)の moste は、過去の出来事(エクイティウスをローマに連れてくることを認めること)の中に埋め込まれているので過去時制である。この状況は中世英語まで続いたが、その後次第に過去時制形式が非過去を指して使われるようになった。(46a)はその 13 世紀の例であり、次の(49)は 1400 年ころの例である。レアは自分の娘が真実を言ったことを嘆き、娘が言ったことを信じようとせず、娘を追い出す。

(49)　　now wote   y   neuer what forto fone, seþ　　　 my   ij
　　　　今　知る　私　否定　何　不定　する　〜ので　私の　二人の
　　　　doughtres have me   þus   desceyuede, þat y   so   michel louede;
　　　　娘　　　　持つ　私を　このように　欺く　　　　関代　私　そう　多く　愛した
　　　　now moste me   nedes seche   here   that   is   in   oþere land.
　　　　今　must　私に　必ず　求める　彼女に　関代　である　中に　別の　土地
　　　　今どうしたらいいかわからない。私がそんなにも愛した二人の娘が私をこ
　　　　のように欺いたからだ。今、私は別の土地にいる彼女を追い求めなければ
　　　　ならない。　　　　　　　　　　　　　　　　　(1400 年 Brut、1333)

　ここで注意を引くのは、now や現在形 wote、is と現在完了 have desceyuede の現在時制の文脈である(すべて見やすく斜体になっている)。レアは過去の(愛したという)行為を前提として、現在の(欺かれたという)状況を述べている。moste は少なくとも起動相として用いられ、過去-現在動詞と同じく、過去の行為にもとづいた現在の義務を過去形で表している。

　Bybee(1995)は would、should、might、could の用法を分析し、現在や未来の仮定を表す標識として用いられるようになったと述べる。

(50)　　If you had that job lined up, would Fulbright then pay up?
　　　　もしあなたがその仕事をする気なら、フルブライトは奨学金を支払うだろ
　　　　うか。　　　　　　　　(Bybee 1995: 503、Coates 1983: 211 より引用)

　Bybee は、古代英語のモダル scul-(義務づけられる)と will-(意図する)の過去形が、従属節で未来を表すとき、「二つのあいまいさを持つ。一つは述語の事柄が完了したかどうか、もう一つはモダリティの効果がまだ発揮されているかどうかということである(Bybee 1995: 506)」と述べ、以下の例を挙げる。

(51)　　Næs　　　þæt forma sið þæt hit   ellen-weorc   æfnan
　　　　否定：だった あれ　最初の　時　関代　それ　勇敢な-行為　行う
　　　　sceolde.
　　　　ならなかった
　　　　あれは、それ(剣)が勇敢な行為を行わなければならない最初の時ではな
　　　　かった。　　　　　　　　(8 世紀 Beowulf 1464［Bybee 1995: 505］)

　この時点では、剣が使われたのか、またどのように使われるはずだったのかが語られていない(読者はこの話をすでに知っていて、剣は「使う人を決して裏切らない」ということも聞かされているが)。Bybee によれば、殊に条件節において、モ

ダリティが現在まで続いていることが暗示されるという。

(52)　Quat!　hit　clatered　in　þe　clyff, as　　　hit　cleue
　　　何　　それ　音をたてる　中で　その　崖　まるで〜ように　それ　裂ける
　　　schulde.
　　　would
　　　うわあ！　大きな岩の中で、真っ二つに割れるようなすごい音がした。
　　　　　　　　　　　　　　（1345年以後、Gawain 2201［Bybee 1995: 510］）

Bybee が論じるモダルの場合と違って、must は must 一形式のみで、標準英語では should-shall からの類推による must-moot などというペアは存在しない。ought to も同様に一形式のみである。shall はほとんど使われなくなり、should が残ったことは興味深い。過去と非過去の区別が残っている唯一のモダルは義務の have to であるが、have to は過去形で「現在の仮定(hypothetical present)」を表すには至らなかった[*18]。

　従属節における must が許可を表す過去時制用法については、ここで Bybee が引用した例と同じタイプであることは明らかである。つまり、(38)のように、許可を与えた行為が実際に行われたかどうかよくわからないという点である。しかし、神の意志その他の強い義務を伴う例において、要求されたことが実現しなかったという意味合いは弱く、nede(s)（必ず）などの副詞によって、それは簡単に打ち消されてしまう。

　過去形 most- で非過去の義務の意味を表すようになったことが、would や should の場合とは異なることを示す要因が二つ、Bybee(1995)によって提示された[*19]。

(i)　　nedes とよく結びつくことで、「要求された行為が実現したかどうかわからない」という一般的推論が起こりにくくなる。
(ii)　　古い例では、most- によって表される義務は、新しい条件が起こった結果として提示される。

(ii)は(49)を見ればはっきりする。レアは娘を愛していたが、真実を言う娘を信じるのを拒むという新しい条件のもとで、娘を追い出す義務を自分に課したのである。また(46a)では、話し手による「彼は芸術について多くを知るようになるにちがいない」という結論は、「あなたがその一部を喜んで与えようとする」という新しい条件のもとで提示されたものである。must の場合、許可から強い義務への発展の歴史において、余儀ない義務的な状態(つまり、神や王の命令などの行為、意志による条件によって引き起こされる現在の状況)が顕著になっていった。nede(s) によって表される義務の強化も、動詞による非過去の方向性を補強することになった。

第 3 章　モダル動詞の発展　151

　nedes が認識の must の発展にとっても過去形の結晶化にとっても関係した文脈を作っていることは、ヘルシンキコーパスを見てもわかる。1420 年以降の nedes を伴ったこのモダルの例は過去形の must であるが、他のデータでは 16 世紀の初めまで nedes のない mot- の例が存在する[*20]。14 世紀終わりの、mot- と most- の nedes とともに現れる例は次である（出てきた順に右上に 1 から 5 の番号を付してある）。

(53)　But here þese blynde heretykes, þat ben vnable to
　　　だが ここに この 盲目の 異教徒 関代 である できない 不定
　　　conceyue sutilte of holy writ, schulden furst lerne þer owne
　　　抱く 少しの の 聖書 should まず 学ぶ 彼らの 自身の
　　　wordis. Soþ hit is þat alle þingus mote[1] nede come
　　　語 真 それ である 補標 すべての こと must 必ず 来る
　　　as God haþ ordeyned, and so eche dede of
　　　ように 神 持つ 定めた そして そこで 各 行為 の
　　　Crist mut[2] nede be doon as he dide hyt. And
　　　キリスト had to 必ず である される ように 彼 した それ そして
　　　þus, ȝif men schulde not sewe Crist her, fore
　　　このように もし 人 should 否定 従う キリスト ここで 理由で
　　　he muste[3] neede suffre, noo cristene man schulde sewe
　　　彼 would 必ず 被る 否定 キリストの 人 would 従う
　　　Crist in noo þing þat he dyde, for alle þe
　　　キリスト 中で 否定 こと 関代 彼 した 理由で すべて 定冠
　　　þingus þat Crist did musten[4] nedly comen as þei
　　　こと 関代 キリスト した had to 必ず 来る ように それら
　　　cam. And so suche heretykes musten[5] nede sewen
　　　来た そして そこで そのような 異教徒 must 必ず 従う
　　　anticrist and be dampned wiþ hym for
　　　反キリスト者 そして である のろわれた ともに 彼 ために
　　　defawte of here byleue.
　　　間違い の 彼らの 信仰

　しかし、ここにいるこの盲目の異教徒たちは、聖書のほんのさわりのところも理解できないから、まず彼ら自身のことばを学ぶべきである。真実は、すべてのことは神が定めたように必ずならな**ければならない**[1] ということだ。したがって、キリストの行為はそれぞれ、彼が行ったように必ず

ならな**ければならなかった**[2]。このように、もし人が、キリストに従うと必ず困難に出会わ**なければならない**[3]と思うという理由で、キリストに従わないことを選ぶなら、キリスト者はだれもキリストのしたことすべてについてキリストに従わなくなるだろう。なぜなら、キリストがしたすべてのことは必ず起こら**なければならなかった**[4]し、実際に起こったからだ。だから、そのような異教徒たちは必ず反キリスト者に従って、間違った信仰のためにのろわれ**なければならない**[5]。

(1400 年 English Wycliffite Sermons, 416)

mote[1] と mut[2] は現在時制の文脈にある(真実は〜である)。これらは普遍的真実を伴い、義務の必然性か認識の必然性かを決めがたい。必ず起こると予測されたことは、未来だけでなく現在においても真実であると結論づけることができる。過去に義務的に要求された行為も(認識的には現在である)真実であり、mut[2] は広いスコープを持っている(「キリストがしたそれぞれの行為は、必ずしなければならなかった」)と考えられる。もしそうであれば、これは過去をほのめかした現在形である。muste[3] は条件節に埋め込まれ、schulde と呼応している。mustenn[4] は条件節の中で続き、mut[2] の変化形(呼応標識を除いて)として考えられる。義務的に要求された過去の行為を指して使われている過去形だからである。しかし一方で、現在の認識的確信という推論を喚起している。最後に musten[5] は明らかに現在を指す過去形である。ここで注意すべきは、神の予定説を説く中で、義務的要求と認識的真実がすべて密接に関係していることである。

　ここの一節は all(すべて)によって強く修飾されているが、これは普遍的真実だけでなく、(ある状態に)なることの必然性を説くものである。mote[1] と musten[4] では、キリストの行為を含むすべてのことが必ず神の定めた(com-「来る」の使用に注意)ようにならなければならないと言い、muste[3] では、人々が、信仰のために困難に出会うようになるなら、キリスト教を捨てるものとして描かれており、musten[5] では、彼らはその結果として反キリスト者の信奉者になると予言されている。

　非過去の意味を表す過去形の用例は、14 世紀はじめころは少なかったが、14 世紀のはじめから終わりにかけて、特に説教や宗教関係のテクストで多くなってくる。これは義務の must と認識の must の両方の傾向である。確かにこの用法は好まれたが、(53)の例のように、Wycliffite の説教においてすべてがそうではない。しかし、その後の英語に重要な影響を及ぼしたことは間違いない。

　15 世紀までには、must は、「モダル＋have＋過去分詞」構造に現れるようになる。「have＋過去分詞」はモダルの後にあって過去時制標識となるので(近代英語の She must have left 彼女は出発したにちがいない、など)、この構造は most- がもは

や過去時制を表さないことを明らかに示すものである。中世英語の must have の用例は (54a) のように仮定法構文に現れる。初期近代英語では、この構造で must が認識を表す (54b) のような現代と同じ用法が現れる。

(54) a. yf　　 the 　kynge 　wolde 　 have 　take 　　　any 　　execucyon 　a-pon
　　　 もし 　定冠 　王 　　　would 　 持つ 　取る：過分 どんな 　行動 　　　に対して
　　　 hyt　 he 　*moste*　 *have*　 take 　　　 hyt 　　 a-pone 　　 alle 　　　 the
　　　 それ 　彼 　must 　　持つ 　取る：過分 　それ 　 に対して 　すべての 　定冠
　　　 hoole 　 schyre.
　　　 全体の 　　州
　　　 もし王がそれに対してどんな行動でも取ったとしたならば、州全体に対してしなければならなかっただろう。　　　(1475 年 Gregory, 195 ページ)
　　 b. Loveless: Sure this addition of quality, *must have* so improv'd his Coxcomp, he can't but be very good Company for a quarter of an Hour.
　　　 ラブネス：「確かに、この新しい「閣下」という称号は、彼のしゃれ者を大いに改善したにちがいないので、彼は一時間の四分の一でもとてもよい仲間でいなければならない。」　　(1697 年 Vanbrugh, II. i. 145)

　結局、過去時制形式の must の用法は、過去現在の起動相の用法の繰り返しの中で発展したと思われる。must の場合、許可から強い義務への発展の歴史の中で、義務的意味と義務づけられるようになるという意味(つまり、神や王の命令、意志によってなった状態)が結びついたと考えられる。義務にかかわる「必然性(necessity)」には、(49)のような、ある状態になるという必要性、(46a)のような、ある結論になるという認識の必然性がある。must は 15 世紀のはじめまでには、拘束と認識の mot- は、強い義務と可能性のモダルに結びつく副詞 nedes とともに現れる場合は(少なくともヘルシンキコーパスにおいては)、既定形式になった。

3.4.2　英語の ought to

　次に ought to に移る。ought to は、文法はやや異なっているが、must と同様の意味変化の歴史を辿っていることを示す(詳しい研究については Nordlinger and Traugott 1997 を参照)[21]。現代英語では、must は核モダル、ought to は準モダルと呼ばれている。ought to は核モダルの持つ特性をすべて持っているわけではないからである。たとえば、

(i)　　ほとんどの方言で to が現れる(会話では oughtta のように結合するが)。
(ii)　　方言の中で、助動詞 do とともに使われることがある(Did she ought to go? など)。

(iii) 否定の省略形が使えない方言がある。その方言では She ought not to do that と言わなければならない（しかし、他の方言では She oughtn't to do that と言える）。

さらに Coates(1983: 70) は「OUGHT は、他のモダル助動詞に比べて、特に書き言葉においてあまり多く使われない」ことを指摘している。Coates の現代英語コーパスでは、ought to の認識の用法は義務の用法の八分の一であり、must が半々に起こるのに比べて偏っている (1983: 32、77)（3.4.1 を参照）。

現代英語の ought to は、主語が、述語によって表される状況をしなければならないという道徳的、社会的義務を表すのがふつうである。これは拘束のモダルである。認識の用法は、事柄についての一般的な考えにもとづく予想を結論的に表す。ought to の特徴の一つとして指摘されてきたのは、認識と非認識の用法の区別がつきにくいことが多いことである。Coates(1983: 78) が指摘するように、話し手は ought to を使って、発話の中で認識をさし示す意味と道徳的義務の意味の両方を意図的に述べることがある。次の(55)がその例である。

(55) There may be evidence that day-care or short-stay surgery is just as effective, but of lower cost, than traditional surgery... Therefore providers *ought to* be able to agree to contracts for these services at lower price.
日帰りの手術は、伝統的手術よりも安くしかも上手にやってくれる。だから、供給者は低コストサービスの契約に同意できる<u>はず</u>（同意す<u>べき</u>）である。

(1978 年以後、British National Corpus B2A 1199 ［Manfred Krug との会話による］)

主語が有生物で、道徳的義務果たすという意味は、拘束の連続体では強い方の端に位置するが、現代英語には「適切である」とか「望ましい」といった弱い意味での非認識的用法が多くある。(56)がその例である。

(56) "I'll make it clear to President Gorbachev that he *ought to* view this outcome of the summit very positivelty," Bush said.
「サミットの結果を肯定的に捉える<u>方がよい</u>ということをゴルバチョフ大統領にはっきり言おう」とブッシュは言った。

(1990 年 7 月 12 日 United Press Intl.)

第一段階：ought₁：所有

ought to は古代英語の agan にさかのぼる。中世英語の形式は ouen である（古代英語の長母音 /a/ が初期中世英語で長母音 /o/ になり、g/h で綴られる軟口蓋音の /χ/ が奥舌母音 /o/ の影響で /w/ になった）。ouen はふつう「持つ、所有する」と

訳され(前モダル)、他動詞として頻繁に使われた。その目的語は財産、富、栄光、権力などであった。(57)はその典型的例である*22。

(57) se   cing let   geridan   ealle   þa   land þe   his
     その   王   起こした 持って来る:不定 すべての その 土地 関代   彼の
     modor ahte
     母   had
     him   to handa & nam   of   hire   eall þæt   heo ahte
     彼自身 to 制御   そして 取った から 彼女の すべて 関代 彼女 持った
     on   golde...
     に   金
その王は母が所有していた土地すべてを自分の手元にもたらし、母から金などの所有していたものをすべて取り上げた。
(1042年 Chron A [DOE agan; Nordlinger and Traugott 1997: 305])

agan はまた、不定詞を目的語に取ることもあった。それは、意味的に「所有する」に近く、所有や義務をほのめかす。

(58) tuoege scyldgo woeron sume   ricemenn   an   ahte to
     二人の 金借人   いた   ある:与格   金持ち:与格 一人   had to
     geldanne penningas fif   hundra oðer   fifteih.
     払う   ペニー   五   百   他   五十
     ある金持ちに対して借金している人が二人いた。一人は、払うための五百ペニーを持っていて、もう一人は五十ペニーだった。
(10世紀末 Lindisfarne Gospels 81 ページ
[DOE; Nordlinger and Traugott 1997: 306])

借金を払うには金借人は払うべきペニーを(一時的に)持っていなければならないが、借金が未払いのとき、所有は義務をほのめかす。この例は have my house to let (貸す家を持っている:所有を表す。目的語「家」は指示的である)と have a letter to write (書くべき手紙を持っている:義務を表す。目的語「手紙」はまだ存在していないので、非指示的である)の意味的中間の段階である*23。(58)では、借金は指示的であるが、払うべきペニーはまだ指示的ではない。ペニーのように、目的語がまだ存在していないかもしれないとき、さらに、書かれていない手紙のように目的語がまだ存在しないとき、所有の意味は弱まり、義務の語用論的推論が強まる。あとの(61)のように、目的語がもはや物理的でなくなり、認知的、経験的になるとき、明らかに義務の意味の増化が起こったということができる。

第二段階：ought₂：拘束的

　10世紀終わりから11世紀初めにかけて、『古代英語辞典』(DOE、agan)にある「助動詞的用法へ少しずつ変化する(shade into auxiliary uses)」例が現れる。意味的観点では、それは拘束性への変化である。DOEでは、その構造における主語は、「義務が当然課せられる人(the person to whom the obligation is due)」と定義されている。つまり、主語は、次の例のように、受け手の意味役割をになっているのである。

(59)　þe　　eorl...　benam　him　al　　　ðæt　he　*ahte*　　*to*　hauen.
　　　定冠　アール　奪った　彼　すべての　関代　彼　ought　to　持つ
　　　アールは彼から、彼が所有すべきものすべてを奪った。
　　　　　　(1140年 ChronE［DOE agan A. 2. b; Nordlinger and Traugott 1997: 306］)

このような構造において、義務は、王位や高位を持つこの世の者が権利として行使する。agan to habenne は後期古代英語の熟語で、現代英語の「～する権利を持つ(have/get the right to～)」に当たる。王の権利は税金や土地などを、定期的に手に入れて未来のために蓄えることである。このような構造においてモダルの意味があるとき、まだ起こっていないがやがてふつうに起こるであろう状況を制御する人がいるという推論が喚起される。つまり、その構造は含意によれば弱い拘束性を持つといえる。

　DOEのいう「助動詞的用法へ少しずつ変化する」例として、もう一つ「義務によって縛られた人(the person bound by the obligation)」(責務者(the obligee))が主語となる例がある。この義務は社会的、道徳的である。

(60)　ic　eow　　　wylle　eac　　eallswa　cyðan,　　　þæt　man　*ah*
　　　私　あなた：与　望む　また　同様に　言う：不定　補標　人　ought
　　　seoce　men　*to*　geneosianne　and　　deade　bebyrian.
　　　病気の　人々　to　訪問する：不定　そして　死者　葬る：不定
　　　私はまた、人は病気の人々を訪問し死人を葬る<u>べきである</u>とあなたに言いたい。
　　　(11世紀初頭 HomU, 46［DOE agan II A. 2. a; Nordlinger and Traugott 1997: 307］)

ここで、主語は人間であり、意志を持つ制御者であり、総称的である。源は一般的社会義務である。所有の意味は事実上排除されているので、(60)は参与者外の一般義務必要性の例であり、ここに ought₁ をあわせ持つ多義語が生まれた。

　13世紀の初めまでには、(61)のような参与者内の主語を持つ例が現れるようになる。

(61) Sire ich wes of swuch ealde æ ic *ahte* wel *to* habben
　　　陛下　私　だった　の　そのような　年齢　関代　私　ought　よく　to　持つ
　　　wisluker iwite me.
　　　賢く：比較　守る：過分　私を
　　　陛下、私はそのような年齢だったので、もっと賢く振舞うべきでした。
　　　（1230 年 AncreneWisse、163 ページ［Nordlinger and Traugott 1997: 307］）

　道徳的、法的義務を有情の主語に課すという agan/ouen の拘束的意味は、中世英語において、その主要なモダル機能として続いていた。その用法の大半は、（教会や法律などによって）慣習的に受け入れられた規則や期待がもとになった義務を話し手が単に報告するだけという意味で、弱い主観性を表していた。
　1300 年ころには、(62)のような主語が無生である文が現れた。

(62) Goddys seruyse *owyþ to* be doun.
　　　神の奉仕がなされなければならない。
　　　　　　　　　（1303 年 Robert of Brunne, Handling Synne 1024［Visser 1969: 1815;
　　　　　　　　　　　　　　　　　　　　　　　　　Nordlinger and Traugott 1997: 309］）

　一般的参与者外の義務必然性にかかわる広いスコープは、無生の主語の用法の増加と深く関係している。この用法は、文によって示された状況が実現するだろうという必然性のみが焦点となっている。その場合、話し手が道徳的、法的背景について一般的に正当であると考えていることが前提になる。中世英語の ought to と結びついている概念的特性は次のとおりである。強制力は社会的、道徳的である。責務者は複数であり、総称的、不特定で、状況は起こりうる。それは初めから、「普遍的／社会の原理(universal/societal principles)」を呼び起こし、「集団的方向性がある(group-oriented)」(Myhill 1997)。個人の内的拘束性が意図されているという推論は、次のやり取りのように、容易に破棄することができる（ここで、may は可能性を、will は意図を表す）。

(63) 　第一の市民：Once if ["If indeed"]*²⁴ he do require our voices, we *ought* not
　　　　　　　　　　　to deny him.
　　　　　　　　　　　もしもほんとうに彼がわれわれの意見を必要としているならば、われわれは彼を否定すべきではない。
　　　第二の市民：We may, sir, if we will.
　　　　　　　　　　　そうかもしれませんね。もしわれわれがそう望むのであれば。
　　　第三の市民：We have the power in ourselves to do it, but it is a power that we

have no power ["no moral right" 1 to do.
私たちはそれを行う力を持っていますが、私たちに力がない（道徳的権利がない）というのも私たちの力なんです。

(1607-8 年 Shakespeare, Coriolanus II. iii. 1–5
[Nordlinger and Traugott 1997: 311])

ここでは、must を使うことはできない。must の力は破棄することができないからである。

　初期のテクストの ought to は弱い主観性しか持たなかった。つまり、外的価値への訴えが支配的であった。しかし、16 世紀の初めまでには、話し手が価値を見つけて、義務を課す強制力として、（社会ではなく）自分自身を提示する例が現れ始める。

(64) 　they vse to haue a chylde, to go in the forowe before the horses or oxen... and he taketh his hande full of corne, and by lyttel and lytel casteth it in the sayde forowe. Me semeth, that chylde *oughte to* haue moche dyscretion.
彼らは、習慣的に、馬や牛の前の畑を闊歩している。そして、彼はとうもろこしを手で取って、ゆっくり前記の畑に捨てる。若者は大いに分別があるべきだと私には思われる。

(1534 年 Fitzherbert 40 ページ [Nordlinger and Traugott 1997: 311])

つまり、このような新しい ought to の例では、前の例よりも主観性が増してきているといえる。

第三段階：ought to$_3$：認識的

　中世英語の終わりには、認識の解釈ができそうな無生（あいは冗言的）主語の例がいくつか現れる。しかし、明らかな認識構文は初期近代英語になって、まだ頻繁ではなかったが、現れ始めた。ヘルシンキコーパスの中より、ought to の明らかな認識的用法の例のうち、最も早い例を挙げる。

(65) 　For the Attrition having caus'd an intestine commotion in the part of the Concrete, the heat or warmth that is thereby excited *ought* not *to* cease, as soon as ever the rubbing is over, but to continue capable of emitting Effluvia for some time afterwards.
摩擦はコンクリートの内部に変化を引き起こし、それによって生じた熱は、摩擦をやめても、なくなることはなく、その後しばらく熱を発散することができる状態が続くはずである。

第 3 章　モダル動詞の発展　159

(1675–76 年 Boyle, Electricity 12–13 ページ［Nordlinger and Traugott 1997: 312］)

科学的なテクストの中で、ought to は「論理的に予測することができる」という認識的意味で解釈できる。初期近代英語や近代英語のほとんどの例は、弱い主観性しか持たず、主語が有生の場合、(66)のように、義務と認識の両方の意味に取れることが多い。

(66)　these merciless Tyrants murder'd them by wholesale... This was a Practice so inconsistent with Humanity, that all the People of the World *ought to* have resented it; as having much more reason to declare the Spaniards to be Enemies to Mankind, than ever the Roman Senat had to declare Nero to be such.
この無慈悲な暴君は彼らを一人残らず惨殺した。これは人間性とはかけ離れていたので、世界中の人々がみな怒りをあらわにしたはずである(あらわにすべきだった)。ローマの議会がネロに人類の敵であると宣言しなければならなかったが、それをはるかに超えて、スパニヤードにそう宣言すべき理由があったからだ。　　　　　　(1699 年 Pola, 1.83［Lampeter］)

(66)では、「〜と結論づけることができる」という認識の意味の方がふさわしい。しかし、道徳的方向づけ(義務)の意味も完全に排除することはできない。(67)のように、主語が無生になったとき、ought to は明らかに認識の意味となる。

(67)　If General Motors has a worse credit rating than Toyota, its borrowing costs *ought to* be higher. They are, so there is no surprise there.
もしジェネラルモータースがトヨタよりも信用度が低ければ、前者が他から借り入れにかかる額は高くなるはずである。それは何も驚きに値しない。　　　　　(British National Corpus ABJ 3828、書かれたデータ
［Manfred Krug との私的会話より］)

次の(68)は、大きいグループでなく話し手の個人的予想にもとづくような、主観性の強い例である。この例はあまりない。

(68)　Q: And what do they pay you?
A: Well, they pay, they pay, they are paying me a little bit, I think it *ought to* go up in price a bit.
質問：先方はどのくらい払うのか。
答え：ええ、払うよ、払うよ。少し払っている。これから少しだけ額が上がるはずだ。　　　(British National Corpus KBX 95、会話のデータ
［Manfred Krug との私的会話より］)

認識の ought to は、次第に数も主観性も増していく、と予測できる。

「所有する(owe)」から拘束・認識の「べき・はず(ought)」への発展は、ラテン語の debere(所有する)からフランス語の devoir(べき・はず)への発展と大きな流れとしてはよく似ている。しかし、ある一点において重要な違いがある。それは、フランス語の devoir が時制・相の体系を明確に持っているのに対し、英語の ought to は過去と非過去の両方に使われる固定形式であるということである。Warner は、中世英語では裸不定詞として使われてきた ouen/ought が、16 世紀までには to とともに使われるようになったことを指摘している。したがって、ought to はモダルの核となる語にはならなかった。彼は、その理由について、「ought to が現在形で過去時制を指すようになったのは、動詞の過去形(bought、brought、fought など)から作られたと解釈されたためである」と述べている(1993: 204)。現在時制形式は中世英語全体と 16 世紀の最初に使われたが、初期中世英語の ouen にも、(69)のように、過去時制形式で現在や未来を指す用例がいくつか現れている[*25]。

(69) Hvte we nu þankin and herien ure hlauerde.
    ought われわれ 今 感謝する そして 賛美する われわれの 主
    われわれは今こそ、われらの主に感謝し、主を賛美しなければならない。
    (1200 年 Vices and Virtues(1)151/15 [MED ouen 5.c])

must と同じく ought to も、中世英語の時代に非過去の既定形式になったと仮定する。これは、Bybee(1995)が取り上げた、過去の行為や条件が現在の結果につながることを示すモダルと同じである。たとえば(61)では、もしも過去時制がそのとき(ich wes of swuch ealde、私がそのような年齢だったとき)の義務を指すとしたら、それは、義務が現在まで続いているという推論を喚起する。ought to は強い義務ではなく「したほうがよい」という勧めを表すモダルであるから nedes(必ず)とは結びつかず、現在時制形式は後期中世英語においてきわめて安定していた。ought to は、規範ともそれほど強くは結びつかないので、過去現在時制の文脈にもあまり現れない。過去現在時制は「何かになる」という個人的な例と結びつくからである。owe が財政的義務(払わなければならない)を専門的に表すようになるとともに、古い scul-(所有する)の意味が失われ、shall-should と ought to がモダルの意味を受け持つことになった。このような意味の再編成と ought to の形式に、must がどのような役割を果たしたのかは今後の研究課題である。

次に、ヨーロッパの言語以外の言語として中国語を取り上げ、今まで述べてきたモダル語の発展について、さらに一般性を示したい。

3.4.3 中国語の de(得)

現代中国語[*26]では、「手に入れる(obtain)」と言う意味の動詞がある。

(70)　　De　　　le　　jiangxuejin.
　　　　手に入れる　完了　奨学金
　　　　得　　　**了**　　奨学金
　　　　Xは奨学金を手に入れた。　　　　　　　　　(Chao 1968: 741)

また、de(得)はまた、「できる、可能である、許される」[*27]という意味の助動詞としても使われる。

(71)　a. Nan　　*de*　　qu　　kan　　dianyinger.
　　　　　難しい　できる　行く　見る　映画
　　　　　難　　**得**　　**去**　　**看**　　**電影**
　　　　　Xは映画を見に行くことができない。　　　(Chao 1968: 742)
　　　b. *De*　　weituo　daibiao　chuxi.
　　　　　できる　託する　代理人　出席する
　　　　　得　　**委託**　　**代表**　　**出席**
　　　　　「Xが、会議に出席するための代理人を託することができる」
　　　　　　　　　　　　　　　　　　　　　　　　　(同：xページ)
　　　c. Wo　de　xie　xiu　*de*　　liao　ma.
　　　　　私　可能　靴　直す　できる　上手に　疑問
　　　　　我　**得**　**靴**　**修**　**得**　　**良**　　**嗎**
　　　　　私の靴を上手に直すことはできますか。　　(Yang 1989: 129)

(71c)の de(得)は「接中辞(infix)」で(Chao 1968、Sun 1996)、ふつう「できる」と訳す。しかし、(71c)を含むほとんどの例は能力的可能性を表し、主観的認識は表さない。主観的認識は、現代中国語では keneng(可能)[*28]によって表される。

(72)　　Ta　*keneng*　lai　le.
　　　　3単　可能　　来る　完了
　　　　他　**可能**　**来**　**了**
　　　　彼(女)は来たらしい。
　　　　彼(女)は来てもよい。

　de(得)は、前古代中国語では、神託骨(紀元前1300〜1050年)や青銅器に刻まれた文、オード(叙情詩)や古い文書によれば、「手に入れる」という意味の動詞だった。Chou(1953: 226)によれば、それらの文献の中には、de(得)のモダルの用法が

まだなかった。もともとの動詞の具体的な意味は象形文字を見ればわかる。「神託骨に刻まれた de(得)という文字は、貝殻を持った手をかたどっている。タカラガイは古代において交換のために使われ、価値のあるものを表した。したがって、de(得)は「手に入れる・獲得する」の意味で使われる。de(得)にはまた、「手に入れる」から拡張して、「ほしがる」の意味もある」(Li 1992: 59)。Li の記述は、de(得)という動詞が、少なくとも『般喚推』(一般化された喚起推論)としては、早くからモダル的意味を伴っていたことを示唆している。de(得)は日本語に借用され、願望の意味に拡大していった(Nelson 1962)。

de(手に入れる)は後期古代中国語の時代にモダルの意味を持つようになったという学者もいる。「de は能力や許可を表すモダルとして春秋時代やそれ以後のテクストや文書によく現れる」(Chou 1953: 226)。たとえば、Mengzi(『孟子』)では de はもともとの「手に入れる」の意味で使われている。

(73)　　er　　*de*　　　tianxia.
　　　　そして　手に入れる　世界
　　　　而　　　**得**　　　天下
　　　　(天下を得て、)
　　　　そして王国を手に入れて、

　　　　　　　　　　　　　　(紀元前 300 年　孟子　公遜丑［Sun 1996: 112］)

また、第二動詞とともに参与者外の「許す(allow)」の意味でも使われている。

(74)　　qi　　*de*　　bao　　bi　　min　zai
　　　　どうして　許す　圧迫する　その　人々　感
　　　　豈　　　**得**　暴　　　彼　　民　　哉
　　　　(豈に彼の民を暴ずるを得んや)
　　　　どうしてその人々を圧迫することが許されようか。

　　　　　　　　　　　　　　(紀元前 300 年　孟子　王章上［Sun 1996: 113］)

Sun(1996)は、de(得)は動詞連続の構文でモダル語に文法化したと述べている。これは、英語の get to が「できる」というモダルの意味に発展したことと一致している(Matisoff 1973 は「手に入れる」が「能力、可能、許可」の源であることを論じている。それに言及した Bybee, Perkins, and Pagliuca 1994: 188 を参照)。しかし、de(手に入れる)との語源的つながりに疑問を持つ学者もいる[*29]。(75)は、許可と認識の両方の意味が可能な例である。

(75)　wu　　　　de　　　　　　you　qi　yi　yi　man　qi　er
　　　どうして　許可／可能*30　持つ　その　一　で　見下す　その　二
　　　悪　　　　得
　　　　　　　　いつ　　　　有　其　一　以　慢　　　其　二
　　　（悪
　　　　いずく
　　んぞその一を有して、以てその二を慢
　　　　　　　　　　　　　　　　　あなど
　　ることを得んや）
　　　どうして三つ（爵位、年齢、道徳）のうちの一つを持っている人が、あとの
　　　二つをもっている人を　侮ってもよい／侮ることができるだろうか。*31
　　　　　　　　　　　　　　　（紀元前300年　孟子　公孫丑［Sun 1996: 113]）

このように二つの意味に解釈できる例は、(75)のような疑問文か、または否定文である。つまり、モダル化された文脈に現れている。孟子では、認識に解釈できる唯一の de の例は、モダル動詞の ke(可)（できる、可能である）とともに起こる。古代中国語では文の主語が現れない場合が多いので、能力と可能の区別は非常につけにくく、訳が異なることも多い。たとえば、(76)については、Lau(1970: 102)は能力の解釈で「そのようにして、中国の民は自分で食料を探すことができた」と訳す一方、Legge(1984: 251)は可能の解釈で「そのようにして、中国の民は土地を耕し、自分で食料を手に入れることが可能になった」と訳している。

(76)　ranhou　　zhong guo　ke　　de　　er　　　shi　　ye
　　　そして-後　中の　王国　できる　得る　そして　食べる　である
　　　然后　　　中　　国　　可　　得　　而　　　食　　　也
　　　（然うして中国、得て食するべし）
　　　そのようにして、中国の民は、自分で食料を探すことができた。
　　　そのようにして、中国の民は、自分で食料を手に入れることが可能になった。
　　　　　　　　　　　　　　　　　　　　　　（紀元前300年　孟子　告子）

実際、de の二義性は今でも続き、認識的意味は、多くは否定文や疑問文で一般的に喚起される。

　歴史的文献をさらに詳しく調べる必要はあるが、もし de の「手に入れる」から「できる、可能である」の変化が正しいとするなら、de の歴史は図表3.7のように表すことができる。

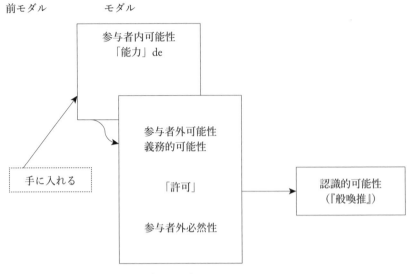

図表 3.7　中国語の de の発展

孟子の例のうち、認識の解釈のみが可能な例を次に挙げる。

(77)　guo　yu　　zhi　　ke　　de　　hu?
　　　王国　欲する　治める　できる　得る　疑問
　　　国　　欲　　治　　**可**　　**得**　　乎
　　　(国治めんと欲する、得べけんや)
　　　国がよく治められることは<u>可能だろうか</u>。

(紀元前 300 年　孟子　告子)

(77)は、国を治めようとする王の能力よりも、国が治まることを望ましい状況として、それが起こる可能性を指しているので、認識の解釈が妥当である。kede(可得)という複合語は現代官話では「能力」も「可能性」も表さない。しかし、初期官話の時代から、keneng(可能)という別の複合語がそれに取って代わった。keneng はほぼすべての例において「可能性」のモダルとして解釈することができる(近代の例としては(72)を参照)。次の(78)は古い例である。

(78)　ke　　neng　tong　shang　yueyang　lou.
　　　できる　できる　共に　上る　　岳陽　　楼
　　　可　　**能**　　同　　上　　　岳陽　　楼

（同に岳陽楼に上る能うべし）
一緒に岳陽楼に上ることができる。

(1200年　朱子　魚雷巻)

認識のkedeはke(可、できる)とdeからなり、認識のkenengはke(できる)とneng(能、できる)からなっている(nengは「才能(talent)」という名詞から来ている。Peyraube 1999を参照)。どちらの認識の複合語にも、もともとは認識とは関係なかった動詞(得、能)が含まれている。これらの複合語は、すでに働いていた一般喚起推論を修辞的に強化し、話し手・書き手のある状況に対する不確かさを明確にするために使われたと仮定する。

3.5　まとめ

　動詞が厳密な意味で文法化したモダル語(助動詞やその他、形態統語論的に特殊化した語)をすべての言語が持っているわけではない。さらに、そのようなモダル語を持つ言語のモダル語のすべてが義務と認識の多義語であるわけではない。しかし、そのような多義のモダル語を持つ言語では、次のような過去の発見を確認できた。
(i)　　拘束的＞認識的　逆はありえない
(ii)　　狭いスコープ＞広いスコープ　逆はありえない
(iii)　 拘束的可能性・必要性＞認識性　逆はありえない
(iv)　　主観性はそれぞれの領域で増加する
これらの関係は、図表3.8のようにまとめられる。

```
前モダル        ＞   拘束的        ＞   認識的
内容的                                 内容的／文脈形成的
文内スコープ    ＞   文外スコープ
拘束非主観的    ＞   拘束主観的
                     認識非主観的   ＞   認識主観的
```

図表 3.8　認識のモダルの発展における道筋の関係性

可能性から必然性への強化も示した(必然性から可能性への弱化はない)。また、認識の意味が強く現れるのは、隠喩化ではなく推論喚起によって始まる過程であることを示した(隠喩的関係が推論喚起や一般推論喚起を制約し、一般推論喚起の増化の結果のように見えるかもしれないが)。

モダル語の歴史的変化は、非指示的、話し手中心の意味に向かい、逆はありえないという意味変化の規則的傾向と一致している。本書で後に扱うさまざまな変化と同じく、モダルの意味の獲得は、内容的意味に加えて文脈形成的意味の獲得にもかかわっている[*32]。この変化は、Bybee(1985)などにもとづいて Cinque(1999)が提示した(79)の「モダリティ（ムード）の機能的主要部の普遍的順位づけ」（線状的順番が予測できる）と一致するもである（(79)で順位的記号「＞」は線状的「－」に代えてある。主要部が後に来る言語では順番が逆になるからである）。

(79)　モダ（認識）－モダ（必然）－モダ（可能）－モダ（意志）－モダ（義務）－モダ（能力／許可）　　　　　　　　　　（Cinque 1999: 81 にもとづく）

(79)のようなモダルの順位づけが生得の機能構造として備わっているという Cinque の普遍文法的立場をすべて支持するわけではない。にもかかわらず、(79)は記述的目的にかなっている。共時的には、すべてのつながりが、言語に明確に現れているわけではない。しかし、複数のモダル語が起こる英語や、その他の多くの言語が(79)の順番を保証している。たとえば、次の Hawick Scots が書いた例では、will が認識的未来を、might が可能性を、could が能力を表している。

(80)　He'*ll might could* do it for you.
　　　彼は、それをあなたのためにすることができるはずだと思います。
　　　　　　　　　　　　　　　　　　　　（Brown 1992: 75 ［Cinque 1999: 79］）

(79)は歴史的には、右から左に変化していったが、類型学的には、多言語間の意味変化における意味的、語用論的動機から、より主観的意味を使うようになる傾向（非モダ＞義務的＞認識的）、より広い意味的スコープになる傾向（狭い＞広い）、より抽象的な統語的構造になる傾向（制御動詞＞繰り上げ動詞[訳者注5]）を見ることができる。
　これからさらに研究が必要になる分野に、英語のモダル動詞の歴史における「過去現在」の意味の役割がある。それは、15 世紀までに must の形式が結晶化したときの重要な要素であることを述べた。過去現在は must に限られているわけではない。モダル表現の have got to にも明確に表れている（have は現在完了を表し、「過去の行為・状況と現在との関係」を示している）。もともと所有を表していた have got は（これも所有から来ていることに注意）、19 世紀には義務の have to（後期中世英語から初期近代英語で発展した）と、特に日常会話で競合するようになった。

(81)　"Never did sir! ejaculated the beadle. "No, nor nobody never did; but now she's dead, we'*ve got to* bury her."

「やってませんぜ」と小役人は絶叫した。「だれもやってない。でももう彼女は死んだんじゃあ、埋めて<u>やらにゃならん</u>」
(1837/38 年 Dickens, Oliver Twist ［Krug 2000: 62］)

20 世紀に、have got to は認識の意味も獲得した。

(82) This *has got to* be some kind of local phenomenon.
これは局所的現象のようなもの<u>にちがいない</u>
(1961 年 Brown Corpus, Science Fiction MO4: 165 ［Denison 1998: 173］)

(have)got to は、義務のモダルとしては have to よりも遅く出てきたにもかかわらず、新しい口語での形式 gotta は have to よりも助動詞的特性が強く(Coates 1983: 52)、be going to、want to、need to、ought to などの to をともなうモダルの原型的モデルとなっている(Krug 2000: 236)。また、(have)got to は have to と違って、主観性を頻繁に表現する(Coates 1983: 53)。さらに、ここでの議論と関連して大事なのは、それが、特にくだけた口語英語で got to/gotta になり、過去形で非過去を表すようになったことである。これは、省略('ve got to)とそれに続く have の喪失によるもので、過去と非過去の区別がなくなった。

(83) "I don't know," said Dickie, "but we *got to* do it som'ow."
「わからないわ」とディッキーは言った。「でも、とにかく<u>しなければいけないわ</u>」
(1909 年 Nesbit, 105 ［Denison 1998: 173］)

しかし、義務の意味に発展した動詞のすべてが、過去形で現在の意味を表すとは限らないし、それを一般化できないことは言うまでもない。たとえば、Giacalone Ramat(2000)は、イタリア語の動詞 andar(行く)はある時制で義務の意味を持つが、単純過去や複合時制では義務の意味を持たないことを指摘している。ある言語のある動詞だけに時制や人称によるモダル語の発展があるという特殊な制約を心して理解しなければならない。

　もう一つ考えなければならない問題は、図表 3.1 で示した拘束の尺度の極端を多くの言語でどのように表すか、また義務のモダルの尺度のもっとも強い極端は普遍的に表しうるのかということである。前にも述べたように、すべての言語に、非認識の動詞から文法化した認識のモダルがあるとは限らない。実際に、文法化したモダル動詞はすべての言語にあるわけではない。日本語もそうである。しかし、Akatsuka(1992)が指摘するように、言語には、非認識と認識のモダリティを表す方法はほかにもあるのである。Akatsuka は、「S1 ても、S2」という型の譲歩的条件構造は、英語の許可の助動詞表現と等価値であると述べる。たとえば、許可を認め

ることを乞う表現は以下のようになる。

(84)　A: 食べてもいいですか。
　　　B: ああ、食べてもいいよ。　　　　　　　　　　　　(Akatsuka 1992: 6)

義務の表現はもっと複雑である。それは、「S1 ては、S2」、またはもっと正式な「S1 ば、S2」という、二重否定条件構造によって示される。

(85)　a. 食べなくてはいけない。
　　　b. 食べなければならない。　　　　　　　　　　　　(Akatsuka 1992: 7)

Akatsuka は、このような(譲歩的)条件構造は、必然性・可能性という観点で定義されるのでなく、望ましさという観点、つまり真とか偽ではなく主観的感情という観点から定義されるべきであると述べる。Akatsuka はまた、条件標識「-ては」は完了の助動詞(5–8 世紀)から接続助詞(11 世紀初め)、さらに否定条件(20 世紀)へと変化した、つまり節内の意味から接続語を経て「談話相互作用的(discourse interactive)」意味に変化したと述べている(Akatsuka 1997: 331)。この変化は、本書で話題にしている大きな規模の変化と一致するものである。

英語話者が must や ought to と結びつける強い拘束の意味が多言語的に認められるとは考えられない。むしろ、「願望(DESIRE)」のような弱い概念的範疇の方が普遍的であると思われる。Akatsuka(1992)による英語の願わしさのモデルを使った文と日本語の条件構文が同等であるという分析は、「自然意味メタ言語(Natural Semaitic Metalanguage)」(Goddard and Wierzbicka 1994 など)の観点からの意味の推定上の源初についての研究、特に Harkins(1995)による「願望」の多文化研究に結びつくものである。Harkins(1995)によれば、オーストラリア言語のカヤディック語で使われている屈折接尾辞 -da は、英語の should に訳すことができ、願望辞(desiderative)[*33]、あるいは条件辞として扱われている。

(86)　　Dathin　-a　　dangka　-a　　dali-*d*.
　　　　あの　　-主　　男　　　-主　　来る–願望
　　　a. あの男に来てほしい。
　　　b. あの男は来るべきだ。
　　　c. あの男が来るといいのだが。　　　　　　　　　　(Harkins 1995: 141)

同時に、ここで取り上げた変化は、自然意味メタ言語で提示された意味の起源の「原初性(primitiveness)」は言語的レベルではなく経験的、認知的レベルで理解しなければならないことを強調するものである。というのは、個々の言語における語彙の言表はすでに派生したものだからである。提示された意味の起源には、「欲求

(WANT)」、「可能(MAYBE/CAN)」があり、後者は「能力／可能性」の意味である(Wierzbicka 1994、1995)。「能力(ABILITY)」と「可能性(POSSIBILITY)」の源のいくつかは図表 3.3 に、義務の源については図表 3.2 に掲げてある。「欲求」について、Wierzbicka(1994)は、人体部分名称と多義語・同音異義語になっている例としてアレンテ語の ahentye(欲する、のど)、マンガップ-ブラ語の lele-(欲する、内側)を挙げている。

次に、巨視的に捉えたモダリティ関連の語の変化として、談話標識の発展(態度副詞から認識的(逆接的)意味を経て、確認・追加を表す談話標識に至る)に移る。

原著者注
＊1 「拘束的」「認識的」「能力的」という術語は、少なくとも伝統的論理学的意味においては、言語普遍的に一般化できない(Palmer 1986: 20)、またそれらの術語はモダリティのあらゆる面を完全には説明できないという理由で、別の術語が提示されている。たとえば Coates(1983)は「根源的(root)」という語を義務的モダリティと能力的モダリティの両方に使っている。Bybee(1985 とそれに続く研究)は「主節の述語(義務、願望、許可、可能性など)によって表される動作主の行為の完了を指すあらゆるモダル的意味」を包含する語として「動作主にもとづく(agent-oriented)」モダリティを用いた(Bybee and Fleischman 1995: 6)。「動作主にもとづく」という術語は多言語的モダリティ研究にとって大きな触媒となった(Bybee, Perkins and Pagliuca 1994、Heine 1995 など)。しかし、ここではその術語は使わないこととする。その術語が目指す、文法化に関連した形態的発見はわれわれの目指すところではないからである。
＊2 能力／容力のモダリティは「動的(dynamic)」モダリティ(Palmer 1990 [1979]、Plank 1984)、あるいは「許容的(facultative)」モダリティ(Goossens 1987a)ともいう。
＊3 しかし、dare や will のような意図を表すモダルには、主語の選択を課す語もある。この問題の要旨については Warner(1993: 16-17)を参照。
＊4 このような条件は学者がみな要求しているわけではないが、一般的条件が当てはまる証拠を要求する学者もいる。たとえば、Bybee, Perkins and Pagliuca は「根源的可能性(root possibility)」を「一般的に可能にする条件について(on general enabling conditions)」報告するモダル表現として定義している。しかし、could を使った非常に特殊な例(I actually couldn't finish reading it because the chap whose shoulder I was reading the book over got out at Leicester Square(Coates 1983: 114 より))を引いている。
＊5 イントネーションを示す補助記号は除いた。Coates は「あるいは(or)」を使っ

ているが、「＋＞」(推論を喚起する)の記号の方がわれわれの見方と一致する。
* 6 I thought that〜などのように、過去時制の報告として埋め込まれた場合、認識的と考えられるが、この場合は過去完了(過去より過去)の意味になる。
* 7 特に Hoye のモダル表現索引を参照。Sanders and Spooren(1996)は、オランダ語の認識のモダルの一致性について、主観性の度合いという観点から論じている。
* 8 彼らのデータベースと大まかな目的については 2.3.3 を参照。
* 9 現在時制・未来時制・条件節で拘束の意味を持つイタリア語の and-(行く)のように、動作主に関連した源がないわけではない。しかし、拘束性として解釈できる and- には、無情物主語しか現れないことに注意すべきである(Giacalone Ramat 2000: 134–135)。
* 10 mot- の不定形は文献に現れない。
* 11 この most は二人称単数現在形である。
* 12 上に同じ。
* 13 これは、2.3.5 の終わりで取り上げた Van der Auwera(2001)の主張(モダルには「する必要がない」から「しない必要がある」への変化が規則的一方向性の変化として認められる)と一致するものである。この変化はモダルの範囲が広がる例である。
* 14 これは統語論的には繰り上げ構造の例である。
* 15 最も頻繁に現れる形式は nedes と nede である。
* 16 Goossens(1999, 2000)はこれらの must を認識的というよりも推測的(inferential)と呼んでいる。
* 17 Warner(1993: 145)は古代英語の主要な過去-現在動詞の不定形のリストを作り上げた。
* 18 一方 might-may のペアでは、可能性と低い確率の might は may に取って代わられつつある(Denison 1992 を参照)。
* 19 ほかにも要因を提示する人がいるが、どれも疑わしい。たとえば Visser は、過去形への拡張は二人称単数現在の形式が most であったという事実によって「促された(fostered)」と述べている(Visser 1969: 1805)。(33)、(34)、(37a)を参照。しかし、これが主要な要因であるためには、mot- の使用例において二人称単数が支配的でなければならない。Skeat は、スウェーデン語の maste が現在と過去に使われているのでスカンジナビア語の影響であると述べるが、語源を別の言語に求める信憑性が疑われる。どちらの仮説も、過去形で現在を表すモダル語(could、might、should、would、ought to など)の似たような発展についての説得力ある説明ではない。
* 20 Elly van Gelderen(私的会話で)は、16 世紀終わりの mote needes と needs mot の例を Spencer の書物の中に見つけている(たとえば、1596 年 Fairie Queene Bk. V, vi, 36.9 の That if two met, the one mote needes fall ouer the lidge("ledge")もし二

　　　　　　　　　　　　　　　　　　　　　第3章　モダル動詞の発展　171

　　　人が会ったら、一人は必ず岩礁の上に落ちるに違いない）。しかし、Spencer は
　　　この文献の中で古文体を使うので有名であるから、これもそのように考えられ
　　　る。
＊21　この節の大部分は、ought to の歴史について詳細に説明されている Nordlinger
　　　and Traugott(1997)にもとづいている。
＊22　ここで引用した古代英語の多くの例は、Healey たちが編集した『古代英語辞
　　　典』(Dictionary of Old English、DOE、1994 年)で分類され、検討されているも
　　　ので、agan に出てくる例(Shigeru Ono によって編集された)である。
＊23　have a letter to write と have to write a letter の構造と、その意味的発展について
　　　は、Benveniste(1968)、Fleischman(1982)を参照。
＊24　[　]内の解釈は、The Riverside Shakespeare のものである。
＊25　MED *ouen* の 4a(c)、4b(b)、4c(b)、5c-j も参照のこと。
＊26　3.4.3 での研究に極めて重要な貢献をした Nina Lin に心から感謝したい。
＊27　許可の意味は主として法律文に見られる(Nina Lin より)。
＊28　認識の意味は yinggai(應該)によっても表される。図表 3.2 の広東語 ying goi を
　　　参照。
＊29　Alain Peyraube など(個人的会話で)。
＊30　Sun はこの de を「よろしい(all right)」と訳している。
＊31　Sun が引用したもとの翻訳は、「三つのうちの一つを持つことが、どうして他の
　　　二つを持つ人を見下すことになるのだろうか」(Legge 1984: 214)である。しか
　　　し、Chaofen Sun と Nina Lin(個人的会話)は、上記の訳の方がより正確である
　　　と認めてくれた。
＊32　第 1 章でも述べたように、文脈形成的意味によるモダル語の議論(1.2.2)につい
　　　ては Groefsema(1995)を、形式が内容的意味と文脈形成的意味の両方を持つ
　　　(1.2.1)という認識が重要であることについては Nicolle(1998)を参照。
＊33　Harkins はこの術語を Evans(1994)から引用している。

訳者注

訳者注 1　「根源的(root)」モダリティ
　Sweetser(1990: 50, 152)は、認識のモダル用法は、より基礎的な「源」の意味から派
生し、認識のモダルの意味は社会物理的「源」モダリティ(拘束のモダリティ)にルー
ツ(root)を発していると述べる。拘束のモダリティを源モダリティと呼ぶのはこのた
めである。Coates(1983: 18–22)は源モダルとして「義務(MUST)」と「許可(MAY)」
を挙げるが、認識のモダルとともに、強い弱いの段階があると述べる。拘束のモダル
では、同じ must でも、文脈によって異なり(3.2.1 では、(10)(11)(12)の順に拘束性
が弱まる)、ought to や should は must よりも義務の度合いが弱い。
訳者注 2　拘束性と認識性の必要性(必然性)

原文の necessity を場合によって「必要性」、「必然性」、あるいは両方に訳し分けた。

つまり、deontic necessity は「拘束必要性」、epistemic necessity は「認識必然性」と訳し、must₂ が「拘束必要性」must₃ が「認識必然性」を表す。以下に must と may の拘束から認識への歴史的変化を表にする（括弧内の数字は本文の例文番号）。

```
          must                           may
拘束  必要性（なければならない）(16)    可能性（許可、てもよい）(18a)
認識  必然性（にちがいない）(17)        可能性（予測、かもしれない）(18b)
```

以下の本文(15)の a と b の例で解説する。

(15) a. You *must* come home by ten. (Mom said so.)
　　　　あなたは 10 時までに帰らなければならない（母がそう言った）
　　　　（母の権威という直接の源が、あなたに、10 時までに帰るよう強制する）
これは拘束（義務）の must で、この文の主語の you が母の権威によって 10 時までに帰る**必要性**を迫られている。

　　　b. You *must* have been home last night.
　　　　あなたは昨晩家にいたにちがいない
　　　　（手に入る直接的証拠が、私に、あなたが家にいたという結論を強制する）
これは認識の must で、何らかの直接的証拠により、「あなたが昨晩家にいた」という結論に至るという**必然性**が導かれている。

訳者注3　参与者内（participant-internal）と参与者外（participant-external）のモダリティ

　Van der Auwera and Pungen 1998: 80)によれば、参与者とは、この場合発話や文の主語を指す。参与者内のモダリティとは、モダリティの源が主語の内にあるということで、たとえば(14a)の場合、必要性の源は主語の内にある（Boris 自身が睡眠を必要とする）。一方参与者外のモダリティとは、モダリティの源が主語の外にあるということで、たとえば(11)の場合、義務の源は主語 you の外にある、つまりこの場合の義務の源は「他人の持ちものは大切にしなければならない」という道徳的きまりである。

訳者注4　*¹⁴「これは統語論的には繰り上げ構造の例である。」

　(41)の euery centre mot ben also as a nedle (every center must be as small as a needle)は、次のような深層構造を持つ。

(41)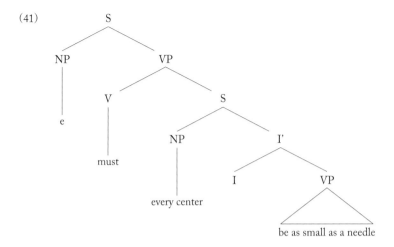

　表層構造では、every center が e の位置に繰り上げして、主格が付与される。must のあとには裸不定詞 be が来るので、I(Infinitive 不定詞)の位置は何もない。

訳者注 5　制御動詞から繰り上げ動詞へ
　2 ページの二つの promise の例で説明する(Carnie 2002: Chapter 10 を参照した)。
　(4)　I *promise* to do my best.
　(5)　She *promises* to be an outstanding teacher.
(4)の promise を制御動詞、(5)の promise を繰り上げ動詞という。
(4)は次のような表層構造を持つ。
　(4)　I promise［PRO to do my best］.

図(tree diagram)で書くと次のようになる。

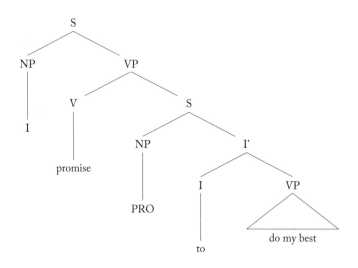

　制御動詞 promise は、主語 I に主格を付与できる。PRO は不定詞節の主語の位置にのみ現れる見えない名詞句で、主格は付与されないが、動作主という役割が付与される。また、次のように書き換えることができる。
　I promise I will do my best.
これは、制御動詞 promise が主語 I に主格を付与できるからである。
　一方(5)は、次のような表層構造を持つ。
　(5)　She₁ promises [t₁ to be an outstanding teacher].

深層構造を図で書くと次のようになる。

第 3 章　モダル動詞の発展　175

(5)

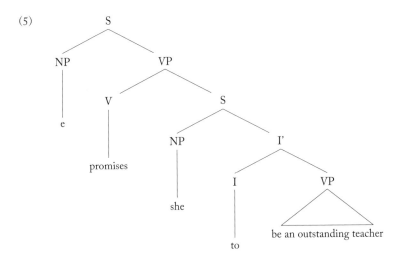

繰り上げ動詞 promise は、she に主格を付与できない。そこで、表層構造では次のように she が e の位置に繰り上げされて主格が付与される。

(5')

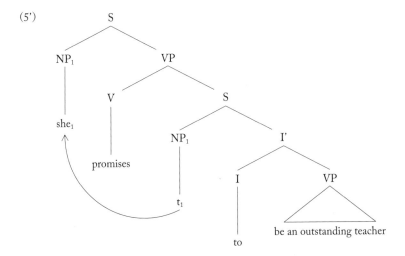

(5)は次のような書き換えができない。
　*She promises she will be an outstanding teacher.
これは、繰り上げ動詞 promise に主格を付与する機能がないからである。しかし、次のように書き換えることはできる。

There is promise that she will be an outstanding teacher.

この there は主格を付与されずに主語の位置に起こり、虚辞(expletive)と呼ばれる。

歴史的には、(4)のような制御動詞から(5)のような繰り上げ動詞への変化が見られる。具体的な歴史的変化の例は、5.4.1 の promise の例を参照。

第4章
談話標識機能を持つ副詞の発展

4.1 はじめに

　本章では、副詞類の語用論的意味の発展について述べる。in fact(実は)、after all (結局)、so(そこで)、then(それから)、日本語の「さて」「すなわち」など、副詞類に属する語の使用時の主要な機能は、自分の言っていることや、相手の談話場面での役割に対する話し手の修辞的姿勢を示すことである。それらには概念的意味がほとんどなく、文における真の条件にかかわる意味には関係ないので、「語用論標識(pragmatic markers)」とか「メタテクスト的助辞(metatextual particles)」として扱う学者もいる。しかし、それらは談話における単位と単位のつながりの関係に対する話し手の見方を示す。つまり、それらは発話の中で接続語として機能する語であり、「談話標識(discourse markers)」(Fraser 1988)とか「談話接続語(discourse connectives)」[*1](Blakemore 1987)と呼ばれている。ここでの主要な関心はモダルの特性である。つまり、それらは、談話を順序だてようとする話し手の認識的姿勢を反映する。それらはまた、指呼の特性を持ち、テクストの中で創られた世界における近接性や距離についての話し手の観点を指し、前方照応と後方照応の両方の機能を果たす(Schiffrin 1990b)。

　語用論標識には、語りの構造を示すようなものもある。本章に特に関係した研究として、初期の英語の文献をもとにしたHopper(1979)の語順・þa(それから)・古代英語の年代記における語りの構造を示す道具としてのアスペクトの研究、Enkvist and Wårvik(1987)による物語、エピソード、さらに古代英語の語りにおける副エピソードにおいて順位的構成をするþaの役割の研究、Brinton(1996、第5、6章)による古代英語のgelamp(起こった、)と中世英語でgelampに取って代わったbifel(gelampとbifelはどちらも、時間的・空間的場面変化を示す)の研究、Manoliu (2000)による副詞(近い時を示す)から談話標識の発展の研究などがある。

　語用論標識には、そのほかにもI know、I guess、y'know、I think、I promise you (第5章参照)のような認識の括弧づけ表現(共時的研究についてはThompson and Mulac 1991を、通時的研究についてはBrinton 1996の第7、8章とAijmer 1996を参照)、I hearのような話し手の情報の源を示す確定法(Chafe and Nichols 1986を参照)などがある。また、Sir、boy、love、pleaseのような(第6章参照)談話の内容でなく参与者への態度を表す「丁寧(politeness)」標識もある。さらに、only、 merely、even のような「焦点助辞(focus particles)」もある(König 1991、Kay 1997 を参照)。これらは節内の構成要素を前景化したり背景化したりするが、構成要素が節単位でなければ(「even if+節」など)、節と節のつながりの関係は示さない。

　近代英語のさまざまな語用論標識の分類は Fraser(1988、1990、1996)によって示されている。Brinton(1996 の資料 A、B)は、近代英語の語用論標識の類型と、過去の語用論標識研究についての文献を紹介している。フランス語のさまざまな談話標識についての共時的研究は Hansen(1998)に見られ、ドイツ語の談話標識については Abraham(1991)、ラテン語については Kroon(1995)、スペイン語は Schwenter(1999)、日本語は Maynard(1993)に見られ、多くの言語で研究が進んでいる。英語の語用論標識の歴史的研究は Brinton(1996)に詳しく、Blake(1992-93)はシェークスピアの文献に見られる語用論標識の分類を研究している。日本語では、談話助詞の歴史的研究の多くは話題標識、主語標識の発展にかかわっているが(Hinds, Maynard, and Iwasaki 1987、Fujii 1991、Shibatani 1990、1991 など)、モダル機能を持った語用論標識の発展の研究もあり、逆接の「が」の従属節標識から主節標識への発展(Yo Matsumoto 1988)、逆接条件を表す「でも」の研究(Onodera 1995)などがあり、Suzuki(1999)は引用の「って」や念押しの「わけ」の発展に注目している。その他、スウェーデン語の通時的研究には Lehti-Eklund(1990)、ゲルマン語の「モダル助辞(modal particles)」の通時的研究には Abraham(1991)、König(1991)がある。

　語用論標識についての通時的研究に共通する特徴は、それらの語が文脈形成的機能を持つ語からではなく、内容語として機能していた語から派生したという証明可能な仮説である。すべての言語が談話標識に副詞を使うわけではない。以下に述べるように、副詞が多義的に使われている言語(Ramat and Ricca 1998、Swan 1997 を参照)は少ないが、副詞が使われている言語では、副詞が節内の副詞(述語副詞)から文副詞になり、最後には談話標識(接続副詞)になるという圧倒的傾向がある(Traugott 1995b を参照、ヨーロッパの言語については Ramat and Ricca 1998: 248 を参照)。たとえば、Abraham は、文法化の議論の中で、ドイツ語の denn(結局<その時)などのモダル助詞の発展には、次のような道筋があると指摘している。

（１）　　（局所的）＞（時間的）＞論理的＞発話的／談話機能的
　　　　　　　　（Abraham 1991: 373、括弧はその段階が任意であることを示す）

4.2　談話標識

　Schiffrin は、Östman(1981)、Schourup(1985)その他をもとにした草分け的研究

において、and、because、but、I mean、now、Oh!、then、well、y'know の機能を分析し、それらが「談話標識(discourse markers)」あるいは「会話の部分を括弧でくくる、流れに依存する要素(sequentially dependent elements which bracket elements of talk)」として機能することを示した(Schiffrin 1987: 31)。その括弧づけは、連続する発話の中で、談話の順位づけをすることなしに「部分的に(locally)」機能する場合もあれば、挿話を指し示し、談話の順位づけをするなど「全体的に(globally)」機能する場合もある(Schiffrin 1992、Solomon 1995)。Schiffrin は、談話標識が、かつて言われてきたような「意味のない(meaningless)」ものではないことを示した。その意味はとらえがたい(Longacre 1976 はそれらを「神秘的(mystery)」助辞と呼んだ)かもしれないが、議論や語りを修辞的に形作るときに必須の要素である。このような y'know などの語用論標識の中には、非常にくだけた会話に限られるものもあるが、多くのものは(in fact、then など)、極めて洗練された解説的散文を含むさまざまな種類の談話で使われている。たとえば、Schiffrin (1990b)は、(2)のような学術的経歴についての会話から取った抜粋において、then のような談話標識が、前の会話と後の会話を関係づけようとする話し手の態度を表すことを指摘している。

(2) The money part of it isn't eh: anything, is it.
結婚についてお金の占める割合はたいしたことはないですね。
(聞き手による確認と詳述がある)
Oh I see. And *then* say you wanna get married. Cause it makes it hard.
はい、わかりました。それなら、結婚したいと相手に言いなさい。言わないと話が進まないからです。　　　　　　　　(Schiffrin 1987: 253)

ここで、then は前の会話(聞き手による会話)を指す(前方照応)とともに、あとの会話(自分の会話)も指し(後方照応)、学術的経歴という大きな話題の中での副話題を導いている。つまり、then は「談話指呼詞(discourse deictic)」である(Schiffrin 1990b)。それはまた、時の機能ではなく副話題を括弧でくくって取り出すという談話機能を主として果たす一方で、前の談話時と直後の談話時を「橋渡しする(create a bridge)」役割を果たしている(Schiffrin 1987: 253)。

　前後の文脈の橋渡しをするのが語用論標識であるが、それは、(2)のように文脈の一部で機能する場合と、文脈全体で機能する場合があり、後者を談話標識(談標)と定義する。談話標識の定義について、Fraser は、口語の会話に言及して、「今の発話(談話標識が含まれる発話)とそれ以前の発話との続きの関係を示す語」(Fraser 1988: 21–22)としている。つまり、「それは発話内でなく、発話間の関係を示し、談話の一貫性にかかわる」(Fraser and Malamud-Makowski 1996: 864)。談話標識

は、発話単位で、前方と後方を照応して個々の発話のつながりを示す語用論標識であるから (Blakemore 1987)、frankly のような、「会話行為副詞類 (speech act adverbials)」(Swan 1988) や「スタンス副詞 (stance adverbs)」(Biber and Finegan 1988) と呼ばれるものとは区別すべきである。

(3)　*Frankly*, I didn't enjoy that movie at all.
　　　　率直に言って、その映画は全く楽しくなかったよ。

多くの談話標識と同じくスタンス副詞も、話し手・書き手が、その直後に来る内容を主張しようという態度を表す。しかし、スタンス副詞は、談話標識と違って、前の文脈を指すことはない。一方、談話標識の in fact は、

(4)　*In fact*, I did not enjoy that movie at all.
　　　　実のところ、その映画は全く楽しくなかったよ。

のように、前のコメントを呼び起こす。

　部分的つながりを示す談話標識によって指示された発話は、隣接する必要はないが、発話 p とそれに続く発話 q の間には、条件・原因・正当化・詳述 (追加など)・対照 (逆接)・話題変更 (節の単位の類型性については Lehmann1988、Matthiessen and Thompson 1988 を参照) などの直接的関係がなければならない。一方、全体的つながりを示す談話標識は、さらに大きな単位の談話をつなぎ、殊に語りにおける談話間のつながりの順位づけにかかわる。

　談話標識は、主観的・文脈形成的である。というのは、それが、展開する談話全体の一貫性を目指そうとする話し手・書き手の修辞的、メタテクスト的姿勢を表すからである。一貫性は、前の内容への追加・反論、話題・背景・語りにおける前景の継続や変更などによってなされる。さらにそれは、述べていることの真実性に対する確信・疑い・責任回避なども表し (Brinton 1996)、そのような広い意味ではモダルである。その中には、indeed や in fact のように、話し手の修辞的方策のためだけに使われるものもある。しかし、多くのものは相互主観的である。それが、話し手の修辞的方策を果たすと同時に (so が「聞きなさい。これから話を始めます」という合図を表すなど)、聞き手の「面目 (face)」(一般的には「緩衝 (hedge)」、「緩和 (mitigator)」) に対する関心を表すという二つの機能を持つからである (後者は well、actually、y'know や古い英語の hwæt が代表例である)。Brinton(1996) は、韻文では hwæt のあとに、詩人についての情報や対話者側の情報が多く現れることを指摘している[*2]。hwæt は、そのあとに来る内容が、詩人と聞き手で分かち合う情報、共通の土台であることを示し、説明的箇所を明示する機能を果たす。一方、hwæt は、二人称に対して使われるときは、前に述べたことや自明のことを思い出

させる機能を果たす(Brinton 1996 第 7 章)。その例を挙げる。

(5) 　　*Hwæt!* Ic þysne sang siðgeomor fand
　　　　何　　私　この　歌　旅-飽きて　見つけた
　　　　on seocum sefan, samnode　　wide.
　　　　で 疲れた　心　　集められた 広く
　　　　何！　私は旅に飽きて、疲れた心が募ってきて、この歌を見つけた。
　　　　　　　　　　　　(1000 年 Fates of the Apostles, 1–2 [Brionton 1996: 182])

　この hwæt は、同じ形式の疑問代名詞に由来する。これは、近代英語に起こった、注意を喚起する相互主観的機能を持つ Know what? と同じ過程を経ている。
　談話標識の多くは、位置的には節の端に起こる。右端に起こるか左端に起こるかは言語の語順による。英語では左端に起こる傾向にある(他の位置に起こる場合もあるが)。日本語では右端にも左端にも起こる。ギリシャ語では、節における語の二番目の位置「ワッカナゲルの位置(Wackernagel's position)」に起こる。
　談話標識の分類や機能は、言語によって特色がある。しかし、巨視的には、非常に似た発展の道筋がある。残された言語文献をもとに見てみると、談話標識は、節の項構造に制約された概念的意味や用法から起こっていることがわかる。それらは、時間とともに語用論的意味を獲得するだけでなく(語用論的意味はもとの概念的意味としばらくは並存するが)、文へのスコープを持つようになる。それらが、順序的に似たレベルの談話と結びつくとき、つまり局所的レベルで使われるとき、「接続語(connectives)」という。それらはまた、語りにおける then が挿話を単位として機能したり、会話における so が会話の交代時に機能するなど、より大きな構造を表示する機能を持つようになることがある。その中には、前の談話内容とは関係なく使われるものもある。たとえば so は、会議を始めたり、話し手を紹介したりするときに使われる。この so は注意を引く機能を持ち、話し手が文脈の中で大切なことを言う合図となる。
　ここでは、まず英語の談話標識 indeed の発展を述べ、次にそれと似て非なる談話標識である actually と in fact[*3] を取り上げる。さらに、well の歴史の研究(Jucker 1997)を紹介し、最後に、well や so と同じくエピソード標識の機能を獲得した日本語の「さて」の歴史を詳述する。

4.3　局所的接続を示す談話標識の発展

　indeed、actually、in fact の談話標識としての用法は、同じ語の他の古い用法と多義的になっている[*4]。たとえば、この三つの副詞の中で最も新しい in fact には、

現代英語で三つの明らかに異なる用法がある。次の例を見よう。

（6）　Humanity, comfortably engaged elsewhere in the business of living, is absent *in fact* but everywhere present in feeling.
人間性は、生計のための仕事に気楽に従事しているときには現れないが、感情という点においては、どこでも現れる。

(1997 年 5 月 UA Hem. Mag.［Schwenter and Traugott 2000: 11］)

ここで、副詞 in fact は in feeling や in law などと語彙的セットとして用いられ、「〜という点」という意味の節内副詞として機能している。一方、

（7）　Humanity is *in fact* absent.　人間性は、事実、現れない。

の in fact は文副詞として節中のさまざまな場所に起こり、probably などのような認識の副詞、however のような譲歩の副詞と重なる。in fact は、認識的モダルの意味を持つものの、真の条件にはかかわらない。文が真であることは断定で表されるからである。それは文脈形成的であり、Humanity is absent（人間性は現れない）という文に対する話し手／書き手の強い思い入れを表すと同時に、Humanity is not absent/Humanity is present（人間性は不在ではない／人間性は現れる）という対立する観点も多重的に導入する（Anscombre and Ducrot 1989、Nølke 1992 を参照）。対立点の提示は、別の話し手による場合と、同じ話し手による場合がある。後者は、議論を中心とする談話によく現れる。つまり、話し手が、まず一つの観点を「空の議論（straw argument）」として提示し、続いてそれを自分で否定する場合である。(7)のように、文脈がなく、単に対立を提示する場合もある。そのような対立は、反予期とか反意と呼ばれる。「反予期（counterexpectation）」は、「人々は X と言っている／考えている（People say/think that X）」という標準的観点に対立する内容を指す術語である（Heine, Claudi, and Hünnemeyer 1991: 192–204）。それは、多くの談話の基本となり、「斬新的要素（novelty factor）」とも呼ばれる。たとえば、Chafe は、語りについて言及し、「標準的予期に反しておもしろいと話し手が判断した話題が、話し手によって言葉で表される」（Chafe 1994: 135）と述べる。一方「反意（adversativity）」は、話し手／書き手が、状況に関する自分自身や相手の観点に対立する内容を指す術語であり、ここでは反意という術語を採用する（König 1991、Schwenter and Traugott 1995、Schwenter 1999 を参照）。語用論標識の中でも反意を表す語は in fact のほかにも、actually、indeed、certainly、really、in truth、truly（聖書のテクストでは verily（確かに）もある）など数多くある[*5]。これらの標識は、「文の型として、際立って、まれな価値をもつ」（König 1991: 138)」場合のみ使用される。

三つ目の in fact は、話し手／書き手が直前に使った文よりも後に来る文の方がより適切であることを示す談話標識である。つまり、それは話し手／書き手の独白で、反意というよりは追加である。次に、人工的な例を挙げる。

（8）　Humanity is not often present. *In fact*, it/humanity is usually absent.
　　　人間性はつねに現れるわけではない。実際、それはふつう現れない。

文脈がなければ、In fact, humanity is usually absent はあいまいである。この in fact は、反意を表すかもしれないし、前に言ったことに対する追加を表すかもしれない。会話では、どちらの意味の in fact も、大きく上がって大きく下がるという分離的イントネーションを持つ。しかし、印象的表現では、追加の用法（in fact₃）は弱いアクセントになるが、反意の用法（in fact₂）は強いアクセントになる。このようなさまざまな多義の区別は、この in fact その他の談話標識の歴史的発展を述べることによって明確になるであろう。
　副詞の文中の位置によって意味が異なってくるということは、以前から指摘されている（たとえば、Greenbaum 1969、Jackendoff 1972、McConnell-Ginet 1982、Ernst 1984、Quirk et al. 1985、Cinque 1999 など数多くある）。Allerton and Cruttendon(1974)、Aijmer(1986)、Ferrara(1997)はさらに、談話標識の歴史にとって重要な要素であるイントネーションとの関連も検討しているが[*6]、われわれの書かれたテクストでは容易にわからないので、ここでは検討しない。(6)の in fact は節の右端に起こっている。この位置では、動詞句内の副詞として、形容詞の absent と主語の humanity の意味スコープ内で機能する。(7)の in fact は時制動詞の隣に起こっているが、それはまた、節の左端で、that や if などの補文標識のあとに起こる。前に述べたように、この位置では、モダルの認識的機能を持った文副詞となり、これ以上の文脈がなければ、Humanity is absent という文の真実性は話し手／書き手にとってやや疑わしく、予期に反する。(8)の in fact は、節外にある（and や so その他談話接続語のあとに起こることはあるが）。それは、表現的標識や焦点の構造文のために使われるときの位置を占め、いくつかの言語で認められる（たとえば、Aissen 1992 を参照）[*7]。われわれの関心は意味論で、統語論ではないので、これ以上深入りしない。しかし、節の左端のこの位置に起こる語は、語用論的・文脈形成的ではあるものの、それは間違いなく統語論や文法に属するものであることには注意したい[*8]。

4.3.1　英語の indeed
　indeed は、古代英語の、名詞の斜格用法にまでさかのぼる。dede は動詞 do から来ている。つまり、dede はインド・ヨーロッパ祖語*dhe-(置く)の非動詞形式に由

来する。
dede は初めに、古代英語では、名詞として使われていた。

(9) nis　　　　hare　　　nan　　　þe　　ne...　　gulteð　ilome
　　 である：否定　それら：属　否定：一つ　関代　否定…　罪となる　しばしば
　　 oðer i
　　 も　において
　　 fol　　semblant oder　　　in　　　vuel dede.
　　 愚かな　誇示　　あるいは　において　悪い　行い
　　 愚かな誇示、悪の行いほど罪になるものはほかにない。
　　　　　　　　　　　　　　　　　　　(1225 年 Sawles Warde, 167 ページ)

dede はこの例のように、名詞として、形容詞や指示代名詞、数量詞によって修飾
される。

第一段階：indeed₁：副詞句「～という事(点)」
　次の(10)は、ヘルシンキコーパスの中で最も古い 1300 年の用例で、in と deed
が前置詞句を構成している。それは、「何の事柄で？」という質問に対する答えに
当たるので、事柄の副詞句(事副)と呼ぶ。

(10)　"Vuolf," quod　þe　vox him　　þo,　"Al　þat　þou　hauest
　　　 狼　　 言った 定冠 狐　 3単：与　その時　すべて 関代　あなた　持つ
　　　 her
　　　 ここに
　　　 bifore I-do,　In þohut, in speche, and　　in dede, In euche
　　　 前に 私-する に 思想 に 会話 そして　 に 行動 に それぞれ
　　　 oþeres　Vkunnes　quede, Ich þe　　　forȝeue."
　　　 他の：属 種類：属　悪　　私 あなたを　許す
　　　「狼さん」と狐は言った。「ここで君がしたすべてのことは、思想の点で
　　　 も、会話の点でも、行動の点でも、どんな種類の悪でも、僕は君を許す
　　　 よ」　　　　　　　　　　　　　(1300 年 Fox and Wolf、34 ページ)

中世英語では、この前置詞句は、ことばや考えを指す前置詞句とともに使われた
が、現在は in deed as well as name(言行ともに)のような熟語以外には使われなく
なった。この用法は、19 世紀まで続いた。
(10)の in dede(行動の点で)のような決まり文句は、成り行きが見えるという推論
を喚起する。つまり、物理的に(経験的に)手に入る情報は真であるという見方を促

第 4 章　談話標識機能を持つ副詞の発展　185

す「見ることは信じることである」という虚偽の論理によって、in dede に確定的(認識的)モダルの意味がもたらされた(「行為(実行)の点で」から「現実の点で、実際に」への変化)。この in dede は、次のように、対比的な文脈でよく用いられた。

(11)　ofte　　in storial　mateer scripture rehersith the　 comune
　　　しばしば　で 歴史的　 事柄　 聖書　 繰り返す 定冠　一般的
　　　opynyoun　of　men,　and　 affirmeth not,　that　it　 was　so　*in*
　　　意見　　　の　人　 そして　確約する　否定　補標　それ　だった　そう　に
　　　dede.
　　　実際

　　　歴史的事柄に関するとき、聖書はしばしば、人の一般的意見を繰り返すが、それは、実際にそうであったことを確約するものではない。
　　　　　　　　　　　　　　　　　　　　　　（1388 年 Purvey, Wycliffe, 56）

このような発話における副詞は、狭いスコープあるいは広いスコープとして使われる。後者の場合、in opinion などとの対比ではなく、certainly、for sure、truly などのモダル副詞と対比されて使われる。次の例は、喚起推論がどのように起こり、利用されるかがよくわかる例である。

(12)　For as moche as rumour…is amonges some men of the Citee that vitaillers foreins, bringyngge fissh to the Citee of london to selle, shulde be restrained …of hire comyngge to the citee…to selle it freliche, which thyng nas neuer the Maires wille ne the aldermens ne hire entente, as semeth openlich *in dede*, but that alle swiche vitaillers foreins, that bryngeth fissh…to the same Citee to selle, mowe come and selle hire forseid fissh…Wherfore the Mair and aldermen comandeth…that no man…ne destourbe, lette ne greue *in dede* ne in word ne in non other manere no maner straunge vitailler bryngynge fissh.

　　　市に住む人の中には、ロンドン市に魚を売りに来る外国の食料商人が自由に売るために市に来るのを抑止すべきだといううわさがあるが、またそのような抑止は、行動に／実に明白に現れているように、市長や市会議員の意図するところではなく、彼らの意図は、魚を売りに来る外国の食料商人が前に言った魚を売りに来てもよいということである。したがって、市長と市会議員は、行動においても言語においても、またその他どんな態度においても、食料商人が魚を持ち込むことを妨害したり攻撃したりしてはならないと命令する。　　　　　　　　（1383–84 年 Appeal London, 32 ページ）

初めの in dede は、隠れた意志・意図と明白な行動とを対比させている。二番目のは、行動と言語を対比させている。初めの in dede は、証拠(semeth)に関する括弧づけの節の中で起こっている。話し手・書き手は、単に「行動において」という意味で使っていると解釈できる。しかしもう一つ、市長や市会議員の行動が彼らの意図の強さを表し、うわさにもかかわらず、「抑止はわれわれの意志でも意図するところでもない」という内容の真実性を表すという推論の強化を喚起しているとも考えられる。

同様の不確定性は次の(13)にもある。

(13)　"Purs is the ercedekenes helle,"seyde he,
　　　But wel I woot he lyed right *in dede*.
　　　「金は大執事の悪の力だ」と彼は言った。しかし、彼がまさに　その行為(発言)において／全く　偽りを言ったことはよくわかっている。
　　　　　　　　　　　　　(1387–95 年 Chaucer, CT, Prolog 34 ページ 1.659)

興味深いことに、この例における in dede の意味は、中世英語辞典と Benson's Riverside Chaucer のどちらにも「全く」と「行為(「金は大執事の悪の力だ」という発言)においてうそをついた」の両方が掲げられている。(13)では、認識的な意味は、最低限において『般喚推』となり、それは、うそという文脈によって強く喚起されている。同様に(12)では、意志と意図という文脈で強く喚起されている。

第二段階：indeed₂：認識的

　まぎれもない「真実の」(indeed₂)という意味の抽象的な用法は、14 世紀の半ばころまでに現れる。それは、はじめは節末か節中に現れたが、16 世紀までには、あとの(18)や(19)のように、節頭にも現れるようになった。これは明らかに文全体のスコープを持った用法である。indeed₂ は、認識的モダル副詞で、文の真実性に対する話し手・書き手の姿勢を表す。

(14)　a. and　　sworn　 vpon　a　　bok　to　　sey　 the　 playn　trouth and
　　　　 そして 誓われる に　 不冠 本 不定 言う 定冠 明白な 真実 そして
　　　　 nouȝt　to　 mene　 it　　with eny　　ontrouth for　　hate　or
　　　　 否定 不定 混ぜる それ と　　どんな 偽り　　ために 憎悪 あるいは
　　　　 euel　 will　 neiþer　 for　 loue　ner　fauour　but　　plainly
　　　　 邪悪な 意志 ～ない ために 愛　 も　 好意 しかし 明白に
　　　　 report　　as　　　it　　was　　*in dede* nouȝt sparing for　　no
　　　　 報告する ように それ だった で　 事実 否定 許す　ために 否定

persone.
人

そして、明白な真実を言うこと、憎しみや悪い意志、愛や好意のためにそれを偽りと混ぜこぜにしないこと、それを事実として報告し、誰にも許しを与えないこと、が誓いとして本に載せられた。

(1437 年 Documents Chancery 168 ページ)

b. The men of þe town had suspecion to hem, þat her tydyngis were lyes (as it was in dede), risen.

町の人々は、彼らに対して、彼らの報告がうそであるとの疑いを持って(それ(町全体の人々が疑いを持ったこと)は真実であった)、蜂起した。

(1452 年 Chronicle Capgrave 216 ページ)

(14b)が認識的用法であることは、単数形の it によって、書き手が前の文全体を指して使っていることから明らかである(直前の主語 tydyngis(報告)は複数形である)。indeed$_1$ からの喚起推論は強い真実性であるので、この新しい indeed$_2$ の意味は、認識の尺度では高いところに位置することになる(もとの意味の『般喚推』を保持しながら)。

確実性の尺度で高い位置を占める他の認識の標識と同じく、indeed$_2$ も、初期の用法では、indeed$_2$ によって(q)というスコープを持つ文がその前の文(p)と、ある程度対比できるという推論をはっきりと喚起する。これは、「顕著な表現が語用論的に特別な状況を明示する」という態度の教示から起こる(1.2.3 を参照)。この場合、断定文への標識(indeed$_2$)が、断定の真実性に対する疑いを明示する。つまり、(14a)では、as it was in dede(事実として)が mene with ontrouth(偽りと混ぜこぜにする)との対比として示され、(14b)では had suspicion(疑いを持った)との対比で示されている。しかし、これらの例が示すように、indeed$_2$ の特徴は、それが常に照応する要素を明示することである。(14a)では trouth(真実)と、(14b)では文全体と照応している。その後、ある文脈では、この反意性は失われていく。

確認と並ぶ反意は、現代英語の(15)の例のように、文の初めでない位置に明確に現れる。この例で、国防省のチェイニーは予算案の否定的な面を認め、次に、肯定的な面に進み(having said that という却下的語を使って)、does を使って提案の肯定的側面を強調する。さらに彼は、核性能の保持に対する政府の姿勢を明らかにする。問題がありながらも彼自身の姿勢やその強調は indeed とあとの certainly によって表され、態度の教示が数回繰り返される。indeed、certainly と強調語 does はイタリック体で示す。

(15) "It is not perfect by any means,"Cheney said of the rescission bill, "It will create some difficulties in terms of what we do in the department…"
"Having said that,"he added, "I think on balance it *does* achieve the level of savings that we were looking for when we sent the rescission package up. It *does* resolve a number of issues that have been outstanding for some period of time.
"We do *indeed* want to retain the capacity to produce nuclear submarines,"the defense secretary said, "the money that Congress approved in the rescission package will *certainly* be put to that use.
「それはどうしたって完全ではない」とチェイニーは廃止法案について言った。「それは軍部で実施した場合に問題が起こるだろう」「それを前提として」と彼は付け加えた。「結局、廃止一括案を提出したとき、われわれの求めていた節約のレベルが<u>必ず達成</u>されると考える。それは、ここしばらく際立っていた多くの問題を<u>必ず</u>解決することになる」「われわれは核潜水艦を生産する能力を<u>本当に</u>保持したい」と国防長官は言った。「議会が廃止一括案で可決したお金は<u>間違いなく</u>使われるだろう」
(1992 年 5 月 22 日 United Press Intl.)

しかし、反意を失った文頭に来ない indeed₂ には、もう一つの用法が現れる。それは indeed の「強調 (emphatic)」の程度副詞としての用法である。これは、節末に現れ、(16) のように形容詞を修飾したり、(17) のように副詞を修飾したりする。このような意味の発展という点で、indeed は、強調語に発展した very (verily (実際) より)、truly、really などに似ている。しかし、その中で副詞や形容詞の後に現れるようになったのは indeed だけである。

(16) This sleep is sound *indeed*. この眠りは<u>ほんとうに</u>深い。
(1600 年 Shakespeare, 2Henry IV, IV. v. 35)

この場面で、Hal 王子は、病気の父が死んだように眠っているのを熟視しながら考える。眠りはただ単に深いのではなく、深すぎる、そこで態度の教示が発動され、The sleep is sound (眠りが深い) という文に疑問が呼び起こされる。(17) では、Deloney は、「ぺちゃくちゃとしゃべる (prattling)」女性による偽りの保証の誇張を表すのに indeed を使っている。

(17) Now assure you quoth shee (lisping in her speech) her tongue waxing somewhat too big for her mouth, I loue your mistresse well *indeed*, as if she were my owne daughter.
「さあ、あなたに保証します」と彼女は言った (舌足らずにしゃべる)。彼

女の舌は彼女には少し大きすぎる。「あなたの女主人をほんとうによく愛しています。彼女は私の娘のようです」　　（1619年 Deloney 79ページ）

現在は、この強調の用法は very much indeed のような決まり文句にしか現れない。
　indeed₂ が節頭に最初に現れたときは、butや though のような逆接の語の後によく起こった。これは、初期の用法が漫然と逆接として使われていたことを意味する。(18)では、Elyotが、高貴でない家に生まれた友だちよりも知的能力の低い「高貴な(noble)」子供を高めることを特に目的とした教育的実践について議論している。

(18)　　[teachers] somtyme purposely suffring ["allowing"] the more noble children to vainquysshe, and, as it were, gyuying to them place and soueraintie, thoughe *in dede* the inferiour chyldren haue more lernyng.
　　　（先生は）ときどき、意図的に高貴な子供に打ち勝たせようとする、つまり、実際には低い身分の子供の方が多くの知識があるにもかかわらず、地位と主権を彼らに与えるのである。　　（1531年 Elyot 21ページ）

but や though がない場合でも、節頭の indeed は、16世紀の間は対照の要素を保持している。(19a)では、ゴーントは、対話者である若いリチャード王に、挨拶の規範を犯したことを示唆している(1行目の女王のゴーントに対する挨拶と対比せよ)。(19b)では、対話者の疑いや質問の必要がやんわりと無視されている。

(19)　a. Queen:　　How fares our noble uncle Lancaster?
　　　　K. Rich:　　What comfort, man? How is't with aged Gaunt?
　　　　Gaunt:　　O how that name befit my composition!
　　　　　　　　　　Old Gaunt indeed, and gaunt in being old.
　　　　女王：おじのランカスター様はどのようにお暮らしでしょうか。
　　　　リチャード王：ごきげんはどう？　あんた。よぼよぼのゴーントさん。
　　　　ゴーント：ああ、この名前(gaunt＝やつれた)は何て私にぴったりなんだ。
　　　　　　　　　　よぼよぼか。確かに(indeed)。それに年取ってやつれているし。
　　　　　　　　　　　　　　（1597年 Shakespeare、Richard II、II. i. 71）
　　　b. ダン：罪に対する良心の苦悩があるのか。もしあるなら、それはよい兆候だ。
　　　　サム：いや、いや、違うよ。理由は何もないのだ。
　　　　ダン：それではどうして。図々しく言わせてもらえば、私に言ってほしい。君は私を君の友だちと間違えているのではないか。
　　　　サム：確かに(indeed)、君は私のとてもよい友だちだといつも思ってい

る。君は私に最良の助言をしてくれると思うよ。

(1593 年 Witches A4V ページ)

しかし、16 世紀末までには、節頭の indeed$_2$ が肯定の「はい」とほぼ同じ意味の確認を表す(20)のような例が現れ始める。これは逆接ではないが、「そのとおりだ」という意味で認識的であるから、少なくとも初期の indeed$_2$ と同じ型と考えられる。

(20) a. Shal: I dare say my cousin William is become a good schoalr. He is at Oxford still, is he not?
Sil: *Indeed*, sir, to my cost.
シャル：いとこのウィリアムはよい学者になったと思う。彼はまだオックスフォードにいますか。
シル：<u>ほんとうに</u>。私の知る限り。

(1598 年 Shakespeare 2Henry IV, III. ii. 9)

b. Euns: Why, this is lunaticks: this is mad as a mad dog.
Shal: *Indeed*, master Ford, this is not well, *indeed*.
Ford: So say I too Sir, come hither Mistris.
b. エバンス：まあ、これは気違いじみています。狂犬のようです。
シャル：<u>ほんとうに</u>。フォード様、これはよくありません。<u>ほんとうに</u>。
フォード：私もそう思う。こちらへどうぞ、奥様。

(1597 年？ Shakespeare, Merry Wives of Windsor IV. ii. 124)

第三段階：indeed$_3$：談話標識

16 世紀の終わりまでに、indeed$_2$ は節頭で談話標識の機能を持つ indeed$_3$ になった。indeed$_3$ では、認識的意味はごくわずかに過ぎない。その主要な機能は what's more（さらに）のような追加を表すことである。indeed$_3$ は、前に述べた(p)よりもこれから述べる(q)の方が、修辞的議論に付け加えるものとして、その状況においてより適切であるという話し手・書き手の意図を示す機能を持つ。それは、認識的 indeed$_2$ からの『喚推』（後に『般喚推』になる）によって起こる。つまり、もし話し手・書き手が q の真実性に専心しているなら、彼らは p よりも q の表現の方が適切であると確信しているにちがいないという推論が喚起される。

(21)は過渡的な例である。認識的意味の「確かに」が主であるが（「最も確かなことわざ」に注意）、節頭にある indeed はまた、書き手が修辞的議論を要約するという談話の移行が起こっているという推論を喚起する。

(21) a certaine repyning enuious man, being fukk gorged with a malicious rayling spirit...reported that the aforesaid plaister (De Ranis) was dangerous vnto the

patient...and picked phrases, like as young Children vse to doe, when (in mockery) they counterfeite a strange kinde of language...*In deed* it is a most true saying: That fish which is bred in the durt will alwaies taste of the Mud.

腹黒い心に満ちた嫉妬深い男は、前述の遊び人（デラニス）は患者に対して危険であると述べ、若い子が（あざけって）奇妙な言語のまねをするときよく使う句を取り上げた。確かに、最も確かなことわざであった。「泥の中で育った魚は泥の味がする」　　　　　　　（1602 年 Clowes, 16 ページ）

意味が増化した indeed₃ の例は(22)である。後に述べるのは前のと呼応するだけでなく、追加の証拠として議論に持ち込まれる。

(22)　a. any a one that is not well, come farre and neere in hope to be made well: *indeed* I did heare that it had done much good, and that it hath a rare operation to expell or kill diuers maladies.

具合のよくない人はみな、よくなろうとしてあちこちからやって来た。さらに、それはよく効き、さまざまな病を追い払い、やっつけるまれな効き目を持っていると私は聞いた。

（1630 年 Taylor, Penniless Pilgrimage 131 ページ C1）

b. For he that has been used to have his will in every thing as long as he has been in coats, why should we thinke it strange that he should desire and contend for it still when he is in breetches. *Indeed* as he grows more towards a man, it shows his faults the more, soe that there be few parents then soe blinde as not to see them, soe insensible as not to feele the ill effects of their owne indulgence.　　　　　　　　　　　　　　　　　（1693 年 Locke 51 ページ）

上着に身を包んでいるかぎり、すべてのことが彼の意志どおりになるという扱いを受けてきた彼にとって、半ズボンでいるときも上着がほしいと躍起になる彼を怪しむ必要はない。さらに、彼が大人になるにつれて、上着は彼の欠点をさらけ出し、欠点を見ようとしないほど目を閉じる親や、自分自身の溺愛の悪影響を感じないような無神経な親がほとんどいなくなるにちがいない。　　　　　　　　　　　　　　　（1693 年 Locke 51 ページ）

この用法は現在、新聞や学術論文で広く見られる。

(23)　a. The idea of the Constitution as a living document, written so it can adapt to changing social and political times, is a major theme in U. S. judicial history. *Indeed*, it is the Constitution itself that allows those dissatisfied with Supreme Court rulings to turn to the amendment process.

変化する社会や政治に適合するような生きた文書としての憲法という概念が、アメリカの司法の歴史におけるテーマである。さらに、最高裁判所の判定に不満な人々に修正手続きをする権利を与えるのは、憲法そのものなのである。　　　　　　　　　　　　　（1990 年 6 月 16 日 United Press Intl.）

　　b. Besides the problems noted by Sadock for nondetachability as a diagnostic for (content-based) implicata, it would appear that *any* means of linguistically canceling or suspending an implicatum... is ipso facto a means of detaching that implicatum. *Indeed*, how could it be otherwise?

非分離性が（内容にもとづく）含蓄の特徴であるという、Sadock によって指摘された問題に加えて、含蓄を取消したり延期したりする言語的手段は、それ自体が含蓄を分離する手段となるように思われる。さらに、ほかに何がありえようか。　　　　　　　　　　　　　（1991 年 Horn 316 ページ）

indeed の発展の主な段階を図表 4.1 に示す。

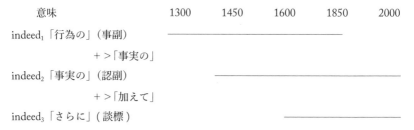

図表 4.1　indeed の歴史的発展（「事副」は事柄の副詞、「認副」は認識の副詞、「談標」は談話標識を示す）

4.3.2　英語の in fact[*9]

次に in fact の歴史を概観してみる。dede と同じように fact もインド・ヨーロッパ祖語の *dhe-（置く）から来ている。fact は 16 世紀にラテン語から借用された語で、fac-（する）の過去分詞から形作られた。最も古い文献では fact は「行為」の意味で使われている。

(24)　　For the whiche noble *facte*, the kynge created hym afterwarde duke of Norfolke.（気高い行為に対しては何でも、王はその後、ノーフォークの公爵という称号を授けた）　　　　　　　　　　　　　（1543 年 Grafton 603 ［OED］）

第一段階：in fact₁：副詞句「～という事」

ヘルシンキコーパスによると fact は、17 世紀遅くまでに、in の目的語として、裸の前置詞句として現れはじめ、前の in dede と同じく、(25a) のように等位構文に現れたり、(25b) のように対比の文脈に現れたりする。in fact はすでにあった indeed（さらに actually、後述）と競合した借用語であったので、比較的格調高い文献に現れる。

(25) a. But it is evident *in fact* and experience that there is no such universal judge, appointed by God over the whole World, to decide all Cases of temporal Right.
　　　しかし、そのような普遍的な裁判官はいないということは事実に照らしても経験に照らしても明らかである。神によって世界全体の中から任命され、現世の権利についてのすべての事例を決定するような裁判官は。
　　　　　　　　　　　　　　　(1671 年 Tillotson 445 ページ［Traugott 1999a: 185］)
　　b. This company, therefore, have always enjoyed an exclusive trade *in fact*, though they may have no right to it in law.
　　　したがって、この会社は排他的な貿易を事実楽しんだ。法律ではそのような権利はないにもかかわらず。
　　　　　　　　　　　　　　(1776 年 Smith Bk V. i. e 744 ページ［Traugott 1999a: 185］)

　このような構造において、in fact は、物理的・経験的に示すことができ、認識の尺度においても高く位置づけられる証拠にもとづく意味（「実際」「現実において」「事実において」）が付与されるようなった。(25a) は fact（行為）と経験（想像に対する）を証拠の源として使用し、(25b) は in fact を、抽象的な法の権利に対立する毎日の取引という実際的・経験的場所として引用している。
　このような等位の構造は現代英語でも使われているが、対比はもっと緩やかになっている。次の例で、in fact は sensationalism（扇情主義）と対比されている。

(26)　"Many of my friends have urged me to issue a point-by-point denial of the book's many outrages. To do so would, I feel, provide legitimacy to a book that has no basis *in fact* and serves no decent purpose, "the former president said.
　　　"I have an abiding faith that the American people will judge this book for what it really is: sensationalism whose sole purpose is enriching its author and its publisher, "said Reagan.
　　　「私の友人の多くが、その本の多くの侮辱を逐一否定するよう私をせきたててきた。そうすることによって、実際は何の根拠もなく立派な目的もないという合法性が明らかになるだろう」と前大統領は言った。
　　　「私は、この本が真にどういうものであるかをアメリカの人々が判断する

ことに対して変わらぬ信念を持っている。扇情主義の唯一の目的は著者と出版社を強化することである」とレーガンは言った。

(1991 年 4 月 8 日 United Press Intl.)

第二段階：in fact$_2$: 認識的対照

　fact という語の哲学的・科学的分析における独立した発展と、indeed や actually の現存する認識副詞と似た (25a) や (25b) の用法は、in fact を認識のモダルとしての副詞類、特に認識的確実性において冗長的な副詞類として補強するのに貢献したと思われる。哲学者 Berkeley による fact の二面的用法を見てみよう。

(27)　You were pleased before to make some reflexions on this custom, and laugh at the irresolution of our free-thinkers: but I can aver for matter of *fact*, that they have often recommended it by their example as well as arguments... In whatever light you may consider it, this is *in fact* a solid benefit. But the best effect of our principles is that light and truth so visibly spread abroad in the world.
　　　あなたは前にこの習慣について考え、自由思想家の優柔不断さを笑って満足したでしょう。しかし、私は、彼らが議論と実例によってよくそれを薦めてきたことを、真実のこととして断言します。どのような見方であなたが考えようとも、これは実際確実な利益です。しかし、われわれの原理の最も大きい効果は、見方や真実が目に見えて世界中に広まることです。

(1732 年 Berkeley ii. 24 節 105 ページ ［Schwenter and Traugott 2000: 16］)

　初めに自由思想家についての聞き手の想像上の見方が提示される (you were pleased to...)。次に Berkeley が、会話行為動詞 aver (断言する) を使って修辞的方策についての彼の立場を強調し、対照的意見を述べる。can によって保護されてはいるが (I can aver for a matter of fact)。さらに聞き手の意見が、譲歩的ではあるが再び呼び起こされ (in whatever light you may consider it)、続いて Berkeley 自身による真実についての意見が提示される (this is in fact a solid benefit)。in fact は、(27) のように、定形動詞の後の位置に現れる固定した副詞句として、語用論的には狭いスコープか広いスコープかあいまいである。狭いスコープの解釈では、「これは (想像ではなく) 事実として確実な利益である (This is a solid benefit in fact (rather than imagination))」となるが、少なくとも現代人の観点では、「事実、これは利益である (in reality, this is a benefit)」という広いスコープの解釈の方が一般的であろう。

　補語の後の節頭の位置で、認識の副詞として広いスコープを持つ in fact の用法は、19 世紀の半ばには広範に用いられるようになった。それは but などとともに対照的文脈で用いられることが多い。(28) の例も対照的文脈である。情報という

観点では、このような用法は冗長的である。しかし、談話の観点では、方言が強くて、すでに対照的な文脈では、in fact はその対照を強める役割をする。

(28) That the Turkey Merchants do Ship out much Cloth, I deny not; but as true it is, that they have Shipt out more Yearly since the great encrease of the East-India Trade, and since themselves have made this Complaint, than they did in former Years. So that *in Fact* it doth not follow that the encrease of the East-India Trade, and particularly of their Importation of Silk, doth hinder or diminish the Exportation of Cloth to Turkey, but rather the contrary.
トルコの商人が多くの布を船で搬出していることを否定はしない。しかし、実際は、東インド貿易が急激に増大し、彼ら自身が前にも増して不平を言うようになってから、彼らは、年々ますます多くの布を搬出するようになっている。したがって、東インド貿易の増大、特に絹の輸入の増加によって、トルコへの布の輸出が妨げられる（減らされる）ということは<u>実際</u>はなく、むしろその反対である。　　　　　（1681 年 ecb1.33［Lampeter］）

ここで取り上げた in fact や indeed その他の語が意味的にも語用論的にも同じ文脈でずっと使われているのは驚くべきことであり、客観的に思われる「事実（facts）」に訴える力があるにもかかわらず、談話の型は非常に修辞的になる。

(29) there is no agreement on what constitutes the class of contrastive discourse markers, if *in fact* there is a class at all.
<u>実際</u>に部類があるというのなら、どのような語が対照の談話標識の部類に含まれるかについては合意がなされていない。
　　　　　　　　　　　　　（1996 年 Fraser and Malamud-Makowski 865 ページ）

18 世紀には、節内で紛れもない広いスコープを表す in fact が、actually とともに使われる例が多く現れる。

(30) When we look about us towards external objects, and consider the operation of causes, we are never able, in a single instance, to discover any power or necessary connexion...We only find, that the one does *actually*, *in fact*, follow the other.
外側のものを見て、原因の作用を考えるとき、私たちは一つたりとも影響力や必然的結びつきを発見することはできない。われわれが見つけるのは、<u>実際に</u>、<u>事実として</u>、あるものが別のものの後に起こるということだけである。

(1748年 Hume、Pt7 63ページ [Schwenter and Traugott 2000: 16])

(30)では only の対照の力も注意を要する。actually と in fact は、ある事柄に関して読者が抱く予想のいくつかを対照させるために使われる。actually との結びつきはある意味で冗長的である。しかし、詳しく観察すると、この結びつきによって尺度的強化の機能が働くことがわかる。さらに、認識的に広いスコープの意味を持つ actually は、in fact も広いスコープを持つことを保証する。前の章で議論したモダル語と同じように、あいまいさをなくすために、広い尺度的スコープを持った認識的対照などの重複的な形式が引き出されるようになると思われる。

第三段階：in fact$_3$：談話標識

データベースにある in fact の談話標識としての最初の例は、Jane Austen の小説中の会話である。この機能は前のものとはかなり異なる。前の認識の用法は、前文の言表に関する予想に反するものではあっても、真実とかかわるものであった。この新しい in fact の用法は、談話のレベルにおいて、談話そのものの適正に対する話し手の態度を示す。(31)では、直前に言ったことの正当性を述べる、つまり、真実性という点でなく、表現の適切性という点で前言と対照的なことを自己訂正によって詳述する。

(31)　a. I should not have used the expression. *In fact*, it does not concern you – it concerns only myself.

　　　その表現を使うべきではなかった。つまり、それはあなたには関係のないことだった。私だけにかかわることだった。

(1816年 Austen, Emma 第三巻　第 10 章 393 ページ [Traugott 1999a: 186])

　　　b. Thus in various ways ethical questions lead inevitably to psychological discussions; *in fact*, we may say that all important ethical notions are also psychological.

　　　このように、道徳的問題が心理的議論にかかわることは避けられない。つまり、重要な道徳的観念はみな心理的でもあるということだ。

(1886年 Sidgwick 第 1 章 5 ページ)

どちらも言語使用(expression(表現)、discussion(議論))について言及している点に注意を要する。どちらも話し手／書き手の前言に対する修辞的姿勢が強められている。

ごく最近の例では、in fact$_3$ は、前言に否定の内容がくることが多いものの、言葉遣いに限られなくなっている。

(32)　Not a bad ride on South 880. *In fact*, it looks pretty good.
　　　南 880 号線はそんなに混んでません。いや、かなりすいてます。
　　　　　　　　　　　　　　　　　　　　（ラジオの交通情報 1996 年 4 月 10 日）

4.3.3　英語の actually

　もう一つの副詞 actually は副詞句でない点で少し異なるが、同じような歴史を辿っている。
第一段階：actually₁：活動的に、効果的に
　形容詞 actual は 14 世紀初めにフランス語から借用された語で、「活動的な（active）」と「真実の（real）」の意味だった。actually という語は 15 世紀に英語で態度の副詞として作られた。

(33)　To cure it *actuale* whilez it is introduct but ys not confermed.
　　　初期の段階で効果的に直すことは、まだ確立されていない。
　　　　　　　　　　　　　（1425 年？ Chauliac(1)IIIb ［MED; Powell 1992a: 85］）

「活動的」から「現実の」に至る喚起推論がある。活動したことが明らかであり、証明できるならば、それは真実になるからである（in fact、indeed、in the act が「実際に」の意味になることを参考）。

(34)　For-whi　　þe　　feruour　of　þe　　affeccioun, wheþer　　it
　　　したがって　定冠　熱烈さ　の　定冠　感情　　　　　かどうか　それ
　　　be　　sett　　*actuely*　　in　God　or　in　man　is　　　oftsiþes
　　　である　set:過分　活動的に　に　神　か　に　人　である　しばしば
　　　myȝtier,　　moore　egre　　and　　moore　maistirful, þan　is　　þe
　　　強い：比較　もっと　激しい　そして　もっと　暴君的　　より　である　定冠
　　　wisdom　of　discrecioun　of　þe　　soule.
　　　知恵　　の　分別　　　の　定冠　心
　　　したがって、感情の熱烈さは、神において活動的に（＋＞現実に）なされても、人においてなされても、心の分別の知恵よりも強く暴君的である。
　　　　　　　　　　　　　　　　　　　　　　　　　　（1450 年 Hilton 25 ページ）

17 世紀の用例には、フランス語の actuel の「瞬時の」という時の意味の影響が現れるものがいくつかある。ここでも、現実という喚起推論が働く。

(35)　I know the King is my Sovereign, and I know my Duty to him, and if I would
　　　have ventured my life for any thing, it should have been to serve him, I know it

is his due, and I owed all I had in the World to him: But tho'I could not fight for him my self, my Son did; he was *actually* in Arms on the King's side in this Business; I instructed him always in Loyalty, and sent him thither; it was I that bred him up to fight for the King.

王様は私の君主であり、私は王様に義務があることを知っている。また、もし私が何かを命がけでするとしたら、それは王様に尽くすことだったにちがいない。それが王様の権利であり、私は世界のすべてのことで王様に恩を受けていた。しかしながら、私は王様と戦うことができなかったものの、私の息子がした。息子は王様側に付いて、武装して活発に務めていた。私は息子にいつも忠誠を教え、息子をそこへ遣った。王様と戦うべく養育したのは私だった。　　　　　　　　　　　　(1685 年 Lisle 123C1)

ここの actually は「活発に」と訳すことができるが、「その時」や「実際に」と訳すことも可能である(OED の actually の 5 には「意外で信じられない、誇張された言明を保証するために使われる」とある)。

第二段階：actually₂：認識的対照

18 世紀の半ばまでには、認識的確実性の意味が、喚起推論によって actually に増化された(それがなければ単なる予測に過ぎないが)。actually と in fact が結びついた初期の例はすでに(30)で示した。19 世紀の例を挙げる。

(36)　Mr. Perry had been to Mrs. Goddard's to attend a sick child, and…found to his great surprise that Mr. Elton was *actually* on his road to London and not meaning to return till the morrow.

ペリー氏はゴッダー家に病気の息子を預けていた。そして、驚いたことに、エルトン氏は、実はロンドンに向かう途中であり、明日まで帰るつもりはないということだった。

(1816 年 Austen, Emma 第 1 巻　第 8 章 68 ページ)

第三段階：actually₃：談話標識

19 世紀のはじめになると、認識的対照でなく追加の意味の談話標識が現れる。(37a)で、actually は fully intended を確証し、そう意図する具体的な証拠を導く(was looking around)。

(37)　a. It was now his object to marry. He was rich, and being turned on shore, fully intended to settle as soon as he could be properly tempted ; *actually* looking around, ready to fall in love with all the speed which a clear head and quick taste could allow.

今や結婚することが彼の目的だった。彼は金持ちだった。そして方向転換をし、ふさわしい誘いがあればすぐに落ち着こうと意図していた。現に彼は、まわりを見回し、聡明な頭脳とすばやい嗜好によって、できるかぎり早く恋に落ちる準備ができていた。

(1818 年 Austen, Persuasion 第 1 巻　第 7 章 61 ページ)

b. In the middle of the complaint I started to worry that maybe I shouldn't be saying anything. And *actually* I said to myself, "boy, I sound like a complainer." You know, when a person complains a lot, that bothers me.
When'm down I tend to complain more. But I said, "I'm really tired of working with these people." *Actually* I even embellished the complaint.

不平を言っている途中で、何も言うべきではないのではないかと思うようになった。そして、現に独り言を言った。「ああ、ぼやきばかり言ってる」他人が大いにぼやくとき、いやだと思う。落ち込んでいるときはぼやきも多くなる。でも私は言った。「この人たちと仕事するのはうんざりだ」。現に私はぼやきに尾ひれもつけた。

(1993 年 Boxer 123 ページ　台詞より)

4.3.4　三つの副詞の比較

巨視的に見ると、三つの副詞は同じような変化をたどっている。それぞれみな第一段階では節内で副詞として機能し、第二段階では認識の文副詞になり、第三段階では談話標識になっている。それぞれみな節内の副詞（事の副詞か態度副詞）がもとであり、対照の機能の広いスコープを持った認識副詞に発展し、さらに追加や明確性のために前の p に q を付け足す機能を持つ談話標識に発展した。三つの語の三つの段階のだいだいの年代を図表 4.2 に示す。

副詞の型	indeed	actually	in fact
事の副詞	1300 年	1425 年	1670 年
認識の副詞	1450 年	1750 年	1680 年
談話標識	1600 年	1815 年	1815 年

図表 4.2　indeed、actually、in fact の発展のおおよその年代

しかし同時に、微視的に見ると、それぞれの構造にはそれぞれの歴史があり、三つの中に互いに重なりあう年代があるということは、二つの異なる形式が全く同じ意味を持つことはありえないという仮説にもとづいて、何らかの違いもあることにな

る(Haiman 1980: 516)。

　indeed と in fact の副詞句は歴史的変化と文法的機能が非常によく似ているが、以下のような違いもある。

(i) 　もともとの deed という名詞は、deeds of valor など非常に限られているが、fact という名詞にはそのような制限がない。たとえば、a point of *deed*(行為という点)とは言えないが、I don't think in point of *fact* that there is a distinction(事実という点において、区別があるとは思わない)とは言える。

(ii) 　もともとの前置詞句 in deed は in deed and word(行為においても言葉においても)のような慣用句にしか用いられないが、in fact₁ にはそのような制限がない。

(iii) 　indeed は前に言ったこととの対応を示すが(予期に反することではあるが)、in fact は対応を示さない。

(iv) 　in fact は Yes の意味で使えないが、(19)のように、indeed は使える。

(v) 　indeed₂ は確認の機能を持ち、聞き手／読み手には新しい情報であっても、話し手／書き手には前の内容が頭にあるという推論を喚起する。一方 in fact₂ は、あとに続く q を新しい情報として提示する。したがって、What *in fact* is going on?/What is *in fact* going on?(実際何が起きているのか)は質問として成り立つが、*What *indeed* is going on/What is *indeed* going on? は成り立たない。

　この違いは、次の(38)で特に明らかとなる。(38)は「殺人者は裁判に出る能力がある(Murder Suspect Competent for Trial)」という見出しの新聞記事の初めの部分である。

(38) 　A Superior Court judge has ruled that a man accused in the 1996 murder of a prostitute is *indeed* mentally competent to stand trial.
　In a 10-minute hearing Wednesday at the Hall of Justice, Judge Lenard Louie ruled that Chung Chiu, 41, understands the charges against him and can rationally assist his defense attorneys...
　The ruling stems from a competency hearing last December in which two of the three court-appointed psychiatrists testified that Chiu suffered some mental illness, but was not legally incompetent.
　上級裁判所は、1996年に売春婦の殺人で告訴された男は裁判に立つ精神的能力が明らかにある、と判定した。水曜日、法廷で10分の聴取をした結果、判事のルイ・レナードは41歳のチャン・チューは自分への告発を理解し、彼の弁護士を理性的に助けることができると判断した。

その判断は、去年の 12 月に行われた能力聴取にもとづいている。その聴取では、裁判所の指名精神医学者 3 人のうちの 2 人が、チューは精神病にかかってはいるものの、法的に無能ではないと証言した。

(1999 年 1 月 21 日 San Fransisco Chronicle)

この例で indeed$_2$ は「チューは裁判に立つ精神的能力があるのか」という問いを喚起する。その答えは肯定的である。このような問いが発せられ、その答えが肯定的だったことは、前の判断をまとめた後の段落で示されている(後の段落によって、indeed が肯定だけでなく確認も表すことがわかる)。ここでもし、in fact$_2$ が使われたとしたら、これとは異なる前の内容が喚起されたであろう。たとえば、「この男は裁判に立つ精神的能力はない」など。そして in fact は、それと矛盾したであろう(その結果、判断についての段落はつじつまが合わなくなってしまったであろう)。

　indeed と in fact の両方が現れる例を考えてみよう。この例で、クリントン大統領は初めて、今まで否定してきた密通を公に認めた。

(39)　As you know, in a deposition in January, I was asked questions about my relationship with M. L. While my answers were legally accurate, I did not volunteer information.
　　　Indeed, I did have a relationship with M. L. that was not appropriate. *In fact*, it was wrong.
　　　ご承知のように、1 月の証言で私は M. L. との関係について質問を受けました。私の答えは法的には正確だったけれども、情報を自ら提供はしませんでした。
　　　<u>実際</u>、私は M. L. と関係を持ち、それは適切ではありませんでした。<u>事実</u>、それはいけないことでした。　　　(1998 年 8 月 18 日テレビでの会話)

この indeed は indeed$_2$ であり、I was asked questions about my relationship にさかのぼり、関係を持ったという質問者の想像の正当性を強めている。in fact は in fact$_3$ であり、it was not appropriate を強め、これは新しい情報であることを示している。
　しかし、(40)のように二つの副詞が入れ替わると、修辞的効果が全く変わってしまう。

(40)　As you know, in a deposition in January, I was asked questions about my relationship with M. L. While my answers were legally accurate, I did not volunteer information.
　　　In fact, I did have a relationship with M. L. that was not appropriate. *Indeed*, it

was wrong.

　ここで in fact は可能ではあるが、質問者への同意という推論を喚起せずに、I did not volunteer information の反対を示唆する。Indeed it was wrong は新しい情報を示さずに、不特定の批評家への同意を少し示すのみである。したがって、この文は前に言ったことに対する単なる付け足しを示すのみで、「告白」ではなくなる。つまり、indeed と in fact の二つでは、in fact の方が強さの尺度において高いことになる。

　actually は in fact と似ている。in fact と同じく、

(i) 　actually は yes の意味で使われる。
(ii) 　actually はその後に続く q が新情報であるという推論を喚起する。したがって、What actually is going on/What is actually going on? という質問が成り立つ。(38)で indeed を actually に置き換えると、He is in fact mentally competent の in fact 同様、大きな文脈でつじつまが合わなくなる。しかし、in fact ほどつじつまが合わなくなるわけではない。これは、認識の尺度において actually は in fact よりも弱いからであろう。(40)で actually、in fact の順は適切だが in fact、actually の順は受け入れられない。また、(40)の in fact を actually に置き換えることができるからである。

　in fact と actually が似ているもう一つの点は、どちらも口語で、断定回避とやわらげのために使われることである。actually の方が認識性において弱いので、よりこの用法が多いが、Aijmer(1986)は、ロンドン・ランドとランカスター・オスロ・ベルゲンコーパスのデータにもとづいて現代英語の actually の用法を調べ、その口語での特徴は、「これはあなただけに言っているのだ(I am telling you this in confidence)」といった「聞き手との関係を作り上げること(create contact with the listener)」「和合(rapport)」であると述べる(Aijmer 1986: 128)。この用法では、節の終わりによく現れる。

(41) 　a. No, I don't think I was. No, I was determined to get married *actually*.
　　　　 いいえ、そうは思いません。いいえ、実は結婚するつもりだったんです。
　　　　　　　　　　　　　　　　　　　　　　　　　　　　　　　　（Aijmer 1986: 126）
　　　b. Trump himself seemed exhilarated by the marathon negotiations that preceded the bridge loan agreement.
　　　　 "I enjoyed it *actually*," said Trump, author of "The Art of the Deal."
　　　　 トランプ氏自身は、船橋貸与協定に先立つ長時間交渉で活気づいているように見えた。「実は、楽しんで交渉したんです」と「取引のこつ(The Art of the Deal)」の著者であるトランプ氏は言った。

(1990 年 6 月 27 日 United Press Intl.)

D. Robert Ladd(個人的会話による)は、actually について、スコットランド英語における丁寧用法の注目すべき例を挙げた。彼が郵便局で小包をはかりの上に置いたとき、郵便局員が住所を見ることができない位置に置いてしまった。局員は「小包は、さてどこに行くんですか(Where's it *actually* going?)」と彼に聞いたのである。この actually が actually₂ だったら、小包を持ってきた人が、郵便を正しく送る能力が郵便局にあるのかに疑問を持って使う用法である。しかし、ここでは郵便局員が使っているので、小包の住所ラベルが見えないことに対する「明らかなおわび(clearly an apology)」として使われているというのが Ladd の解釈である。

Aijmer も、actually についての論文の中で、in fact にも、口語においてこのような用法があると指摘している。これもふつう節の終わりに現れる。

(42) Funny. We really quite enjoyed it *in fact*.
変ね。実は、ほんとうにすごく楽しかったのよ。　　（Aijmer 1986: 128）

4.4 主観化と相互主観化

indeed、in fact、actually の認識副詞の発展は、それぞれ主観化の例である。話し手・書き手はそれらの副詞によって、発言の真実性に対する明確な意思表示をする。談話標識への発展は主観性の増加である。話し手／書き手が修辞的方策をはっきり打ち出すからである。この新しい談話標識の意味は文字で書かれた行為とは何の関係もなく、事の副詞や態度の副詞から直接派生したものではない。

これは、日本語の例によって裏づけられる。たとえば、Suzuki(1998)は、動詞句の後に現れて「それは〜という理由、場合、状況だ」という意味を表す日本語の「わけ」の発展を議論しながら、「話し手は、「わけ」節とそれに先立つ会話の間に論理的関係があることを聞き手に強要する」と述べ(Suzuki 1998: 80)、「そうでしょう(you see)」と解釈できると言っている(同 68 ページ)。「わけ」の最も初期の用法は、「分ける」という意味の動詞「分く」から来ている。この動詞から、違う漢字で表される二つの名詞ができた。一つは「分割」「分け前」など、もう一つは「区別」「分別」「道理」などの認識的な熟語である(Suzuki 1998: 80 脚注 3、『日本国語大辞典』を引用)。1830 年代には、「わけ」は「理由」という意味だった。19 世紀の終わりには談話標識の機能を持った語用論的助詞と多義語になった。それは、前の p とあとの q を結び、q は p の代わり(あるいはよりよいもの)であるという(ほぼ「つまり」に置き換えられる)話し手／書き手の意図を示す機能を持つ(同 74 ページ)。この「わけ」は、前の文脈と「わけ」節の論理的関係が明らかではな

くて、話し手／書き手が聞き手／読み手にその関係があるのだということを伝えたいときに現れる。相互主観的意味は、認識的意味よりも新しいだけでなく、認識的意味が行われなければ発展しなかったであろう。

これまで見てきたように、actually と in fact の用法のいくつかは、相互主観的であった。

それらが p と q をつなぐだけでなく(相手にどのようなテクスト的つながりがあるのかを示そうとする相互主観的な目的を持った、主観的な修辞上の道具)、「談話標識的緩衝(DM hedge)」として、相手の反対(実際に反対の場合と、反対の可能性があるときも含む)を認める目的で、会話を和らげる機能を持つ(1.2.4 参照)。問題は、この緩衝の意味がテクスト的談話標識の actually$_3$、in fact$_3$ から来たのか、それとも actually$_2$、in fact$_2$ から来たのかということである。直接の源は対照の actually$_2$、in fact$_2$ であろう。というのは、緩衝は、「たとえ私が言ったことをあなたが信じない(同意しない)としても、私はあなたに秘密を打ち明ける」のように譲歩を意味するからである。anyway のような譲歩の副詞の位置は節内か、あるいは(41a)や(42)のように節末であるときもある。さらに、I think、I guess、you see などの緩衝を表す語の意味は、認識的態度表明とよく結びつく。

4.4.1　英語の well

well は、相互主観的意味に発展した明確な例である。この副詞は古代英語の時代には、「よい態度で」という意味の態度副詞だった。OED は well をインド・ヨーロッパ語の wel-(よいことを望む)と関係づけ、この副詞は、「行為や道徳の、よい(高い)基準にしたがって」という意味から来たとしている。

初期の古代英語のテクストでは、相互主観的複合語 wella(well + la)が現れる。これは、「しっかり聞きなさい(listen up)」という注意を引きつける機能を表した。Jucker(1997)は、well の歴史の研究の中で、well は古代英語の hwœt と似た機能を持つことを指摘しているが、既知のものを導入したり、語り手自身の情報源の説明に移ることを示す hwœt の機能(4.2 を参照)と同じ機能とは思われない。wella と well は密接に関係してはいるが、wella は複合語として、well とは異なる歴史を持っていると思われる。

古代英語の well は節頭に現れて、態度副詞の主観化として、「確かに、間違いなく」という認識的な意味を持つ。

(43)　Cwæð　he:　*Wel*　þæt　swa　mæȝ,　　　forþon　hi　englice
　　　 言った　彼は　確かに　それ　そう　かもしれない　なぜなら　彼らは　天使の
　　　 ansyne　habbað.

顔　　持つ
彼は言った。「確かに、それはそうかもしれない。彼らは天使の顔を持っているから」　　（900 年？ Bede, ii. i.(Schipper)110 ［Jucker 1997: 100］）

(43)で well は、「彼は言った」の後に、引用された会話文の中に現れている点に注意を要する。

　ヘルシンキコーパスや Chaucer の作品に代表される中世英語の文献をもとに、Jucker は、節頭の well は極めて限られた文脈にしか現れないことを指摘する。つまり、「言った」の後、ある人の会話の初めの箇所の直接話法にしか現れない(1997: 98-100)。Jucker はこの用法を「枠標識(frame-marker)」、「つなぎ装置(text-sequencing device)」と呼んでいる(同 99 ページ)。しかし彼は、well は「前に表現された状況の受け入れを示すことが多い」ことを認め、(44)のように、「もしそうならば、それならば(if thi is so/OK then)」によって置き換えられることを指摘している。

(44)　　"Ye sey welle,"sayde the kynge"Aske what ye woll and ye shall have hit and hit lye in my power to gyff hit.""*Well*,"seyde thy lady, "than I aske the hede of thys knyght that hath wonne the swerde."
「よくぞ言った」と王は言った。「何でもほしいものを言いなさい。それが私の力の範囲内であるならば、是非与えよう」「それならば」と婦人は言った。「それでは、剣を勝ち取った騎士の首がほしいのです」
　　　　　　　　　　　　　(1471 年 Malory, Morte Arthur, 48 ［Jucker 1997: 99］)

(この例の初め Ye sey welle の welle は「よく」という意味の態度副詞であることに注意)引用された直接話法に現れるこの節頭の well は、語り手によって引用された話し手のことばである。つまり、well は、語り手(話し手／書き手)ではなく登場人物の主観性に帰属する。

　初期近代英語の時代の well は、明らかに話し手／書き手に帰属する独白で使われるようになる。独白は説教や演劇、法的宣誓証言など、会話に近いものとみなされる文献に現れる。

(45)　　Moyses was a wonderful felowe, and dyd his dutie being a maried man. We lacke such as Moyses was. *Well*, I woulde al men would loke to their dutie, as God hath called them, and we then shoulde haue a flourisyng christian weal.
モーゼはすばらしい人で、婚姻者として義務を果たした。われわれはモーゼのような人々を欠いている。それならば、神がみんなに呼びかけたように、みんな自身の義務に注意を向けることを希望する。そしてまた、豊か

なキリストの富を持つべきである。

(1549 年 Latimer, 29 [Jucker 1997: 100])

ここで説教者は、「われわれは婚姻者として義務を果たすモーゼのような人を欠く」という文 p を提示し、次に p のような状況は変えるべきであるという議論 q を提示している。しかし、q への移行は、q は聞き手／読み手によって達成できないか賛成もされないことを認めるという穏やかなものである(ここでの well を in dede, in fact に置き換えて対照させてみよう)。対話において well は、対立の状況で使われる傾向にあり、緩衝の機能を持っている。

(46)　　Tom: Yes, you must keep a Maid, but it is not fit she should know of her Masters privacies. I say you must do these things your self.
　　　　Ione: *Well* if it must be so, it must.
　　　　トム：そうだ、あなたは女中を雇わなくてはいけない。しかし、女中が主人の秘密を知ってはならない。だから、これらのことは自分でしなくてはいけない。
　　　　イオネ：ええ、もしそうしなければならないのなら、どうしても。

(1684 年 Tom the Taylor, 268 [Jucker 1997: 102])

本章で議論した他の語と同じく、well が談話標識としての意味で現れるとき、その文脈は極めて限られている。しかし次第にその文脈が広がっていく。well は、初めは語り手以外の人の会話と結びついていたが、やがて語り手／話し手／書き手の観点と結びつくようになり、最後には聞き手／読み手のフェイス[訳者注1]に焦点が強く当てられた意味に発展していく。

4.4.2　英語の let's

　初期の段階では相互主観的意味がなく、緩衝の機能が発展した well、actually、「わけ」などの語は、(少なくとも記録された文献にもとづくかぎり)初めから相互主観的意味がある程度ある語と根本的な違いはないと思われる。たとえば、英語では、let us X(われわれに X させよ)という命令構造は、項構造のために初めから相互主観的であった。つまり、発話は「する力」を持ち、構造が命令文であり(二人称に発せられる)、話し手に関係して描写された聞き手の行為をさすので、話し手と聞き手はどちらも、描写された場面において参与者となる。このような構造は古代英語から現代までずっと続いている。

　命令構造において、二人称は、「行く(go)」の主語であると同時に許可の文法的目的語である話し手やその友だちとは区別される。この命令構造が Let us go, will you! に広がり、話し手中心の「勧誘の(hortatory)」let's ができた。ここにおいて、一人称も二人称のどちらも Let us go, shall we? の let と go の文法的主語となる。この構造は中世英語の Chaucer の作品から続いている。これは、話し手が勧誘において自分自身を含むので、より主観的である。また、聞き手が話し手とともに行為することになるので、相互主観的でもある。さらに、勧誘の形式は命令を和らげた形式である。

　let の動詞「～させる」の命令用法(名詞句の目的語を伴う)と勧誘の let us が、Chaucer の作品の二行で同時に現れている。ここの最後には、仮定法表現の go も現れ、let's にも置き換え可能である。

(47)　　Com doun to-day, and *lat* youre bagges stonde...
　　　　What, *lat us* heere a messe, and go we dyne.
　　　　今日ここに来てかばんを立てさせてください(カバンを置いてください)。
　　　　ミサにあずかってから食事に行きましょう。
　　　　　　　(1387年 Chaucer、CT Shipman 205 ページ 1.220 [Traugott 1995a: 37])

もっと最近の let's の用法は、さらに相互主観性が増している。これは、二人称のために一人称を置くことによる。たとえば、(48)は、患者や子供に対する発話で、話し手は丸薬を飲むつもりはない。

(48)　　*Let's* take our pills now, Johnny.
　　　　今、丸薬を飲もうよ、ジョニー。

(48)のような一人称配置は、Take your pills now, Johnny!(今、丸薬を飲め)という命令形の強い意図をかなり和らげることになり、したがって聞き手のイメージを守る必要に対する相互主観的注意を示す。

　let's の歴史は、相互主観性の増加だけでなく、節レベルでの項構造にもとづく内容的意味から、談話レベルでの語用論的、文脈形成的意味への発展を示している。命令の Let'go は統語論的に二つの節に分析でき(allow us to go)、勧誘的 let's はモダル化した単一の節に(may we go!)、(48)のような構造は、well と同じような機能を果たす語用論標識 let's を含む単一の節に分析できる(let's take our pills)。ただし、well はこの let's の位置に置くことはできない(*Well, take our pills now)。意味的構成は、命令の let us は明確であり、勧誘の let's はやや明確でなくなり、(48)では不明確になる。

　次に、ここまでの英語の語と同じ特徴が多くある、日本語の語用論標識の発展をみてみよう。

4.5 広い接続関係を示す談話標識の発展：日本語の「さて」

現代日本語の「さて」は話題転換を示す談話助詞である。その機能は英語の so の機能と重なるところがある。つまり、「さて」は、新しい話題の最初の文の初めに現れる。現代の口語では、「さて」は、やわらかい緩衝としての表現的価値を持ち、well に訳すことができる。どちらの機能にも共通の特徴は、話し手が会話の文脈の中で、自分の番になった（と感じた）ときに使うということである。

(49)　A:先生、どうなさいますか。
　　　B:さて、（どうしましょう）

(49)で、Bは、「さて」だけでも発話が成り立つが、他の文脈ではBのAの質問に対する反応（あるいは反応が難しいということの確認）が続く場合が多い。緩衝としても、新しい話題を導く広い談話標識としても、「さて」は、つなぎで使われても、真の条件も内容的意味も持たない。so や well と違って、現代の「さて」は節内の位置ではほとんど使われず、もともとの指呼的態度副詞としての「そのように」という意味は失われている。

第一段階：さて₁：「そのように」

最も古い「さて」の用法は指呼的副詞であり、上代までさかのぼる（『日本国語大辞典』9巻88ページ参照）。「さて」はもともと「さ」（二人称指示代名詞）と「て」（完了「つ」の連用形）からなっていた。指示代名詞的「さ」は、上代や次の時代には別の語がつく語基であった。「さらば」（もしそうならば）、「さよう」（「そのよう」よりもっと正式の形式）などである。次は、上代の「さて」の例である。

(50)　雪寒み／*10 咲きには(Fa)*11 咲かぬ／梅の花／よし*12 このころは／さてもあるがね
　　　（雪が冷たいので、むちゃには咲かないのだな。梅の花よ。ままよ、当分そのようにしているがよい）
　　　　（759年以前　万葉集巻十2329［高木その他1957–60年147ページ]）*13

(50)で、「さて」は、動詞「ある」の状態を表現することによって、描かれた場面を強めている。つまり、前に出てくるまだ咲いていない梅の花の状況を指すことによって、強めているのである（「咲きには咲かぬ」は「咲かぬ」を強めた句である）。前方照応的に「咲かぬ」と、描写場面をつなぐことによって、「さて」は、会話場面において、話し手／書き手の観点から、文脈に一貫性をもたらす。

第二段階：さて₂：p(全体)とqをつなぐ機能を持つ

「さて」は(50)では節中に現れているが、平安時代には節頭に現れる例が最も多くなる。平安時代には、「さて」はもうpにおける行為の様子を指さなくなった。たとえば、源氏物語の若紫の巻(おおよそ880行中)で「さて」は10回現れるが[*14]、そのうちの9例は節頭である。しかもそのうちの3つだけが、もともとの「そのように」という意味が保持されている。ここのそれ以外の例と、平安時代のその他の文献で、「さて」は前のp全体が条件や理由、あるいは単にその後の議論の基礎であることを示すようになった。

「さて」が原因・結果の関係として前のpに対するqを導く初期の例が(51)である。

(51)　この子安貝は悪しくたばかりて取らせたまふなり。さてはえ取らせたまはじ[*15]。
　　　(あなた(中納言いそのかみまろたり)は、この子安貝を下手に計略して取らせなさっているんですよ。それだから、取らせることはおできになりますまい。くらつまろが言ったことば)
　　　　　　　　　　　　　　　　(10世紀初め　竹取物語［Matsuo 1961: 146.1］)

(51)の「さて」を「そのように」と指呼的意味で口語訳することもできるが、前の文中の「取らせたまふなり」といういわゆる拡張述語構文(動詞＋なり)によって、「さて」が前の全文pとあとのqの因果関係を表すことがわかる。この拡張述語構文は、会話の特定場面で、pという前提が理由であることを明らかにしている(Kuroda 1973参照)。ここでは拡張述語によって、子安貝を取るために使われた下手な方法(p)が、あとに続くqの理由として提示されている。「さて」は、pの結果としてのq(子安貝による利益を得るのに失敗したこと)を明白に導入する。このように、「さて」はp全体を指し示して、qの前提としているのである。

(52)でも同様に「さて」は、前のpで描かれたことの関連でqという出来事を導入している。しかしここでのpは、仮定としてのことであり、「さて」はpという条件によってqが起こることを示している。

(52)　情けなき人なりて行かば、さて心安くてしも、え置きたらじをや、など言ふもあり。
　　　(無慈悲な者が次の国守として赴任するなら、そのときは今の国守は、穏やかではあっても、(自分の義務を)捨て去ることはできまい、などと言う者もある)[*16]　(1006年　源氏物語　若紫［Abe et al. 1970: 278.14–15］)

この「さて」の用法は英語のif-thenのthenに似た機能を持つ。つまりどちらも、

pという条件の下では(pという条件がないときよりも)qが起こりそうだという文脈で使われる。「さて」は、pとqの論理的関係を表すのには必要ないが(それは「行かば」で表されている)、前に言ったことの避けられない結果としてqが起こるというニュアンスを強める働きをする。qへの即座のつながりに対するの話し手／書き手の態度を表すという点で、この「さて」は、もともとの指呼的用法よりもより主観的であるといえる。

　平安時代、これよりも弱い結びつきを表す「さて」は、pにqを付加する場合に使われる。

(53)　　清げなるおとな二人ばかり、さては童べぞ出で入り遊ぶ。
　　　　(小奇麗な女房が二人ほどと、それから女の童が出たり入ったりして遊んでいる)　　　　　　(1006年　源氏物語　若紫［Abe et al. 1970: 280.6］)

(51)、(52)と同じく(53)でも、「さて」は前に描かれた状況全体に戻ってつなげる役割を果たしている。(53)の「さて」が態度副詞として指し示す行為や状況はpの中にはない。その代わりに、ここの「さて」はpで描かれた状況全体に対して、新しい情報が付け加わることを示す。この(53)で、「ばかり」のあとに「あり」が省かれていると考えられる。このような「あり」の省略は日本語では珍しいことではない。助詞の「は」(後の話題の「は」)は、童が遊んでいるという事柄はpという状況への付け足しに過ぎないというニュアンスを強める対照的意味を持つと考えられる。

　平安時代の「さて」の共通の特徴は、pの内的特徴だけでなく、p全体を指し示し、pがqの条件や前提であるという推論を喚起する。この前提は(51)では時的、(52)では論理的、(53)では状況的である。

第三段階：さて₃：場面転換
　すでに平安時代に、「さて」は部分的接続だけでなく、談話構造の中でのより広いつながりを示す用法が見られる。竹取物語に現れる五つの「さて」のうちの一つは、新しい話題の初めに現れる。これは、現代の注釈書では新しい章の書き出しである。

(54)　　さて、かぐや姫、形の世に似ずめでたきことを、御門聞こし召して、
　　　　(その時、かぐや姫の容姿がこの世に類がないほど美しいことを天皇がお聞きになって)　　　　(10世紀初め　竹取物語［Matsuo 1961: 159.1］)

時間的流れという一般的つながりを除いて、(54)で始まる一節は、その前に出てきた場面(中納言の死に対するかぐや姫が悲しむ場面)とは関係がない。同様に、

10世紀半ばの蜻蛉日記において、「さて」は語りの段落の初めに「その時」の意味で頻繁に現れるようになり、話の境界線を示す役割を果たしている。これは、古代英語の gelamp（起こった）とは異なる機能である（4.1 を参照）。

「さて」の解釈は注釈者によって異なる場合がある。たとえば、源氏物語の若紫の巻で、源氏の従者が播磨の国の国守の生活を述べる場面がある。語りのはじめで従者は、国守が娘と二人で住んでいることを挙げた後、国守のおいたち、彼が京都を去らなければならない理由と彼の壮大な住居を述べている。その後源氏が質問する。

(55)　〜と申せば…さて、その娘はと問ひたまふ。
　　　((従者が)〜と申し上げると、(源氏は)「さて、その娘は？」とお尋ねになる)　　　　　　　　（1005 年　源氏物語［Abe et al. 1970: 277.12–13］）

この「さて」が源氏の会話文に含まれるとすると、その機能は現代日本語の機能と同じ（会話を新しい話題にそらせる）になる[17]。しかし、この「さて」は会話の外にあり、動詞「問ふ」を修飾するという解釈も可能である。その「さて」は「その時」の意味で、語り手が前の話題にさかのぼって使っていることを示す。

鎌倉時代の徒然草を調べると、「さて」は談話において新しい節を導入するという顕著な役割を果たすようになった。その 16 の用例のうち[18]、9 例は新しい談話の一部を導入している（新しい話題を導く場合と、前の話題に戻る場合にも使われている）。さらに 4 例は、話題の中で小さな変更と思われるような詳細説明を導く。(56)のように、前の文とのつながりがない文を導く場合もある。この「さて」の主要な機能は、次に現れる文が新しい談話の単位であることを示すことである。

(56)　さて、冬枯れのけしきこそ、秋にはをさをさ劣るまじけれ[19]。
　　　（さて、冬枯れの景色は、秋に比べて決して劣るものではない）
　　　　　　　　　　　　　　　（1330 年　徒然草［Tokieda 1941: 24.11］）

時枝の注釈書によれば、この前の段落は、夏の七夕祭りに始まり、秋の収穫などの秋の深まりの描写が続く。その後作者は、そのようなものを描くのは源氏物語などにすでに書き古されているので不必要であると言い、さらに「人の読むような代物ではない」と言いつつ、筆にまかせて書くという「勝手な」思いを正当化する。そのあと(56)で、作者は季節の描写に戻るが、今度は冬の季節という新しい内容になっている。「さて」は脱線した後、またもとの主要な話題に戻ることを告げているが、前の p における事柄との関係を見つけるのは難しい。つまり、q における事柄は p における事柄とは同時に起こっているわけではない[20]。同様に、p との因果関係も見つからない。前の話題とは季節の比較という点で一貫しているが、「さ

て」によって場面転換が示されている。

　室町時代には、ロドリゲス(1604-8)の文法的説明で明らかなように、「さて」の談話機能が確立する。彼は「そのように」の意味の古い指呼的用法の「さて₁」が文内に現れる例を指摘し(Doi 1955: 94、470 を参照)、次に、接続詞のリストに「したがって」の意味の「さて₂」(同 425、425、476-477 ページ)と「そして」「さらに」の意味の「さて₂」(同 489 ページ)を挙げている。また、「さて」で始まる多くの文が本のあちこちに出てくる。これらは、前の文脈がないので、場面転換の「さて」である。例を(57)に示す。

(57)　　Sate sono fitoua vooxuuno giuuninca?*²¹　さて、その人は奥州の住人か。
　　　　Sate sono hito wa(w)oosyuu no zyuunin ka
　　　　　　　　　　　　　　　　(1604-8 年　ロドリゲス［Doi 訳．1955: 339］)

ロドリゲスの例には日本の文学作品から引用した例がいくつかあり(すべてではないが)、「さて」が前方照応する文脈が取り除かれた可能性があることは注意しておかなければならない。

　第四段階：さて₄：感嘆(と緩衝)
　「さて」には、室町時代、感嘆を表す用法も現れる。ロドリゲスは、室町時代の感嘆を表す語のリストに、「さて」とその派生形「さてさて」「さても」「さてもさても」「さては」(これらは強調や焦点を表す形態的型である)を挙げている(Doi 1955: 298、458、465-466)。日本国語大辞典では、この機能を表す「さて」の用例を能楽(14 世紀後半)から引用している。「さて」に感嘆の用法ができたのは、p と q の関係を表すことが重要でない文脈によってできたものであろう。つまり、場面転換の「さて₃」や接続の「さて₂」の用法からできたのである。(58)の例は「さて₃」と「さて₄」の中間的用法である。

(58)　　げにおもしろくも述べられたり、さてさて何の用ならん。
　　　　(ほんとうに面白くお話しになった、ところでさあ、何の用事ですか)
　　　　　　　　　　　　(14 世紀　自然居士［Yokomichi and Omote 1960: 100.11］)

この用法で、「さて」(ここでは強調の「さてさて」であるが*²²)は、前の p に指示的に戻るかどうかにかかわらず、q に対して、また話し手の感情的状態に対しての特別な注意を呼び起こす。(58)の「さてさて」は、話し手が直接的な質問をするときに、聞き手の顔を保つために使われるやわらかい緩衝の機能も果たしている。(59)のように、「さて」が会話の交代や談話における大きな挿話の初めに起こるときには、表現的意味も加わる。能「江口」の初め近くに起こる(59)の前では、行

脚の僧(能の中心的人物、ワキ)が、村人(脇役、アイ)に石の山について尋ねる場面がある。村人は、それは江口主人を記念するものだと説明する。ワキとアイの会話は丁寧体で(「候」で結ばれる)、舞台左手裏で交わされる。その後、ワキは舞台中央に戻り、観客と相対し、以下を述べる。

(59)　<u>さては</u>、いにしへの江口の君の跡なりけり。
　　　(<u>さあこれは</u>、昔の江口の君のあとなのであるなあ)
　　　　　　　　　　　　(14 世紀　江口[Yokomichi and Omote 1960: 51.1])

(59)で、「さては」のあとの句は、村人による説明の繰り返しを含むが、常体である(丁寧体ではない)。このように、「さて」は簡潔な独白を導き、その中で僧は、自分自身と観客に、この場所を訪れることができたことに感謝の念を表す。この用法で、「さては」は、表現的価値に加えて、広い語用論標識の機能を持っている。

　江戸時代の「さて」は現代と同じく二つの機能を持つに至る。広い範囲の「談話のチャンク(discourse chunk)」[訳者注2]を指す語用論的機能と感嘆の機能である。近松の二つの歌舞伎台本(1703-4 年 Mori, Torigoe, and Nagatomo 1972: 57-113、約830 行)には、「さて」とその派生形が全部で 17 例現れ、そのうち 6 例は広範な語用論標識、4 例は感嘆の助詞である。その中にはその両方に解釈できる例もある。3 例は「したがって」「そのとき」という意味で前後をつなぐ機能を持っている(「さて$_2$」)。残りの 4 例の「さて」はものをいくつか並べて示すのに使われている。たとえば、封建領主を並べて示すとき、「A、B、C、さて、D、E」というパターンは「A、B、C に加えて D、E」と訳すことができる。この用法は(53)の平安時代の用法と同じである。「さて$_1$」の例はなかった。

第五段階：さて$_5$：書簡の決まり文句
　17 世紀初めのロドリゲスによる文法では、「さて」は、現代の手紙の(仕事のものでも個人のものでも)段落の初めに現れるような決まり文句としてはまだ使われていない。ロドリゲスは、日本語の手紙の書き方について丸々一章を使って書いている(Doi 1955: 678-711)。その中で、「そもそも」の口語形である「さてまた」が、手紙の段落の初めを表すのに使う三つの決まり文句の一つとして挙げられているが(同 697 ページ)、同じ章で「さて」は出てこない。しかし現在では、「さて」は公的挨拶(季節についての決まった挨拶が多い)の直後に行を変えた段落の初めに現れる。この用法は、明らかに話題転換の機能を示している。この用法はまた、相互主観的機能も持っている。これによって書き手が、読み手の「顔(face)」に影響を与える伝達のきまりに従っているからである。
　結局、「さて」の意味の歴史は次の五つの段階に分けることができる(図表 4.3 も

参照)。

第一段階：指呼的態度副詞。「さて」直後のqのことがらは、前のpで描かれていることがらと結びついていることを示す。例は(50)。節内に普通起こる。

第二段階：接続の談話標識。「さて」直後のqを、前のpの例示、時、論理的結果と関係づけて導入する。例は(52)。節内で普通起こり、局所的談話レベルで機能する。

第三段階：新しい話題をの始まりを示す語用論的助詞。前の談話とは何のつながりもないときにも現れる。例は(54)。より広い談話のレベルで機能する。

第四段階：感嘆語。話し手／書き手の特別な感情を表す。それは、qに焦点を当てる機能、あるいは聞き手／読み手に対する緩衝としての機能を果たす。例は(60)。

第五段階：書簡の決まり文句

意味	上代	平安	鎌倉	室町	江戸	現代
さて₁「そのように」	―――――――――――――………					
さて₂「そして(接続語)」	――――――――――――………					
さて₃「場面転換」	……―――――――――					
さて₄「感嘆」	―――――――					
さて₅「書簡の決まり文句」	―――――					

図表 4.3 「さて」の歴史的発展

「さて」の歴史は、スコープの広がりを示している。つまり、まず節内で副詞的機能を持つ狭いスコープから始まり、やがてそれが節全体に広がり、さらに談話のチャンクに広がるという変化である。語用論的談話機能が歴史的に増化した例である。それはまた、主観性の増加も表している。そして、さらに緩衝や書簡の決まり文句として機能するようになるのは、認識的機能が起こった後に、相互主観化が進んだことを示している。

4.6　まとめ

本章では、モダル語と同様に、認識の副詞や助詞も、非認識語から起こることを示した。特に、話し手・書き手が自分の言ったことに対する修辞的目的や態度を明

確にするというメタテクスト的意味を発展させてきたことを示した。この中には相互主観性の意味に発展した例もある。それは、話の型や共同体全体における相互主観性標識の顕著性によって、相互主観的意味の発展は早くなったり遅くなったりする。関係した道筋の方向性を図表 4.4 に示す。

副詞(態度)	>	副詞(逆接)	>	副詞(追加)	>	副詞(緩衝)
内容的	>	内容的／文脈形成的			>	文脈形成的
文内スコープ	>	文外スコープ	>	談話外スコープ		
非主観的	>	主観的			>	相互主観的

図表 4.4　談話標識の発展における道筋の関係性

　第 3 章の終わりで Cinque(1999) による口語的モダル語の汎言語的順位づけを挙げた。この順位づけは、モダル副詞の汎言語的順位づけによって補強することができる(Cinque 1999: 106)。Cinque による談話標識を含む副詞類の順位づけにもとづく、モダルの特性を持つ副詞の汎言語的順位づけを(60)に示す[*23]。

(60)　モダル(談標緩衝)―モダル(談標)―モダル(会話行為的)―モダル(評価的)―モダル(証言法的)―モダル(認識的)―モダル(過去)―モダル(非現実)―モダル(必然性)―モダル(可能性)―モダル(意志性)、など

(60)では、もともとの Cinque による順位づけの最も左の副詞よりさらに左に、緩衝を表す談話標識を入れた。たとえば frankly などの語は、frankly speaking のように「会話行為(speech act)」動詞より前に現れるからである。(60)の例をそれぞれ挙げると、モダル(談標緩衝)は well、モダル(談標)は then、モダル(会話行為的)は frankly、モダル(評価的)は fortunately、モダル(証言法的)は alleged、モダル(認識的)は probably、モダル(過去)は once、モダル(未来)は then、モダル(非現実)は perhaps、モダル(必然)は necessarily、モダル(可能性)は possibly、モダル(意志性)は intentionally である。すべての言語がこのすべての用法を持っているわけではない。

　Cinque による動詞的モダルの順位づけについて 3.5 で検討したのと同じように、彼の副詞類の図式を採用する際にも、普遍文法においてすべての位置があるという仮説を支持するわけではない。(60)は汎言語的事実についての有益な記述であり、通時的、共時的モダル副詞研究にとって経験的に試すことができる指標となる。歴史的意味変化における汎言語的傾向、また意味的語用論的傾向として、より主観性が高まっていくこと(非モダル>拘束的>認識的)、より構造が大きくなること(制御動詞>繰り上げ動詞[訳者注3])、よりスコープが広くなること(狭い>広い)がある。

われわれの見方では、(60)の順位づけや 3.5 のモダルの順位づけを説明するのには、このような傾向だけで十分である。したがって、そのような順位づけを説明するのに、固有の「特に豊富な機能的文構造」(Cinque 1999: 140)を提示する必要性はない[*24]。

同様に、異なる言語においては、歴史的変化の過程において、異なる時期に異なる種類の副詞が使われることもあるが、初めにある副詞が使われ、次に別の副詞が使われるといった選択における変化は一方向的である。たとえば、Swan(1991)は、英語の歴史において文副詞が文の初めに現れる割合を調べて、使われる文副詞の種類が変化してきたことを示した。彼女のデータによれば、近代英語においては possibly のようなモダル副詞、surprisingly のような評価的副詞、wisely のような形容語副詞、frankly のような会話行為的副詞があった。しかし、古代英語では、witodlice(まことに)のような強意語と wislice(賢明に)のような形容語、wundorlice(驚いたことに)のような評価的語だけがあった。briefly、happily(speaking)のような会話行為副詞は 17 世紀まで現れず、現代まで多くは現れなかった(図表 4.5 を参照)。

	古代英語	中世英語	近代英語	現代英語
真実／モダル副詞	292	816	987	1336
評価的副詞	44	91	103	303
形容語的副詞	230	170	164	85
会話行為副詞			4	39
合計	566	1077	1258	1763

図表 4.5　英語の文頭文副詞の種類別変化

しかし、変化の方向性は全く規則的である。特に動詞修飾語から文修飾語への変化、具体的意味からより抽象的で非指示的意味への変化、内容的意味から文脈形成的意味への変化は規則的である。副詞類や談話標識における使用頻度や刷新の度合いは、文献の型やそのときの話し手の自由な会話に応じて、汎言語的に類似していると考えられる。

次に動詞の遂行的意味の発展に移る。ここでは、場面における談話行為の表示が最重要となる。

原著者注

*1 談話標識に関連して用いられたさまざまな術語の研究については、Pons Borderia(1998)を参照。
*2 hwœt は散文ではあまり起こらないが、Brinton によれば、その機能はほぼ同じである。
*3 in fact の歴史を大変魅力的な領域として Elizabeth Traugott に紹介してくれた Lizbeth Lipari に感謝の意を表する。
*4 4.3 は Traugott(1995b、1999b)の一部によっている。
*5 Fraser and Malamud-Makowski(1996)は、このような談話標識に対して「対照標識(contrastive markers)」という術語を用いている。
*6 ドイツ語については、Ormelius-Sandblom(1997)も参照。本章で議論する副詞類の共時的イントネーションパターンは、特別な注意を向けるに値する。
*7 Aissen は、Banfield(1973)にしたがって、これを表現ノードと呼んでいる(Aissen 1992: 47)。
*8 この点については、Fraser によってしばしば議論されてきた。彼は、談話標識は「他の統語論的範疇とは異なる語である(1990: 386)」と述べる。談話標識に統語論的範疇があるのか、またそれは、統語的位置に起こる談話接続語という、より広い範疇に属するのかという問題は今後の課題である。
*9 4.3.2 の一部分は、Traugott(1999a)、Schwenter and Traugott(2000)による。後者は in fact$_2$ と in fact$_3$ の尺度的特性を強調した。
*10 「／」は和歌の句の 5・7・5・7・7 拍の分かれ目を指す
*11 F の音韻的価値については「きまり」の iii を参照。助詞「は」(Fa)は現代日本語の「は」(wa)になった。助詞「は」には「話題」のほかに「対照」「強意」の用法がある。Fujii(1991)は、助詞「は」について詳しく通時的に研究している。
*12 「よし」は、上代に、他の人の行為や判断(あるいは話し手自身の意図)に対する許可や認可を示すのに使われた副詞で「ままよ」の意味である。
*13 高木、五味、大野(1957–60)は、ここの「さて」の読みに対応する漢字「然而」を「しかに」と読んでいる。しかし、日本国語大辞典はこれを「さて」と読み、「さて」の項目にこの和歌を挙げている。五句目は七拍であるから、「さてもあるかな」(七拍)の方が「しかにもあるかな」(八拍)よりも適切である思われるが、省略の発音を反映した字余りで「しかにも」を「しかんも」と読んだかもしれない。
*14 この 10 例には「さても」(内包的焦点を表す)が 3 例、「さては」(排他的、対照的焦点を表す)が 1 例含まれる。その他平安時代には、「さてこそ」(排他的、対照的焦点を強く表す)という形式も現れる。
*15 (51)の「させたまふ」の「させ」は使役として訳したが(Matsuo 1961 参照)、尊敬として訳すことも可能である。「たまふ」も尊敬を表すので、この「させたまふ」は皇族に対して最高の敬語を表すときに使われる。この場合の訳は、

* 16 「あなたはこの子安貝を下手に計略してお取りになっているんですよ。それだから、お取りになることはおできになりますまい」となる。この例の「子安貝は」の「は」目的格「を」として訳すのが適切である。
* 16 初めの節の省かれた主語の解釈によって、この文はまた、「もし(彼の娘)がこのまま無慈悲になったなら、穏やかではあっても、(現在の国守は)(自分の心配を)捨て去ることはできないだろう」という解釈が可能である。
* 17 この解釈は Seidensticker(1980: 86)による。彼はこの源氏による質問を <u>And the daughter?asked Genji</u>(そして娘は？と源氏は尋ねた)と訳している。
* 18 徒然草のこれらの例には「さては」が 2 例、「さても」が 1 例、疑問の助詞「や」の入った「さてもやは」が 1 例含まれる。
* 19 この「けれ」は終止形が「けり」で、過去時制でなく、詠嘆を表す。
* 20 季節の流れが続いているので、時間の経過自体が前方照応の土台を構成している。しかしながら、その土台は前の事柄の中の一点を指すというほど明確なものではない。
* 21 このローマ字表記はロドリゲスの文法によるものであるが、長母音は原文ではコロン「：」になっており、ここでは母音を二つ重ねて表記した。二行目は本書のローマ字表記(日本式)である。
* 22 「さてさて」のように、「さて」自身によって感情の意味を強調するような派生の機能については、今後、さらに研究が必要である。
* 23 Cinque の順位づけはまず、frankly のような会話行為副詞に始まる。彼は「法(mood)」の副詞について、結合形式でなく自立形式で多く表現されるにもかかわらず、会話行為的・評価的・証拠的・非現実の副詞類と呼んでいる。ここでは、モダルという術語を使う。Cinque は(60)よりももっと詳しい順位づけをしている。たとえば、彼の挙げる usually、completely、again、often などはみな、(60)のさらに右に来る語である。
* 24 この結論を指摘してくれた Nigel Vincent に感謝したい。

訳者注

訳者注 1　フェイス

　Brown and Levinson は、「ポライトネス理論」の中で、Face について "something that is emotionally invested, and that can be lost, maimtained, or enhanced, and must be constantly attended to in interaction." と述べている (1987 [1978]：61)。「感情的に費やされ、失われたり、維持されたり、上げられたりし、相互作用の中で常に伴われなければならない」(日野訳)。したがって、「顔」は「気持ち」あるいは「主観」に置き換えることができる。

訳者注 2　チャンク

　チャンク(chunk)は「ひとまとまり」のことで、ここでの「談話のチャンク」とは談

話全体を一つのまとまりとして指して使われている。
訳者注 3　制御動詞から繰り上げ動詞へ。
　　第 3 章の^{訳者注 4}を参照。

第5章
遂行動詞とその構造の発展

5.1 会話行為動詞と遂行動詞

　意味論と語用論の境界領域にあって、特に注目を集めているのは「会話行為動詞(speech act verbs)」と「遂行性(performativity)」である。しかしながら、その二つの研究法や会話行為に関する異文化間の相違については一般的合意が得られているわけではない(しかし、Blum-Kulka, House, and Kasper 1989 を参照)。ここから、歴史意味論において重要な方法論的問題が現れる(Papi 2000)。時を超えて言語文化を比較するためには、問題に対する見方を限定し、どのような表現が「会話行為(speech act)」的意味や「遂行的(performative)」意味を獲得するのかという意味変化的問題に絞る必要がある。ここでは、検討すべき領域についての仮説を大まかに述べる。

　英語と日本語には話すことに関する動詞が多くある。その中には、whine、simper、drawl、「どなる」「ささやく」のような話し方を表すものがある。これらは「言うこと・発話(locution)」の動詞である。中には、claim、say、command、threaten、「主張する」「発表する」のような話す行為を指すものもある。これらは「会話行為動詞(speech act verbs)」である。その下位分類として「遂行的(performative)」「発話による(illocutionary)」[訳者注1] 動詞がある。この動詞は、ある特別な条件の下で、言うことを示すだけでなく、何かをさせる力を持つ(Austin 1962)。たとえば、現代英語の claim、say、command、threaten の中では claim と command だけが遂行的に使われる。日本語の「発表する」は遂行的であるが、「主張する」は話し方だけを表す。

　明確な遂行的用法における言語学的条件は、一人称、現在時制、叙述法、能動態である。しかし、議会の法令、最高裁判所の判決などのような公の会話行為は複数形、三人称、受動態の場合もある。遂行的用法には、決められた行いをする権利、社会習慣的規範などの非言語的条件も含まれる。これらはみな、行為の適切性を保証するものである。遂行的、非遂行的機能を果たす動詞の例を示す(Searle 1965 参照)。

(1) a. I *promise* to go.
　　b. I *promised* to go.

(1a)は、ある想定された文脈での約束「として解釈される(counts as)」、または約束「という発話による力を持つ(has the illocutionary force)」。つまり、(1a)は、相手の I want you to go などのことばに対して発せられ、(1a)を言った人は自分に行くという義務を負わせることになる。話し手は約束を誠実に守るか守らないかわからないし、適切に話しているかもわからないときがある(たとえば、話し手が刑務所にいる場合、行くという約束は不可能である)が、(1a)が約束であることは真偽とはかかわらない。(1a)を言ったとき約束が生じるのである。この会話行為動詞の遂行的用法は内容的であるとともに文脈形成的である。一方(1b)は描写文であり、真であるか偽であるかのどちらかである。promised は、会話行為動詞の機能という点で内容的で、文脈形成的ではない。

　明白な遂行動詞は、自己再帰的に遂行されている行為を指すという点で談話指呼機能を持っている(Verschueren 1995、1999)。つまり、遂行動詞は自己指呼的である。deixis(指呼)という語はインド・ヨーロッパ語の語根 deik-(示す、言う)から作られたもので、ラテン語の dic-(言う)、英語の teach(教える)と同族である。Meillet(1958 [1905-6])と後の Benveniste(1973: 387)はインド・ヨーロッパ語の deik の主な意味は、指して示すだけでなく合法的宣言(つまり会話行動)をすることによって示すことだった。ギリシャ語の dike は「告訴、判決」の意味、ローマ時代の判事は dicere ius(法律を厳かに宣言し)、それによって法律を作ったり作り変えたりしたのである。発話による行為は言うことによる行為である。遂行動詞は話し手／書き手と聞き手／読み手のペアの社会指呼に深く入り込み(話し手は聞き手に何かすることを約束する)、それが形になって現れる。たとえば、日本語の遂行動詞は、「(開会を)宣言いたします」、「お祝い申し上げます」のように、一人称主語を取るだけでなく、謙譲の形式がつく。日本語ではこのような社会指呼標識が多く使われ、それによって話し手／書き手と聞き手／読み手の関係を明確に示すことができる。日本語も英語もどちらも、公的遂行行為を指す動詞は一人称複数や三人称複数を取ることがある(We the people of the United States(われわれ合衆国国民は)/ The people of the State of California do enact...(カリフォルニア州の州民は、ここに…を制定する)など)。

　明白な遂行動詞はまた、モダルに近い特性を持っている。これは、Searle(1976、1979)が遂行動詞と世界の間の「適合の方向(direction of fit)」を議論する中で明確に提示された。Searle は世界を語に結びつける遂行動詞と、語を世界に結びつける遂行動詞を区別した[*1 訳者注2]。

(i)　語を世界に結びつける遂行動詞には、「断言詞(assertives)」の類があり、発話による行為として状況を代表する state, claim, hypotheisze, insist/suggest/swear that X is the case などの代表動詞、発話による行為として価値判断

を表す assess、rank、estimate などの決定動詞がある。代表動詞も決定動詞も認識のモダルと似た意味特性を持つ。これらは話し手／書き手の知識や信念を表し、聞き手／読み手にも同じような知識や信念を作り出す。
(ii) 世界を語に結びつける遂行動詞は「指図動詞(directives)」である。Searle はこれらを、request、command、insist/suggest that someone do X のような他人に何かをさせる動詞(彼はこれのみを指図動詞という)と、promise、vow のような自分で何かをする動詞に区別した。どちらの動詞も、義務を大なり小なり課するという点で義務のモダルと意味特性が似ている。
(iii) もう一つ、適合の方向が両方向である動詞がある。つまり、言われた行為が言うとともに現れる語で、語が世界に結びつくとともに、世界が語に結びつく。これらは「宣言詞(declaratives)」と呼ばれ、baptize、bet、arrest、marry など、ある状況を生み出す発話による行為を表す。宣言詞は、言語が「社会的事実の言語的構築(the linguistic construction of social facts)」をもたらす方法を示し(Mey 1993: 146)、発話行為の自己指呼的特性を示す。

遂行動詞とモダル語は、適合の方向性だけでなく、遂行性を表すのに使われる点も似ている(Boyd and Thorne 1969)。たとえば、(1a)は次のようにも言い換えることができる。

(2) 　　I *will* go.

同様に、命令や義務の意味でも、次のような例がある。

(3) 　　a. I *order* you to go.
　　　　b. You *will* go!(You will go, I insist on it!(あなたが行くことを主張する)という文脈で使われる)
　　　　c. You *must* go!(You must go, I require it!(行かねばならない、それを要求する)という文脈で使われる)

これらのモダル語は遂行動詞ほどは直接的ではない。これは、主要な動詞でなくより文法化した助動詞として、統語的により制約され、語用論的にもより文脈的解釈を受けやすいからという理由が一つ考えられよう。たとえば、モダル語は hereby(ここに)とともには起こらない(I hereby command you to leave(あなたに去ることをここに要求する)とは言えるが、*You must hereby go(あなたはここに行かなければならない)とは言えない)。

命令は法(ムード)によっても表すことができる。

(4) 　　Go!(Go, will you?(行ってくれませんか)と比較せよ)

ここで命令形は、(3a)のような遂行動詞による完全な構造を端的に表したものということができる。

会話行為の中には全く遂行を示す標識がないにもかかわらず、遂行的力を表す場合もある。英語では、会話の流れの中で、言うべき条件のもとで、言うという行為がこれに含まれる。たとえば、The sun is shining には遂行動詞は全く使われていないが、代表として遂行の力を持っている(I say unto you that... を補うのが、主として聖書の文脈では適切である。ここでは純粋に代表というわけではない。キリストはたとえ話や予言その他の話の真実性を唱えるが、一方で自分自身に権威を与えようとしている)[*2]。

第3章でも述べたように、日本語では、モダリティはさまざまな別の構造で表されてはいるものの、英語のモダル動詞に対応する文法範疇がない。英語で遂行的行為を表す promise、demand、urge、find、request などの遂行動詞やモダル語は、日本語の日常会話では使われない。その代わり日本語では、動詞の形式や発話の文脈が会話行為の機能を示す。たとえば、「やめる」という一語の発話で、文脈からわかる何らかの行為をやめるという間接的遂行(話し手による約束や意図)を表すことができる。疑問の上昇のイントネーションで「やめる？」と言えば、話し手から聞き手への「やめてくれない？」という要求を表すこともできる。「やめる約束をする」という文は文法的には正しいが、遂行の意味として使うのは不自然である[*3]。一方、「やめる約束をする」の非遂行的用法として、過去の行為をいうときの「やめる約束をした」という表現は自然である。

日本語の日常会話において「目的語＋遂行動詞」という型が比較的少ないのは、丁寧さという普遍的方策を使った間接的な会話行為を好むという日本の文化を反映している(Brown and Levinson 1987 [1978] を参照、Blum-Kulka, House, and Kasper 1989 も参照)。同時にこの現象は、言語はそれぞれ、命令・判決・宣言などの会話行為機能を表すのに似たような材料を使うことはあっても、異なる言語共同体は特別な会話場面においてどのような表現が適切であるかについて、異なる態度を取るということも頭に入れておかなければならないことを示している。このような異なる態度によって、意味変化において、一般的になるはずの喚起推論がなされなかったりすることもある。

にもかかわらず、日本語の話者は、やりもらい動詞などの社会指呼動詞を動詞へ接尾辞としてつけて使うことによって、恩恵の授受表現をしている。

(5) やめてください((目上である相手に対して)、「やめる」という恩恵を(目下である私に)ください)

(6) やめさせていただきます((目下である私が)「やめる」ことを許すという

恩恵を(目上であるあなたから)受けようと思います)*4

(6)の表現は、ただ「やめる」という場合よりも、話し手の聞き手に対する丁寧の度合いがかなり高いが、さらに(6)では、使役の「させ」と「いただく」のテ形によって話し手と聞き手の関係をも表している(「いただく」の主語は目下、恩恵を与える聞き手は目上である)。日本語の敬語表現については第6章で詳しく述べる。

　日本語では、これ以外にも講演会や公文書などの公の言語領域で、遂行動詞による構造が多く見られる。そのようなジャンルでは、発話行為機能を示す遂行的宣言表現が談話の初めと終わりに現れることが大きな特徴である。たとえば、ほとんどの公の場面では、優れた話し手による正式な挨拶が行われる。それは普通数分かかる。話し手はスピーチの初めに、次のような決まり文句を言う。

（7）　一言、ご挨拶申し上げます。

そして、スピーチの終わりは、次のように結ばれる。

（8）　以上、簡単ではございますが、ご挨拶と致します。

私的な手紙でも、これ以外の遂行的宣言表現による同じような一まとめの挨拶がなされる。このような明示的な遂行表現は、テクストの機能を明確にするだけでなく、談話標識としての広い機能を持つが、日本語ではそのようにテクストをくくるのに、宣言表現がいつも必要というわけではない。(7)、(8)のように、日本語の遂行動詞の多くは、発話行為のタイプや内容を表す行為名詞と「言う」や「する」の意味の動詞からなる(「ご挨拶申し上げる」、「ご挨拶いたす」など)。「挨拶」以外の行為名詞としては、「祝い」「見舞い」「礼」などがある。

　本章の焦点は、動詞が遂行動詞へ発展していくという意味変化である。また、日本語の「動詞＋名詞」構造も検討する。会話行為的意味を持つ動詞は、会話行為的でない意味の動詞から発展したというのが一般的主張である。いったんこの意味変化が起こると、ことばや認知にかかわるできごとや状況を表す会話行為動詞は、遂行するための適切な条件(適切な言語構造を含む)のもとで、その行為や関連した行為を遂行するために使われるようになる。遂行動詞の「遂行動詞後の」歴史や、モダル語の遂行的間接表現への発展についても少し検討する。しかし、ここではまず、遂行性を扱う歴史家が研究の際に心に留めておかなければならない問題について検討したい。それは、言語領域などを含む文化的規範の機能が、遂行性にどの程度関係するかということと、この領域でのテクスト的証拠をどのように解釈するかということである。

5.2 遂行動詞の発展の研究に伴う問題

　遂行表現を歴史的に研究するときの問題点の一つは、Searle(後)派の観点からの会話行為についての研究が、過去のどの時代においてもほとんどなされていないということである。その結果、遂行的用法として使えるような特定の表現の役割が十分には理解されていない。しかし、のろいなど、古い時代の会話場面や会話行為についての研究が始まりつつある(Jucker and Taavitsainen 2000、Culpeper and Semino 2000など)。また、口頭表現に関する特別なタイプの研究も現れた。Schlieben-Lange(1983)による中世フランス語の物語動詞や判決を宣告する動詞の研究、Goossens(1985)による古代英語の会話行為動詞 cwean、secgan、sp(r)ecan とそれに対応する現代英語の say、tell、speak の研究(2.2.3を参照)、Justus(1993)によるインド・ヨーロッパ語の祈願の研究、Arnovick(1994)による英語の約束の語に関する研究などである。しかし、日本語の会話行為の語に関する研究はあまり注目されていない。これは、上代や中世の文学作品で、引用された会話が誰の観点からであるかを解釈するのにさまざまな文献学的問題があるからである。特に、伝令を通して語られた、宮廷の天皇や高い身分の人たちの会話がそうである。さらに、今日までの日本語の歴史の研究は、日本でも海外でも、学問分野そのものの歴史的原因によって、近代以前の文献に焦点を当てる傾向があった。日本には、口語を記録した「古文書」の長い歴史がある。「古文書」には、誓約文書(「起請文」「落書起請」[*5])などの宗教的文書、夢の公的記録、宮廷の手続き文書(「宣命書き」)などが含まれる(Amino 1991)。しかしながら、これらには、標準表記での現代の注釈書がないのが現状である。

　この研究で重大な問題は、遂行されている行為をどのように解釈するかということである。それらの行為は、近代の条件とは異なる文化的条件から起こり、それらの条件を合法化した。遂行の特性は普遍性とはかけ離れているとよく指摘される。Rosaldo(1982)は、フィリピンの北ルソン島のイロゴット語における発話行為の実際を検討し、彼らの文化の人間性は英語文化圏とは異なる方法で形作られ、特にイロゴット語では、命令法や宣言法は数多くあるものの、I promise のような個人的な強いかかわりを表す独特の言い方がないことを示した(Rosaldo 1982: 2070)。Wierzbicka(1985b)は会話行為を汎言語的に訳すことは不可能であると述べている。したがって、もともと会話行為機能を持った動詞が必ず遂行的機能を持つに至ったり、われわれが認識するのと同じ遂行機能を持つようになると仮定することはできない。

　インド・ヨーロッパ語の話者は、約束(専心)や祈り(丁寧な命令)を、一人称主語でなく、人間と神との相互交渉として捉えていたと思われる(Benveniste 1973)。

第 5 章　遂行動詞とその構造の発展　227

ヒッタイト語やホメロス（ギリシャ語）、前期ラテン語の資料（Justus 1993）では、祈りや嘆願を表すのに一人称形があまり使われていないからである。その代わり、二人称命令形が典型的であった。ヒッタイト語の例を挙げる。

(9)　　{ANA　　DUMU.SAL.GAL　=ma=　kan　anda　assuli　namma
　　　　に対して　娘-偉大な　　　　=助詞=　助詞　不定　どうか　再び
　　　　neshut
　　　　向く-2 単-命令
　　　　n　　=an　　kez　　GIG-za　*TI-nut*　　　　nu　=ssi　　eni
　　　　助詞＝彼女に　これ-奪　病気-奪　救う-2 単-命令　助詞＝彼女を　この
　　　　GIG　awan　arha　　namma　*tittanut*}
　　　　病気　副詞　離れて　再び　　据える-2 単-命令
　　　　「どうか偉大な女王の方に再び向いて、彼女を病気から救い、彼女からこの病気を完全に取り去ってください」
　　　　　　　　　　　　　　　(Mursili II's prayer CTH 380 Obv. 16'–17 [Justus 1993: 134])

後期ラテン語の時代には、(10)のような、仮定法の従属節を持つ一人称叙述法が現れる。

(10)　　Mars　pater,　te　　*precor*　　*quaesoque*　　uti　sies
　　　　マース　父　　あなた-対　祈る-1 単　請う-1 単-と　補標　である-2 単-仮定
　　　　uolens　propitius　mihi　domo　familiaeque　nostrae
　　　　望んで　慈悲深い　私-与　家-与　家族-与-と　私たちの-与
　　　　「マース神父様、私と家、私たちの家族に憐れみを与えるよう祈り、請います」
　　　　　　　　　　　　　　　　　　　　(紀元前 1 世紀 Cato, 1412 [Justus 1993: 138])

このような一人称の用法について Justus は「ラテン語の叙述法における会話行為動詞 pray（祈る）や ask（頼む）は、ホメロスの give（与える）や grant（認める）の二人称命令形と対比することができる。ホメロスの文は「アポロよ、彼らに報いを与えなさい」という型で、Cato の従属節による仮定法は「マースよ、憐れみを与えるよう私は祈る」という型である」と述べる (Justus 1993: 138)。ここでは、未来のことがらにかかわる参与者としての聞き手から、会話場面における行為者として直接会話行為の「here（現場）」と「now（現在）」を示す話し手への焦点の移動を見ることができる。この談話方策が確立し、話し手の「自己確認（self-identify）」（一人称の使用による）と「行為確認 act-identify」（会話行為動詞で散漫な行為を遂行的に指すことによる）がなされるようになると、特殊な語彙が選ばれて、相互主観化や認識的括弧づけの用法（5.4.1 参照）、丁寧の標識（6.4.2 参照）などの、さらなる意味変化が

起こる。歴史言語学者にとっての問題は、ヒッタイト語と後期ラテン語の違いが、現代の会話行為の観点から見て、どの程度認められるのか、つまり、初期の文献では「私はあなたにYすることをXする」といった明確な遂行表現がないと結論づけられるのか、それとも遂行性の性質が異なっていたと結論づけることができるのか、ということである。ここでは、言語の形式は言語の意味と関連しているので、人称や意味などの遂行性の構造が時とともに変化するのか、またどのように表現されるようになったのかを探求するのが理にかなっているという立場を取る。歴史的変化の理由は言語的でなく社会的であるということを認める一方で、変化を可能にするメカニズムは認知的・伝達的であり、したがって言語的であるという立場である。

会話行動の変化の理由の一つに考えられる文化的理由はここでの注目点ではないが、会話行為を表す語彙やその意味に影響を及ぼした大きな社会的変化が、書くことによって起こったという事実を無視するわけにはいかない。15世紀のフランス語の史料編纂の発展の研究の中で、Schlieben-Lange(1983)は、書く目的についての新しい概念が芽生えて、語りに関する会話行為動詞の領域が変化したことを示した。たとえば、13世紀はconter(告げる)という語が一般的に使われていたが、15世紀には現存する文献を集めてまとめることが行われるようになり、ラテン語からの借用であるcompiler(編集する人)やcomposer(まとめる人)などの語が使われるようになった(Schlieben-Lange 1983：第6章)。中世英語の時代に、英語が公共の言語としての基礎になり始めると、フランス語でも比較的新しい語がフランス語から借用語として殺到した。これは、法や文学的分野での封建社会の生産や再生産を意味する語彙を探す必要があったからであろう。この時代は政治的、社会的変動の時代で、百年戦争においてフランス領を主張したり、ばら戦争において封建君主に対立したり、Romaunt of the Rose(ばら物語)のようなフランス文学を翻訳したりするのに(Chaucerが翻訳した)、新たに会話行為動詞が必要になった。この時代はまた、商業が急速に発展した時代で、契約や新しい官僚制度に関係した語彙も必要になり、さらに大学も数多く作られたので、学術的行為に関する語彙も必要になったのである。

公共の文献に会話行為の表現が見られるのは、日本語についても同様であるが、日本語では、公的文書の多くが、日本語の記録の歴史の中で、漢文で書かれている(1.6.1参照)という複雑な状況がある。そのような文献の中の会話行為表現は、公の書きことばとして遂行性を持っているが、漢文で書かれていることによって、その発展がぼやけてしまっている。さらに、会話行為表現の中には漢文のテクストから翻訳したときにできたものもある(その中には談話標識なども含まれる)。近代日本語で使われている会話行為動詞のほとんどは、室町時代にできた(14世紀から

15世紀にかけて)。この時期は、多くの意味領域における語彙の大きな転換期であったが、これらの語彙が、一時的景気の上昇や商業に携る社会階級の出現の時期に生まれたことは偶然ではない(このような言語外の要因については Amino 1991 を参照)。

　二番目の重要な問題は、現在手に入る文書は、一人称現在叙述形でないということである。つまり、遂行性として認められる公式とは異なるということである。たとえば、古代英語の時代、ラテン語は、中にはアングロサクソン人の遺書なども含まれるが、概して教育的、公共的文書に使われる言語であった。したがって、遂行的表現を調べる適切な文書が古代英語にはほとんどない。この時期、王様は、政治的共同体の頭として、自分自身を一人称だけでなく三人称でも表した。自らが認可した Cura Pastoralis の翻訳の序文としてアルフレッド王の書いた文にそれが現れる。

(11)　Ælfred　　　kyning　hateð　　gretan　　　Wærferð　　biscep his
　　　アルフレッド　王　　告げる-3単　迎える-不定　ウァーヘルト　司祭　彼の
　　　wordum
　　　語-与
　　　luflice　　&　　freondlice　　&　　ðe　　cyðan　　hate　　ðæt
　　　優しく　そして　親しみ深く　そして　あなたに　知る-不定　告げる-1単　補標
　　　me　com swiðe　oft　　on　　gemynd...
　　　私に　来た　とても　何度も　に対して　心
　　　「アルフレッド王はウァーヘルト司祭に優しく、そして親しみ深く迎えよう。そして、〜のことがよく心に浮かんだことを知ってほしい」
　　　　　　　　　　　　　　　　　(880 年 Alfred、Cura Pastoralis の序文 3 ページ)

(11)で、hateð は三人称、hate は一人称であり、どちらも現在叙述形である。三人称の節は遂行的と解釈できるだろうか。Austin、Searle その他の遂行性研究者による一人称行為は、公的な設定においては三人称であることが多いことを考えると、おそらくそのように解釈できるだろう。Beowulf などの詩に現れる会話や Boethius の Consolation of Philosophy(哲学の慰め)の会話の翻訳に三人称表現が現れるが、古代英語の散文コーパスでは、遺書を除いて[*6]一人称形はあまり現れない。中世英語の時代には、ラテン語に加えてフランス語が公的特権を獲得した。英語を法律や教育の言語として確立させようという動きが 14 世紀の半ばに見られたが、英語は 16 世紀まではあまり広くは使われなかった(Tiersma 1999)。一人称現在時制の遂行動詞が文献に現れない状況にあっては、遂行的行為と思われる三人称過去の表現に頼らざるを得ない。

5.1 でも示唆したように、これに関連した問題点は、会話行為表現の多くが、公的な言語領域に属することである。たとえば、学術的分野では In this paper I claim/hypothesize that(この論文では～を主張する／仮説として提示する)の claim (主張する)、hypothesize(仮定する)など、宗教的儀式としての祈り、祝福に関することば(Justus 1993 を参照)、契約、保証、裁判規定などの法的事柄に関係したことば(Kurzon 1986、Tiersma 1986 を参照)、権力を持つ公共団体関係のことばなどである(Bourdieu 1991 参照)。詩においても、会話行為表現の約束ごとがある。たとえば、Virgil が Aeneid を Arma virumque cano(戦いと英雄を私は歌う)で始めたり、Whitman が I sing the body electric(震える体を歌う)と書いたりするように、詩人は宗教儀式的行為のしきたりを詩として遂行的に表現しているのである。「会話行為動詞」が、正式で公共的、慣習的な言語領域と結びついていると考えると、その一般的名称にもかかわらず、少なくとも当時は、文書中の行為を表していたことは当然であろう。多くの場合、通常の言語において、比較的遠まわしなモデルや明確でない遂行形式が使われている。明確な遂行動詞の機能が借用語と結びついているというのも驚くに足りない。修辞的型や法律、公共機関や文化的行いが、征服によって借用されたり課せられたりするとき、古い行いと関係していた語は不適切になったり読み書きできなくなり、語彙の全面的入れ換えが起こる。英語では、フランス語経由で入ってきたラテン語の語根やギリシャ語の語根が広く使われている。日本語でも、遂行動詞の多くは、「宣言する」、「認定する」、「判断する」などのように「漢語の名詞＋する」によって作られる。その形式の多くは、漢語からの借用であると否とにかかわらず、学術的、宗教的言語領域の語彙である。たとえば、「お祝いする」は「祝福を受けるために宗教的儀式を行う」という意味がもとで、「挨拶する」も悟りを得るために互いにする禅問答を表す言葉であった。遂行性の歴史の研究者として、このような言語領域の違いや「学術性(learnedness)」にいつも注意しなければならない。

会話行為動詞(借用語と原語)の社会的、修辞的機能の違いと遂行性については、Bergner(1998)による中世英語のミステリー劇における会話形態の研究に少し触れられている。Bergner によれば、神やイエス、マリア、アブラハムなどの人物には主として「縦のスタイル(vertical style)」が使われ、彼らはみな社会的役割が前もって決められていて、会話はダイアローグではなく一人で行われ、「彼らの会話は重要な情報、予言、説教、解釈を提供し、議論の雰囲気を調和させている」(Bergner 1998: 77)。ヨークサイクルでイエスは、十字架刑の場面において二回だけ話をする。イエスのことばは「縦のスタイル」の典型で、bid、beseech などの原語の会話行為動詞だけでなく、借用語の専心を表す obblisshe(専心する、契約する)も含まれ、すべて 6 行の中に現れる。

(12)　　þou　　badde　　þat　　I　　shulde　　buxsom　　be
　　　　あなた　頼んだ　補標　私　べき　　進んで　　である
　　　　For　　Adam　plyght　for　to　be　　pyned
　　　　ために　アダム　窮状　ために　不定　である　十字架刑にされる

　　　　Here　to　　　　dede　I　　obblisshe　me
　　　　ここで　に対して　死　私　　専心する　私自身
　　　　Fro　þat　synne　for　　to　　saue　mankynde
　　　　から　その　罪　　ために　不定　救う　人類
　　　　And　　soueraynely　beseke　I　　þe
　　　　そして　熱烈に　　　請う　　私　あなたに
　　　　That　þai　for　　me　may　　　　fauoure　fynde.
　　　　補標　彼ら　ために　私　かも知れない　慈悲　　見つける
　　　　「あなたは私に、アダムの罪のために進んで罰を受けるように頼んだ。ここに私は人類を罪から救うために死に専心し、私のために彼らに慈悲を認めてほしいとあなたに切に願うものである」

　　　　　　　　　　　　　　　　　　（1373 年 York Plays, 1.51 ［Bergner 1998: 78］）

一方、羊飼いや兵士、その他低い生まれの人たちには「水平のスタイル(horizontal style)」が使われ、「賛同と同意(approval and agreement)」、「意味のない口頭のジェスチャー(empty verbal gestures)」の特徴を持っている(Bergner 1998: 81)。この「意味のない口頭のジェスチャー」は感嘆詞、括弧づけの表現、おきまりの挨拶、さらに相互主観性の標識などである。

(13)　　2 Pastor: How Gyb, goode morne!Wheder goys thou?
　　　　　　　　　Thou goys ouer the corne!Gyb, I say, how!
　　　　1 Pastor: Who is that? -John Horne, I make God avowe!
　　　　　　　　　I say not in skorne, Ihon, how farys thou?
　　　　牧師2：ギブ、おはよう。どこに行くんだい。
　　　　　　　　とうもろこしの上を歩いているじゃないか。ギブ、僕は「やあ」
　　　　　　　　と言っているんだよ
　　　　牧師1：誰だい。ジョン・ホーンです。誓って。冗談ではなくて、ジョン
　　　　　　　　です。御機嫌いかがですか。
　　　　　　　　　　　　　　　（1450 年 Wakefield Plays, 82 ［Bergner 1998: 81］）

しかし、羊飼いらが子供のイエスを見たとき、彼らは「縦のスタイル」に近いスタイルに変わる。

次に、英語や日本語(あるいは日英への提供言語)で、新しい公的な意味が作り出される語彙領域に移ろう。

5.3　遂行動詞の先駆語[*7]

Fraser(1975)は、現代英語から275語の「会話行為動詞」を挙げている(figureなど、遂行的にはほとんど使われない語やaverなど、遂行的には全く使われない語も含まれる)。その多くはフランス語やラテン語からの借用語である。英語の遂行動詞のもとになった語、特に借用された語は、空間における存在や動作を表す語が大部分である。日本語のいくつかの語も同じである。つまり、それらの語は、Reddy(1993 [1979])が「導管メタファー(conduit metaphor)」と呼ぶ意味変化と関連した特徴を現している。これは、ある種の容器を通して変化するものとしてことばを扱う隠喩である[*8]。そのような語には次のようなものがある。

(i)　　空間における位置：insist(主張する)＜ラテン語のin(中に)＋sta-(立つ)の過去分詞

(ii)　　空間を通る動作：　concur(同意する)＜ラテン語のcon(と一緒に)＋curr-(走る)

　　　　concede(譲歩する)＜ラテン語のcon(と一緒に)＋ced-(去る、退く)

(iii)　道に沿った移動：　suggest(示唆する)＜ラテン語のsub(下に)＋ger-(運ぶ)の過去分詞

　　　　suppose(想像する)＜ラテン語のsub＋pon-(置く)の過去分詞

　　　　assent(賛成する)＜ラテン語のad(に)＋sent-(行く)

　　　　admit(認める)＜ラテン語のad＋mitt-(送る)(この語根を使った語には、promise, dismiss, permit, submitなどがある)

　　　　受け入れる＜受ける＋入れる

　　　　讃える[*9]＜上代の「讃ふ(あふれんばかりに水を満たす)」[*10]

空間を表す語が会話の成り行きを表すメタ言語になるという隠喩的拡張は読み書き能力の機能によるということが言われている(Ong 1982など)。目に見える空間を使って言語を客観化するというのは、読み書き能力によってのみなされるからであ

る。しかし、読み書きのない社会でも、空間を使った具体的なものによって会話行為を概念化することは可能である。たとえば、Heeschen は、西ニューギニアの言語であるエイポ語のメタ言語領域を議論する中で、「メタ言語的語が最も多く作られる意味領域は、木を刻んだり切ったり、果物の食べられる部分をあらわにしたりする領域である。情報や会話、物語の比較的長い一節は、名前を列挙したり、語をつなげたり重ねたりする行為として考えられた」(Heeschen 1983: 172 ［Traugott 1991: 403］)。しかし、話題変更や前言のまとめなどの談話の流れにかかわる標識として、空間を表す語が広く使われるのには、読み書き能力が左右していることも確かである。たとえば、Fleischman(1991)は、Perret(1982)を引用して、12 世紀の口頭の手段としてのフランス語の使用法から、13 世紀の終わりの書く手段としての使用法への変化は、談話の流れの中での時の標識の用法から空間の標識への変化と関連性があると指摘している。たとえば、日常会話における「談話中の現在の位置を示す顕著な交通標識である」(Fleischman 1991: 304) or(今)から cy(ここ)への変化が挙げられる[*11]。13 世紀には、この二つの語が、同じ文献だけでなく、同じ文に同時に現れるのも、過渡期として不思議ではない。

(14)　　Or　se　　taist　　cy　　l'ystoire　　des　　deux　　chevaliers.
　　　　今　再代　こわれる　ここで　定冠-物語　の　二人の　騎士
　　　　「今、二人の騎士の物語が、ここで中断する」

　　　　　　　　　　　　　　　　　　　　　　(13 世紀［Fleischman 1991: 304］)

　読み書き能力のある社会で好まれて使われた(それに限られたわけではないが)遂行表現は空間を表す語に由来するが、そのほかにも次のような語に由来する語がある。
(iv)　視覚：advise＜ラテン語の ad＋vis-(注意して見る)＜vid-(見る)
　　　　　　argue＜インド・ヨーロッパ語の arg-(輝く、白)(argent(銀)を参照)
　　　　　　認める＜近代日本語の「見る」＋「止める」
　　　　　　告白する＜「告」＋「白」
　空間と視覚だけが遂行動詞の源ではない。ラテン語やフランス語から借用された動詞も、別の語に由来している。
(v)　話す・呼ぶ・叫ぶ声：advocate＜ラテン語の ad＋voc-(向かって呼ぶ)
　　　　　　　　　　　　deplore/implore＜ラテン語の de(から)・in(中)＋plor-(泣き叫ぶ)
　　　　　　　　　　　　古代英語の swer-(誓う)、andswer(答える)＜インド・ヨーロッパ語の and-(対して)＋swer-(話す)
(vi)　心理状態(認知)：　acknowledge、recognize＜インド・ヨーロッパ語 gno-

(知る)

古代英語 acyðan(告知する)＜(古代英語 cuþ(知られた)＜インド・ヨーロッパ語 gno-(知る))

心理状態(感情)：　　volunteer ラテン語の vell-(望む)

(vii)　具体的物の操作：　古代英語 bidd-(頼む)＜インド・ヨーロッパ語 bedh-(曲げる)

read-(説明する)(＜インド・ヨーロッパ語 ar-(つなげる))

断る＜「こと」＋「割る」

　遂行的目的で使われる会話行為動詞の源を調べることによって、本書のテーマであるいくつかの変化(非会話的意味から会話的意味へ、非主観的意味から主観的意味への変化など)を裏づけることができる。たとえ自己が公共団体に属していても、意味の専買権はその個人とその個人が置かれている状況にある。談話標識だけでなく会話行為動詞においても、内容的意味から内容・文脈形成的機能(特に談話指呼機能)への変化を見ることができるのである。

(15)　　事象動詞＞会話行為動詞＞遂行(談話指呼)動詞

心理状態を表す recognize(知る)の前に I recognize that I was wrong to do that(それをしたのは悪かったと認める)のような recognize(認める)の用法が現れたり、「輝く」という意味の argue の前に「議論する」の意味の argue が現れることは予期しにくい。

5.4　遂行機能の発展

　次に、ケーススタディとして指図や宣言を表す動詞を挙げる。特に、英語の「約束 PROMISE」の意味を表す専心語、中国語の「保証 GUARANTEE」の意味を表す語、日本語の「挨拶 GREET」の意味を表す語の発展を検討する。

5.4.1　指図動詞：英語の「約束 PROMISE」

　本節では、専心性の「約束」を表す語が、どのようにして会話行為動詞になり、さらにその意味を超えて発展したのかについて見ることとする[*12]。「専心性の(commissive)」行為とは、発話による行為であり、その観点は話し手・書き手(聞き手・読み手も含むこともあるが)を、程度の差こそあれ、未来の行動に向けさせる。Searle は、専心語について「適合の方向は世界から語であり、真の条件は意図である。命題の内容は常に「話し手 S が未来の行為 A をする」である」と述べる

(Searle 1979: 14)。近代英語の専心動詞には、promise、vow、pledge、guarantee、swear がある。古代英語には gehat-・behat-(誓約する)がある。

専心性に「異なる程度がある(in varying degrees)」というのは、異なる文化的伝統や異なる時代において、専心性は多かれ少なかれ再帰的であるという警告である。これは、英語特有の「約束」の表現に特に当てはまる。それは、Searle(1979)が典型的遂行動詞として挙げた現代英語の promise である。現代英語で、promise はとりわけ個人的行為である。というのは、相互的行為が予期されないからである。したがって、If you do X, I promise to do Y(もしあなたが X をするならば、Y をすることを約束する)のように条件節を持つ文は禁じられる。ある文化では、約束という概念がほとんどない(5.2 で取り上げたイロゴット語など)。また、promise が、われわれが緩やかに「約束」と呼ぶ行為よりも「誓う」の意味に近い重大な行為である場合もある(Arnovich 1994)。Benveniste(1973)は、インド・ヨーロッパ言語の時代には、誓約したり宣誓したりすることは個人同士で行うものではなく、人と神の間の相互交渉であったと述べる。神は好意的に答えることが期待され、したがって、誓約することは、神からの支えを予期して自分を捧げることであった。promise に代わる動詞が promise よりも、Benveniste が認める相互性が高いことを後に示す。

17 世紀の哲学者の Hobbes は、会話行為理論の先駆的研究の中で promise とは「目的か意図(purpose or intention)」の表現であるとしている。

> 会話のもう一つの用法は、欲・意図・意志の表現である。質問による知識欲、依頼・祈祷・嘆願など、他人にしてもらいたいという欲、未来の行為について肯定したり否定したする「約束」(PROMISE)としての目的や意図の表現、悪の約束である「威嚇」(THREATENING)など。

(1650 年 Hobbes, Element of Law, Pt. 1 第 13 章 67 ページ、大文字は原文のまま)

Hobbes は、同時代の人たちと同じく、promise と threaten を対にして比べた。たとえば、Palmer は、専心性としての二つの語の「唯一の違いは、聞き手が何を望むか」ということであると述べる(Palmer 1986: 115)。しかし、Searle は、promise は遂行動詞として使えるが threaten は使えないと言い(1979: 7)、その前に Hobbes は、「人間の中においても、よい約束は約束した人を縛るが、脅かし、つまり悪い約束は、約束した人を縛らないと述べる(1651 年 Hobbes Leviathan Pt. 3 第 38 章 456 ページ)。

さらに、promise は社会習慣的、相互伝達的であるが、threaten と警告は「それらが会話行為である限りにおいて」その必要はない、と述べる人もいる(Sperber and Wilson 1995 [1986]: 145)。つまり、threaten は会話行為動詞であっても、遂行動詞ではなく、非遂行動詞としてのみ、promise と対になる。これは、「威嚇」

と「約束」が並行的に変化するという仮説(Traugott 1996 による英語についての仮説、Verhagen 2000 によるオランダ語の beloven(約束する)と dreigen(威嚇する)についての仮説)の適切性に疑問を投げかけることになる。

　名詞の promise は 1400 年より少し後の中世英語の時代(つまり Chaucer の時代)にフランス語から借用された。ラテン語の名詞は、空間動詞 pro-mittere(前方に-送る)の過去分詞から来ている。つまり、promise とは「前方に送られる」ものであった。ラテン語の promittere は、この輸送の意味に加えて、会話行為動詞として「誓う」という意味で使われたり、無生物主語とともに認識的に「予告する」という意味としても使われた。後期ラテン語では、非空間的に「予告する」の意味として専門化した。これは、その後の -mitt-(約束)と -mett-(送る)の語根分化に反映されている。しかし、初期のフランス語において -mitt- は -mett- に類推化し、早くから promettre という形式が現れた。この「約束」の動詞は宗教的文献に限られていた。フランス語の歴史においては、会話行為動詞としての意味が「予告する」の意味よりも前に起こる(Robert 1992 は会話行為動詞の意味を 980 年の文献から、「予告する」の意味を 1160 年の文献から引用し、後者は prédire になったと述べる)。この両方の意味がラテン語にすでにあるので、古代フランス語においても両方が同時に存在したと考えられるが、おそらく「予告する」の意味はフランス語において新たに生まれたと思われる。もしそうだとすれば、これも「拘束」から「認識」への変化を辿っていることになる。以下に述べるが、同じ変化が英語において繰り返し起きている(「約束」を表す語の二つの対において)。

　中世英語におけるフランス語の動詞形 promit は中世英語辞典にいくつか現れるが、最も頻繁に現れる形式 promise は、英語においては名詞から造られたと思われる。動詞としての promise は、ヘルシンキコーパスにおいて、まず節補語(that 節か to 不定詞節)を伴って現れ、する行為を報告するのに使われた。三人称過去や受身構文によく現れる。

(16)　a. vn-to þe day whech he had *promysed* to come a-geyn
　　　　unto the day which he had promised to come back
　　　　「彼が帰ってくると<u>約束した</u>その日に」

　　　　　　　　　　　　　(1438 年以後 Kempe, 57 [Traugott 1996: 186])
　　　b. that the seid Pilgrymage was avowed and *promysed* for
　　　　that the said pilgrimage was sworn and promised for
　　　　the greet periles and combrous occupacions that be
　　　　the great dangers and onerous occupations that by
　　　　liklynesse at diuerse tymes myght haue falle.

likelihood at various times might have happened
「この先起こるに違いない大きな危険やたいへんな仕事のことを思って、前述の巡礼の旅が宣誓され、<u>約束された</u>」

(1441 年 Documents Chancery, 167 ページ)

一人称現在による遂行的例は、15 世紀終わりのドラマに初めて現れる。(17)は、Herod(ヘロデ王)が Watkyn(ワトキン)に、幼児虐殺と現在呼ばれている行動をするよう命令したあと、ワトキンがヘロデに答えていったことばである。

(17) We wylle let for no man...
　　　we will stop for no man
　　　For your knyghtes and I wille kylle them alle, if we can!...
　　　for your knights and I will kill them all, if we can
　　　An *this I promise you*, that I shalle neuer slepe,
　　　and this I promise you, that I shall never sleep
　　　But euermore wayte to fynde the children alone.
　　　but always wait to find the children alone
　　　「容赦はしない。騎士たちを、できるものなら皆殺しにしよう。さらに<u>あなたに約束します</u>。寝ないで、子供のみを見つけるまで待ち続ける、と」

(1500 年 Digby Plays, 102 ページ)

　後期中世英語には、異なる型の表現が現れる。I promise you という括弧づけの決まった認識表現である。他の認識表現と同じく、これも未来のことでなく、話す時点のことを指す(Thompson and Mulac 1991、Aijmer 1996 を参照)。これは、描写場面の時制のいかんにかかわらず、発話に関する話し手／書き手の確信の程度を表す。この意味で、主観的、モダル的である。また同時に相互主観的でもある。聞き手／読み手が、話し手／書き手の述べたことの真実性に対して何らかの疑いを持つことを、話し手／書き手が意識した使い方であるからである。その機能は、主節の後で最も明らかになる。この用法は非専心的であり、確信や緩衝の機能を持つ。

(18) He losyth sore hys tyme her, *I promyse yow*.
　　　He wastes badly his time here, I promise you
　　　「彼は自分の時間を非常に浪費している、<u>ほんとうに</u>」

(1469 年 Paston I, 542［中世英語辞典］)

　補文標識を伴わずに主節の前に現れることもある。これは、次に続く発話に対する前置きの役割を持ち、truly(まさに)、for sure(確かに)などの認識的会話行為副詞

と似たような働きをする。節の終わりに現れるのと同じく、これも対人関係的機能を果たす。

(19) Pinchwife: I tell you then, one of the lewdest fellows in town, who saw you there, told me he was in love with you...
Mrs. Pinchwife: Was it any Hampshire gallant, any of our neighbours? *I promise you*, I am beholding ["grateful"] to him.
Pinchwife: *I promise you*, you lie; for he would but ruin you, as he has done hundreds.

ピンチワイフ氏　「この町で一番好色な男が君を見て、恋に落ちたと言ったよ」
ピンチワイフ夫人「それは近所にいる女性に優しい黒豚さんね。間違いなく、彼に感謝しているわ」
ピンチワイフ氏　「間違いなく、それはうそだ。彼は君をだめにするだけだ。今までに何度もだましてきたんだから」

(1674/75 年 Wycherley, II. i. 109)

この用法は遂行動詞から来たのだろうか、それとも別のものから来たのだろうか。Brinton (1996：第8章) は、認識的括弧づけの用法、とくに一人称と認識動詞を使った I woot wel (私はよく知っている)、I wene (私は思う)、I undertake (私は断言する)、I guess (私は推測する) などが、中世英語の時代に、口語調を反映すると思われる Chaucer の作品で特によく使われるようになったことを指摘している。これらは、部分的にモデルになったかもしれないが、I promise とは多くの点で異なる。これらは、それだけでは遂行的な意味を持たず、二人称の you とともには使われない。もう一つ、I promise you との違いは、これらは以前に I wene so (私はそう思う) のような「I + 動詞 + so」の構造があったことである、と Brinton は言う。この so は前の内容を指して使われる。promise でこのように前の内容を指す用法は、promise が会話行為動詞で直接目的語を取る場合である。

(20) and there asked hym a gyffte that he promysed her whan she she gaff hym the swerde. "That ys sothe," seyde Arthure, "a gyffte I *promysed* you, but I have forgotyn the name of my swerde."

「そこで彼に贈り物がほしいと言った。それは彼女が彼にスウェード革をあげたときに、彼が約束していた。「そのとおりだ」と Arthur は言った。「君に約束した贈り物だった。でも、そのスウェード革の名前を忘れてしまったよ」」

(1471 年以前 Malory, Morte Darthur 48 ページ)

しかし、I promised you so という例は文献に現れない。このことから、I promise you の用法は、他の認知動詞とは異なるところから来たものと思われる。

　I promise you のもとは、promise の「する」的用法であろう。もしそうだとすれば、発話時を指す意味は、発話時の話者のかかわりによるものであり、それは未来に約束を遂行するための条件となる。以下で述べるように、「約束」を示す英語の動詞も、早くから認識的括弧づけ用法を持っているが、認識動詞への類推は可能性として低い。したがって、約束を表す動詞の場合、遂行的決まり文句自体がもとからあったと仮定する。

　(20)のような他動詞の promise は、16 世紀には、さらに別の認識用法を生み出した。それは会話行為動詞としての意味でも、括弧づけの意味でもなく、「予想される」という意味である。この新しい認識的な用法は未来を指す。これは、promise の基礎用法(話し手が予想を呼び起こす用法)から、(動作主的人ではなく)状況が予想を呼び起こす用法への拡張である。

(21)　a. Yf any man all this can gett, shall he haue the greatest felicitie, shall he fynde her in these that we haue shewed you, *promise* more than they giue?
「もしこれらすべてを得ることができたら、その人は至福を得るだろうか。その人は、あなたに示したこれら(名誉、栄誉、悦楽)の中に、これらが与えるより以上のものを約束する何かを見つけることができるだろうか」
(1593 年 Queen Elizabeth 57 ページ［Traugott 1996: 187］)

　　　b. As the morning *promised* a fair day we set out, but the storm coming up again we were obliged to come to.
「朝は、船出するのによい日を約束したのだが、嵐が再びやって来て、停泊せざるを得なくなった」　　(1784 年 Muhl［Traugott 1996: 187］)[*13]

(21)のような認識的他動詞構文は、18 世紀に発展した不定詞補語を取る非遂行的繰り上げ構文の先駆である。ここでの意味は「予想する」、つまり前に述べたフランス語の promettre の意味であったが、英語ではそれと独立して現れたようである。話し手／書き手は文を、経験にもとづいて未来に起こることとして見、しかも肯定的に見る(したがって、以下の(22)の例のように extraordinary や handsome のような賛意を表す語と結びつく)。初期の例では、補語には be 動詞によって何かの始まりを表すものが来る。

(22)　a. Mirabell: I have seen him. He *promises* to be an extraordinary person; I think you have the honour to be related to him.

　　　　　Mirabell: 彼を見たよ。彼は並外れた人になると思える。君は彼と近づき
　　　　　になるという名誉に恵まれると思う」
　　　　　　　　　　　　　　　(1700 年 Congreve, Way of the World, Act I, 329 ページ)
　　　　b. The Capitol *promised* to be a large and handsome building, judging from the
　　　　part about two thirds already above ground.
　　　　「地上約三分の二の部分から判断すると、国会議事堂は大きくて立派な建
　　　　物になると思われた」
　　　　　　　　　　　　　　　　　　　　(1795 年 Twin [Traugott 1996: 188])

19 世紀の終わりには、(23)のような天気の文などのような状態動詞を使った文にまで用法が広がっていった。ここでは未来を指す。この例では、主語の話題役割は非存在にまで格下げされ、繰り上げ構造(無生主語構造)が正統的になった。

(23)　　The weather was hardening into what *promised* to be half a gale.
　　　　「天気は、強風に変わると思われるものになっていった」
　　　　　　　　　　　　　　　(1891 年 Eng. Illustr. Mag. Oct. 65 [Higgins 1990])*14

　このような例は、Langacker や Traugott の主観性の観点に最も近い。しかし、明確性については異なる議論がある。

　これまでの記述から、promise には、社会相互的、また言語的文脈によって、主観化が二つの異なる道筋の上で進んだといえる。一人称現在時制で文の補語を導くとき、promise は遂行動詞として使われた。遂行の用法としての promise は、世界を語に適合させようする行為者としての話し手が権威を利用することを表す。遂行用法がさらに発展すると括弧づけの認識用法になる。これは、会話行為の現場における聞き手／読み手のイメージ保持の必要性に話し手／書き手が注目するので、相互主観的である。in fact の発展と同じく、promise も主観的意味だけでなく、語用論的、談話にもとづく意味が強まる変化をする。言うことを意味する語(もともとは空間を示す語から派生しているが)を遂行的用法に使うことは、内容的意味を、談話の文脈形成的指呼機能として使うことと同じである。この動詞を、話し手と聞き手を示す代名詞を伴って、認識的括弧づけとして使うことは、それを文脈の中に当てはめることで、その主要な機能は、認識的モダルを表すことではなく、文に前置きをすることと、聞き手／読み手が自分のメッセージに疑いを持つかもしれないことを認めることである。

　もう一つの発展の道筋は三人称とともに起こった。他動詞の、名詞句目的語から be 動詞の不定補語への一般化を通って認識的繰り上げ動詞になる変化である。この認識的意味の発展も、主観化である。動詞によって、未来についての話し手／書

き手の考えがはっきりと表されるからである。しかし、この場合は文脈形成的意味が強まることはない。

この二つの変化の道筋を 5.1 に図式化する。

図表 5.1　promise の発展

ここで、Verhagen(2000)によるオランダ語の beloven(約束する)の研究と比べてみよう。beloven は 19 世紀にすでに会話行為(約束する)と認識(なりそうだ)の両方を表す多義語であった。英語では、前者が(17)、後者が(19)に対応する。オランダ語の例を挙げよう。

(24) a. Hij *beloofde* de grondwet te verdedigen.
　　　 彼は 約束した 定冠 基礎-法 不定 擁護する
　　　「彼は憲法を擁護することを約束した」
　　b. Het debat *beloofde* spannend te worden,
　　　 定冠 議論 ～そうだった おもしろい 不定 なる
　　　「議論はおもしろくなりそうだった」　　　　　　(Verhagen 2000: 201)

Verhagen は、Langacker の主観性の理論を変化させ、「人物主観性(character-subjectivity)(報告された主語の持つ記述的特性)」と「話し手／聞き手主観性(speaker-hearer subjectivity)」の二つを区別している。たとえば、(24a)が報告されたとき、三人称の he に人物主観性が付与される(he は約束という主観的行為を肯定的に果たす)。he にはまた、話し手が自分自身を行為と肯定的に結びつけるので、話し手／聞き手主観性も付与される(話し手は、dreigen(威嚇する)のような否定的ことばでなく beloven を使うことによって、相互主観性を反映させている)。Verhagen は、(24a)から(24b)への認識的意味の発展は主観性の増加ではなく、話し手／聞き手主観性は維持される一方で、人物主観性を含む記述性の喪失であると述べている。意味の記述性の喪失は、「制御(control)」から「繰り上げ(raising)」構造への変化による(制御は漸次的であるという Dowty 1985 や Higgins 1990 による仮説にもとづく。彼らは完全な制御から無制御までは連続すると述べている)。オランダ語においても英語においても、異なる発展の道筋があることを示している。一つには、promise の認識用法は制御構造から直接起こったのではない((21)

を参照)。もし英語における変化が、人物主観性の喪失であるとしたならば、必ずしも肯定的でない認識的多義語の発展を説明することはむずかしいし((23)を参照)、未来でなくその時点にもとづく認識的括弧づけの発展を説明することもむずかしい((18)を参照)。英語では、異なる構造において、少なくとも主観性の増加が起こったことは間違いない。

　promise が借用語であるので、それが古い語に置き換わったのか、またもしそうだとすればなぜかという疑問を持つのは自然である。古代英語の時代には promise とおおよそ同じ意味の専心語があったことは疑う余地がない。動詞の語根として最も多く使われたのは hat-(もともとは述べたり名を言ったりする「言う」という意味の動詞である)で、その派生形 gehat-、behat- が特に多く使われた。それらは、近代英語の約束の意味よりも誓約に近い意味として、社会的、精神的に重要性の高い契約の場面でよく使われた。中世英語の時代には、認識的括弧づけとして一般的場面で使われるようになり、その終わりには無生物主語とともに使われるようになった。これは、その後何世紀かたったあとの promise の発展に似ている。

　Beowulf において、時代を代表する英雄 Beowulf は、怪物の Grendel に国を破壊された国王 Hroþgar に対し、誓いをいくつか立てる。その一つは Hroþgar が Heorot という宮殿で不安なく眠ることができるというものである(第3章の(34)と同じであるが、ここでは(25)として再掲する)。

(25)　Ic　　hit　　þe　　þonne　*gehate*,　　þæt　þu　on　　Heorote　most
　　　 1単　 それ　2単　では　　約束する　　補標　2単　中で　Heorot　　できるだろう
　　　 sorh-leas　swefan.
　　　 心配なく　 眠る
　　　 「Heorot では心配なく眠ることができることをあなたに約束する」
　　　　　　　　　　　　　　　　　　　(8世紀 Beowulf, 1671 [Visser: 1969: 1791])

　司祭や伯爵、ノーフォーク州、サフォーク州の人々に領土に関する遺言をする場面で、Edward 国王は次のように言った。

(26)　Eadward　cyningc　gret　Ægelmer　biscop...　freondlice
　　　 Edward　 王　　　　招く　Aylmer　　司祭　　　 心から
　　　 ic　 cyæ　　　 eou　　　　þæt　hic *gehate*　　be　　　　 fullan　hæse　þæt
　　　 私　宣言する　あなたに　補標　私　誓約する　によって　完全な　命令　補標
　　　 Sancte
　　　 聖
　　　 Eadmundes　inland*[15]　sy　　scotfreo　fram　heregelde.

```
       Edmund の　内領地 be:　仮定　控除　　　から　戦争-税
```
「Edward 国王は心から Aylmer 司祭を招く。私はあなたに、私の所有する聖 Edmund の領地は戦争税を控除されると誓約することを宣言する」

(1075 年 Charter(Harm.),　15)

　このic gehate は、近代の「約束」の意味よりは「誓約」の意味に近い。これは荘厳な誓約である。

　勅免(あるいは遺言)は古代英語の専心語が現れる重要な資料で、法的儀式の発展を物語っている。また、もともと話されていた会話行為が書かれた文献で新しい意味を獲得する過程も示している(法的文献を含む慣習的談話における話しことばから書きことばへの変化については、Danet 1997 を参照)。

　古代英語の遺書は口頭で専心したり誓約する行為を書いて表すものであった。「個々人は、死後の魂を見てもらうために、財産譲渡と引き換えに教会と契約を結んだ」(Danet and Bogoch 1994: 106)。口頭の行為は、書かれてはいても縛られるものではなかったため、古代英語の遺書の多くは、遺言者の望みに反する人に対する呪いで終わったり、望みを実行してくれる人に対する祝福で終わったりしている。17 世紀までには、遺言は一方向的になり、財産を伝えたりするとき、また Bach (1995)によれば、宗教的に不安定な時期(や戦争の時期)に信念を述べたりすることなどに関する書式が決められるようになった。ここで重要な点は、個々の会話行為動詞は、社会的慣習に深く根ざしてはいても、似たような歴史的変化をしていることである。

　古代ゲルマン語の gehatan/behatan は、歴史的に専心の性質が変化するとともに、殊に英国の封建社会の文脈で、何かをするための誓約と深く結びついていった。(27)の報告文では、誓約の動詞とともに使われている。

(27) a. þis　light　þey　han　*hoten*　　and a-vowed to kepen.
　　　　this light they have promised and vowed   to maintain
　　　　「彼らは約束し、この見解を維持すると誓った」

(1389 年 Nrf. Gild. Ret, 14 [MED])

　　　b. þough ye　han　sworn and *bihight*　to perfourne youre emprise.
　　　　though you have sworn and promised to perform   your　enterprise
　　　　「あなたは誓いを立てて、あなたの仕事を遂行すると約束したけれども」

(1386–90 年 Chaucer, CT, Melibee, 220 ページ, i. 1065)

　偽りの誓いもあり得る。Margery Kempe の自伝的物語で、彼女は司祭に、ある訪問者は信頼できないと警告する。司祭は彼女の直感が正しいとわかる。それは、

訪問者が司祭に本を一週間以内に返すと約束したときであった。

(28) "Sere, I hope to be her a-geyn þe next woke & bryng it wyth
sir, I expect to be here again the next week and bring it with
me &, ser, I *be-hote* ȝow ȝe schal haue it before any oþer
me and sir I promise you you shall have it before any other
man..."... but þe man wold neuyr comyn at þe preste aftyr.
man but the man would never come to the priest after
・「「司祭様、来週また戻って来て、本を持って来ます。司祭様、誰よりも早く返すことを<u>約束します</u>」。しかし、男は司祭の前に二度と現れなかった」
(1348 年以後 Kempe 58 ページ)

hat-(約束する)動詞には、中世英語の終わりに、promise と同じく認識的括弧づけの用法も現れる。

(29) a. Min herte takth, and is thorghsoght
my heart pays: heed and is resolved
To thenken evere upon that swete
to think always on that sweet: one
Withoute Slowthe, *I you behete*.
without Sloth I you promise
「私の心は注意を払い、いつも怠ることなく、あの素敵な人にそそがれてきました、<u>約束します</u>」 (1393 年以後 Gower 318)

b. To Engelond been they come the righte way,
to England are they come the right way
Wher as they lyve in joye and in quiete.
where as they live in joy and in quiet
But litel while it lasteth, *I yow heete*,
only small time it lasts I you assure
Joy of this world, for tyme wol nat abyde.
joy of this world for time will not wait
「彼らは直ちに英国にやって来た。そこは彼らが喜びと平安の中に生きる場所であった。この世の喜びは、ほんの一時しか続かない、<u>間違いなく</u>。時は待ってくれないからである」
(1390 年 Chaucer, CT, Man of Law 103 ページ, 1.1130)

ヘルシンキコーパスや Chaucer の作品には現れないが、ここで取り上げるに値す

るのは、無生物主語の用法である[*16]。「予告する」という意味で、動詞は繰り上げ構造に至る途上である。

(30) 　　It *byhoteþ* 　deth 　or 　comynge 　aʒen 　of 　þe 　trauaille.
　　　　it 　portends 　death 　or 　coming 　again 　of 　the 　adversity
　　　　「それは、死と、逆境の再来を<u>予告した</u>」
　　　　　　　　　　　　　　　　　(1420年 Chauliac(2), 44a [MED bihoten 4. c.])

MEDは、(30)の byhote にラテン語の promittit を当てている。興味深いのは、ラテン語からの繰り上げの類推にもかかわらず、動詞 hat- も後の promise も、無生物主語を取る用法はかなり後になってからであるということである。これは、英語の認識の意味は独立して発展したことを物語っている。

　結局、hat-動詞は promise と同じ歴史を辿ったことがわかった。借用語が使われるときよく起こることであるが、promise も、古いもともとの語と対になって現れることがある。

(31) 　　he wolde perfourme and do as he hadde *hight* and *promised*.
　　　　「彼は、自分が<u>予告し</u>、<u>約束した</u>ように、遂行し、なしとげた」
　　　　　　　　　　　　　　　　　　　(1418年 Appeal London 95 ページ)

このような対の用法は、新しい語を理解するためにわざと重複的に表現した結果であろう。これは、第4章の談話標識で指摘した、重複的文脈で、古い語を使って新しい意味を導入するのと非常に似た用法である。

5.4.2　宣言詞：中国語の bao（保）

　ここでは、中国語の「保」の叙述用法の発展について概観する[*17]。中国語では遂行動詞の発展がはっきりしている例は少ないが[*18]、動詞「保」については、文献によって明らかな道筋を見ることができる。後期古代中国語で、「保」は物理的に守ることを意味した。

(32) 　　善攻者、動於九天之上、故能自**保**而全勝也。
　　　　善く攻むる者は、九天の上より動き、故に能く自ら保ちて全く勝つなり。
　　　　「攻撃が上手な者は、天上からのようにしかけることができるので、自分を守り、完全に勝利することができる」
　　　　　　　　　　　　　　　　　　　　(紀元前5世紀　孫子、行騙)

初期中世中国語の時代には、言語的な意味での保証という会話行為の意味が現れる。

(33) 　先生何所探？　至滅能不憂。誰勝**保**此是、除愁令無患？
　　　先生、何の探る所ぞ？　滅びに至りて能く憂へず。誰ぞ勝へて此是を保つ。愁ひを除き、患へ無からしむるを。
　　　「聖人は何を求めるのですか。人生の終わりまで何の心配も無いこと。だれがこれを保証することができますか。悲しみをなくし、心配ごとをないようにすることを」

(281–316 年　勝境、西晋)*19

中世中国語の後期には、一人称主語による明らかな遂行的用法が現れる(「臣」は「あなたの臣下」で、一人称の「私」を指す)。(34)の引用部分で、大臣の席朝は、悪い前兆によって心を乱された王の不安を軽減しようとしている。

(34) 　朝説、大司馬方将外固封彊、内鎮社稷。必無若此之慮。臣、為筆下以百口**保**之。
　　　朝説く、「大司馬、方将に外は彊を固め封じ、内は社稷を鎮む。必ずこの慮ひの若き無からん。臣、筆下の為に百口を以って之を保つ」。
　　　席朝は言った。「国防大臣が、外は辺境を強化し、内は世を鎮定しました。このような心配は全くありません。私は、閣下のために百人の人々の生命を賭けて、このことを保証します」

(5 世紀　実説信誉、言語)

さまざさまな変化発展において典型的なことであるが、もともとの物理的な「守る」という意味は、会話行為の意味にも、その後の遂行用法にも受け継がれるが、最後には、「保衛(bǎowèi)」(物理的守り、防衛)と「保証(bǎozhèng)」(言語的守り、保証)という二つの複合語によって区別されるようになった。

5.4.3　宣言詞：日本語の「挨拶」

　三つめのケーススタディは公的挨拶の発展についての研究である。Searle による発話の行為の分類では、挨拶は表現的である。その真の条件は話し手の心理的状態を表すことであり、適合の方向性はない。

　　表現性を遂行するとき、話し手は外界の出来事をことばに適合させることも、ことばを外界の出来事に適合させることもしない。むしろ、文の真実性が前提となる。たとえば、人の足を踏んだことを謝るとき、人の足が踏まれたり踏ませたりしたことを主張するという意図はない。　　　(Searle 1976: 12)

しかし、そのような研究法は表現性遂行の英文法によっている(その場合、that 節を目的補語に取らない)。Verschueren (1999: 132)が指摘しているように、それは

Searle 自身の発話による動詞の分類を大きく脅かすことになる。それは、主張や嗜好表現のすべてを包含するからである。さらにそれは、宣言詞と同じく挨拶も、もし成功すれば、話し手・書き手と聞き手・読み手の社会的関係をもたらすという事実を無視している。したがって、われわれは「挨拶 (GREET)」を宣言詞として広く解釈する。つまり、指示したり表示したりするのでなく、ある状況をもたらす遂行的行為として解釈する。この場合の状況とは、会話場面内での社会的関係である。

　現代日本語で「挨拶」は、叙述的遂行辞として頻繁に使われている。挨拶は、動詞の後に「する」、「いう」あるいはその謙譲語「いたす」「申し上げる」をつけて、「ご挨拶いたします」「ご挨拶申し上げます」の形式で使われる。この「ご」は相手への尊敬を表す接頭辞で、受け手尊敬を示す (2.3.4 を参照)。このような形式は、会話場面において、会話全体が歓待的であり、聞き手／読み手に対する好意を示す機能を果たしている。5.1 で指摘したように、挨拶を含む遂行表現は会話場面の初めと終わりに現れる。これによって、遂行表現は、大きな談話の単位で機能する。口語の挨拶表現は著名で名誉ある人によってなされることが多く、日常の丁寧な会話よりも高い程度の公式性や敬意が表れる。学会における名誉教授の開会、閉会の辞、学校の卒業式における市長などによる集会の辞、結婚式における花嫁、花婿の親戚によるスピーチなどがその例である。さらに、著者本人以外の権威 (その学問領域での著名な学者など) による本の初めの挨拶や、日常の個人的な手紙など、書面による挨拶もある。

　日本語の名詞「挨拶」は、そのような談話自身を指して使うことができ、また、特別な事務折衝にかかわらず、単に敬意を表して音信を取り合おうという訪問を指すこともある。たとえば、一月の仕事始めの日に、顧客を訪問するのは日本では一般的である。近代日本語の初めには、「挨拶を交わす」「挨拶に行く」のような「挨拶」を使った述語表現が現れる。近代日本語では、「手を振って挨拶する」のような非言語的挨拶表現も現れる。

　「挨拶」という語は中国語からの借用語として日本に入ってきた。そのもともとの意味は、空間や境界の概念を伴う物理的行為だったようであるが、学者によってその分析は異なっている。大野 (大野・佐竹・前田 1990 [1974]：2 ページ) は、「挨拶」は漢字二文字両方で「互いに押し合う」という意味になると述べている。中村 (1981: 14 ページ) は、「挨拶」は「挨」(軽く触る) と「拶」(強く触る、打つ) の組み合わせであるとしている。上田 (1977 [1918] 944、949 ページ) は、『大字典』で、「挨」は「押し開く」または「横に押して前に動かす」、「拶」は「手前に引く」の意味であるとしている。上田 (同) はさらに、「挨拶」は日本に入ったあとに会話行為動詞の意味を獲得したと述べている。

正確な語源は議論の分かれるところであるが、もともとの意味が物理的行為を指したことは間違いない。大野、上田、さらに山口(1998: 8)も、「挨拶」という語は、初めは13世紀に、禅宗の術語として入ってきたとしている。「挨拶」という語は膨大な延慶本『平家物語』(1309–10年)に一例も現れない。したがってその時点では、その語はまだ禅僧外の社会には広まっていなかった。禅の術語としての「挨拶」は、師がしかけた難問に弟子(修行中の僧)が答えるということばの練習を指した。その目的は、弟子の悟りに至る進歩を試すことであり、実際、悟りに至らせるよい練習となった。その時これは、「一挨一拶」とも呼ばれていた(山口1998、中村1981)。中村は『仏教用語辞典』の「挨拶」の項で、「師が弟子と問答を交わし、弟子の悟りを試すこと」と定義し、次にその意味は「答え、返しの品を渡すこと」に変化したと述べる。次は後者の例である。

(35) 　　［相手が］[20] 狐なる事を知れども、よく挨拶して帰す」
　　　　「相手が狐であることを知っていても、よく挨拶をして帰した」
　　　　　　　(室町時代後期『狐媚鈔』［大野・佐竹・前田 1990 ［1974］ 2 ページ］)

ここでの「挨拶」は会話行為の叙述に過ぎず、遂行的用法ではない。「問答」から「答え」への変化は、4.4. で取り上げた let's の変化を思い出させる。話し手／書き手は、もともと二人の対話者を指していた let's を、その話の中の話し手／書き手の部分だけを指すのに使ったのである。同様に中世英語の answer again「返答する」(人の相互的行為)も、「繰り返しとして答える」(一人の人の行為)を指すようになった。

「答え」の意味の「挨拶」は、その後、人を紹介したり、祝賀や感謝を述べたり、あるいは対話者に特別な場合にふさわしい栄誉を讃えるなど、さまざまな会話場面で使われるようになった。参加者それぞれが一行の句を付け加えていく連歌は、鎌倉から室町、江戸時代にかけて盛んになっていったが、連歌では、亭主や客人への敬意、謝意を込めた句作りをすることを「挨拶」と呼んだ(大野・佐竹・前田 1990 ［1974］)。『日葡辞書』(1603年刊)では、「挨拶」は「客を受け入れ、ことばでもてなすこと」と説明され、「挨拶のよい人」(もてなし上手で、客を喜ばせることばを使う人)という例を挙げている(土井・森田・長南 1980: 18)。

17世紀の初めには、「挨拶」はまだ遂行的に使われていなかった。「挨拶」という語はロドリゲスの Arte da lingoa Iapam(『ロドリゲス日本文典』、1604–8)にも現れない。ロドリゲスの文法には、当時の日本語の詳細な記述に加えて、手紙文とその外交儀礼的書き方(宣教師が皇室や高貴な人とやり取りするときの)についていくつかの章を費やしている。しかし、手紙やその他のやり取りの型が長々と列挙されているにもかかわらず、挨拶については一言も触れられていない。

しかし、17世紀中ごろには「挨拶」が歓迎する行為を表すのに使われるようになる。

(36)　挨拶をいふて通らずはなるまい。
　　　「挨拶を言って通らないわけにはいくまい」
　　　　　　　　（1640年　虎寛本狂言［日本国語大辞典　第一巻21ページ］）

また、現代日本語と同じく、「挨拶」は談話における公的なやりとりを指すようになった。(37)では、連歌の初めに、客が主人に親愛の気持ちを込めて句を読む行為を挨拶としている。

(37)　昔は必ず客より挨拶第一に発句をなす。
　　　「昔は必ず、客から主人に対して挨拶を第一に考えて発句を詠んだものだ」
　　　　　　　　（1704年　三冊子［日本国語大辞典　第一巻22ページ］）

「挨拶」は、江戸時代には、個人的な手紙を出したり返事したりすることを記述するのにも使われるようになった。日本国語大辞典では、上杉家文書その他の文書からその例を引いている。これらはみな漢文で書かれている。しかし、これらの例はまだ、遂行的でなく記述的である。日本国語大辞典の「挨拶」の項の中には、遂行的意味が挙げられているが、その用例がない。これは、その意味がごく最近起こったことを示している。

　(36)と(37)の「挨拶」の意味は、「答え」という前の意味に比べて、進行する会話場面における聞き手／読み手の感情とイメージ保持の必要性に、より強く焦点が当てられている。したがって、江戸時代に始まった「挨拶」の意味の発展は、相互主観性の発展である。つまり、話し手・書き手は、特別な会話行為のための伝達的、社会的目的を明確に提示することによって、語られる世界（談話の内容）と会話行為との関係を確立したのである。この相互主観性は、近代日本語で、忙しい人との面会をお願いするときによく使われる「ご挨拶だけ」という記述的表現によっても支持される。この表現の意図は、面会には訪問された人の準備は必要なく、時間もあまり取らないことを示すことである。

　結局、「挨拶」はもともと、会話行為でない語、つまり物を取り扱うという意味の語に由来し(5.3の(vii)の型に属する)、日本語には、禅宗の術語として特殊な宗教的訓練を指す語として入ってきた。まず初めに、「問答」から「答え」への主観化という変化を遂げた。次に、特別な行事と結びついて、社会的期待にふさわしい言語伝達行為を記述するのに使われるようになった。さらに、「歓迎」の会話行為と結びつき、初めはこの行為を間接的に記述する語として、さらに最近は、歓迎の行為を指す叙述的遂行語として使われるようになった。この最後の発展には相互主

観性の増加を見ることができる。

5.5 モダル語の遂行用法

　本章の最後に、英語やその他のモダル語が文法範疇として明確である言語における、語彙的遂行用法とモダル表現の関係を考えてみたい。

　前モダル語が義務的モダルの意味を持つに至るとき、発話による力を持って遂行的に使われると考えるのは理にかなっている（一定の人称と時制、条件のもとで）。二人称単数現在時制の許可や義務を表す You may X、You must X は、I alow you to X、I order you to X とほぼ同等の指図遂行用法を持つと考えられる。しかし、モダル語の用法では、動詞が I X you S という構文には起こらないので、遂行の力は間接的である。promise のような動詞の発展を見てみると、モダル語の遂行用法も比較的最近ではないかと思われる。後で述べるように、これはまさにその通りである。モダル語を間接的遂行の意味で用いるのは、主観性の程度と直接かかわっている。モダル語の意味が主観性を持てば持つほど、遂行表現に近づいていくのである。

　まず must の例を考えてみよう。第 3 章で述べたように、mot- はもともと古代英語では、許可を表す動詞で、命令や願望を表す従属節でよく用いられていた。義務の mot- の多くの古い例も、発話動詞に従属して用いられ（遂行的であるないにかかわらず）、その過去形の一般化は、それが従属節で用いられたことによることを示した。時代とともに、主観性の増した mot-/most- の例が多く見られるようになる。遂行性という観点からすると、参与者外の義務の意味は、参与者外（神や公共団体など）によって課せられる要求の表現の中で解釈されなければならない。たとえば、修道女のきまりについて述べた Hali Meidhad の中には、「あなたは X しなければならない（thou must X）」という構文がよく表れる。(38)はその一例である。

(38)　þah　　þu　riche　beo　&　nurrice　habbe　þu　*most*　as　moder
　　　though　you　rich　be　and　nurse　have　you　must　as　mother
　　　carien　for　al　þet　hire　limpeð　to donne.
　　　care　for　all　that　her　is: proper　to do
　　　「あなたは裕福で、乳母もいるけれど、母親のように、すべてのことに対して正しく行わなければならない」　　（1225 年 Hali Meidhad 156 ページ）

ここでは、神と教会によって任命された修道女が、よい生活を営むための必要条件としての行動が述べられているが（筆者自身もそれに賛成し実行している）、I command you X という遂行構文とは、かけ離れている。

must は、参与者内の意味で使われるとき（話し手・書き手が、聞き手・読み手に要求する権威者となるとき）、間接的な遂行の力を持つようになる。

(39) Notwithstanding, by mine advice if ye have this letter... when
notwithstanding by my advice if you have this letter when
ye come ye *must* be suer of a great excuse.
you come you msut be sure of a great excuse
「やはり、もしあなたがこの手紙を受け取るなら、来るときには大きな言い訳をしなければならない、と忠告する」
(1461 年 Paston, Clement, 201 ページ)

17 世紀までは間接的遂行用法を明らかに示す例が少ないが、次の(40)の例はその一つである。(40)で、Tom は Joan に非常に個人的な条件を並べ立て、その中で I say you must が繰り返されている。

(40) I could find in my heart to make thee Mistriss of my household, and lady of my family, all which you know Ione("Joan")is honour in abundance, but first I say you *must* subscribe and consent to my divers causes and considerations...I say once again(and be sure you remember this last Article of our agreement) you *must* destroy, kill, and slay them all［the fleas］, if possible.
「私は、あなたを我が家の女主人、我が家の婦人にするために、栄誉あふれるあなたのすべてを心に見つけることができた。しかしまず、あなたは、私の異なる計画と要件に賛同しなければならない。もう一度言うが（そして同意書の最後のこの条を決して忘れないように）、あなたは、できれば、すべてのノミを破壊し、殺し、殺害しなければならない」
(1684–85 年 Pepys, Penny Merriments 268–269 ページ)

(40)は、subscribe（署名する）と destroy（破壊する）という二つの動詞が行動を表すので、明らかに間接的命令を表している（空威張のおどけた口調ではあるが）。しかし、must のモダル的力にもかかわらず、この表現は選択肢を残す言い方であり、but first I command/order you to subscribe（まず、あなたに署名するよう命令する）のような遂行動詞による表現や first I say subscribe（まず署名しなさい）のような命令表現に比べると、間接的である。なお、ここでの I say の用法は OED(*say* の 12)によれば、冗談を言うときの決まり文句である。この用法はおそらく態度の教示にもとづく用法であり（冗長な表現によって「目立った状況」を導く）、明確な遂行的目的のための原語用法から起こったと考えられる。5.1 で挙げたように、I say は宗教的文脈に表れ、16 世紀には公的な会話や書面での宣言語として使われた。

(41) I knowe, *I saye* I know it, that all the debt he oweth had bine saved another way if he had bine here.
「私は知っている、ええ、私は知っている。彼がここにいたならば、彼の抱えた借金はすべて別の方法で救済されるはずだったことを」

(1586 年 Dudley)

(40)のような公的でない文脈では、I say は冗談を言う前に使われる。しかしそれでも、主張を強化し、主張の主観性を強化するという遂行的機能を持つことができる。この I say のあとの従属節に起こるモダル語の must は、非常に個人的で恣意的な権威者による義務を表している。

モダル語の must は行動を表す動詞とともに使われるときのみ、間接的に発話による力（遂行性）を持つ。(42)の understand のような認識を表す状態性動詞とともに使われる場合は、遂行性が全くない（人に何かをわかるように命令することはできないので、遂行性の意味にはならないことに注意）。この must は話し手の希望を表し、命令を表しているのではない。

(42) There I saw Mount Benawne, with a furr'd mist vpon his snowie head in stead of a nightcap: (for you *must* vnderstand, that the oldest man aliue neuer saw but the snow was on the top of diuers of those hills).
「そこで私は Benawn 山が頂にナイトキャップでなく、ふわっとした霧をかぶっているのが見えた（生きている最長老の人でさえ、その山の頂に少しの雪も見たことがないことを理解しなければならない）

(1630 年 Taylor, Penniless Pilgrimage 135 ページ)

モダル語が間接的に遂行的機能を持つのは、動詞の型によるだけでなく、主語の人称にもよることが考えられる。許可として使われ、義務の意味を獲得した must は、一人称の I must では遂行用法とはならない。しかし、二人称や、（適切な権威者がいれば）三人称でも遂行用法になる。

(43) You/John *must* leave tomorrow.
「あなたは／ジョンは明日出かけなければならない」

（これはもちろん、文脈なしでは、話し手／書き手以外の人による課せられた義務を表すのか、話し手／書き手自身の権威による義務を表すのかわからない）。

近代英語で間接的遂行の目的で使われるもう一つのモダル語は will である。主語が一人称のときは、Don't worry, I'll go のように約束を表すのに使われたり、もっと頻繁には予測を表すのに使われる（認識の「未来(future)」。Fleischman 1982 を参

照)。主語が二人称のときは、You will go のように「否応なしに、行くことを要求する」という指令的意味を表すのに使われる。この場合、will に強いアクセントがある。

willan はもともと「望む」という意味であり、動詞として文補語を取り、「決意する」の意味で使われた。古代英語では、不定詞補語を取り、約束的(指令的、専心的)意味で使われるようになった(不定詞主語は will の主語と同じである)。その用法はまず、意志を持った一人称を主語として始まる。約束は自分自身の意志にもとづいた自分に課する行為だからである。

(44) Lazarus ure freond slæpþ ac ic *wylle* gan &
　　 ラザロ われわれの 友だち 眠る しかし 私は will 行く:不定 そして
awreccan hyne of slæpe...
起こす 彼を から 眠り
Se Hælend hit cwæð be his deaþe. Hi wendon
定冠 救い主 それを 言った について 彼の 死 彼らは 思った
soðlice
真に
þæt he hyt sæde be swefnes slæpe.
補標 彼は それを 言った について 夢:属 眠り
ða cwæð se Hælend openlice to him, Ladzarus ys
それから 言った 定冠 救い主 はっきりと に 彼ら ラザロ である
dead.
死んだ
「「われわれの友達のラザロは眠っている。しかし私は、行って彼を眠りから起こすつもりだ」と救い主はラザロの死について言った。しかし、彼らは主が夢の眠りについて言っているのだとほんとうに思った。そこで救い主は彼らにはっきりと言った。
「ラザロは死んでいる」と」　　(1000 年 West Saxon Gospels, 104 ページ)

(44)で弟子たちは、「行って彼を起こすつもりだ」ということばを、キリストがごくふつうの望みと意図を述べたに過ぎないと解釈する。彼らは、ラザロが文字通り眠っていると思ったからである。しかし、次にキリストは、ラザロが死んでいることを告げる。この文脈で、キリストのことばは、ありえない状況でありながらも、生き返らせようという行為への専心として解釈しなければならない。しかし、gehat- ほど直接的ではない。

(45)では、Hroþgar が Beowulf に対して、自分自身と王国を Grendel の破壊から

救ってくれたことに感謝するとき、彼は Beowulf を息子として愛したいという気持ちを表すだけでなく、(保護者の責任として)そうすることへの専心も表している。

(45)　　Nu　　ic,　　Beowulf, þec
　　　　さあ　私は　Beowulf　あなたは
　　　　secg　　besta, me　　　for　　sumu *wylle*
　　　　人間：属　最良　1：単：与　として　息子　will
　　　　freogan　on　ferhþe.
　　　　愛する　で　心
　　　　「さあ、Beowulf よ、人間の最良の者よ、私はあなたを息子として心から愛し<u>よう</u>」　　　　(8 世紀 Beowulf, 946 [Arnovick 1994: 176])

しかし、ここでもその遂行的機能は (ge)hat- に比べるとかなり弱い。近代英語では、約束の(意志の)機能を表す用法は、We won't go のような否定文による拒否や(反戦のスローガンなどに現れる対比的否定文。will は未来を表す)、I will do it (will に強いアクセントがある)のような強調表現に限られるようになる。一人称主語による用法の優勢的意味は、間接的遂行専心性ではなく、e メールの We'll be seeing you soon のような認識的蓋然性(未来性)になった。

　古代英語の will- は遂行性を持ち、約束を表す語であるという仮説のもとに、Arnovick(1994)は、約束を表す回りくどい言い方が、時代とともに英語では必要になってきて、will(と shall)の未来時制標識としての文法化がそれを実現したのだと述べている。しかし、われわれは will が (ge)hat- や後期の promise のような明確な遂行機能を持つに至ったとは考えないので、文法化と関係づける Arnovick の仮説は強すぎるように思われる。

　will の歴史を辿っていくと、モダル語の発展を考えるとき、特に間接的遂行用法に言及するとき、広い範囲の問題を考慮に入れなければならないことがわかる。その中には、(ge)hat- のような遂行的会話行為動詞との関係や、shall のようなモダル語との関係がある[*21]。17 世紀の興味深い研究に、数学者の Bishop John Wallis が Grammatica Linguae Anglicanae(1653)で提示した shall と will の人称による補充法的語形変化の対比がある。それは、認識的未来は I shall、you will、she will で表し、義務的約束(脅かし、警告)は I will、you shall、she shall(義務的)で表すというものである。Boyd and Boyd(1980)は、この区別を恣意的でなく、モダル語の歴史にもとづいていると評価している。Arnovick(1989)も、Wallis の規則が will と shall に(間接的)遂行的機能を認めようとした点を評価している。しかし、Wallis による区別は、will と shall の意味的に重複する点を防ぐことはできず、またアメリカ英語では shall はほとんどなくなってしまったのである。

意図的、専心的意味から認識的未来への変化は、非認識的から認識的への変化の一種である。間接的遂行機能の減少は、談話にもとづく意味の増加の例外となるのだろうか。Aijmer(1985)は、この問題について、直接述べているわけではないが、約束という付帯的意味なしに未来の意味が発展したのは、二人称と三人称の文脈によるとしている。この文脈で、中世英語の時期に、叙述された意図から未来の推論が喚起され、その後一人称に広まったというのである。もしこの仮説が正しいとするならば、一人称の意図から専心性への発展は、一人称の文脈における談話機能的用法の増加であり、一方認識用法の発展は二人称、三人称の文脈で独立して発展したことになる。この場合、例外とはならない。むしろ、意味変化における文脈依存の高さを支持することになる。

英語で、殊に二人称主語において、間接的遂行用法を持つに至ったモダル語には、must、shall[22](義務)、may(許可)、will(二人称主語の義務、一人称主語の約束)がある。20世紀になおも変化しているのは許可の can の用法である。Leech (1971: 67、70)は、can は正式なイギリス英語では、一般的な許可に限られることを指摘している。次を比較してみよう。

(46) a. You *may* smoke in this room.(私によって喫煙が許可される)
　　　b. You *can* smoke in this room.(一般的に喫煙が許可されている)

しかし、くだけた英語では、can はもっと主観的に使われるようになってきている(許可の権威は話し手によって先取りされる)[23]。must と対比される ought to の特徴の一つも主観的でないことである。ought to は一般的社会義務を表すが、ごく最近、個人(話し手)が義務の権威者となる用法も現れる。しかし、この用法はごくまれである。したがって、ought to はふつう間接的遂行機能を持たない。have to も一般的義務を表す場合に使われる傾向にある。しかし、モダル語が次第に主観性を持って使われるようになるという傾向から考えると ought to や have to も主観性が増す用法が多く現れるようになるかもしれない。

いままで挙げてきた例から引き出される結論は、モダル語は、義務や許可、約束などに権威を持つのは話し手であるという推論が喚起されるのに十分な主観化を経た後で、間接的遂行を目的に使われるようになるということである。遂行動詞に至る動詞の場合と同じく、モダル語が遂行機能を持つに至る場合でも、遂行の機能は不安定である。遂行機能が生まれるときの条件が非常に文脈に依存する点を考えると、この不安定性は驚くに足らない。特にモダル語は、主として文法によって表示され、複数の機能を持つので、不安定性が顕著になる。

5.6 まとめ

　結局、動詞やモダル語の遂行用法の発展は、これまでの章で示した規則性に則っていることがわかった。それは、非認識的から認識的への変化、主観化、談話機能的に起こるメタテクスト的目的の先取りである。それはみな、人称や時制、話し手・書き手と聞き手・読み手相互の社会的地位や相互作用に左右される（ここでは深入りできないが、イントネーションによるこれらの交渉も含まれる）。本章で取り上げた非遂行動詞の遂行用法への発展の道筋の関係を図表 5.2 に示す。

前会話行為動詞 >	会話行為動詞 >	遂行的用法 >	括弧づけ用法
内容的		内容的／文脈形成的	文脈形成的
文内スコープ	文外スコープ	談話外スコープ	
非主観的		主観的	相互主観的

図表 5.2　非遂行動詞の遂行的用法への発展における道筋の関係性

　日本語の「挨拶」構造の場合、相互主観性は挨拶の会話行為的意味に現れ、図表 5.2 に示されているものより前に現れる。これは、挨拶が特殊な会話行為的意味を持つことと、日本語における相互主観的性質の強さによる。しかし、「挨拶」も promise も総じて変化の順は変わらない。会話行為動詞の遂行用法の発展が主観化と相互主観化を伴うということは、記述の世界から談話の世界に意味の焦点が移り、やがて、談話における話し手・書き手と聞き手・読み手の対に焦点が注がれるようになるということである。これは、個々の語彙の歴史についてのわれわれの意味変化論の見方である。

　どの会話行為が表現され、語彙的に区別されるのかについての程度は、文化によってかなり異なる。どの会話行為表現が遂行的に使われ、間接的に表現されるかについての程度も、文化によって異なる。しかし、意味変化は、図表 5.2 に示した方向性を辿るというのがわれわれの仮説である。ラテン語やその後のヨーロッパの言語において、主観性への顕著な変化が時々見られる（さらに相互主観化に変わることもある）。

　本章では、I promise のような遂行動詞構造が相互主観的機能を発展させることを示してきた。次に、最後のケーススタディとして、丁寧の標識、特に敬語の発展を取り上げる。これらは、相互主観性を明確に示すという主要機能を持つ言語標識である。その他、I pray you のような遂行表現が、どのようにして丁寧の標識(pray)として使われるようになっていったかを検討する。

原著者注

*1　ここでの下位分類は Searle(1976) にもとづく。すべての分類には問題がある (Mey 1993 などを参照) が、われわれの目的は、歴史的変化の型に意味的基礎を与えるような大まかな区別をすることだけである。

*2　Wierzbicka が I say という句を会話行為動詞のメタ言語的分析に使うとき、彼女はそれを遂行的でなく、語用論的にも文脈形成的にも力を持たない定義不可能な意味的「原初語(primitive)」として使っている(Wierzbicka 1985a、1985b を参照)。それによって、ある会話場面を叙述する会話行為動詞は、一人称現在において遂行的価値を持つ可能性があり、話した人が「一定の一人称の態度 (certain first person attitudes)」を示したことを表す、と彼女は言う(1997: 16)。しかし、I say は多くの潜在的要因の一つに過ぎない。

*3　しかし、次のような会話は極めて自然である。
　　A: やめる。
　　B: 約束する？
　　C: 約束する。

*4　日本語には未来時制の形態的標識がない。しかし、この発話は未来のことを指しており、間接的遂行性の機能を果たしている。

*5　「落書起請」は、容疑者が告白しない罪についての証言が真実であることを神に誓うという意味である。「落書」は公の箱に入れられ、罪人はこの秘密の投票によって捕まえられた。「落書」は神の意志を反映すると考えられていた (Amino 1991: 20–21)。

*6　Danet and Bogoch(1994: 112) は、古代英語の遺書は口頭の儀式の記録として書かれ、三人称形で書かれたが、その多くは一人称の逐語的報告に翻訳されたと指摘している。

*7　5.3 は Traugott and Dasher(1987) と Traugott(1991) の一部にもとづく。

*8　導管メタファーに関する Reddy による悲観に対する批判や、現代英語で遂行性を含むメタテクスト的意味表現に使われる術語については、Vanparys(1995) を参照。また、Pauwels and Simon-Vandenbergen(1995) は特に、体の一部を表す語を言語的行為に使う拡張について議論している。

*9　「讃える」は日本語の讃美歌などで遂行的に使われる。

*10　近代の北京官話でも、ti(示唆する) は古代中国語の「手を挙げる」、ju(推薦する) は「手で持ち上げる」から来ている(Shiao-Wei との個人的会話による)。

*11　しかし、古代英語の年代記では、もとは口頭であったと思われる文献においても、たとえば 775 年の見出しで her(ここ) が「この時点」の意味で使われているのは注意を要する (年代記の見出しにおいて、her はもちろん編者によって使われた語で、もともとの語り手の語りの一部ではないだろう)。

*12　5.4.1 の一部は Traugott(1996) による。

*13　(21b) と (22b) の例は、Douglas Biber と Edward Finegan の好意により、A Representative Corpus of Historical English Registers 1650–1990（ARCHER）から引用した。

＊14　Higgins（1990: 10）は、ここで取り上げた変化は（彼の論文では、制御動詞から繰り上げ動詞への変化として分析されている）、「同じ意味領域であっても、専心性の動詞や、pledge、swear、vow などの誓いの動詞には起こらない」ことを指摘している。

＊15　「内領地（inland）」は領主によって所有された土地で、直接所有されているのではない「外領地（outland）」と対比される。

＊16　MED の behoten 4.c. には、Fortune が主語の例が Chaucer から引用されている。しかしこれは、明らかに擬人法である。

＊17　5.4.2 のデータについては Shiao-Wei Tham に感謝の意を表したい。

＊18　Chaofen Sun と Nina Lin との個人的会話による。

＊19　Fahu によって翻訳された仏教のテクストでは、5 世紀初めとしている。

＊20　かぎ括弧は、大野の『岩波古語辞典』で補われている部分である。

＊21　Kytö（1991）は、ヘルシンキコーパスや初期アメリカ英語の文献を使って、イギリス英語における will と shall（その他のモダル語）の発展を量的に辿っている。

＊22　非常に古い用法である。

＊23　Leech はまた、You can jump in the lake（湖に飛び込むことができる）のような皮肉の用法を取り上げている。これは、「話し手が聞き手に、避けられない選択やしたくない選択を皮肉として求める」（Leech 1971: 70）ときに使うという。ここで議論している変化における皮肉の役割は注目に値する。

訳者注

訳者注1　発話による（illocutionary）

　　illocution はラテン語の in-locution から来ており、locution は「話すこと」であるから、illocutionary は「話すことにおける」「話すことによる」という意味の形容詞である。この語源にしたがって、illocutionary を「発話による」と訳す。illocutionary act は、「話すことによる行為」「話すことによってする行為」を指す。話すこと（発話）によって何かをする動詞には、request（頼む）、suggest（示唆する）などがあり、それぞれ「お願いします」、「ではないかと思いますが」などの発話を伴って使われる。

訳者注2　世界をことばに結びつける遂行動詞とことばを世界に結びつける遂行動詞

　　「世界をことばに結びつける」の「世界」とは、「物理的行動の世界」で、行動するためにことばを使う動詞には、他人に行動させる request や command、自分の行動を促す promise や vow などがある。「ことばを世界に結びつける」の「ことば」とは、「述べる」ということで、物理的世界と結びつけて「述べる」ために使う動詞には、state や explain などがある。Searle（1996: 3-4）は、Anscombe（1957）を引用して、この二つをマーケットで買い物リストを見て買う人と、それを見てリストを作る探偵にた

とえて説明する。買う人は食べ物を手に入れるためにリストを使う、つまり世界を手に入れるためにことばを使っている。一方探偵は買う人の行動を見て、リストを作る、つまり世界と結びつけてことばを使っている。

第 6 章
社会指呼詞の発展

6.1 はじめに

これまでの章では、認識のモダル、談話標識、遂行動詞の指標的特質について述べてきた。これらの分野で、指標性は、概念化された描写場面と概念化された会話場面の間をつなげる記号である。そのようなつなぎの関係を示すもう一つの言語記号として、ここでは社会指呼詞(social deictics SD、社指)を取り上げる。社会指呼詞は、意味構造において、描写場面・会話場面に登場する参与者の、社会における相対的立場(優越性、親密性、内と外など)を、話し手／書き手と聞き手／読み手、さらに第三者の観点から「指し示すこと(pointing)」によって直接示す記号である[*1]。

社指にはフランス語やドイツ語の二人称単数代名詞の tu/vous(T-V、略式と正式)による対比や、英語の括弧づけ表現 I pray(you)・文副詞 please、日本語や韓国語の派生的きまり文句・対象尊敬・受け手尊敬の助詞などを含む。対象指呼詞は、描写場面における参与者(ここでは対象(referent)と呼ぶ)の、会話場面にもとづく社会的地位を指し示す。一方、受け手指呼詞は、会話場面における参与者間の、描写場面の役割とは独立した社会的地位を指し示す。社指のほとんどは丁寧標識であるが、社指には、軽蔑の態度を示すごく一部の語彙も含まれる[*2]。近代日本語の軽蔑指呼詞には、名詞につく接尾語「-め」(「あいつめ」など)、動詞につく接尾語「-やがる」などがある。これらについては、本章では扱わない。

6.2 敬語についての詳細な区別

本節では、ケーススタディにおいて取り上げるいくつかの区別を示しておく。一つ目は、対象尊敬と受け手尊敬、二つ目は、丁寧指呼詞と尊敬指呼詞の区別である。さらに、空間的・社会的指呼を示す図も示してみる。

6.2.1 対象尊敬と受け手尊敬

6.1で述べたように、社会指呼詞は次の二つに分けることができる。
(i) 描写場面における参与者の社会的地位(相対的地位や親密度)を指し示す社指。
(ii) 描写場面とは独立した、会話場面における参与者間の社会的関係や相対的社

会地位を指し示す社指。

一般的な術語にしたがって、(i)を「対象社指(referent SDs)」と呼ぶ。「対象(referent)」とは、描写場面における参与者であり、伝統的意味論の術語である真の条件の含意とは関係のない認知的術語である。「略式と正式」を区別する二人称代名詞は受け手指呼詞でなく、対象指呼詞である。それが、受け手を参与者に含めることによって、描写場面における受け手の社会的地位のみを指し示すからである。(ii)は、「受け手社指(addressee SDs)」と呼ぶ(Comrie 1976、Brown and Levinson 1987[1978])。(ii)については、6.3 で詳細に検討する*3。

すべてではないにしてもほとんどの指呼体系と同じく、社会指呼詞は日本語のような言語においても、比較的単純な体系を持ち、ほんの少しの相対的地位や親密度が規範的に区別されるのみである。しかし、用法を見ると、社指は、過度な使用による皮肉や侮辱などを含むさまざまなニュアンスの表現をするために使われていることがわかる。(1)は、侮辱の目的で社指の規範を故意に破った例である。社会的地位に反する被告のモラルに対する弁護士の評価を隠喩的に指し示して使われている。これは、17世紀に行なわれた Walter Raleigh 氏の裁判のもようで、その当時、you は正式、thou は略式の二人称代名詞であった。

(1) Ral: I do not hear yet, that *you* have spoken one word against me; here is no Treason of mine done: If my Lord Cabham be a Traitor, what is that to me?

Att: All that he did was by *thy* Instigation, *thou* Viper, for I *thou* thee, *thou* Traitor.

Ral: 私はまだ、<u>あなた</u>が私に反対することばを一言も聞いていない。私は反逆を犯してはいない。もし私の主人の Cabham が反逆者であるならば、私はどうなるのか？

Att: 主人がしたことはみな、<u>君</u>の扇動によることだよ、<u>毒ヘビ君</u>、というのは、<u>君が</u>、君に、<u>君が</u>反逆者なのだ。　　(1603年 Raleigh)*4

続く節で、対象尊敬と受け手尊敬の区別を詳細に論じるが、相対的地位や親密度を示す規範的な例をいくつか取り上げたい。また、本章のケーススタディとしては、日本語の敬語体系における社会指呼詞に注目する。日本語の敬語研究は、日本語学の中心となる広い研究分野である。Tsujimura(1967)と Ooishi(1983)は伝統的研究法の中でも特に注目に値し、Kikuchi(1996)は最近の大著である。英語で書かれた日本語の敬語体系の分析には、Martin(1964、1975)や Harada(1976)などがある。さらに最近の英語で書かれた研究には、敬語の意味における具体的な問題点を扱ったものや(Yoshiko Matsumoto 1997 など)、敬語用法の語用論的分析がある

(Mizutani and Mizutani 1987、Okamoto 1999 など)。

6.2.2　丁寧指呼詞と尊敬指呼詞

　社会指呼詞のほとんどは丁寧さを表すので、社指という範疇を理解するのには、社会言語学的丁寧さの性質に関する知識が前提となる。丁寧さについては、これまでさまざまな研究がなされてきた。その中には、会話の格言に注目したものがある (Leech 1983)。Brown and Levinson(1987［1978］) は、「顔を脅かす行為(face threatening acts)」という術語を広めた普遍的方策の観点から丁寧さを分析した。かれらの丁寧さの観点は Goffman(1967)にもとづいており、個々人はだれもが自身の二面性のイメージを主張しようとすると仮定する。一つは否定的顔で、縄張りへの主張と、強制からの自由の主張である。もう一つは肯定的顔で、自己のイメージ[訳者注1]が他の人々によって高く評価されたいという主張である(Brown and Levinson 1987［1978］: 61)。しかし、この「顔(face)」による見方は、日本語や他のアジアの言語の話者による丁寧さの見込みとはほとんど一致しない個人の見方にもとづいている(Yoshiko Matsumoto 1988、Okamoto 1999)。これらの言語を話す人々にとって、個人の役割や個人の縄張りの防御は、集団ほど重要ではない。「日本における人の自己イメージは、独立した個人ではなく、集団の一員であり、他の人々との関係において把握される」(Yoshiko Matsumoto 1988: 423)[*5]。特に、「日本文化において顔を保つことは、社会の中の相対的立場を認識すること、社会の序列を維持することと密接にかかわっている」(同 415 ページ)。近代の日本社会において、話し手は、主として距離を置くという方策によって丁寧さを表現している。「肯定的な顔(positive face)」に結びつく言語手段(Brown and Levinson 1987［1978］: 108)に引用された英語の Come here, mate/honey/buddy と同等の表現)を使って、相手と親密な内の関係を作ろうとする近代日本語の話者は、失礼でぶしつけだと評価される。丁寧さの社会構造は、社会によって異なるので、話し手・書き手側の丁寧さの概念を表す「顔(face)」という術語を避け、聞き手・読み手側の「イメージ(image)」の必要という術語を建設的に使用する。同様に、Held は、顔でなく「イメージの必要(image needs)[訳者注2]」と「自我と他者の相互的イメージ保持の必要のための、連続した水深測量としての丁寧な行為」に注目している(Held 1999: 22)。丁寧さは、本質的に主観的であるだけでなく、Brown and Levinson が言うように、本質的に相互主観的でもある。

　イメージの必要の概念化と丁寧表現の様式は、言語が使われる社会体系における権力の思考様式と密接に絡み合っていて、その影響を受けることによって、明らかに変化する。Brown and Gilman(1960)は、ヨーロッパの言語における二人称代名詞の「略式と正式(T-V)」体系が、「優-劣」の権力関係表現から「親-疎」の結束

関係表現に変化したことを指摘している。たとえば、T-V形式が、現在は、会話において両方の対話者によって相互的に用いられるようになったが、過去においては相互的ではなかった。同様に、敬語の用法や社会的価値が、日本の言語共同体においては、第二次世界大戦前後で大きく変わった(Mizutani and Mizutani 1987)。Heldは、この社会的再分配としての力関係の変化を、社会的地位から社会的価値への変化であり、また階級による縦社会から「心理的・情緒的近似性や親密度」を重んじる横社会への変化であると述べる(Held 1999: 24)。そのような変化は、社会の変革を反映する。そのような変化は、言語活動の変化に現れ、実際その原動力となる。しかし、ここで議論する意味変化の規則性とは別個のものである。われわれの注目点は、社会の変化でも、個人が丁寧表現から軽蔑などの非丁寧表現に態度を変える方法でもなく、むしろ(i)伝達場面において、話し手／書き手の参与者に対する社会的態度を明らかにする文脈形成的指呼詞が、内容的意味を表す語から補充される方法と、(ii)話し手／書き手が主観性・相互主観性にかかわるという証拠である。

　社指は、話し手／書き手が丁寧さを表すために方策的に用いることができる多くの言語的手段の一つに過ぎない(Brown and Levinson 1987［1978］)。社指は意味が記号化されているので、記号化されていない慣習的な含意的意味(『般喚推』)と区別する必要がある。たとえば、T-V代名詞は社会指呼的対照を示す記号であり、社指に属する。一方、現代英語で二人称を指す三人称表現(the professor、the doctorなど)や一人称複数表現(Have we eaten yet など)(2.3.4を参照)は、体系的で、世に認められた丁寧さを表す方法であるが、それらの語彙の意味としては記号化されていない。

　意味変化の推論喚起論にしたがって、『般喚推』の中には社指としての意味が増化する語もある。近代日本語の二人称代名詞「あなた」は、平安時代には、英語の over there(あちら)と似た意味の場所を表す空間指呼名詞だった。「あなた」は鎌倉時代から「あそこにいる人」を指す三人称代名詞として使われるようになった(Yamaguchi 1998: 34)。この新しい意味は、日本語の歴史でもよく見られる『般喚推』としての意味の増化であり、場所を表す語によってその場所にいる人を指すという換喩的用法である。「あなた」は続いて江戸時代の1750年頃には、三人称代名詞から二人称代名詞に変わっていった(同)。1.3.1で紹介したHarris(1978)による古典ラテン語から俗ラテン語への三人称から二人称への変化と比べてみよう。さらに、「あなた」は、日本語で一般的な丁寧を表す用法に変わっていった。つまり、指呼的な距離が丁寧を表すのに使われたのである。丁寧の『般喚推』の意味が増化したとき、「あなた」は、対象尊敬という部類の社指になった。

　尊敬の社指は丁寧標識の一部であるので、社指と、社会的態度を表すために使わ

れる非指呼社会言語的語彙(ここでは「婉曲語(euphemisms)」と呼ぶ)とをさらに区別する必要がある。Brown and Levinson(1987［1978］:181–182)は、eat を dine と言ったり man を gentleman と言ったり book を volume と言ったりするのを「対象尊敬(referent honorifics)」と呼んでいるが、それらは社指には含めない。社指と非指呼的婉曲語の区別は、近代日本語の「休む」と「求める」を対照させることによってはっきりする。近代日本語の動詞「休む」は「寝る」の婉曲語として定着している。その婉曲的意味は、話し手／書き手が聞き手／読み手に、非常に似た意味の語から間接的に意味の推論を喚起する「非公式の(off-record)」方策の産物であることを示している(Brown and Levinson 1987［1978］:211)。「寝る」や「眠る」の代わりに「休む」を選ぶのは、社会言語的態度を示しているが、「休む」は非指呼的である。「休む」が描写場面・会話場面において、話し手／書き手の観点による参与者の社会的地位を指し示さないからである。「休む」は、話し手／書き手と聞き手／読み手の親疎関係や主語対象との関係にかかわらず、「寝る」という概念を表す。一方、近代日本語の「求める」は、「買う」の婉曲語として使われるが、主語対象(買う人)が話し手／書き手よりも社会的に地位が高いという意味を婉曲的に表す。この「求める」は、二人称か三人称の主語とともに使われる。「求める」の婉曲的意味には、会話場面における話し手・書き手の指呼的見方が含まれるので、「求める」は対象尊敬の社指であり、尊敬語という部類に属する。

　本節で明らかにしたことは、尊敬語は社会指呼としての意味が定着した表現であることである。また、社指と丁寧の意味を含むが記号化していない表現、社指と非指呼的婉曲表現を区別すべきであることも述べた。日本語の歴史では、新しい敬語は対象尊敬語の範疇でしか起こらないこと、また、聞き手尊敬の語はすべて、もとの対象尊敬から変化したことは多く指摘されてきている(Tsujimura 1968、Lewin 1969)。Dasher(1995)は、日本語の尊敬語に見られる規則的変化を、(i)描写場面の参与者指呼から、(ii)会話場面の参与者と談話要素指呼への機能変化という文法化の一過程として分析した。その研究にしたがって、日本語の尊敬語と英語の歴史について検討を加える。これらのデータも、これまで述べてきた概念的意味から文脈形成的意味への変化、主観化、相互主観化などの意味変化の規則性を示している。

6.2.3　指呼のモデル

　日本語の敬語の意味構造を検討する前に、英語の指呼的空間の代名詞 here の例を挙げて、指呼的意味構造を考えてみよう。現代英語 here の意味と用法の関係を図表 6.1 に示す。

　会話場面(「物理的行為領域」)における話者／書者による here の発話と、「共有認知領域」における記号化された意味(意味素 M)の関係は、縦の直線で示されてい

る(語彙素 here の統語的要素と音韻的要素はここでは省く)。ほとんどの指呼詞と同じく、here も指呼的意味素と非指呼的意味素を持っている(Fillmore 1997 [1971])。here の非指呼的意味素は「位置(location)」を示し、指呼的意味素は「話者／書者の近く」の特定の位置を指す。

　語彙が会話の流れの中で選択されると、その意味は、対話者同士が共有する共有認知領域(認知構造の知識)と相互作用し、付け加えられる。言語話者は、伝達状況において共通の土台を作り上げているのである(H. Clark 1996 を参照)。ここで、この相互作用と強化を表すのに「強化する(inform)」という語を使い、これを意味素 M の四角から認知的構造への太い矢印で示す。伝達時の意味交渉が動的に行なわれているのを、二つの四角の右と下の2本の辺を太くして示す。二つの四角は認知構造を表し、対話者が概念化する以下の二つの世界を指す。

(i)　　話されていることを叙述する世界(概念描写場面)
(ii)　　会話場面の世界(概念会話場面)

話者と聞者の役割変更については、この図には示されていない。

　個々の語彙は、この二つの概念場面に含める必要はない。たとえば、table とか woman など、多くの語は、描写場面の概念化のみを強化する。一方、談話標識の意味での in fact など、会話場面の概念化のみを強化する語もある。しかし、指呼的意味素は、対象指呼や前方照応指呼などのように、この二つの世界の概念的連結を強化する。この連結は、会話場面から描写場面への矢印で示される。会話場面での参与者(や他の要素)の概念的配列が、描写場面で話者／書者が要素の配列を指すための指呼的「土台(grounding)」を形成するからである。図表6.1 で、here の指呼的意味素は、描写場面での位置を「話者／書者の近く(proximal to SP/W)」と特定することによって、会話場面と描写場面の連結を強化し、非指呼的意味素は、here が「位置(location)」を意味することを示すことによって、描写場面だけを強化している。

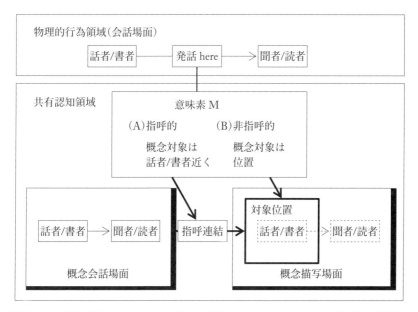

図表 6.1　現代英語 here の意味・用法のモデル（この図で、「→」は「言語の発話」、「➜」は「強化する」つまり「共有認知領域を豊かにする」という意味である）（話者」＝話し手「書者」＝書き手「聞者」＝聞き手「読者」＝読み手）

　語彙のほとんどは指呼的ではないが、発話のほとんどは指呼的である。描写場面は指呼詞による連結をとおして相関的に会話場面と「つながっている (anchored)」、あるいは描写場面は会話場面を「土台としている (grounded)」ということは、周知のことである (Jakobson 1957、Fillmore 1997 [1971]、Silverstein 1976a、Lyons 1977、1982、Levinson 1983、Hanks 1992 などを参照)。たとえば、英語では、主節には時制がある、つまり主節は話者／書者による会話時の概念化にもとづいている。ここで重要なことは、会話場面での話者／書者と聞者／読者の概念的関係が描写場面の叙述に写され (copied)、指呼的「土台 (grounding)」として機能するということである。たとえば、Kim came here という文は、描写場面においては、話者／書者も聞者／読者も参与者ではない。しかし、here という位置は、話者／書者と聞者／読者が Kim moved to a place という抽象的図式に投影 (コピー) されなければ理解することができない。この投影 (コピー) は、図表 6.1 では点線で示されている。here という位置を示す太字の四角は聞者・読者を排除しているが、here の語素 L は、話者／書者だけでなく聞者／読者も含む位置を指すことができる。たとえば、Kim asked Bella to come here today という文では、「来る」という動作が「ここ」であるという空間的目的は、話者／書者と聞者／読者の両方を含んで

いる(破棄できる『般喚推』)。対象位置を囲む四角は太字になっているが、これは指呼表現の主体に授与される高い顕著性を表す。

「略式と正式」という社会的関係を記号化する言語において、描写場面における参与者のうちの一人が二人称である場合、社会指呼の関係を図表 6.1 と同じように図示することができる。図表 6.2 は、フランス語の Je vous souhaite bonnes vacances (あなた(二人称、丁寧)によい休日を過ごしてほしい)という文の話者／書者と、聞者／読者との距離関係を表している。vous の意味には二つの意味素がある。一つは(A)指呼的、もう一つは(B)非指呼的(「人間」あるいは受け手として適切な他のもの)である。指呼的意味(A)は、さらに二つの要素に分けられる。(i)社会指呼的意味素「話者／書者との社会的相関距離」と(ii)非社会指呼的な指呼的意味素「二人称単数」である。どちらの指呼的意味素も会話場面と描写場面の指呼連結を強化する。人称指呼は、対象となる人が聞者／読者であることを示す。これは、図表 6.2 では、描写場面中の対象を表す太い四角と、聞者／読者のコピーを表す点線の四角が一致していることによって表されている。描写場面の言語的表現で使われる社会指呼代名詞の選択は、その後に続く話者／書者と聞者／読者のやりとりに影響を及ぼす(不満、軽蔑への変化など)。

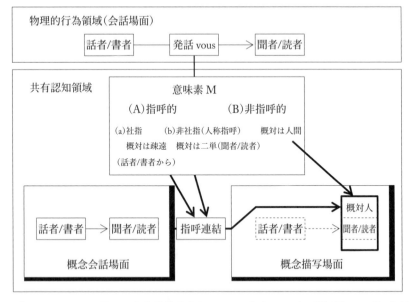

図表 6.2　フランス語の二人称単数代名詞 vous の意味のモデル(「概対」は「概念対象」、「概対人」は「概念対象人物」を指す)

次に、日本語の敬語指呼詞(動詞、形容詞、繋辞)における意味素構造と機能変化の道筋に移る。これらの語は、対象尊敬と聞き手尊敬を区別する興味深い体系を持つ。他の言語での「略式と正式」の区別の場合と同じく、日本語の敬語代名詞はみな、対象指呼詞である。

6.3 日本語の敬語の種類と意味変化のパターン

日本語の敬語の社会指呼詞の発展は、図表 6.3 のように、描写場面の強化から会話場面の強化までの四つの段階に分けることができる[*6]。この図の「段階(stages)」は敬語の鍵となる範疇的特徴を示すのみで、個々の敬語は、図表 6.2 で示したように、もっと複雑な構造を持っている。

図表 6.3 の上左(第一段階)は、描写場面だけを強化する非尊敬語の意味構造を示す。これに属するのは table、woman や、もっと複雑な意味範囲を持つ achieve や deliver などがある。後者の範囲は、相対的ではあるが描写場面の内にあり、会話場面に指呼的土台を持たない。6.4 でさらに詳細に検討するが、非尊敬語に属する語は、日本語の対象尊敬のもとになっている。対象尊敬は図表 6.3 の上右(第二段階)で表されている。日本語の対象尊敬のもとには、空間指呼的意味を持つ語も含まれる。その意味素は、社会的でなく空間的であるが、第二段階と同じ構造である(図表 6.1 も参照)。

270

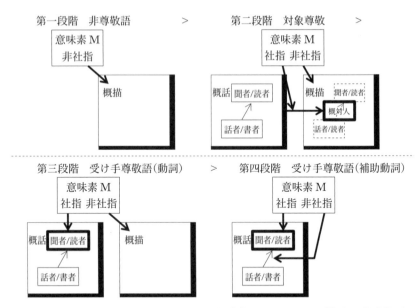

図表 6.3　日本語の敬語の概念描写場面から概念会話場面への発展（「社指」＝社会指呼詞「非社指」＝非社会指呼詞「概描」＝概念描写場面「概話」＝概念会話場面「概対人」＝概念対象人物　話者」＝話し手「書者」＝書き手「聞者」＝聞き手「読者」＝読み手）

　日本語の対象尊敬には、「求める」（「買う」の尊敬）など、かなり大きな範囲の動詞や、非尊敬動詞を敬語にする公式がある*7。図表 6.3 でわかるように、対象指呼詞の意味素は会話場面と描写場面の連結を強化する（太い矢印で示される）。この連結は、描写場面の参与者（対象人物）の社会的地位や、語彙素 L の意味的枠組みの中に位置づけられた対象人物の関係を指し示す。日本語の対象尊敬の指呼の方法は二種類あることは後で詳しく述べる。指呼は会話場面を土台として行なわれる。つまり話者／書者が聞者／読者に対する自分の地位を概念化するのである。このように、会話場面は意味素構造に入るが、対象尊敬の主要な機能は描写場面を強化することである。対象尊敬の指呼詞は、聞者／読者のイメージの必要性を対象指呼によって積極的ではあるが間接的に述べ伝える。

　日本語対象尊敬は、主語対象の社会的地位によって「尊敬（respectful）」と「謙譲（humiliative）」に分けられる。それぞれの例を(2)と(3)に示す。

(2)　　［地位の高い主語が］みかんを召し上がった。
(3)　　［地位の低い主語が］みかんをいただいた。

どちらの対象尊敬語も、表現の主語(主語対象)としての描写場面の参与者を際立たせる。つまり、それらは、指呼表現の主体として、主語対象に光を当てるのである[*8]。

　(2)と(3)で鍵括弧で示されているように、日本語の主語対象は明示されなくてもよい。文脈や、文の述語の尊敬表示によって、だれであるかがわかる対象は、話者／書者によって省かれるのが普通である(Martin 1975: 183–185 を参照)。対象敬語によって指呼される主語対象の項構造役割は、語素の意味的枠組みによって異なる。(2)の場合は動作主、(3)の場合は受領者である。したがって、謙譲の主語が、「みかんを差し上げた」のように動作主である場合もある。

　(2)の例の敬語「召し上がる」は主語対象の社会的地位を持ち上げて(respectfully)指し示し、(3)の例の敬語「いただく」は主語対象を卑下して(humiliatively)指し示す。日本語の敬語分類には、尊敬・謙譲の分類のほかに、尊敬語と同等の主語尊敬と、目的語(非主語)尊敬がある(Martin 1975、Harada 1976、Yoshiko Matsumoto 1997 など)。その分類では、非主語尊敬の範疇は、描写場面において丁重に指呼された非主語対象の存在にかかわるが、(3)の「いただく」の意味では、これは疑わしい。一方、尊敬・謙譲の分類では、(2)と(3)は、会話場面における話者／書者と聞者／読者の関係を指呼的土台として、主語対象を指呼する別のやり方を示している。次の図表 6.4 を見てみよう。

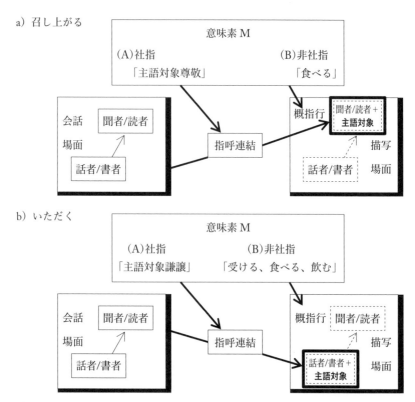

図表 6.4 近代日本語の尊敬・謙譲語の対象敬語意味構造（概指行＝概念指呼行為、主語対象＝概念主語対象、「話者／書者＋」＝「話者／書者と関連集団」、「聞者／読者＋」＝「聞者／読者と関連集団」）

　会話場面の話者／書者から聞者／読者への上向きの矢印で示したとおり、日本語の対象尊敬の用法では、聞者／読者の方が話者・書者よりも上位にあるという指呼的土台がある。一方、対象尊敬の用法には、隠喩的な「たての（vertical）」空間において、聞者／読者を「より高い（higher）」社会的地位に持ち上げるという表現的効果がある（Yoshiko Matsumoto 1988: 413）。二人称代名詞に「略式−正式」の区別のある言語と同じく、近代日本語でも、対象尊敬はしばしば相互的に使われる（6.2.2参照）。近代日本語において、話者／書者は、聞者／読者の地位を上げ、話者／書者自身の地位を下げることによって、文化的上品さと優美さを表現しているのである（Miller 1967、Okamoto 1999）。しかし、そのような状況で、対象敬語の選択や、敬意を表す方法が不均衡になって、ある一人の対話者だけが社会的に高い地位にある人として扱われる。その点で、近代日本語の対象尊敬は、ヨーロッパで、たての

関係を示すもっと古い「略式−正式」の指呼詞とはいくぶん異なる。一人称と三人称に敬語が使われるという点も異なる。尊敬の主語対象はほとんどが二人称か三人称で、謙譲の主語対象は一人称がふつうである。

　近代日本語の社会指呼詞は、集団の構成員にも注意して使われる。外の人に話すとき、話者・書者は、自分や、自分の集団に属する三人称に対して謙譲語を使う。図表6.4では、描写場面の「話者／書者＋」と「聞者／読者＋」のコピーの四角（点線で示される）が「話者／書者とその身内」「聞者／読者とその身内」という意味であり、描写場面の指呼的土台には、対話者自身に加えて、対話者の属する集団も含まれる。さらに、集団の構成員まで含めて使われるのは、描写場面の中の「聞者／読者＋」の四角と主語対象の太い四角の重なり（aの尊敬語）、「話者／書者＋」の四角と主語対象の太い四角の重なり（b謙譲語）で示されている。日本社会の集団構成員は、状況に左右される。同じ二人の個人が、ある場合には同じ集団に属し（たとえば、外部の第三者に話すときなど）、ある場合には別の集団に属することもある（たとえば、互いに相対するときなど、Ishida 1984を参照）。

　近代日本語の尊敬語動詞は、社会指呼的意味構造を持ち、次のような主語対象を指呼する。
(i)　　話者／書者より社会的地位が高い人（近代日本語では、二人称、三人称に限られる）
(ii)　 他のどの非主語の対象よりも社会的に地位が高い人
(iii)　聞者／読者と、あるいは聞者／読者の属する集団とかかわりのある人

(i)は、尊敬語の意味にとって肝心の要素であるが、(ii)、(iii)は破棄可能である。(ii)が破棄されるのは、話者／書者が、聞者／読者に対して、もっと地位の高い人に何かすることを頼むために尊敬語を使う場合などである。たとえば、「先生によろしくおっしゃってください」という表現は、先生が話者／聞者よりも地位が高い場合でも使うことができ、その場合、「先生によろしく申してください」と言わない。同様に(iii)も破棄可能で、三人称主語の対象は、話者／書者が自分の先生について言うとき、先生が聞者／読者の社会集団と関係がある必要はない。図表6.4aで、(i)は、主語対象の太い四角が話者／書者の点線の四角よりも高い位置にあることによって示される。(ii)は、示されていない。「召し上がる」の意味枠に非主語の対象が含まれないからである。(iii)は、主語対象の太い四角が聞者／読者の四角を完全に囲むことによって示される。少し開いた空間には、聞者／読者やその集団に関係のない三人称（尊敬を持って指呼される）を含める。

　近代日本語の謙譲語の動詞は、次のような人を指呼する。
(i)　　非主語の対象や聞者／読者よりも低い地位の主語対象
(ii)　 話者／書者、あるいは話者／書者の属する集団とかかわりのある主語対象

(iii) この指呼に参与する非主語の対象は、聞者／読者、あるいは聞者／読者の属する集団と結びついている。

(i)と(ii)は近代日本語の謙譲語にとって肝心な意味要素であるが、(iii)は破棄可能である。たとえば(3)の「先生からみかんをいただきました」では、話者／書者が、聞者／読者とは関係のない先生から、みかんをもらうということもありうる。図表6.4.bで、(i)は、主語対象の太い四角が聞者／読者の点線の四角よりも低い位置にあることによって示される。(3)で、謙譲の「いただく」の意味枠には、「みかん」以外の非主語対象は含まれない。主語対象を「低める(lowering)」ための唯一の土台(指示の観点)は、話者／書者と聞者／読者の関係である。(ii)は、主語対象の太い四角と点線の話者／書者の四角が一致していることによって示される。(iii)は、示されていない。しかし、謙譲の「いただく」の意味枠には、目的語「みかん」を渡す非主語が含まれる。そのような非主語の対象を図式化する場合、実線の四角で書くことになる。その対象が、指呼表現で指し示されるからである。(i)にしたがって、その四角は主語対象の四角よりも高い位置に来ることになる。(iii)にしたがって、その四角は聞者／読者の点線の四角を完全に囲むが、聞者／読者と関係のない人を含む空間を残すことになる。しかし、その四角は主語対象の四角よりも細い四角になる。主語対象が指呼表現の最も重要な主体であるからである。

　上代から鎌倉時代までは、対象敬語は、その後の時代に比べて、集団を意識する指呼表現はあまり多くは見られない。尊敬語は、話者／書者よりも高い地位にある三人称を指してよく使われたが、その対象の、話者／書者や聞者／読者との社会的結びつきとは無関係であった。同様に、謙譲語も、主語対象が非主語対象よりも社会的地位が低い場合に、話者／書者と関係のない三人称の行為を指して多く使われた。集団の構成員への関心は、言語外の社会的変化を反映し、Brown and Gilman (1960)によるヨーロッパの言語共同体に見られる連帯の力の趨勢と一致している。日本の初期の時代の階層化した一枚岩の宮廷社会では、敬語使用のほとんどが社会で認められている地位の違いを反映している。その中では、話者／書者と聞者／読者の関係における主観的土台は明確ではない。しかし、そのような時代でも、話者／書者の中には、同じ対象に対しても、異なる場面では異なる形式を選択する人もいた(Morino 1971: 100–103)。たとえば、10世紀終わりに、清少納言は『枕草子』で、召使が外部の人に対して、自分の主人のことを指して尊敬語を使ったことに不満を表している。少納言は、謙譲語を使うべきだと考えたのである(Tsujimura 1971: 15)。このような内と外の意識表明は、(少なくとも何人かの言語使用者意見として)言語使用場面において、話者／書者の観点から主観的に謙譲語が使われるべきであることを指摘している。つまり、これらの形式は、かなり早くから、少なくとも何人かの言語使用者によって、指呼の特徴である意味変化を明らか

第 6 章　社会指呼詞の発展　275

にしている。

　図表 6.3 に戻ると、対象尊敬(第二段階)は、受け手尊敬の語(動詞、第三段階)に発展し、さらにその中には受け手尊敬の補助動詞(第四段階)に発展することもある。事実、日本語では、対象尊敬だけが受け手尊敬のもとである(Tsujimura 1968、Lewin 1969)。対象尊敬(尊敬語と謙譲語)が少なくとも一人の「対象(referent)」つまり描写場面の参与者の社会的地位を指し示すのに対して、受け手尊敬は、話者／書者と相対的な聞者／読者の社会指呼的立場を、描写場面におけるそれぞれの役割とは独立して直接記号化する。(4)では、日本語の二種類の受け手尊敬が両方現れる。

（4）　　最近　ずいぶん　暖か-く　なっ-て　まいり-まし-た。

(4)で、動詞「まいる」は連続した動詞として、「次第に～なる」という意味を表す(「連続した(serialized)」動詞とは、動詞 2 として別の動詞 1 にくっついた動詞のことであり、動詞 2 は意味変化をしているが、動詞 1 は意味変化していないのがふつうである)。「～ます」は補助動詞である。

　日本語学でなじみのある術語として、聞者／読者に対する社会的スタンスを表す「丁寧(polite)」という術語を使うことにする。近代日本語で、受け手尊敬によって表される丁寧は、聞者／読者を持ち上げるだけでなく、話者／書者と聞者／読者の非親密的社会的距離を指し示すのに使われる。現在、受け手尊敬は、両者の社会的地位の相違にかかわらず、両方の対話者によって、仕事などの社会的場面なおいて相互的に使われる。受け手尊敬は、日本語や韓国語研究において、「会話水準(speech level)」と呼ばれる言語領域あるいはスタイルを明確に区別する主要な(独占的ではない)標識である(Martin 1964)。近代日本語では、「丁寧(polite)」の言語領域(受け手尊敬の助動詞「ます」、繋辞の「です」)は、さらに丁寧な「ございます」「でございます」と一方で対比されるが、もう一方では、丁寧標識のない社会言語学的重要性の欠如と考えられる無標の形式(普通の形式(plain form))と対比される。(4)に対応する「普通の(plain)」文は、次の(5)である。

（5）　　最近　ずいぶん　暖か-く　なっ-て　き-た。

英語に訳すと(4)も(5)も Recently, [the weather] has gradually become very warm となり、全く同じである。日本語のこの二つの文の意味の区別は、会話場面における話者／書者と聞者／読者関係の概念化を明らかにする方法に現れ、描写場面のどんな側面ともかかわりはない。

　受け手尊敬動詞と受け手尊敬助動詞の区別は非社指の意味要素にもとづく。図表 6.3 で、社指の意味要素はどちらも会話場面の聞者／読者の四角を直接強化する。

受け手尊敬動詞は非社指の意味要素(描写場面の行為や状態を描いたり修飾したりする)をとおして、描写場面を強化し続ける。非社指の意味要素は空間、時間的指呼の要素を含む。(4)で、「まいる」の方向づけられた動作の意味は、描写場面で「次第にある状態になる」という意味になる。一方、「～ます」のような受け手尊敬助動詞の非社指の意味素は、内容的というよりは文脈形成的である。それは、談話構造において、談話中の発話を進行中の談話に導く役割を果たす(Dasher 1995 第3章)。図表6.3の第四段階において、非社指意味素は、会話場面における話者／書者と聞者／読者の相互的言語伝達を強化する。

　本節では、日本語の敬語について概観し、その規範的意味素構造と機能的発展段階を述べた。非尊敬の語彙の多くの意味素は、描写場面だけを強化する。対象尊敬語は、主として描写場面を強化するが、会話場面も二次的に強化する。その会話場面は、描写場面の参与者を指呼するための土台となる。一方、受け手尊敬語は、聞者／読者を指呼表現の中心人物として際立たせ、それによって会話場面を強化する機能を果たす。受け手尊敬動詞の非社指的意味素が描写場面を強化し続けるのに対し、受け手尊敬助動詞の非社指てき意味素は会話場面だけを強化する。次に、6.4では対象社指機能の発展について、6.5では対象社指機能から受け手社指機能への変化について論じる。

6.4 対象社会指呼機能の発展

　本節では、ケーススタディとして、日本語と英語において、非社会指呼的意味から社会指呼的意味が発展した例を概観する[*9]。丁寧形式が発展した根拠を示す文献は多いが、特に公的なものでは神への祈り、公的でないものでは手紙が主要な文献である。劇や相互的会話の現れる文献では、丁寧さだけでなく、その反対の侮辱や非礼、さらに協調と対立に発展する例も見られる(歴史的文献における侮辱の語用論的空間研究についてはJucker and Taavitsainen 2000を参照)。英語の歴史的文献としては、初期近代英語からの裁判の記録が主要なものである(Hargrave 1730などを参照)。

　日本語の歴史において、非社会指呼語や構造が社会指呼的機能を持つに至る例が豊富に現れる。日本語では、記録された文献の古くから対象尊敬の例が頻出するが、日本語の敬語動詞や社指人称代名詞の語彙には、大幅な入替えが起こった。

　日本語では記録された歴史を通して、敬語動詞や敬語構造には、以下のような意味変化の型が見られる。

(i) 　方向性を持った動きを表す語が、話者／書者から見た主語・目的語対象の社会的地位を表すようになる。この変化には、鎌倉時代の「くださる」の「下

第 6 章　社会指呼詞の発展　277

される」から「与ふ」の尊敬語への変化(6.4.1 参照)、上代の「あげる」の「下から上へ上げる」から「与ふ」の謙譲語への変化、室町時代の「進じる」の「前に進める」から「与ふ」の謙譲語への変化などがある。

(ii) 空間的境界を横切る動作を表す語が、話者／書者から見た対象の社会的地位を表すようになる。この変化には、日本文化における二つの異なる語用論的関係を含む。まず一つは、神社や宮廷などの、特定の人々しか入れない神聖な領域で、境界のある領域にかかわる(Sansom 1952: 55–57)。この領域は、神社・神聖な木・岩の周りに張った飾りの綱で示される。そのような領域への進入は、敬虔な場所へ行く動作や、入る人の権威と結びついている。たとえば、上代の「まゐ(「行く」の謙譲)-入る」が平安時代に「まゐる」(「行く」の謙譲、尊いところに行く)になり、近代に「まいる」になる例、室町時代の「入ら-せらる(最高尊敬)」が江戸時代に「いらっしゃる」になる例がある。一方、首都など中心となる公共的場所は、文化や特権と結びついた境界のない領域である。たとえば、近代では「町に出る」などと使われる。境界のない領域に向かう動作は、敬虔な場所へ行く動作や、そのような場所に行く人の権威と結びついている。たとえば、上代の「まゐ(「行く」の謙譲)-出づ(出る)」が平安時代に「まうづ」(「行く」の謙譲)になる例がある。この「まうづ」は、近代の「初もうで」の「もうで」に残っている。この「出づ」は、さまざまな敬語の要素となる。たとえば、室町時代の「おぢゃる」は「お(尊敬の接頭語)-いで(「いづ」の名詞形)-ある」から来ており、江戸時代の「おいでなさる」、近代の「おいでになる」も主語に対象尊敬を与える語で、「行く・来る・いる」の尊敬語となっている。

(iii) 目標や行為の達成を表す語が、社会的に高い地位にある人の行為を表すようになる。この変化には、鎌倉時代の「なさる」(「なす」(達成する)＋「ある」(尊敬))が室町時代に「なさる」(「する」の尊敬)になる例、上代の「渡る」(端から端へ移行する)が鎌倉時代に「行く・来る・いる」の尊敬語になる例、上代の「越す」(～を越える)が江戸時代に「お越しになる」という形で「行く・来る」の尊敬語になる例、上代の「運ぶ」が江戸時代に「お運びなさる」の形で「行く・来る」の尊敬語になる例、上代の「拾う」が江戸時代に「お拾いなさる」の形で「行く・来る」の尊敬語になる例がある[*10]。

(iv) 状態や、動作の欠如を表す語が、謙譲の意味を表すようになる。この変化には、上代の「さもらふ」(貴人に仕える、命令を待つ)が平安時代に「さぶらふ」(「いる」の謙譲)になる例、上代の状態を表す動詞「ゐ-あり」が室町時代に「をり」になる例、上代の「うかがふ」(機会を待つ)が室町時代に「質問する」の謙譲語(後に「訪問する」の謙譲語になる)になる例がある。

(v) 社会的地位を示す語が、換喩的につながった非指呼的意味や社会指呼的意味を表すようになる。この変化には、上代の「おほす」(命令する)が平安時代に「言う」の尊敬語になったり(また、鎌倉時代の「おほせらる」が近代の「おっしゃる」になる)、上代の「まかる」(引き下がる許可を受ける、貴人のもとを去る)が平安時代に「立ち去る」の謙譲語「退出する」になったり、上代の「いたす」(届かせる、運ぶ、献身する)が室町時代に「する」の謙譲語になる例がある。

(vi) 社会言語学的非人称化(受身、使役、名詞化構造など)の結果を示す語が、社会指呼を表すようになる。対象尊敬を表す公式がこの変化を示している。たとえば、平安時代の受身・可能・自発の助動詞「る」「らる」が平安初期に尊敬の意味を持つようになったり、「お+動詞連用形(動詞の名詞化)+になる」が近代に動詞の敬語形で使われるようになったり、「お+目+にかかる」が室町時代に「会う」の謙譲語になったりする例がある。また、上代の受身動詞「聞こゆ」(聞こえる。自発)が平安時代の初めに「言う」の謙譲語になり、さらに謙譲の補助動詞になる例もある。「お+動詞連用形(動詞の名詞化)+する」も同様に謙譲語になっていった。

この六つのリストにある意味を持った語の中でも、ごくわずかの語や構造だけが敬語として使われるようになり、この意味変化のパターンの多くは、空間的指呼から社会的指呼に至るような概念領域をまたがる隠喩的変化である。しかし、詳しく観察して見ると、日本語の新しい敬語動詞は、社会地位標識として一般化した語から発展したということができる。意味的に似ている語であっても、敬語の機能を持つに至らない語もある。たとえば、上代の「いただく」(何かを頭のてっぺんにまで持ち上げる)は、現在でも日本文化の中で、目上の人から中をもらったときに賞賛や敬意を表して使われる。「いただく」は「いた」(頂上、上限)+「だく」(抱く)から来ているといわれる(『岩波古語辞典』、100ページ)。室町時代に「いただく」は、対象敬語の意味(「受ける」「食べる」の謙譲語)を表すようになる。したがって、「いただく」は、「方向性を持った動きを表す」という点で(i)の例になり、「社会的地位を示す動作である」という点で(v)の例になるとも考えられる。一方、似たような意味を持つ「持ち上げる」は、そのような一般性を持つに至らず、敬語には発展せず、江戸時代に、「財産や地位を上げる」とか「ほめておだてる」といった意味になった。社会地位標識の語用論的関連性については、「くださる」の歴史においてさらに明らかにする(6.4.1参照)。日本語の歴史における対象敬語の意味の発展は、変化のメカニズムである喚起推論という見方を証明するものである。

非社会指呼的意味から社会指呼的意味への発展は、本質的に文脈形成的意味の発展を伴う。それはまた、本質的に主観化も伴う。つまり、社会指呼的意味は、話者

／書者による観点がもとになっていて、話者／書者は、主語対象を指呼的土台として個別化しているのである。上代の「おほす」は会話行為動詞として社会的地位の高い人(命令を下すことが認められた人)による行為を指して「命令する」の意味で使われたが、平安時代の「おほす」は、「言う」の尊敬語として対象尊敬に使われ、命令以外の話す行為全般に対しても、また、話者／書者と相対的に社会的地位の高い人々の行為に対しても使われるようになった。つまり、平安時代には、「おほす」の主語は、命令者である必要はなく、話者／書者よりも社会的に地位の高い人に過ぎなくなったのである。

　さらに、社会指呼的意味の発展は本質的に相互主観化を伴う。社会指呼は、話者／書者の聞者／読者に対するイメージを保つ必要を表現するからである。しかし、社会指呼詞の発展の型においては、前に議論した他の領域の語と同じく、初期の段階では主観化が独占的で、その中には相互主観化が次第に発展する語もある(日本語では、非尊敬の語が対象尊敬の語になり、対象尊敬の語の中には受け手尊敬の語になる語もある)。対象尊敬語は、聞者／読者の社会的地位を直接指呼するわけではなく、概念描写場面における対象の社会的地位を指呼することによって、間接的に聞者／読者のイメージを保持する必要性を指呼するのみである。したがって、対象尊敬の機能には、主観化が独占的である。対象尊敬から受け手尊敬に至るとき、相互主観性の機能が増し加わるのである。

6.4.1　日本語の「くださる」

　近代日本語の「くださる」は、尊敬の対象敬語として、二人称・三人称の主語対象に使われ、一人称の主語対象には使われない。近代の「くださる」はさらに、話者／書者とその身内に対して「与える」行為の尊敬表現に限られ、「話者／書者とその身内から与える」の尊敬語はない。図表 6.5 は、近代日本語の「やりもらい」動詞の社会指呼的に対照される対を示す。

	対象敬語		非敬語
	尊敬	謙譲	
話者／書者に「与える」	くださる	0	くれる
話者／書者から「与える」	0	さし上げる	あげる(やる)

図表 6.5　近代日本語の「やりもらい」動詞

　「くださる」には、本動詞としての用法のほかに、V_1 に付いて、V_1 に対する好意を示す用法がある。近代では特に、テ形に「くださる」の命令形の付いた「V_1 てください」という丁寧な命令表現が頻繁に現れる。この形の社会言語学的機能

は、英語の please に似ており、たとえば、日本語の「書いてください」は英語の please write に対応する。

第一段階：くださる₁：下におろす

「くださる」はまず、鎌倉時代には、上代の「くだす」（下に下ろす）に助動詞「る」「らる」の付いた派生形として現れる。「くださる」の対象尊敬の意味の発展は、(i)の方に属する。つまり、方向性を持った動作が社会的地位を表すようになったのである。助動詞「る」「らる」（上代の「ゆ」「らゆ」）は、「くだす」に付く前から存在し、受身・可能・自発の意味を表した。平安時代から鎌倉時代にかけて（12世紀初めころ）、尊敬の意味でも使われるようになった（詳しくは Tsujimura 1971、Karashima 1993 を参照）。この「る」「らる」の付いた動詞は、社会言語学的非人称化を表している（6.4 の意味変化の型の(iv)を参照）。

「くだす」とその自動詞形「くだる」はどちらも、「首都から地方へ送る」というような社会的に表示された場所の移動という『般喚推』を上代から持っている（『日本国語大辞典』第二巻 499、506 ページ）。平安時代からは、どちらの動詞も、主語の高い地位や権威とかかわる描写場面において、命令を下したり交付したりするのに使われるようになる。しかし、社会的に表示された場所の移動を表すという『般喚推』を持つ語がすべて、敬語の意味を増化させるわけではない。たとえば、室町時代に頻繁に現れる動詞「のぼる」は「首都に向かってのぼる」行為を表すが、その語彙は、社会的地位を指呼する『般喚推』を持つには至っていない。さらに、「さがる」「おろす」「ふる」など、同じような意味を持ちながらも、社会指呼機能を持つに至らず、敬語の意味も持つに至らなかった語は数多くある。

第二段階：くださる₂：「与える」の尊敬語

「与える」の対象尊敬語としての「くださる₂」の用法は、延慶本平家物語（1309–1310）では数少ない。この文献には、65 の本動詞「くださる」と 65 の補助動詞「〜くださる」の例が現れる。本動詞のうち、55 例は皇帝による布告や命令の下知にかかわる（55 例のうち 24 例は「宣旨」、16 例は「院宣」である）。「宣旨」の例を挙げる。

（6）　　天下諒闇の宣旨を<u>くださる</u>。（広く天下に諒闇（喪に服すること）の宣旨を下された）

(1309–10 年　延慶本平家物語 [Kitahara and Ogawa 1996 第一巻 92 ページ 7 行目]) (6)の「くださる」は、主語と間接目的対象語の社会的地位の相違という『般喚推』を持っているが、話者／書者の観点からの社会指呼的土台がないので、尊敬語

第 6 章　社会指呼詞の発展　281

ではない。(6)は、「くださる」の用法をどのように解釈したらよいかのむずかしさをよく示している。(6)や、その他の平家物語の例における「る」に当たる漢字は「被」で、受身を表す。しかし、「宣旨」が直接目的を表す「を」で表示されているので、「る」は受身でなく尊敬を表し、地位の高い主語の行為を表すと見ることもできる。しかし、この文には主語が現れていない。この文の前の文の主語は「院」(在位を退き、僧として剃髪した天皇)であり、物語の文脈から、この布告は院と関係していることは間違いない。宣旨とは天皇の印のある文書で、院自身が布告した場合、この文の主語は院であり、院以外の人が布告した場合、主語は不定代名詞である。「る」が主語に対する尊敬を表す可能性はあるにもかかわらず、この例での「くださる」の意味は、「与える」でなく「下される」という受身の意味の可能性が高い。「くださる」がものの所有権の変化を表さないからである。したがって、(6)については「くださる$_2$」への過渡期の例としての解釈が可能であると言える程度である。その他の「くたさる」の 10 例は、天皇の家臣や使者を、首都以外の場所で何かを行なうために、首都から下すという文脈で使われている。つまり、「くださる$_1$」の例である。

　この文献に現れる 45 例の補助動詞としての「くださる」は、動詞「おほす」に付いている。これらの例の多くで「おほす」は、古い時代の非尊敬の「命令を言う」の意味で使われている。しかし、新しく「言う」の尊敬語としての社会指呼的意味を持つ例(「命令を下す」という換喩的派生用法)もある。尊敬の「おほす」とともに使われる場合、「くださる」も、少なくとも『般喚推』としては、尊敬の意味として解釈できる。(7)の例を見よう。

(7)　　御堂の御所へ召し、勧賞のことはいかにとおほせくださる。
　　　解釈 1：(院は)(官位を授ける勧賞式を執り行う親範を)御堂の御所に召して、勧賞のことはどうなっているのかという仰せをお与えになった。
　　　解釈 2：(院は)(官位を授ける勧賞式を執り行う親範を)御堂の御所に召して、勧賞のことはどうなっているのかを言うべきだというご命令を下された。
　　　　　　　　　　　　　　　　　　　　　(1309–10 年　延慶本平家物語
　　　　　　　　　　　　[Kitahara and Ogawa 1996 第一巻 46 ページ 16 行目])

(7)の「おほせくださる」は解釈 1 のように「仰せをお与えになる」という「くださる$_2$」の解釈もできるが、一方解釈 2 のように「ご命令を下される」という「くださる$_1$」の解釈もできる。御所での親範への伝達は、媒介者を使った文書によるものだったかもしれないのである。その他の「くださる」の動詞に付く 8 例では、前の動詞は文書の用意や送付を表す、つまり「くださる$_1$」と考えられる。

　その他、延慶本平家物語に現れる「くださる」の動詞に付く 11 例は、「召しく

だされる」(首都から(人を)召し出す)や「追ひくださる」(首都から(人を)追い出す)のように、移動する目的語が人である。もう一つの動詞に付く例では、「くださる」が所有権の移動にかかわっている。

(8)　　ただたびくだされさぶらへ、と申されければ、
　　　　ただ(それを私に)お与えください、と(義経は)お申しになったので、

(1309–10 年　延慶本平家物語

[Kitahara and Ogawa 1996 第二巻 476 ページ 15 行目])

(8)で、「くださる」は動詞「たぶ」(「たまふ」(お与えになる)の省略形)の連用形名詞「たび」に付き、「たぶ」によって指呼される社会的上下関係を補強している。この例には受け手尊敬の「さぶらふ」も現れ、前の節が直接の引用であることを明らかにしている(6.5 を参照)。「申す」(「言う」の謙譲語)に尊敬の「れ」が付くことによって、主語(義経)が受け手よりも地位が低いことと、話者／書者(語り手)よりも地位が高いことを示している。したがって「申す」は、「くださる」の主語(相手、受け手)と間接目的語(義経)の相対的地位を補強している。

　「くださる」は、室町時代までは、平家物語以外にはめったに現れない。これは、この時期の古典文学が平安時代の形式にもとづいており、「与える」の尊敬語として平安時代からの「たまふ」とその派生形「たまはる」(「たまふ」＋尊敬の「る」)が使われていたからである。観阿弥が作ったとされる能の台本五つ(1384 年)には、「くださる」が 1 例も現れず、「たまふ」とその派生形が数多く現れる。Sato(1974)は、御伽草子(14 世紀の教訓的話の集成)や 15 世紀の仏教文学には「くださる」がごくわずかしか現れないことを指摘している。Hisatake(1974)も同様に、いわゆる「キリシタン資料」(イソップ物語や近代的地方版の平家物語のローマ字翻訳、16 世紀末)に至るまでは、「くださる」があまり使われていないことを指摘している。キリシタン資料では、「くださる」が頻繁に現れる。

　室町時代の終わり(16 世紀末から 17 世紀初め)には、「くださる」は、古典的スタイルで使われる「たまふ」とその派生形に対して、口語的スタイルにおいて「与える」の尊敬語の動詞として広く使われるようになった。滑稽な狂言の台本(室町時代から口頭で伝えられ、17 世紀に記録された)では、「くださる」が「与える」の尊敬語として最も多く現れる動詞となる。しかし、大黒連歌(Kitagawa and Yasuda 1972: 81–86)では、二人の信者が大黒神の行為に対して、神を讃える崇拝行為の役割を果たす詩の中で、「たまはる」を使っている。大黒神がその詩のあとに現れたとき、二人は、神にもっと近くに来て会話を続けてもらうために「くださる」を使う。

（9）　　はあ、ありがたうござる。まづここをご来臨なされてくだされい。
　　　　（二人の信者は声をそろえて言う）「ああ、何て幸運なんだろう。是非、ここにいらっしゃってください。
　　　　　　　　（17世紀前　狂言「大黒連歌」[Kitagawa and Yasuda 1972: 84.11]）

大黒は、ここに続く特別な朗詠において、自分を指すのに「たまふ」や他の古い尊敬の形式を使い、自分の由来を信者たちに詳述する[*11]。劇の終わりのところで、信者たちも同様に、なおも舞台にいる大黒に祝福を求めて、古い形式「たびたまへ」を使う。(9)で神の行為を指して使われる「くださる」（「たまふ」に対する）は、神の突然の来臨と自己紹介に対する話者の驚きを表していると思われるが、そのニュアンスの詳細については、同時代(室町時代)の他の文献をさらに社会言語学的に分析する必要がある。

「たまふ」が古典文学と結びついてよく用いられることを考えると、ロドリゲスによる日本大文典(1604–8年)の尊敬語のリストに「くださる」がないのは理解できるが(Doi訳、1955年)、一方ロドリゲスはその膨大な研究の中で、尊敬語の「くださる」の入った例文を数多く挙げている。1603年の日葡辞書には、「くださる」の意味が「地位の高い人から低い人へ与える」と説明されている(Doi, Morita, and Chonan 1980: 162)。しかし、日葡辞書では、この主語に尊敬の意味を付与する意味に加えて、「くださる」に「食べる／飲むの謙譲」の意味を挙げている。主語に謙譲の意味を付与するこの二次的な意味は、(6)で検討した中世語の「る」「らる」の二義性から来ている。「る」が受身の意味ならば、「くださる」は「与えられる、高位の人から受ける」、つまり「与える」ではなく「受け取る」の意味になる。日本語の謙譲の動詞の意味領域には「食べる／飲む」という行為が含まれる。これは、「食べ物／飲み物を受ける」からの換喩的拡張によると思われる。中世日本語では、「たまはる」も同じような二義性を持つ。「与える」の尊敬と「受ける／食べる／飲む」の謙譲である。江戸時代には、「くださる」の活用の型がもとの活用から変わり、語彙素の構造があいまいになって、受身との関連性がなくなった。したがって、「る」の受身の意味にもとづく「くださる」の謙譲の意味はなくなったのである。

「くださる」の社会指呼的意味の発展は文脈形成的意味の発展を伴っている。主語を高め、尊敬したり、主語を低め謙譲させたりする意味である。それはまた、主観化を伴っている。非尊敬の意味には、必ずしも話者／書者の観点が現れないが、社会指呼的意味には、社会指呼にもとづいた話者／書者の観点が現れる。延慶本平家物語の例で示したように、「くださる」の尊敬語以前の意味素「おろす」は、一般的に認められた社会的上下関係と結びついているが、描写場面における話者／書

者の主観的評価は最小限である。狂言の台本が書かれた頃までには、話者／書者の観点にもとづく「くださる₂」の指呼的土台が確立される。室町時代の話者が「くださる」を使って社会的優位性を付与する人々には、社会における高位の人々だけでなく、特定の状況で敬意を表すのが適切だと思われる場合、二人称・三人称の主語対象も含まれる。次の(10)は敬語の相互的な使用を示す。

(10)　　太郎：　なにとぞ　その　末広がり　あきなう-て　くだされ-い。
　　　　　　　（どうか、その末広がり（扇）を売ってください）
　　　　行商人：いか-にも　今　だい-て　お*¹²-まさ-う。
　　　　　　　（確かに、今出して参らせよう）
　　　　（17世紀以前　狂言「末広がり」[Kitagawa and Yasuda 1972: 71.16–72.1]）

この会話の主人公太郎冠者は、主人の命で首都に「末広がり」（末の広がった扇）を買いに出かけ、商人になりすました香具師に出会う。香具師は太郎冠者が末広がりを知らないのに付け込み、古い傘を売る。当時の日本社会では、商人は経済的には力があったが身分は低かった。太郎冠者と香具師の社会的地位の違いは明らかではないが、太郎冠者の方が香具師よりもはじめから終わりまでずっと、やや丁寧なことばを使っている。しかし、二人は相互的に敬語を使用している。(10)では、太郎冠者は、香具師の行為を「くださる」という尊敬語で表し、その返事として香具師は、自身の一人称の視点から同じ行為を指して「おます」（鎌倉時代の「まゐらす」より）という軽い謙譲語を使っている。敬語の選択は主観的であり、参与者の社会的地位やまわりの状況についてのそれぞれの話者／書者の評価による。

「くださる₂」の意味が、一般的に「お与えになる」から、近代の「話者／書者、身内にお与えになる」（図表6.5参照）に縮小するとともに、さらに主観化が進んだ。この主観化は、「くださる」が江戸時代ごろに対象尊敬を表すようになったあとで起こったと思われる。しかし、室町時代までの用例が少ないので、この意味の縮小がいつ起こったかは明確でなく、「くださる₂」の江戸時代の使用範囲については、今後の研究が待たれる。にもかかわらず、「くださる」に対応する非尊敬動詞「くれる」は、「くださる」の意味が江戸時代までは話者／書者とその身内に対する行為だけに限定されていなかったことの間接的な証拠を示す。つまり、「くれる」は「くださる₂」と同じく、近代の標準語では話者／書者とその身内に対する行為だけに限定して使われているが、この限定は初期の段階の「くれる」には当てはまらなかったのである（『岩波古語辞典』436ページ）。『岩波古語辞典』と『日本国語大辞典』（第七巻、10ページ）によれば、「くれる」の意味の話者／書者とその身内への限定は、江戸時代末期か近代初期（19世紀後半）までは起こらなかった。これ以外の、有標と無標の対照があるときの有標の場合と同じく、尊敬の意味は非

尊敬語における意味区別を中和する。したがって、「くださる₂」の「与える」の意味が「くれる」の意味よりも縮小することは考えにくい。
「くださる」の発展を図表6.6に示す。

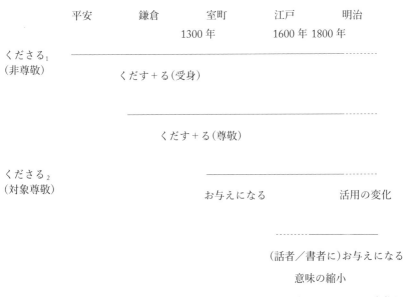

図表6.6　日本語の対象尊敬動詞「くださる」の発展（活用の変化によって、助動詞「る」との関係があいまいになった）

このケーススタディは、対象尊敬機能の発展の段階では主観化（相互主観化でなく）が優位であることを示しているが、敬語の発展には、本質的に聞者／読者のイメージ保持の必要性を伴う。対象尊敬語は、対象（描写場面における参与者）への社会指呼表示によって間接的に聞者／読者への敬意を示す。近代日本語の「くださる₂」の主語の範囲は、聞者／読者と社会的に関係のある人だけでなく、関係のない三人称も含む。今後、対象尊敬語による受け手尊敬の意味の発展過程において、相互主観化が起こることを述べるが、その前に、英語における対象尊敬の意味の発展の例もいくつか紹介する。

6.4.2　英語の pray（副詞的）

本節では pray が主節の遂行表現から括弧づけの表現になり、さらに社会指呼機能を持つ語用論標識に至る変化を概観する。

5.2で指摘したように、紀元前1世紀のラテン語の祈りの公式（二人称への嘆願）

に加えて、一人称命令遂行用法 prec-(頼む)が現れた。動詞 preie-(祈る)は、13世紀にフランス語から英語に借用され、古代英語の bidd-(祈る)に取って代わった(bidd- は、preie- と同じく遂行用法と認識用法の二つの用法があった)。preie- は、主として従属節を導く動詞として使われた。遂行用法は、「一人称主語＋動詞現在形＋二人称間接目的語(略式か正式形式)＋従属節」という構造で、(11a)は従属節が that 節、(11b)は命令である(従属節が疑問である場合もある)。

(11) a. *I preie you* þat ye wende with me.
　　　　I ask you that you go with me
　　　　私と一緒に行くことを<u>お願いします</u>。
　　　　　　　　　　　　　　(1300 年 Havelok 1440 ［MED　*preien* 1. b. (b)］)
　　b. *I pray yow* telle me what was wreton vnder the mares fote.
　　　　I pray you tell me what was written under the mare's foot
　　　　馬の足の裏に何が書いてあったか教えることを<u>乞います</u>。
　　　　　　　　　　　　　　　　　　　　　　　(1481 年 Caxton 59 ページ)

ヘルシンキコーパスには初期の(1250–1350)preie- の遂行用法の例も、すぐあとに検討する括弧づけの用法の例もない。しかし、MED には、1350 年以前の用法がどちらもある。

　遂行主節構造は文頭に現れるが、括弧づけ構造(I pray you、I pray thee、I pray)はさまざまな位置に現れる。それが節の間や節末に現れるとき、括弧づけ用法であることは間違いない。

(12) 　Myldeliche　　　myne,　　*y preie*, al þat þou se.
　　　Compassionately think-about I pray all that you see
　　　見るものすべてを憐れみを持って考えてください、<u>お願いです</u>。
　　　　　　　　　　　　　　　　　　　(1325 年 Iesu swete is 40 ［MED*preien* 5］)

しかし、I pray you 構造(括弧づけ構造)が節頭に現れ、命令の前に来るとき、それは、主節構造との区別がつけにくくなる。たとえば、(11b)は括弧づけ構造の可能性もある。つまり、その主要な機能は、明確な遂行性ではなく、聞者／読者に命令するときに、敬意をはっきり表すことである。これは、相互主観的態度である。

　I pray thee から prithee、I pray you から pray への発展に関して重要なことは、(11b)や(13)のように、節間の括弧づけは命令文を導入することである。

(13)　Comly kyng of mankyn, *I pray the* here my stevyn.
　　　みめうるわしき人類の王様、<u>どうか</u>私の声を聞いてください。

(1460 年以降 Wakefield Plays 16 ページ)

また、(14)のように、疑問文を導入することもある。

(14)　　*I pray you*, are they then no diphthongs?
　　　　それでは、いかがでしょう、それらは二重母音ではないのでしょうか。
　　　　　　　　　　　　　　　　　　　(1596 年 Coote 14［Fries 1998: 94］)

このような文脈における括弧づけ表現は、話者/書者が聞者/読者のイメージ保持の必要性に注意を向け、敬意を表しているという推論を喚起すると考えられる。このことは、(13)のように、受け手が神であり、神が直接呼ばれ、話者/書者に直接利益になることが願われるとき、特に当てはまる。

16 世紀までには、主語の代名詞のない新しい形式が二つ現れる。prithee と代名詞のない pray である*13。これらは副詞的機能を持ち、Akimoto(2000)は、文法化の観点からこれらの歴史を論じている。Kryk-Kastovsky(1998)は、これらの語の初期近代英語の裁判に現れる語用論助辞的機能を論じ、Fries(1998)は、同時代の教育書に現れるこれらの語を論じている。prithee の場合、(15)の you から prithee への軽蔑的切り替え(pray を使わない)に見られるように、二人称代名詞の略式形式の機能が保持されている。

(15)　　Lord Chief Justice: But just now, you swore he staid out all Night?
　　　　Mrs. Duddle:　　　No, my Lord.
　　　　Lord Chief Justice: Yes, but you did though; *prithee* mind what thou art about.
　　　　最高法院長：　しかしたった今、あなたは、彼が一晩中外泊したと誓った
　　　　　　　　　　ではないか。
　　　　Duddle 夫人：いいえ、法院長様。
　　　　最高法院長：　いや、確かに誓った。どうか自分のことをよく考えなさい。
　　　　　　　　　　　　　　　　　　　　　　　　　(1685 年 Lisle 74 ページ)

pray の場合、対象社会指呼詞の you を伴わずに社会指呼の機能を果たすようになった。pray は prithee よりも丁寧で、指呼的に prithee や他の you のない丁寧形式とも対比される。社会指呼の pray は、(16a)のような命令文と(16b, c)のような疑問文とともにしか現れない。つまり、聞者/読者が指図的場面における参与者として常に存在する(I ask you do X/I ask you answer Y など)。(16b)のように、直接会話形式が現れる場合が多い。

(16)　　a. *Pray* let my love be remembered to Mrs. Parr.
　　　　　どうか私の愛が Parr さんに覚えられますように。　　(1613 年 Cornwallis)

b. Att. Gen.：...we first call Sir Thomas Whitegrave, who is a Justice of the Peace, and a worthy Gentleman; a Member of the Church of England in that County...

Sol. Gen.：*Pray*, Sir Thomas, will you be pleas'd to give the Court an account, whether you saw Mr. Ireland in Staffordshire 1678, and what time it was?

法務長官：初めに Thomas Whitegrave さんを召喚します。Thomas さんは、治安判事であり、高貴なお方で、イギリスの州の教会の一員でもあります。

軍務長官：<u>どうか</u>、Thomas さん。法廷に答弁をくださいませんか。あなたが 1678 年、Staffordshire で、ireland 氏を見たかどうか、またそれが何時かということについて。

(1685 年 Oates, 85 ページ)

c. Since both *shall* and *will* do certainly shew the Verb they precede to be future: *Pray* when must I use *shall*, and when *will*?

shall と will はどちらも後に来る動詞が未来のことであることを示しますので、<u>どうでしょう</u>、いつ shall を使い、いつ will を使ったらいいでしょうか。 (1700 年 Brown, 20［Fries 1998: 94］)

初め pray は、(16b)のように Sir X や Your honour のような尊敬の呼びかけとともに使われるところからもわかるように、prithee よりも高い敬意(つまり、遠い社会的距離)を表して使われた。これはおそらく、I pray you という形式がもとであることによるのであろう。しかし、18 世紀から 19 世紀にかけて英語に略式-正式の区別がなくなり、その結果 prithee がなくなり、pray は、命令節の描写場面に対象として示される聞者／読者からの社会的距離だけを指呼するようになっていった。

6.4.3 英語の please（副詞的）

pray は、19 世紀にも丁寧標識として使われていたが、次第に please に取って代わられることとなった。please もフランス語からの借用語である。pray の場合と同じく、please の歴史も、主として文法構造の変化という点から研究されてきた(たとえば、Allen 1995 など)。語彙統語論的に、please は、次の二つの構造に起こる[14]という点で区別できる。

(17)　a. The plan *pleased the children*. (その計画は<u>子供を満足させた</u>)

　　　b. Women have the constitutional right to attend whichever public school *they please*. (女性は、<u>自分がよいと思う</u>公的学校のどこにでも通うことができ

るという法的権利を持っている) (1991年4月11日 United Press Intl.)

(17a)には、二つの項がある。動詞の後に来る斜格(与格)で表される経験主と、動詞の前に来る主格で表される原因(となるもの)である。この用法は14世紀にフランス語から借用され、経験主が与格であることから「非人称の型」と言われている。中世英語の例を挙げる。

(18)　　and they may nat *plese hym*.
　　　　そしてそれらは彼を喜ばせることができない。
　　　　(1390年代終わり頃 Chaucer, CT, Parson 293ページ 1.224 [Allen 1995: 278])

もう一つは、(17b)の型で、項は一つしかない。主格で表され、主語の位置に来る経験主である。この項一つを取る please が丁寧標識に発展したのである。この please の用法は、16世紀まではめったに現れず(Allen 1995: 280–281)、英語の新用法のようである。次の(19)は、Allen の見つけた最初の例である。

(19)　　Ye　may　excuse　yow　　by me, if　*ye*　*please*, tyl　 the　next　terme.
　　　　you　may　excuse　yourself　by me　if　 you wish　until　the　next term
　　　　次の期日までに、もしあなたが望むならば、私の責任において、あなた自身を正当化しても構わない。
　　　　　　　　　　　　　　　　　　　(1462年 Paston Letters 662.15 [Allen 1995: 281])

Allen の構造上の着眼点は、殊に if 節における主格と与格の用法の区別である(代名詞が使われている場合は明確である。I、thou、he、she、we、ye、they は主格、me、thee、him、her、us、you、them は与格である。また、経験主が動詞のあとに現れる場合も与格であることが明確である)。Allen は、Shakespeare の劇の中で、この選択にかかわる要因として特に重要なものを四つ指摘している。

(i)　 一つ目は、(19)のように、経験主が主節の主語と一致することである。
(ii)　二つ目は、経験主が動作主的、意志的であればあるほど、主語の位置に来て主格になることである。特に if 節では、もともとの動詞のあとに来る与格形式が仮定的状況を指し、話者が経験主を、その状況が「適切である、受け入れられる」と考える人として扱う場合に使われる(20a)。また、たとえ望ましくなくても、経験主が「何かが起こることを願う」という「丁寧なフィクション」を話者が喚起するとき、より新しい主語形式が使われる(20b)。
　　　(Allen 1995: 288)。

(20)　a. And ("if") *please* your majesty, let his neck answer for it.
　　　　 閣下がお気に召すならば、あの男の首に責任を負わせましょう。

(1599 年 Shakespeare, Henry V, IV. viii. 43 [Allen 1995: 290])
b. This young maid might do her a shrewd turn if *she pleas'd*.
この若い娘は、もしその気ならば抜け目のない一仕事を自分に与えるだろう。

(iii) 三つ目の要因は、if 節が論理的条件設定でなく、新しい情報を導入するとき、経験主は常に与格であることである (Allen 1995: 288)。Allen は、経験主である受け手は情報について制御力を持たないので、この(iii)を(ii)とも関連させている。この時期に、動詞のあとに来る経験主とともに使われる「情報+please」という公式が、手紙で多く使われるようになった。if が付く場合と、(21)のように付かない場合がある。(21)は、King James 一世に当てられた手紙である。

(21)　　*Please* your Majesty,
I am glad to have heard of your Majesties recovery, before I understood of your distemper by the heat of the weather.
どうか、閣下、
閣下のご病気が熱い天候によるものとわかる前に、閣下の回復をお聞きしてうれしく存じます。　　　　　　　　　　(1608 年 Henry Prince of Wales)

(iv) Shakespeare が please 構造を選択するときの四つ目の基準は、丁寧さであり、(ii)、(iii)ともかかわる、と Allen は指摘する。

語順が社会的距離を表すのに使われるという Allen の仮説は、19 世紀に動詞のあとの与格構造が激減したという事実によって支持される。これは、略式-正式の区別の消失ともかかわっている。(22)のように、主語構造 if you please が丁寧さの既定公式となった。

(22)　　We will, *if you please*, say no more on this subject.
わたしたちは、この問題について、お望みならば、これ以上言うまい。
　　　　　　　　　　　　　　　(1871-72 年 Eliot 317 ページ [Allen 1995: 299])

やがて、if や経験主のない please が丁寧の語用論標識として使われるようになった。OED によれば、この please の用法は「Shakespeare には知られていなかった」(*please* II. 6. c.)ようである。20 世紀の初めには、please は完全に pray に取って代わった。20 世紀半ばには、経験主が知覚する消極性と積極性を区別するために、ことば遊び的道具として次のような形式が現れた。

(23)　She was saying, *Please. Pretty please.*
　　　彼女の言った Please は、かなり強く please と言ったんです。
　　　　　　　　　　　(1959 年 Sinclair, Breaking of Bumbo, v. 74 ［OED *pretty* D］)

　please の歴史は pray の歴史とはかなり異なっている。たとえば、please は遂行用法から始まったわけではなく、また指図的会話行為に限られるわけでもない。二人称代名詞を伴う please(if you please)は、まず表現された you(聞者／読者)に焦点があり、次に主語が示唆される。一方一人称代名詞を伴う pray(I pray you/thee)は、まず表現された I(話者／書者)に焦点があり、次に主語が示唆される。実際、pray から please への変化は「消極的顔(negative face)」への焦点の変化であると Busse (1998)は言う[*15]。Busse は、この pray から please への変化は、Kopytko(1993)が指摘した近代イギリス英語におけるもっと一般的な変化(積極的丁寧さから消極的丁寧さへの変化)に見られる語用論的方策の変化と関係があると述べている。もしそうであるならば、これは社会的価値の変化であり、語構造の意味変化論的発展とは別個のものである。Myhill が指摘する must、ought to や意志の will などの集団にもとづく用法から、got to、should、gonna などの個人にもとづくモダル語の変化も、社会的価値の変化を示している(3.2.5 参照)。

　please と pray には、このような違いに加えて、重要な類似点がある。指示的なレベルでの意味を持つ構造から社会談話的レベルでの機能を持つ語用論標識に至るという明らかな習慣化はもちろんのこと、I pray you/prithee と if it please you/if you please は、どちらも対象尊敬の意味の発展を示していることである。聞者／読者は、描写場面において(指図による望ましい結果としての描写場面を含む)、はっきり現れるかどうかは別にして、常に参与者である。prithee/pray も please も受け手尊敬機能を持つには至らなかった。どちらも描写場面における役割と独立して使うことはできないからである。たとえば、(You)Give her the book, please/pray とは言えても、*I gave her the book please/pray とは言えない。さらに、どちらも主観化を示している。話者／書者による談話の流れの先取りである。最後に、代名詞の喪失とともに、pray も please も相互主観性を持つに至った。以前に略式-正式の区別によって示されていた聞者／読者のイメージ保持必要性が裸副詞として表されるようになった。つまり、どちらも対象社会指呼丁寧機能を獲得したのである。

6.5　日本語の受け手尊敬述語動詞の発展

　6.2.1 で検討したように、対象尊敬語は、聞者／読者に対する敬意を、描写場面の参与者(対象)を社会指呼することによって間接的に表す。対象は対話者の一人と

同じこともあるが、必ずしも同じとは限らない。つまり、日本語話者は同じ対象敬語(尊敬語)を使って、二人称や三人称に敬意を表す。一方、彼らは謙譲語を使って、一人称だけでなく、話者／書者の身内である三人称主語に対してもへりくだりを表す。それに対して、受け手尊敬語は、聞者／読者の社会的地位(話者／書者と相対的)に対する話者／書者による概念化を直接表す。これは、描写場面における聞者／読者の役割とは独立している。したがって、日本語の受け手尊敬語は、意味的枠組みの中に取り入れられたあらゆる主語に対して用いることができる。一人称・二人称・三人称、有生・無生、一般的・特殊、限定・非限定などである。

　Brown and Levinson(1987 [1978]：276–280)は、対象尊敬をを持つ言語に比べて受け手尊敬を持つ言語はまれであること、対象尊敬と受け手尊敬の重なりの例を指摘しつつ、対象尊敬が基礎であり、受け手尊敬は派生的である、少なくとも部分的に受け手尊敬は対象尊敬から派生することを述べている。日本語では、受け手尊敬語はみな、対象尊敬語から発展している(Tsujimura 1968、Lewin 1969)。図表6.7は、文献の手に入る時代を通して、受け手尊敬語に規則的に発展していった述語動詞を比較的広範にわたって示している。

	原義（対象尊敬）	対象尊敬年代	受け手尊敬年代
はべり	「ある」「いる」謙譲	平安～中世	平安(11世紀初頭)～江戸 室町以後は古典文学のみ
さぶらふ＞そうろう	「ある」「いる」謙譲	平安～中世	平安末期(12世紀)～鎌倉 ＞そうろう(鎌倉江戸)
をる	「ある」「いる」謙譲	室町～近代	江戸(18世紀)～近代
まゐる	「行く」「来る」謙譲	上代～近代	室町(15世紀)～近代
まゐらす＞ます	「与える」謙譲	鎌倉～室町	室町(15世紀)から＞ます(室町～近代)
［あげる］	「与える」謙譲	室町(14世紀)～近代	江戸(17世紀)～近代
たまふ(下二)	「受ける・食べる」謙譲	上代～鎌倉	平安(11世紀)～鎌倉
たぶ(下二)	「受ける・食べる」謙譲	上代～江戸	平安(11世紀)～近代
［いただく］	「受ける・食べる」謙譲	室町(14世紀)～近代	江戸(19世紀末)～
まうす	「言う」謙譲	上代～近代	平安(11世紀)～近代
［いたす］	「する」謙譲	室町～近代	室町末(16世紀)～近代
ござ-ある＞ござる	「ある」「いる」尊敬	室町～江戸	室町末(16世紀)～近代
おり-ある＞おりゃる	「ある」「いる」尊敬	室町～江戸	室町末(16世紀)～江戸
おいで-ある＞おぢゃる	「ある」「いる」尊敬	室町～江戸	室町末(16世紀)～江戸
です			受け手尊敬繋辞省略体 江戸(19世紀)～近代

図表6.7 日本語の受け手尊敬語への発展（Dasher 1995：第5章の4を詳細にしたもの）［ ］内の動詞は受け手尊敬語としては認められていない。

図に示したように、日本語の文献の歴史において、対象尊敬動詞のうちのごくわずかな語だけが受け手尊敬語に規則的に発展した。対象尊敬の意味範疇の中には、受け手尊敬語に発展しないものがあるのは注意を要する。心的・知覚的行為や状態

(「考える」「知る」「聞く」「見る」など)や他との関係を表す行為(「会う」「訪問する」など)などである。対象尊敬語の中で受け手尊敬語に発展するのは、どの時代においても、また派生形式や複合語を除けば、10パーセント以下であろう。日本語の受け手尊敬語はみな、非指呼的意味が連続動詞構造におけるあとの動詞 V_2 の位置に起こる語から派生している。たとえば、日本語の存在を表す動詞(「ある」「いる」など)は連続動詞構造の V_2 に現れ、状態や反復のアスペクトを表し、多くの繋辞や形容的述語形式の要素として確認できる。動詞「行く」「来る」も連続動詞構造の V_2 に現れ、状態の漸次的変化を表す。同じく V_2 に現れる「やりもらい動詞」は、その行為による利益が誰のものになるかを指呼的に示す。この図の中の語は、受け手尊敬の意味を本動詞で発展させたり、V_2 で発展させたりしているので、受け手尊敬の意味の発展において、連続動詞構造がどのような役割を果たしたかははっきりしない。しかし、その構造によって使用頻度が高まったことは疑いない。

　図表6.7では、受け手尊敬の機能がいつごろから定着したかのだいたいの年代を記した。つまり、その年代からずっと、描写場面における話者／書者と聞者／読者の役割とは独立して、話者／書者の聞者／読者に対する丁寧の態度を直接指呼する語の例が規則的に現れるようになったのである。図で示したように、初期の対象尊敬の意味は、時にはずっと長く、新しい意味とともに生き続ける。図表6.7で受け手尊敬の用法が十分に確立している近代語のいくつかは、現代でもなお対象尊敬語として扱われている。たとえば、日本語母語話者用の大衆的な書物の中で、Atooda(1980)とYoshizawa(1985)は、「参る」「申す」「おる」を謙譲の対象敬語に分類し、受け手尊敬の用法はまちがいであると述べている。しかし、これらの語は受け手尊敬語として長い間使われてきた(特に「申す」は11世紀から使われている)。現在でも、電車の構内放送やテレビのニュース報道などで、これらはみな、受け手尊敬語として使われている。近代語では、「あげる」「いただく」「いたす」も受け手尊敬として使う話者もいる。しかし、それらは「参る」「申す」「おる」の用法ほどは広く受け入れられていない(詳細はDasher 1995: 47–49を参照)。

　図表6.7では、それぞれの対象尊敬語がもともとの意味によって配列されている。表からわかるように、ほとんどの受け手尊敬語は、謙譲の対象尊敬語から発展している。尊敬の対象尊敬語から発展したのはわずか一組である。この一組には、三つの語があり、すべてが尊敬の対象敬語公式「尊敬の接頭語＋名詞化した動詞＋ある」であり、もとの対象尊敬の意味は「いる・行く・来る」の尊敬語である(「ござ-ある」の「ござ」は、「おはす」に漢字「御座」を当てたものを、室町時代に音読みしてできたもの)。また、三つともみな、ほぼ同じ時期に受け手尊敬語に発展した(室町時代の末ごろ)。ロドリゲスは、『日本大文典』で、この三つを尊敬語の

リストに挙げているが、その受け手尊敬の機能については特別な注を設けている（Doi 1955: 591–593）。このように、この三つの例外を除けば、日本語の敬語における変化の道筋は、「謙譲」＞「丁寧」（受け手尊敬）である。この変化の例は、さまざまな時代に見られ、またいくつかの異なる非指呼的意味を持った語にも見られる。

6.4 で指摘したように、非敬語動詞から対象敬語動詞への発展には、社会指呼的意味の発展に加えて、非指呼的意味の変化も伴う。一方、対象敬語から受け手尊敬語への発展には、非社会指呼的意味の変化を伴わない。たとえば、「申す」は、前の謙譲の対象尊敬機能を持つときから、新しい受け手尊敬機能を持つに至るまで、似たような用法を持つ。つまり、会話の間接的・直接的引用部分（名前を言うなどの会話行為）を導いたり、描写場面の参与者、時間、態度その他の特徴を詳しく述べたりする主節の述語として機能し続けている。一方、受け手尊敬機能の発展には、社会指呼的意味の変化を伴う。描写場面との結びつきがなくなり、代わって話者／書者と聞者／読者の関係が生まれるのである。新しい受け手尊敬語の非社指的意味は、対象行為や状態を言ったり書いたりすることによって、描写場面の概念化に寄与し続ける。

しかし、図表 6.7 の三つの受け手尊敬語は、その後、より文法化した機能を持つに至り、非社会指呼的意味要素が描写場面の概念化に寄与しなくなる。それは、「はべり」、「さぶらふ」（＞そうろう）、「まゐらす」（＞ます）である（詳細は Dasher 1995: 第 6 章を参照）。近代には、もう一つ文法化した受け手尊敬語である「です」がある。「です」の語源については日本人の学者によって議論されている（詳細については Martin1975: 1032 を参照）が、「です」は、おそらく「そうろう」や「ます」などの受け手尊敬語を取り入れた古い繋辞形式の短縮から発展したのであろう。Tsujimura(1968)は、自立する受け手尊敬語（「美化語」）と文法化した受け手尊敬語（「対者敬語」）を異なる範疇として区別している。文法化した語は、新しく「丁寧な(polite)」会話領域やスタイルを表示する機能を持ち、二次的に談話単位の境界設定をする（Maynard 1993、Dasher 1995: 第 3 章）。近代日本語の「ます」と「です」の用法における語用論的要素の分析については、研究が進んでいる（Cooke 1998、Okamoto 1999 など）。ここでは、その後の文法化の発展よりも、受け手尊敬機能の発展に重きを置くこととする。

Brown and Levinson は、敬語の汎言語的研究の中で、対象尊敬語から受け手尊敬語への発展について、次のように説明する。（聞者／読者に関係する対象を社会指呼的に表示することによって）話者／書者の聞者／読者への間接的敬意を表すために使われる対象尊敬語は、「受け手の身内や持ち物のみを指して使われるようになる」(1987 [1978]: 282)。Brown and Levinson は、「対象と受け手の関係が近いよ

うな状況で対象尊敬語が繰り返し使われると、それは直接の受け手尊敬語に発展する」と仮定する(同)。しかし、彼ら自身も他で(同 185 ページ)で指摘しているように、聞者／読者に最も密接にかかわる敬語、つまり略式=正式の二人称代名詞は対象尊敬語に含めるべきである。その代名詞は必ず聞者／読者を指すが、それは描写場面における参与者として聞者／読者を扱うときだけである。したがって、聞者／読者を安定して指すようになることだけでは、受け手尊敬語の機能の発展の説明には不十分である。われわれの研究では、受け手尊敬の発展には、(i)対象尊敬語による描写場面への社会指呼的連結が喪失することと、(ii)話者／書者と聞者／読者のペアにおける単なる指呼的観点を共通の土台とすることから、会話場面における聞者／読者を指呼表現の中心人物として顕著に指し示すことへの変化を伴う。聞者／読者を直接指呼することと、指呼表現の中心人物としての聞者／読者の顕著性の増大は、どちらも相互主観化の例となる。

　図表 6.7 に示されているように、受け手尊敬語は平安時代に現れる。受け手尊敬語という範疇自体が上代にはなかったことを日本語学者は認めている。したがって、平安時代に初めて受け手尊敬語が現れたのは、日本語の敬語の歴史における大きな体系の発展を示す。受け手尊敬語の発展と、二つの尊敬表現の区別(天皇や最高の階級の人々に対して使われる最高敬語と、それ以外の宮廷の人々に対して使われる敬語)は、言語外の変化と関係していると思われる(Lewin 1969)。上代から平安時代への移行を表す歴史的出来事である平安京遷都が確立した 794 年以来、日本の皇族社会は大きく、さらに複雑になっていった。受け手尊敬語という範疇の発展はこの社会的変化と直接関係しているようにも思えるが、個々の語の受け手尊敬の意味の発展や受け手尊敬語のその後の文法化と、言語外の出来事との間に明確な関係を見つけることはむずかしい。平安時代以来、敬語の語彙には大きな入れ代わりがあるが、敬語体系自体は比較的安定し、大きな変化は見られないのである。

　平安時代以来、敬語体系が変化した領域は、指呼的意味の構造の領域である。6.3 で指摘したように、近代の謙譲語は、(i)主語対象は非主語対象や聞者／読者よりも地位が低く、(ii)この主語対象は話者／書者あるいは話者／書者に属する集団と関係があることを示す。もっと早い段階では、主語対象と話者／書者や話者／書者に属する集団の間のこのような関係はなかった。すなわち平安時代には、主語対象が非主語対象よりも地位が低いことを示す謙譲語や、主語対象が話者／書者よりも地位が高いことを示す尊敬語もある。主語対象と話者／書者の社会集団とのかかわりが次第に顕著になっていくのには、Brown and Gilman(1960)の指摘する力関係を指呼する傾向から結束関係を指呼する傾向という外的社会変化が関係しているかもしれない。日本社会が平安宮廷の中央集権的な社会階級から、封建時代のもっと複雑な競争社会機構、さらに近代化、民主化へと変化するにつれ、対象敬語に

よって指呼される社会関係の性質も変化した。同様に、受け手尊敬語の非相互的用法は、現在よりも前近代の時代に多く見られる。現代は多くの状況において相互的用法が優勢である。したがって、範疇自体の意味構造が、聞者／読者を社会的上位者として指呼することから、非親密者として指呼することへと変化している。

次に、日本語の受け手尊敬語の発展のケーススタディに移ろう。

6.5.1 日本語の「さぶらふ」(「いる」謙譲＞「いる」丁寧)

本節では、日本語の動詞「さぶらふ」の変化を検討する。「さぶらふ」は多義の三つ組「場所、所有、存在」を持っている(Lyons 1968、E. Clark 1978 を参照)。本章の話題に沿って、ここでは、この三つ組ではなく、「さぶらふ」の平安時代初期(10世紀)の対象尊敬の意味(「いる」の謙譲語)から平安時代末期(12世紀)の受け手尊敬の意味(「いる」の丁寧語)への発展に注目する。「さぶらふ」は、室町時代初期までに、丁寧標識としての文脈形成的意味を持つ補助動詞として使われていて、その後スタイル標識としてさらに文法化した。ここにおいて、近代の「ます」と似ている。しかし、「さぶらふ」は、「～ます」と違って、本動詞としても、また日本語の繋辞・形容詞述語・状態動詞構造における受け手尊敬の要素としても使われた。「さぶらふ」の発音は、中世に「そうろう」になった[*16]。室町時代終わりごろに、「そうろう」は口語において、補助動詞機能としては、新しい受け手尊敬語「～ます」に置き換わり、存在の動詞としては「ござる」や「おりゃる」に置き換わった。しかし、「そうろう」は、江戸時代から20世紀の前半に至るまで、手紙の特色あるスタイルを表す語として使われた(Martin 1975: 1039)。「そうろう」は現代の標準語では古めかしいが、古典文学研究や歴史的テレビドラマ、歌や詩などで使用する知識人もいる。「そうろう」に関係した形式は離島の方言にもまだ残っている(同)。この13世紀以降の発展については、ここでは扱わない。

第一段階：さぶらふ₁：「待つ」

平安時代の「さぶらふ」は上代の「さもらふ」から来たということは、日本語学者の間で認められている。「さもらふ」は、非尊敬の「待つ」という意味であった。

(24)　かせさもらふといふにかこつけて、久しくととまること月を数えぬ。
　　　風を待つと言って言い訳をして、(船が)長い間(そこに)留まることが月を数えた。
　　　　　　(720年、日本書紀「雄略七年」[日本国語大辞典第九巻141ページ])

「さもらふ」は他の上代の例では、ある特定の場所で命令や召集を待つことを表している(名詞「さむらひ」は、「さぶらふ」のこの意味から来ている)。この「さぶ

らふ」も、会話場面にかかわる指呼的方向性を伴わず、したがって敬語の意味はない。しかし、主語対象が従属的な関係を持つという『般喚推』がある。(25a)では、主語対象は命令を下す人に対して従属的であり、(25b)では、天皇に対して従属的である(「みかき(御垣)」という語で示される)。

(25) a. ひむかしのたぎのみかどにさもらへど、きのふもけふも召すこともなし。
 (宮廷内にある)滝の御門で待っているけれど、昨日も今日も何の召集もない。　　　　　　　　　　　　　　　(760年以前　万葉集第二巻 184
 ［Takagi, Gomi, and Ohno 1957：第一巻 101 ページ］)
 b. 門下(みかきのもと)に侍(さふらひ)、非常(おもひのほか)に備ふ。
 皇居の垣のもとに控え、(私は／彼は)並々ならぬ準備をする。
 (720年日本書紀「景行 51 年」［日本国語大辞典第九巻 122 ページ］)

「控える」(あるいは、ある場所に仕える)という意味は、平安時代の「さぶらふ」の例に多く現れる。『源氏物語』の冒頭文にも出てくる。

(26) 　　いづれのおほん時にか、女御、更衣あまたさぶらひたまひける中に、
 　　どの天皇の御世であったか、女御や更衣が大勢仕えていらっしゃった中に、　　　　　　　(1006年　源氏物語［Abe, Akiyama and Imai 1970: 93.1］)

(26)で、尊敬の対象尊敬補助動詞「～たまひ」は主語(女御、更衣)が話者／書者(語り手)との関係で、高い地位にあることを指呼的に示す。一方「さぶらひ」(宮廷に仕える)は、宮廷女性と話者／書者(語り手)との社会指呼的関係は示さず、宮廷女性と天皇との固定した(非指呼的)地位関係を示している。

第二段階：さぶらふ₂：対象尊敬

　(25)と(26)の例には、「待つ」という描写場面における主語ともう一人の参与者の関係にもとづく概念的枠組みから起こる『般喚推』がある。つまり、主語がもう一人の参与者よりも社会的に地位が低いということである。10世紀初めまでには、「さぶらふ」が、「仕えるために待つ」ではなく「高貴な人の近くにいる」という意味で使われる例が散発的に現れるようになる。(27)を見てみよう。

(27) 　　逃げて入る袖をとらへたまへばおもてをふたぎてさぶらへど、はじめよくご覧じつれば、
 　　(帝が)(隣の部屋に)逃げて入る(かぐや姫の)袖を捕らえなさると、(かぐや姫は)顔を隠してそこに控えていたけれど、(帝は)初めて(かぐや姫を)よくご覧になって、　　　(10世紀初め　竹取物語［Matsuo 1961: 172.10］)

(27)の「さぶらふ」からは、かぐや姫が仕えるために待っている、と帝が思っているという解釈も可能だが、語り手の観点からは、ある場所に存在するという解釈のみが可能である。これに続く次の文で、かぐや姫は地上のものではないことを現し、帝が連れて行こうとすると消えてしまう。ここでの概念枠は本質的に「主従関係」を含まないので、他の動詞でなく「さぶらふ」が選ばれたのは、主語のかぐや姫と、帝の相対的社会地位指呼を話者／書者／語り手の観点から反映していると思われる。この解釈により、(27)の「さぶらふ」は、謙譲の対象敬語機能を持つ語（さぶらふ₂）と言える。

　「さぶらふ」は、10世紀には「いる」の謙譲語として少しずつ定着していった。一方「はべり」は、もっと前から「いる」の謙譲語になり、10世紀にはもう、対象尊敬語から受け手尊敬語への変わりつつあった。10世紀初めの竹取物語には、(27)の例を含めて4例の「さぶらふ」が現れる一方、28例の「はべり」が現れる。さらに、他の三つの例のうちの2例の「さぶらふ」は、明らかに、「機会を待つ」「宮廷で仕える」という非敬語の意味である。10世紀の終わりになっても、「さぶらふ」は、日本語の記録された歴史の中で、「いる」という意味の動詞が特徴的に現れる位置である連続動詞その他の述語構造におけるV2の位置にはあまり現れない。蜻蛉日記(974年以前)では、「さぶらふ」が23回現れるが、すべて形態統語論的に本動詞である。一方「はべり」は、40例以上が本動詞で現れるが、45例が連続動詞や他の述語構造のV₂の位置に現れている[*17]。

　古い意味と新しい意味の重層化がある場合、『蜻蛉日記』やその語の平安時代文献に現れる「さぶらふ」の例の多くが、非敬語の意味（「仕える」）と対象敬語の意味（「いる」の謙譲語）のどちらにも解釈できるのは不思議ではない。しかし、10世紀の終わりの蜻蛉日記には、疑いなく「いる」の謙譲語である例が会話文中に現れる。

(28) 　胸はしるまでおぼえはべるを、この御簾のうちにだにさぶらふと思ひたまへて[*18]、まかでん。心臓が波打つように思われますが、この御簾の内側にい(て、直接話がし)たいと思い申し上げて、それから退出いたします。
　　　　　　　　　　　　　(974年以前　蜻蛉日記［Saeki and Imuta 1981: 228.11］)

(28)で、「さぶらふ」の意味が「貴人の近くにいる」の謙譲語であることは、「御簾」の「御」の尊敬用法でわかる。この例は会話文で、話し手は日記の作者が養う娘と結婚したいと思う貴族である。聞き手は日記の作者自身である。求婚を考えることを日記の作者に拒まれたことに不満を持った貴族は、その晩、娘の家に、娘を呼びに来ることになる。この当時の日本の貴族社会では、女性は、よほど親密にならない限り、男性からすだれや目隠しなどで隔てて会っていた。話し手は、その身

分が日記の作者よりも明らかに低いというわけではないが(貴族は日記の作者の夫の弟である[*19])、「さぶらふ」を含む謙譲語を多用して、扇動的な心の状態と、ことばのやりとりの目的を明らかにしている。社会指呼の変動的性質が「さぶらふ」によって表されていることは明らかである。(28)には、「はべり」も現れる。「さぶらふ」が「貴人のもとにいる(謙譲)」という位置的な意味で使われているのに対し、「はべり」には位置的な意味はなく、状態／反復のアスペクトを表す受け手尊敬語として機能している。この「はべり」は、謙譲の対象尊敬語か、丁寧の受け手尊敬語として使われている。

Abe、Akiyama、and Imai(1970)編集による『源氏物語』(1006年)の最初の二巻に現れる「さぶらふ」の例を見ると、その多くの例は、(26)のように古い非敬語の「仕える」の意味(さぶらふ$_1$)で使われ、また、同じく多くの例は、主として会話文で、謙譲の対象敬語の意味(さぶらふ$_2$)で使われている[*20]。『源氏物語』の用例は『蜻蛉日記』の用例よりも新しいものがいくつかある。それは、「さぶらふ」が位置的意味だけでなく存在的意味で使われ、「いる」という意味の動詞に特徴的であるさまざまな述語構造(繋辞、述語形容詞、連続動詞など)に現れることである。(29)の「さぶらふ」は、「いる」の謙譲語で、連続動詞として機能し、状態のアスペクトを表している。

(29)　かくのみ籠り<u>さぶらひ</u>たまふも、おほとのの御こころいとほしければ、まかでたまへり。このようにいつも(宮中に)こもってばかり<u>いる</u>のも、(源氏の)義父にとって悩みの種であろうから、(源氏は宮中から義父の屋敷に)退出なさる。

(1006年　源氏物語［Abe、Akiyama、and Imai 1970: 167.6］)

尊敬の補助動詞「たまふ」は、源氏が語り手よりも位が高いことを表す。謙譲の「さぶらふ」は、源氏よりも高い身分の非主語との相対的関係を表す。この段階では、源氏は宮中の警護の長であり、「さぶらふ」は、帝のいる宮廷で、源氏が義父よりも低い地位にあることを示している。場所が宮廷であり、源氏が「いる」ことは「仕える」ことであるので、古い非尊敬の「仕える」の意味で解釈することもできるかもしれない。しかし、源氏が義務を果たし、仕えることに対して義父が悩むことはありえない。むしろ、帝に仕える必要のないときに、源氏が宮廷にいること(したがって、源氏が妻から遠ざかること)に対して源氏の義父が悩むのである。したがって、「仕える」よりも「いる」の謙譲の意味で解釈するのが自然である。しかし、この「さぶらふ」が、場所的に宮廷に「いる」という意味を表すのか、「ている」という状態のアスペクトを表すのかは、はっきりしない。

「さぶらふ」は、『今昔物語集』の時代(1130–40年)には、謙譲の対象敬語として

定着した。

(30)　　やはら足組み寄りて、国王に申して曰く、おのれこそその珠は盗みて持ちてさぶらへ。ゆっくりと足を組んだまま近寄って、(国司が)国王に申し上げて言うには、「私がその宝石を盗んで、持っております」

(1130–40 年　今昔物語集［Yamada et al. 1959 第一巻 347.11］)

(30)で、「さぶらふ」は、「持つ」とともに現れ、所有の意味を表している。この組み合わせ(「持ちてさぶらふ」)は日本語の歴史をとおして現れる。「さぶらふ」は、一人称主語が、聞き手であり宝石の権利所有者である国王より低い地位にあることを指呼している。この例で、「さぶらふ」は、主語対象(描写場面の参与者)を指呼しているので、謙譲語「さぶらふ₂」として機能しているといえる。しかし、会話文の直前の詳細な場面設定描写から判断すると、この「さぶらふ」の焦点は、盗まれたものの所有者としての描写場面における役割よりも、受け手としての国王にある。次に詳細にわたって述べるが、この用法は、受け手尊敬機能に至る過渡的用法と見ることができる。

第三段階：さぶらふ₃：受け手尊敬

「くださる」(6.4.1)の発展でも見られたように、「さぶらふ₂」の発展においても、内容的意味「いる」に加えて、(指呼的)談話構成的意味が加わっている。さらに、この発展には主観化も伴っている。つまり、指呼的意味が話者／書者の観点からの社会的地位を指すようになった。対象尊敬語である「さぶらふ₂」は、話者／書者が聞者／読者のイメージ保持の必要を述べる手段として機能する。これは、描写場面の参与者を社会的に適切に指呼することと、言語使用にやわらかい響きを持たせることによってなされる。したがって、対象尊敬語の発展には、相互主観化も必然的に伴う。しかし、聞者／読者の地位は指呼的土台の一部となるだけで、その中心となるわけではない。その後、受け手尊敬語に発展した「さぶらふ₃」は、対象尊敬語を超えて、相互主観性を獲得する。受け手尊敬語は、聞者／読者の地位や、話者／書者と聞者／読者の関係を指呼的中心として際立たせる(Hanks 1992)。

これまで、「さぶらふ」の受け手尊敬語への発展と考えられる 10 世紀の例がいくつか引用されているが、それは、11 世紀半ば過ぎまでは、あまり多く現れない(Morino 1971: 158–159)[*21]。対象尊敬から受け手尊敬への発展は、主語対象の範囲を選ぶ制約がなくなったことに見ることができる。6.3 で述べたように、日本社会の初期の段階における対象尊敬主語の制約は、現代日本の安定関係よりも、封建性の宮廷社会の力関係と一致している(Dasher 1995: 第 4 章)。つまり、上代から鎌倉時代の謙譲語は、話者／書者と社会集団と結びつきがなく、非主語対象よりも低

い地位の(話者/書者の観点から)三人称主語に多く用いられている。したがって、謙譲の対象尊敬語から受け手尊敬語への発展は、尊敬を示す主語対象の範囲の拡大(描写場面の参与者と結びつかない無生の主語、一般的ことがら、二人称主語)に見ることができる。

　Morino(1971: 158–161)は、10世紀と11世紀初期の文献から、「さぶらふ」の無生物主語の例をいくつか挙げている。『源氏物語』上下巻の中では、125の「さぶらふ」の例のうち、1例だけが、描写場面のどの社会集団とも結びつかない無生物主語の受け手尊敬語である。それは次の(31)で、「こと」が主語である。

(31)　　これよりめづらしきことはさぶらひなんやとてをり。
　　　　（紫式部は、「自分が今話した物語よりも）世にもまれなことはあるだろうか」と言って座っている）
　　　　　　　　　　　　（1006年　源氏物語〔Abe, Akiyama, and Imai 1970: 164.12〕）

(31)で、「さぶらふ」は、描写場面の参与者はだれも指していない。(31)の引用のことばは、源氏ともう一人の聞き手が、式部が今言ったことは真実ではないと言ったことに対する式部の答えである。「さぶらふ₂」は、当時比較的新しい用法で、11世紀初めに受け手尊敬語として頻繁に使われた「はべり」よりももっと表現的で、式部による感情的に訴えかける反論にはぴったりだったようである。

　「さぶらふ」と「はべり」の表現性の違いは、『今昔物語集』にも見ることができる。『今昔物語集』では、「さぶらふ」が受け手尊敬機能への過渡期を示している。『今昔物語集』の第五巻はインドの神話で、七十歳の老人が追放されるという状況設定で、賢い大臣(自分の母は追放せずに隠している)が、物語の終わりまで国王に対する会話において「はべり」を一貫して使っている。ある時点で賢い大臣は、賢い導きの背後に隠された秘密を打ち明け、国の法律を変えるべきであると主張する。その話の最後のページで、賢い大臣が「さぶらふ」を多く使っている箇所を次に抜粋する。

(32)　　それに、年老いたるものは聞き広くさぶらへば、もし聞きおきたることやさぶらふとも、まかりいでつ、問ひさぶらひて、そのことをもちて、みな申しさぶらひしなり。
　　　　しかし、年取った人は知識が広くあるので、聞いておきたいことがあるときはいつも、(宮廷を)退出して、(母に)聞きおよび、その(母の)ことばによって、すべてを申しおよんだのです(だから私は賢い大臣だと思われているのです)
　　　　　　　　　　　（1130–40年　今昔物語集〔Yamada et al. 1959：第一巻402.8–9〕）

(32)で「さぶらふ」は初めの二回は本動詞で(存在の「いる」の意味)、あとの二回は連続動詞構造に補助動詞として現れる。初めの文は主語が一般的な内容であり、「さぶらふ₃」の解釈が可能である。しかし、主語が謙譲の「もの(者)」であり、一般的同意のもとで「さぶらふ₂」(対象尊敬)の解釈が適切であろう。次の「さぶらふ」は、無生の「こと」が主語である。しかし、「こと」は一人称が主語の「聞く」に修飾されている。この「聞きおきたること」とは、「私が聞いておきたいこと」という意味である。このように、「こと」の指す内容は一人称とかかわっており、描写場面での役割は、この「さぶらふ」が謙譲の対象尊敬語であることを示している。あとの二つの「さぶらふ」は、連続構造に現れ、一人称が主語で、存在の「ある」という意味の動詞から派生したアスペクト的意味を表している。

(32)の四つの「さぶらふ」の例は、みな主語対象の社会的地位を示している。しかし、少なくとも初めの三つの例は、描写場面の参与者としての役割を持たない聞き手との関係でその地位を表している。最後の例だけが、描写場面の意味的枠組みにおける国王(「申す」という行為の受け手)を含んでいる。これらの「さぶらふ」は、描写場面の参与者の社会的地位を示しているので、謙譲の対象尊敬語に含めるべきである。しかし、社会指呼の表示は描写場面とは独立した聞者／読者との関係でなされているので、これらの例は、受け手尊敬語への過渡的段階にあるといえる。完全に受け手尊敬の意味が増化した例では、話者／書者の聞者／読者への態度は、描写場面におけるどの参与者の地位とも独立しており、ここではそれが当てはまらない。最初の二つの本動詞の例では、主語と話者集団との結びつきは間接的で薄い。さらに、「はべり」よりももっと丁寧な「さぶらふ」を選んだ背後にある会話場面の考察が必要である。自分が法律に違反しているという大臣の告白、法律を変えるべきであるという嘆願における例である。受け手への注意が、主語の社会指呼表示よりも顕著であるといえる。

12世紀初期から中期の今昔物語集の最初の五巻(Mabuchi and Ariga 1982、Yamada et al. 1959：第一巻)の「さぶらふ」の例には、(32)のように過渡的な例もあるが、二人称主語の例は一つもなかった。Sakurai(1966)は、今昔物語集全巻に現れる「さぶらふ」と「はべり」を比べ、「さぶらふ」の多くの例を受け手尊敬語に分類しているが、その分類は尊敬の非主語対象が意味的枠組みにおいて、存在するかしないかによっている。しかしSakuraiは、「さぶらふ」の受け手尊敬用法は地の文でなく会話文のみに現れることも指摘している。Sakuraiは、それぞれの用法における対話者の相対的地位を比べることによって、受け手尊敬の「さぶらふ」は、「はべり」よりも高い程度の丁寧さを表すことと、「はべり」の敬語の力が弱まっていることを指摘する。

二人称主語の「さぶらふ」の用法を考察する場合、平安時代から鎌倉時代にかけ

て不均衡な敬語用法があることに注意を要する。非常に高い位にある人は、位の低い人に話すとき、ときとして相手のする行為に謙譲の「さぶらふ」を使うことがあるからである。この用法では、受け手のイメージ保持の必要を積極的に述べるのではなく、高い身分の話者と比べた二人称対象の低い身分を補強することになる。したがって、そのような例は受け手尊敬ではない。12世紀後半の『今鏡』においても、「さぶらふ」は命令の引用文に使われているが、そのほとんどは、受け手に対する丁寧さを表してはいない。しかし、今鏡には、(33)のように、「さぶらふ」が話者/書者よりも地位の高い三人称の行為を指して使われる例がある。

(33)　　いかやうにかご沙汰さぶらふらむなど、思ひかけず…と申しければ、
　　　　(計画遂行者が)「(僧は)進行状況がどの程度であるかさえも知らないのでは」と申したので、　　　(1174–75年　今鏡［Sakakibara et al. 1984: 262.1］)

(33)で、僧の使者は、僧が実行せよと命令した計画の進行状況を僧に報告している。使者が計画遂行者のことばを直接引用しているのか、自分の見方を交えて報告しているのかを確かめるのはむずかしい。しかし、いずれにしても、「さぶらふ」は、尊敬の接頭語「ご」のついた主語「沙汰」とともに使われている[22]。「沙汰」に尊敬語が付いていることと文脈から、主語対象「沙汰」は、継続する描写場面の中で最も位の高い参与者、つまり僧と関係があることがわかる。したがって、「さぶらふ」が僧に対して、描写場面の他の参与者よりも低い地位を表して使われていると解釈することはできない。つまり、この例は、「さぶらふ」の指呼的意味が描写場面から離れたことを明確に示している。他の存在動詞でなく「さぶらふ」が使われているのは、「さぶらふ」が話者よりも受け手の方が社会的に位が高いことを示すからである。(33)は明らかに、受け手尊敬機能を持つ「さぶらふ$_3$」の例である。

『今昔物語集』と『今鏡』の「さぶらふ」の例の範囲を調べると、12世紀には話者/書者が受け手尊敬として使用していることがわかるが、この新しい機能はまだ確立したわけではなかった。「はべる」の方が「いる」の受け手尊敬として頻繁に使われていた。一方「さぶらふ」の例の多くは、謙譲の対象尊敬機能か受け手尊敬機能を持つのかあいまいである。(33)のような尊敬の主語を持つ「さぶらふ」の例は、前の謙譲の意味とは別個であることを示すが、このような例はまだ数少ない。したがって、「さぶらふ」の対象尊敬から受け手尊敬の機能への移行は12世紀終わりから13世紀初めにかけてであったと結論する。

約100年後の『延慶本平家物語』(1309–10)では、「さぶらふ」は口語において受け手尊敬として頻繁に現れるようになる。当時の男性の会話による発音は、おそらく「そうろう」だったであろう(『日本国語大辞典』第十二巻330ページ)。しか

し、中世の間、女性の会話ではずっと「さぶらふ」または「さぶらう」と発音された。会話文においては、「さぶらふ」は、「いる」の意味の本動詞、アスペクト的意味の連続動詞、述語形容詞や繋辞構造の要素として現れる。「さぶらふ」は、無生や無形のもの、特別でないものなど、さまざまな主語対象とともに使われている。(34)を見てみよう。

(34) 僧一人…法王のおん前に参りて、まことにてさふらふやらん…
  僧一人が法王の御前に参上して、「ほんとうでございましょうか」(と言った)　　(1309–10 年　延慶本平家物語 [Kitahara and Ogawa 1996: 20.1])

(34)で、「さふらふ」は、談話開始標識として機能する句に現れる。談話は、僧による比較的長い嘆願を表し、その相手は非常に位が高い[*23]。相手も、その場にいる貴人も、その僧のことは何も知らない。「さふらふ」は、描写場面のどの参与者の社会的地位も指呼せず、話し手の受け手に対する態度を示している。つまり、明らかに「さふらふ₃」である。繋辞構造は、これから話されることに対する真実性を指している。うわさの接尾辞「やらん」(「や(疑問)」+「ら」(<「あら」)+「ん(推量)」)は、情報源を非人称化している。延慶本平家物語では、「さふらふ」は、社会的に地位の高い二人称主語とともに命令文に現れる。

(35) 内侍四五人あひ伴はせおはしまして、京へおんのぼりさふらへ。
  内侍を四五人、供としてお連れあそばして、京都へお上りくださいませ。
  　　(1309–10 年　延慶本平家物語 [Kitahara and Ogawa 1996: 67.1])

前の述語に対する最高敬語「おはします」と「のぼる」に付く尊敬の接頭語「おん」は、主語が貴高な人であることを明確に示している。授与を表す他の動詞でなく「さぶらふ」を選んだのは(日本語で最も一般的な命令、指示を表す型)、話し手が「上る」という命令を、京都へ行けば相手が成功するという勧めとして概念化したことを示す。これは、話し手にとっての個人的利益を考えてのことではない。この例で、「さぶらふ」の代わりに、「いる」の尊敬の対象敬語を使うこともできたであろう。鎌倉時代の語彙には、「おはします」以外にもいくつかある。しかし、文の最後の述語の部分の「さぶらふ」は、この会話文を通じておおく現れ、丁寧の言語領域を維持している。(35)の例は会話文から取ったもので、13 の文からなり、そのうちの九つの文は「さぶらふ」で終わっている。

　『延慶本平家物語』の「さぶらふ」の中には、前の謙譲の意味を保持している例もいくつかあるが、この文献では受け手尊敬が「さぶらふ(う)」の独占的機能である。『延慶本平家物語』の語りの部分(地の文)の「さぶらふ」の用法は、会話文の用法よりも保守的である。地の文では、「いる」の意味素が優勢で、もとの非尊敬

の意味「仕える」がまだ現れる。しかし、会話文では「さぶらふ(う)」がずっと多く現れる。Kitahara and Ogawa(1996)編の平家物語の最初の百ページには、60 を超える例が会話文に現れ、地の文では 9 例しか現れない。「さぶらふ」が会話文に多く現れるのは、「さぶらふ」が口語領域で使われ、「はべり」が文語領域で使われるというスタイルの違いを反映している。このケーススタディの最初に指摘したように、「さぶらふ」はその後、さらに接尾辞として文法化し、その非指呼的意味は主として文脈形成的になり、談話を括弧で区切る働きをするようになる。しかし、ここでの研究は、「さぶらふ」が受け手尊敬語になった時点までにとどめることとする。

「さぶらふ」の発展段階は、図表 6.8 の時間線で表される。

```
              700年   800    900    1000   1100   1200   1300
さぶらふ₁    「待つ」（場合を）
（非尊敬）   ─────────────

             「待つ」（命令を）
             推論喚起（主語対象は描写場面の参与者に従属的）
             ──────────────────────── ·······

             「仕える」
             推論喚起（主語対象は描写場面の参与者より地位が低い）
             ·········──────────────────────── ·······

さぶらふ₂                      貴人の近くに「いる（謙譲）」
（対象尊敬）                    ──────── ·······

                               「いる（謙譲）」（存在的、場所的）
                               ──────────── ····

                               過渡的「いる（謙譲）」（主語対象の拡張）
                                   （描写場面と独立した受け手尊敬）
                                   ──────────── ····

さぶらふ₃                                              「いる（丁寧）」
（受け手尊敬）                                          ············→
```

図表 6.8　日本語の「さぶらふ」の発展(「→」は、時間線を超えて使用が続いていることを示す)

図で示したように、非敬語の意味「仕える」（さぶらふ₁）は（語用論的には標識となっているが）、14 世紀初めまで続いている（他に比べて減少しているが）。さら

に、謙譲の敬語機能(「さぶらふ₂」)の発展と受け手尊敬機能(「さぶらふ₃」)の発展の間は比較的短い。しかし、この二つの機能の相対的時期は明確である。

「さぶらふ₃」の発展にはいくつかの段階がある。まず、「貴人の近くにいる(謙譲)」という制約のある意味(「さぶらふ₂」)が一般化して、場所的「いる」に加えて存在的「いる」が加わる(存在動詞の特徴である文法化構造を含む。(29)、(30)、(31)を参照)。この後者の機能において、場面枠における非主語の尊敬対象が顕著でなくなる。次に、主語対象の範囲が無生物、無形物、一般的ことがら((31)参照)に広がるにつれて、指呼される主語対象の「空間(space)」が話者／書者とその身内の空間を超えて広がる。次に、受け手との関係で低い社会的地位が指呼され((32)参照)、会話場面での受け手のイメージ保持の必要に対する関心が、主語対象の標識よりも顕著になる。これは、描写場面から会話場面への指呼の大きな変化である。この変化は相互主観化である。最後に、主語対象の範囲が描写場面のだれかや受け手と比べて地位の低い人だけでなく、位の高い主語にまで広がる((33)参照)。この段階で、主語対象の指呼はなくなり、その社会指呼的意味は描写場面から完全に切り離されたのである。

6.6 まとめ

本章では二種類の丁寧標識の発展についてアウトラインを述べた。まず、対象尊敬について検討した。対象尊敬は、描写場面の参与者の社会的地位について、会話場面の聞者／読者に対する話者／書者の概念的関係という観点から示すものである(図表6.3の第二段階)。次に、受け手尊敬の例について検討した。日本語では、受け手尊敬は対象尊敬から発展した。受け手尊敬は、描写場面の話者／書者と聞者／読者の役割とは独立した、話者／書者による聞者／読者との概念的関係を示すものである(図表6.3の第三段階)。この段階において、受け手尊敬語はスタイル標識に一般化し、談話標識の括弧づけ機能を持つに至るようになる(図表6.3の第四段階)。

本章で検討した日本語の敬語の歴史の型は、図表6.9のように、他の項目の発展と関連のある道筋を辿っている。

	前敬語	対象尊敬語	受け手尊敬語	受け手尊敬接辞
かかわり	描写場面	描写(会話)場面	会話(描写)場面	会話場面
意味	内容的	内容的／文脈形成的	文脈形成的	
主観性	非主観的	主観的	相互主観的	

図表6.9　日本語の敬語の発展における道筋の関連性

非敬語から敬語への変化は、本書のテーマである一般的領域の変化である。つまり、描写場面へのかかわりから会話場面へのかかわりへの変化である(Sweetser 1990 の「社会物理的(socio-physical)」から「会話行為的(speech act)」意味への変化に似ている。しかし、ここでは、中間的領域は、論理的認識的指呼的でなく社会指呼的領域である)。非敬語は描写場面にかかわるが、対象敬語はこれだけでなく、社会指呼的意味において(指示的土台として)会話場面も取り込む。図表 6.9 では、この対象敬語の機能は、「描写場面(会話場面)」によって示される(概念描写場面と二次的に概念会話場面)。一方、受け手尊敬は会話場面を取り込むが、非社会指呼的意味も保持している。この顕著性の逆転は、「会話場面(描写場面)」によって示される。受け手尊敬接辞は、描写場面とのかかわりがなくなり、会話場面のみを取り入れる。意味機能の変化については、非敬語は対象敬語として社会指呼機能を持ち、内容的意味に加えて文脈形成的意味要素(社会指呼的意味)を含むようになる。受け手尊敬語は内容的意味と文脈形成的意味の両方を取り入れるが、受け手尊敬接辞は内容的意味を失う。対象尊敬語は、話者／書者の観点から、描写場面における一人またはそれ以上の「対象(referent)」を指すという点で主観性を示す。対象敬語はさらに、『般喚推』として相互主観性も示す。対象敬語の使用は、聞者／読者のイメージ保持の必要性を積極的に表す方策を示すからである。一方、受け手尊敬語は、直接相互主観性を示す。受け手尊敬語が、話の内容とは独立して、聞者／読者の社会的地位を示すからである。

　この種の研究で自然に起こる疑問は、ここで検討してきた個々の語が、将来どのようになっていくかということである。敬語語彙(対象尊敬語でも受け手尊敬語でも)が転換するとき、そのほとんどは、前の語が似たような意味素を持つ新しい(新しいだけでなくより表現的な)語によって究極的には置き換えられる(たとえば、pray が please によって、「はべり」が「さぶらふ」によって、また「そうろう」が「ます」によって置き換えられた)。新しい敬語が現れると、もとの語は、多くの場合、特殊な言語領域や文脈以外には、完全に使われなくなる。聖書やキリスト教の賛美歌の翻訳で使用される「まします」(神の存在について言うことば)などの古い敬語は、それ以外には全く使われない。対象尊敬の「たまふ」は、室町時代にほとんどの言語領域で「くださる」に代わったが、その命令形「たまへ」は、近代でも、サラリーマンや暴力団の粗野な会話体で、さげすみのニュアンスで使われている。語彙の古い意味と新しい意味はどの時期にも共存するので、尊敬の意味がなくなっても、もともとの意味が残ることがある(多くの場合、構造や形態統語的用法も変わるが)。たとえば、英語の pray は本動詞として「祈る」の意味でなおも使われているが、その敬意の括弧づけ表現 I pray you やその副詞形式 pray は使われていない。もともとの非尊敬の意味の持続が典型的ではあるが、敬語の意味が次第に失

われる、つまり敬語の意味の拡張が起こることもある。たとえば、日本語の「あげる」は、室町時代に、非敬語の意味「ものを低いところから高いところに動かす」（近代語でも使われている）から発展して対象尊敬の意味（「与える」の謙譲）になった。しかし、ここ 50 年「あげる」はその敬語の意味が薄れ、その非敬語形「やる」にほとんど取って代わった（「やる」は、話者／書者が主語に比べて地位の低い受け手を明示するのになおも使われている）。現代の「あげる」の用法は、その非尊敬の「与える」という意味から考えると、尊敬の用法から派生したもので、もとの空間的意味の持続ではないと思われる。

　敬語の意味が会話から現れることは、驚くに当たらない。変化は、引用された会話文で初めに起こったということはよく指摘されている（本章の「さぶらふ」の発展、第 4 章の well の発展を参照）。つまり、敬語の意味が最初に導入されたとき、それらは会話的、口語的であったということになる。しかしこれは、さらなる研究が必要な話題である。

原著者注

*1　社指は、Brown and Levinson（1987［1978］：23）による「文法化した（grammaticalized）」丁寧標識を含む。しかし、社指は自立し、接辞でないことが多いので、ここでは、「文法化した」の代わりに「記号化した（encoded）」を使用する。

*2　日本語学では、敬語、軽蔑語の両方を指す術語として「待遇表現」があるが、日本語学の分析では、社会指呼を示す記号としての語と、非指呼的婉曲語・慣習による丁寧・軽蔑を表す語が明確には区別されていない。

*3　その他、本書で扱わないが、描写場面とは異なる社会指呼関係を示す社指として、話し手設定や話し手・傍観者設定がある（Comrie 1976 参照）。

*4　この例は Irma Taavitsainen and Andreas H. Jucker によるワークショップでの発表 "Pragmatic space in historical linguistics: speech acts and speech act verbs in the history of English" ICHL XIV, Vancouver, 1999 から引用したものである。

*5　ここに関連して興味深いのは、英語の lose face（面目を失う）とフランス語の perdre la face はどちらも、19 世紀に、中国語の diū liǎn から翻訳借用されたことである（OED によれば、初出は 1876 年である）。これは、心理学や社会学の術語であるが、それらの学会では、個人の権利や縄張りについての「インド・ヨーロッパの（Indo-European）」見方にもとづいて翻訳されており、その翻訳には、集団や集団の階級的秩序を維持するといったアジアの見方は反映されていない（Ervin-Tripp, Nakamura, and Guo 1995）。

*6　6.3 は Dasher（1995）の第 2 章にもとづいている。詳細はそちらを参照。

*7　「お～になる」などの対象尊敬の公式は、内容的でなく文脈形成的意味素を持

つ非社会指呼詞であり、厳密に言えば、その意味素構造は、図表 6.3 の第二段階のものとは少し異なる。しかし、そのような公式は受け手尊敬の語や接辞に発展することはない。

*8 日本語の「主語」についてはさまざまな定義や議論がある。本章の目的としての「主語」は、述語に対応する抽象的文法機能を持つものとして考えられる。近代日本語では、名詞句は助詞「が」あるいは、(会話場面に関連した伝達的、認知的目的で)話題の助詞「は」によって表示される。詳細については、Kuno (1973)、Shibatani(1990: 262–280)を参照。また、Fujii(1991)は、日本語の「主語」表示についての歴史的研究をしている。

*9 6.4 は Dasher(1995)の第 5 章にもとづいている。Dasher(1995)にはさらに多くの例が挙げられ、詳細に検討されているが、ここでのケーススタディには、新たな研究も含まれる。

*10 「運ぶ」と「拾う」には、尊敬の用法の前に、「歩く」の意味で使われる熟語があった。平安時代の「歩みを運ぶ」(岩波古語辞典 1055 ページ)、室町時代の「足を拾う」(同 1144 ページ)などである。

*11 自分を指して尊敬語を使う例は、上代から室町時代に至るまで、天皇や身分の高い人々の会話を記録するときに現れる。これについては、さまざまな説明がなされている(この詳細については Dasher 1995: 149–150 を参照)。この特殊な文脈においては、神を演じる役者に対して、神の由来と功績を詳述させるときに、より中立的な語り手の視点が与えられていると考えることもできる。

*12 一般的尊敬の接頭辞「お-」は、もっと狭い尊敬の意味から来ている。この例では、受け手尊敬の意味である。現代にも、この狭い尊敬の用法がある。

*13 この年代は OED(*pray* 8.d.)による。ヘルシンキコーパスに現れる例は 1640 年以降である。

*14 経験主と明白な言表による It pleases me to be able to respond、I am pleased to be able to respond のような構造もある。この please は社会指呼の please とは直接には関係しないが、何らかの影響を与えたことは間違いない。

*15 Busse(1998)を指摘してくれた Jonathan Culpeper に感謝する。

*16 「さぶらふ」は、おおよその音声変化ははっきりしているが、それぞれの文脈における正確な発音を決めるのはむずかしい。平安時代から中世にかけて表記は変わらなくても発音が変化し、また平安時代からずっと動詞の語幹が漢字で書かれていたからである。したがって、その表記は、比較的明確であるものに限って、次のように使うこととする。上代は「さもらふ」(25b では「さふらひ」も使う)、平安時代は「さぶらふ」、鎌倉時代以後は「そうろう」である。『日本国語大辞典』(第七巻 330 ページ)には、これらの中間的発音についても詳しく述べられている。

*17 連続動詞構造の V_2 は、同じ形式を持つ本動詞とは、非指呼的意味においても社会指呼的意味においても異なる(6.3 を参照)。

*18 (29)で「たまへ」は下二段活用の謙譲の補助動詞で、四段活用の尊敬の補助動詞「たまふ」とは異なる。
*19 詳細については、Seidensticker(1964: 147–148)を参照。
*20 全126例で、謙譲語の例と非尊敬語の例の比率は約1対4である(どちらとも決めがたい例もあるので正確な量分析は不可能であるが)。「さぶらふ人々」(19例)などの慣用的用法が多く現れるのも、非尊敬語の例の比率を高めている。
*21 『日本国語大辞典』(第九巻122ページ)には、10世紀初めと半ばの受け手尊敬の「さぶらふ」の例が一つずつ引用されている。『竹取物語』からの最も古い例は、受け手尊敬でなく、対象尊敬である(Matsuo 1961: 76.1–2、909年以前)。
*22 尊敬の接頭語「ご」は、「お(ん)」の異形態である。「ご」は、中国から来た漢語や和製漢語とともに使われ、「お(ん)」は主として和語とともに使われる。接頭語「お(ん)」は意味が一般化し、近代語では、対象尊敬や受け手尊敬を表している。しかし、異形態の「ご」の方がより尊敬の意味を強く表すのは、「お」と「ご」のどちらも付く語によって判断できる。たとえば、近代語の「お勉強」は受け手尊敬の丁寧の意味で使われるが、「ご勉強」は相手に対する尊敬の意味としてのみ使われる。
*23 「法王」は、王位を退いて剃髪した僧であるが、なおも政治的に大きな力を持っていた。

訳者注

訳者注1　自己のイメージ
　Brown and Levinson(1987 [1978]：61–62)は、「自己のイメージ(self image)」を「人格(personality)」とも言っている。

訳者注2　「イメージの必要」(image needs)
　87ページの「イメージ保持(image-saving)の」必要と同等である。saveを「保持する」と訳したのは、Brown and Levinson(1987 [1978]：61)の maintain each other's face (お互いの面目を保持する)による。

第7章
結論

7.1 はじめに

　この結論の章では、今まで提示した主要な仮説を簡潔にまとめる。それは、必然的に第1章の要点の繰り返しになる。さらに、将来の研究に向けての方向づけをして結びとする。

7.2 主要な発見のまとめ

　本書の主要な目的は、さまざまな意味領域やさまざまな言語で広く認められる意味変化の一般的傾向を示すことと、意味変化は言語使用と言語構造の相互作用によって起こることを示すことである。意味変化は、話者／書者が獲得した記号を具体化することから始まると仮定する。語用論的意味、殊に「喚起推論(Invited Inferences)」と呼ばれる含意の一種を、あるときは意識的に、あるときは無意識的によりどころとし、また使うことによって、話者／書者は既存の語彙を使った新しい用法を作り出す。この新しい用法が聞者／読者にまで広まり、今度は話者／書者となって再現されるとき、意味の増化が起こる。意味変化の主要なメカニズムは主観化(相互主観化を含む)であることを指摘した。これは、意味変化の種は、相互交渉の中で起こる語用論的な意味にもとづいて、それを利用する話者／書者の中に見出されるはずであるという仮説にもとづく。話者／書者は、自分自身の目的(考えや感情を知らせ表現すること、ことばを使って何をしているのかを明確にすること)のために行動する。話者／書者のすることの中で、特に新奇な隠喩的関係を作り出すことは、自己支配的で、類推による概念化の現れであり、表現の問題解決の現れ、言語遊戯の現れである。しかし、話者／書者がことばを使ってすることのほとんどは、話者／書者と聞者／読者のペアにとって換喩的である(本書では「関連した概念換喩」という意味のペアである)。この両者は相互に作用するが、対称的ではない。話者／書者は自分の能力を発掘し、聞者／読者が自分たちを理解することを信じる。対話者の刷新を実施し採択する者は、話者／書者としてするのである。主観化の当然の結果の一つは、話す行為そのものに対する、つまり究極的には談話の意味に対する意味の先取りである。談話における意味は、今まさに行なわれている話す行為に対する信念や態度を指すという意味で大いに文脈形成的である。

対話者の両者が変化の起こる場所であり、両者は関係の教示と態度の教示の制約を受けるので、刷新は、

(i)　文脈依存の語用論的強化によって制約を受ける。
(ii)　前の意味とは最小限の違いを持つ。

刷新は、初期の段階では語用論的に多義語であり、歴史意味論的次元での拡張である。もし時とともに話し手が新しい語用論的意味(文脈から部分的に独立して機能する意味)を言語コードの一部として使うようになれば、多義が生まれる。新しい意味が増化したまさにそのときに、古い意味が消滅するということはありえない。mustの義務的意味と認識的意味が共存するように、もとの意味と新しい意味は共存する。ごくまれには、mustのもともとの許可の意味が消滅したように、もとの意味が完全に消滅することもある。しかし多くの場合、もとの意味は、非常に狭い文脈で生き残る。たとえば、willの意志の意味は、主として否定文で、拒否の機能を表して使われている。したがって、意味変化には次のような特徴がある。

(１)　意味素　1＞　意味素1〜意味素2(＞意味素2)

これは、次の一般的な言語変化の公式がもとになっている。

(２)　A＞A〜B(＞B)

　言語使用者は範疇化するという傾向をもとにすると、新しい多義の意味は既存の概念構造に引きつけられる、つまり、それらは語彙充当論のレベルでの意味的範疇につけ加えられる傾向にあるといえる。しかし、純粋な同義語が生じることはないような形で、もともとの意味が持続する傾向にある。したがって、indeed、in fact、actuallyはみな、節内の態度副詞(あるいは、事柄を指す事副詞)から認識的逆接の(文)副詞、さらに談話標識に変化したが、それぞれに少しずつ異なった独自の用法がある。

　語彙充当範疇が刷新することはまれであるが、第6章で取り上げた受け手尊敬の発展の中で起こったように、起こることはある。丁寧さはおそらく普遍的な行動方策であろうが、それが構造的言語範疇として現れることはめったにない。日本語の敬語の語彙の発展は、前に挙げたように、文脈依存の語用論的強化によって制約を受け、また、前の意味とは最小限の違いを持つという制約を受ける。

　新しい意味が生まれる過程は、1.3.2の意味変化のモデル(推論喚起論)に示され、機能的観点からの歴史的意味変化における意味的語用論的傾向は、図表1.4に示されている。特定の領域の歴史的な意味変化の過程については、認識的モデルが図表3.8に、談話標識が図表4.4に、遂行動詞が図表5.2に、敬語が図表6.9に示されている。意味領域におけるこれらのさまざまな規則的傾向をまとめて、次の図

表 7.1 に示す。

語用論的−意味論的傾向
a. 主観性　　　非主観的　　＞　主観的　　　　＞　相互主観的
b. 意味　　　　内容的　　　＞　内容的／　　　＞　文脈形成的
　　　　　　　　　　　　　　　文脈形成的
c. スコープ　　文内　　　　＞　文外　　　　　＞　談話外
d. 条件　　　　真の条件　　　　　＞　　　　　　　非真の条件

意味領域の変化
A. 概念場面　　描写　　　　＞　描写(会話)　＞　会話(描写)　＞　会話
B. モダル　　　前モダル　　＞　　　　　義務的　　　　　　　＞　認識的
C. 副詞　　　　態度　　　　＞　逆接　　　　＞　詳述　　　　＞　婉曲
D. 動詞　　　　前会話行為　＞　会話行為　　＞　遂行　　　　＞　括弧づけ
E. 敬語　　　　非敬語　　　＞　対象尊敬　　＞　受け手尊敬語　＞　受け手尊敬接辞

図表 7.1　意味変化における汎言語的規則性

図表 7.1 に関連して重要な点をいくつか挙げる。
(i) 義務的にこの図式のような変化をする語彙はない。それぞれは可能な変化を示す。ある意味分野、領域を持つ語が変化するとき、それぞれが図式化のような変化をたどる可能性がある、というのがわれわれの仮説である。最も大切なことは、逆の順の変化は起こりえないという仮説である。ただし、言語操作や新語の造語(語の合成、翻訳借用など)を除く。
(ii) 実際には、変化の道筋は、これらよりもずっと複雑である。(1)で示した意味変化の原理「意味素1　＞　意味素1〜意味素2(＞意味素2)」によって、それぞれの変化の段階には多義的な層があり、多くの場合、いくつかの多義が何世紀も共存する。
(iii) 図表 7.1 は、われわれが見つけた意味変化の規則性のまとめである。すべての語彙が必然的に変化するわけではない。また、いったん変化が始まっても、ここに挙げたすべての変化を必然的に被るわけでもない。すべての変化が図の一番右までたどりつくわけではない。決定的なことは、もし話者／書者が語彙を新しい方法で利用しはじめ、新しい意味が他の人によって採用されたとしたら、この反対の順番はありえないということである。
(iv) 図表 7.1 はさまざまな規則性間の相関関係についての仮説ではないということは指摘しておかなければならない。縦ではなく、横だけに見なければならない(たとえば、副詞(逆接)は認識的で、義務的ではありえない。しかし、BとCを縦に見ると、義務的と関係づけられてしまう。同様に、受け手尊敬接辞が明確に認識的であるわけではない)。

Brécalまでさかのぼる歴史意味論の分類については(2.2.1参照)、非常に一般的な意味変化のメカニズムによると考える。(概念的)換喩は、われわれの見方では、喚起推論のメカニズムと密接に関係し、彼らの研究の中で換喩的変化としてとらえられている変化は、典型的な推論喚起によるものである。また、彼らの研究の中で隠喩的変化としてはとらえられていない変化は、直接的な隠喩化によるものか、間接的な概念的換喩によるものである。意味の向上と意味の悪化は、内容のレベルにおける主観化によるものである。意味の一般化と縮小は、言語使用における異なる顕著性の現れである。

　Brécalは、隠喩、意味の悪化、意味の縮小を意味変化の主要なメカニズムと考えた(Brécal 1964 [1900])。本書の立場は、もし隠喩が有力であるように見えるならば、それは何らかの操作によってできたということである。それは、研究下にある語彙領域のタイプ別の機能である。目や種と関連性を持つ指小辞は、談話標識や会話行為動詞、敬意の標識などよりも、隠喩化のメカニズムにかかわる可能性が高い。また、共時的段階の比較に焦点を当てた場合、きめの細かい中間的段階でなく、源と的(始めと終わり)だけがかかわる。あるいは、文献に現れた実際の用法でなく、文脈外の語彙や辞書掲載の語彙をもとにした機能かもしれない。それはとりわけ、換喩を非常に単純に非概念的に考えた機能である。もし換喩一般が「言語と認知の基礎である」(Barcelona 2000b: 4)ならば、また、もし概念的換喩が推論喚起と密接にかかわりがあるならば、隠喩化でなく喚起推論が意味変化を引き起こす主要なメカニズムであることは驚くべきことではない。もし意味の悪化が有力であるように見えるならば、それは、Hock and Joseph(1996)その他が指摘するように、社会的権力や偏見によるものである。意味の縮小化に関しては、これが有力であるかは疑ってみる必要がある。意味の縮小や一般化が有力であるかどうかは、研究する領域の機能による。たとえば、意味変化が文法化と交差するとき、一般化が有力である。

　これまで検討した規則性は、語彙の意味の発展にかかわるどのような変化に対しても当てはまると考えられる大きな傾向である。その語彙とは、われわれが議論した目標領域の中に集められた語彙で、モダリティ、談話標識、会話行為動詞、社会指呼詞である。これらの語彙は、文法化、語彙化という変化と交差することがある。しかし、文法化と語彙化は同じ外延を持つわけではない。文法化は、本質的に形態統語論的現象で、語彙範疇(本動詞、設置詞とともに起こる名詞など)から機能的範疇(助動詞、格、前置詞、従属節標識など)への発展が最大のポイントである。文法化には、構造内の融合も含まれる。文法化は主として形態統語的現象であるが、それは意味変化によって発動される(Fleischman 1982、Hopper and Traugott 1993、Bybee、Perkins、and Pagliuca 1994)。それは、ここで議論した意味変化のい

くつかの型、特に連辞的文脈における喚起推論、主観化、さらに相互主観化を含むこともある。語彙化も、文法化と同じく広い意味で言えば、本質的に、(i)項構造の制約を持つ語彙の統語的範疇の変化(名詞である calendar や window の動詞用法、thou を動詞として使うような(6.2 参照)、引用や「言及(mention)」という条件の下で文法項目を語彙項目として先取りする用法など)であり、(ii)二つ以上の要素の組み合わせによる新たな語構成(派生語や合成語など)である。いずれにしても、語彙化の過程は、ここで述べた歴史意味論的過程を破砕する。語彙化の後に起こる歴史的意味変化は、統語的語彙的並べ替えの制約と、純粋な同義語はありえないという原理の制約を受ける。意味変化の中には、文法化も語彙化も伴わないものが多くある(find や recognize の会話行為動詞用法など)。語の形式(統語的、派生的、音韻的)が変化するしないにかかわらず、歴史的意味変化があるならば、それは図表7.1 で示した型に当てはまる変化であると予測できる。

7.3　将来の研究に向けて

　ここで提示した仮説は、意味領域の限られた範囲内で試されてきているが、言語外においても言語内においても、いくつかの問題について、さらに深い理解をするために、さらなる研究が必要である。

　言語外の問題の中では、異なる時期における異なる語彙変化構造、概念構造が、他の問題以上に重要な、変化の「標的(targets)」になるにちがいない。そのような違いは、各時期において好まれるスタイルや文献と非常に密接に結びついているが、個々の刷新の道筋は、問題の意味領域にどの程度の語が入るにせよ、同様であると考えられる。このような変化と言語使用者へのその影響を完全に理解するためには、特定の変化がどのような文献で、どの様な人々に受け入れられているかということを知る必要がある。たとえば、権威ある地位にいる英語話者、あるいは権威があると思っている英語話者は、権威のあまりない人よりも、認識の副詞(in fact、surely など)を好んで使うということは、よく指摘されている(Macaulay 1995)。同様に、会話行為動詞や敬語の発展に見られるように、異なる言語を話す人の間では、異なる型の表現が際立つようになる。したがって、ある概念範疇を表すためには多くの語を使うが、別の概念範疇を表すためには少しの語しか使わないということが起こる。たとえば、ある社会や集団では主観性をはっきり示すことが好まれる一方、別の社会や集団では相互主観性をはっきり示すことが好まれる。あるいは、ある時期には客観性が主観性よりも好まれることもある。社会的、政治的変化の側面をもっと研究すれば、言語と文化の関係にさらなる洞察を与えることになるだろう。歴史的意味変化の過程は、それが広まる広まらないにかかわらず、ま

たその語彙変化の結果に制約があるないにかかわらず、同じであると考える。

　言語内の問題の中で重要な問題は、図表7.1の(b)～(d)のそれぞれの傾向がどの程度お互いに、また(相互)主観化と独立しているか、さらにどのような状況でそれらが関係しているかということである。主観的認識語、談話標識、遂行動詞、受け手尊敬語などのような文脈形成的意味を持つ語は、明らかに文を超えたスコープを持っている。しかし、mere(単なる＜純粋な)、even(さえ＜平らな)のような焦点を表す助辞(主観的認識語に属する)がそのような広いスコープを持つかどうかは明らかではない。したがって、それらは別個の傾向と考える。もう一つの問題は、(A)で示した概念描写場面から概念会話場面への変化について、その反対のケースが歴史意味変化において、あるかどうかということである。広範な文献にもとづいた十分にきめの細かい分析によって、そのような変化が発展の中間点を示すことはあり得る。三つ目の問題は、図表7.1の一番右、つまり非真の条件・文脈形成的・超談話的スコープ・相互主観的意味にまで発展した多義語は、その後どうなるのかということである。そのような意味を持った語彙のほとんどは、他の語彙を使った新しい多義語によって置き換えられる、つまり、歴史的意味変化は続かず、歴史的語彙変化が起こると考える。歴史的意味変化が続かないと思われるのは、今回取り上げた語彙は最も指示的でなく、それゆえに非言語的範疇とは最もつながっていないからである。しかし、本書で取り上げなかった語彙の中には、たとえば話題標識が主語標識に義務的標識として文法化するような変化がある(Givón 1979、Shibatani 1991)。どのような条件の下でそのような変化が起こり、それらがどの程度、意味的、語用論的に制約されているかは、さらに研究が必要である。感情を表す語彙、程度副詞、間接話法を示す標識など、本書で扱った以外の意味領域の語に、どの程度規則性が見られるのかについても、さらなる研究が待たれる。本研究は、そのような研究をさらに行なうための基礎となるものである。

　今後、意味論と語用論をさらに統合させることによって、意味変化の正確な性質や意味的、語用論的学習性が明らかになるにちがいない。同時に、変化の証拠を追究することによって、現在の研究で明らかになっている以上に、変化に対する理解が十分に得られるようになるであろう。

訳者あとがき

　2007年4月、私は、妻と二人の娘を連れて、地元福岡から成田を経由し、サンフランシスコ空港に降り立ちました。そこからスタンフォード大学のある町、パロ・アルトに到着し、一年分の荷物ではちきれそうなスーツケースを引きずりながら、トラウゴット先生のご自宅を探しました。

　ようやく Traugott の表札を見つけ、呼び鈴を鳴らしました。世界的に有名な言語学者との初対面、さらに、1年間異国での生活が始まる。緊張と期待の一刹那。

　扉が開き、小柄で銀髪の、とても上品な女性が目の前に現れました。トラウゴット先生でした。穏やかな笑顔とハグに、緊張が解けたのを覚えています。

　その日の夕食は、先生のお手製の料理でもてなされました。途中でダッシャー先生も合流し、しばし和やかな時を過ごしました。心のこもった手料理は、私たちの旅の疲れを癒してくれました。前菜は、色鮮やかなブラッドオレンジサラダでした。初めて口にしたほとばしるような真っ赤なオレンジでした。

　私たちはトラウゴット先生の家の離れの二階に一週間泊めていただきました。初日の晩、夜中にふと目が覚めると、遠くから汽笛の音が聞こえました。カルトレインという電車の音でした。

　この滞在中の一年間で『語彙化と言語変化』(日本学術振興会助成金により2009年出版)を手掛け、今回の『意味変化の規則性』についても、トラウゴット先生、ダッシャー先生と質疑応答をし、帰国後の出版のための準備をしました。また、福岡女学院大学での講義をまとめたものを日本語学の教科書として執筆しました。これは、帰国後2009年、『ベーシック現代の日本語学』(ひつじ書房、三刷)として花開きました。スタンフォード大学の授業聴講は帰国後の福岡女学院大学での講義に

おおいに役立ちました。

　スタンフォードでの生活は実りのある一年になりました。この貴重な機会を与えてくださった福岡女学院大学に感謝申し上げます。

　また、今回の出版も、日本学術振興会平成30年度科学研究費助成事業(科学研究費補助金)(研究成果公開促進費)「学術図書」を受けて刊行されました(課題番号：18HP5080)。日本学術振興会に心より感謝申し上げます。

　さらに、忍耐強くお付き合いくださった、ひつじ書房の松本功様はじめスタッフの皆様に心より感謝いたします。編集を手伝ってくれた福岡女学院の森貴志さんと長女華子、いつも厳しいコメントをくれた妻祝と次女礼子にも感謝します。

　スタンフォード大学構内にあるユーカリの木の下をトラウゴット先生に案内されて、私たち4人思い切り鼻をふくらませて新鮮な空気を吸ったあの日のことを思い出します。

　多くの言語学研究者の方々が手に取ってくださることを願います。

2019年2月

一次的参考文献

　ここに挙げる参考文献は、本書で引用した例文の出典のうち、明らかになっているものである（OED も含めて、すべての例文の出典が明らかになっているわけではない）。本文の例文のあとの鍵かっこ［　］内には、例文の現れる文献を示した。これについては、二次的参考文献に掲げてある。一次的データと二次的参考文献の両方に使った文献（OED や日本国語大辞典など）は、どちらにも挙げた。

　辞典と二次的参考文献は、本文に現れる形式と同じである。データを OED と、その他（JohnGower による ConfessioAmantis など）から引用する場合は、より新しい出典（ヘルシンキコーパスが代表的）だけが示されている。電子データベースからの引用は、最後に出典を明記している。

ÆCHom I, 1 7 (App). Second Sunday after Easter. *Ælfric's "Catholic Homilies" First Series*, ed. P. A. M. Clemoes. Cambridge University dissertation, 614–627, 1955–56. (DOE)

ÆCHom II, 42. Martyrs. *Ælfric's "Catholic Homilies" Second Series, Text*, ed. M. Godden. Early English Text Society S. S. 5, 310–317. London: Oxford University Press, 1979 ［1922］. (DOE)

Ælfric, Grammar. c. 1000. *Aelfrics Grammatik und Glossar; Text und Varianten*, ed. Julius Zupitza. Berlin: Max Niehans, 1966 ［1880］.

ÆLS I: *Ælfric's Lives of the Saints*, vol. I., ed. W. W. Skeat. Early English Text Society 76, 1966 ［1881–1900］. (DOE)

Alfred, Boethius. *King Alfred's Version of Boethius' De Consolatione Philosophiae*, ed. W. J. Sedgefield. Darmstadt 1968 ［1899］. (DOE)

Alfred, Preface to Cura Pastoralis. *King Alfred's West-Saxon Version Of Gregory's Pastoral Care*, Part I, ed. H. Sweet. Early English Text Society O. S. 45. London: Oxford University Press, 1958 ［1871］. (HCET)

Ancrene Wisse, ed. J. R. R. Tolkien. Early English Text Society 249. London: Oxford University Press, 1962. (HCET)

Appeal London: *A Book Of London English 1384–1425*, ed. R. W. Chambers and M. Daunt. Oxford: Clarendon, 1967 ［1931］. (HCET)

Austen, Jane. 1816. Emma, ed. R. W. Chapman, *The Novels of Jane Austen*. Oxford: Clarendon, 5 vols., 1926.

Austen, Jane. 1818. Northanger Abbey, ed. R. W. Chapman, *The Novels of Jane Austen*. Oxford: Clarendon, 5 vols., 1926.

Austen, Jane. 1818. Persuasion, ed. R. W. Chapman, *The Novels of Jane Austen*. Oxford: Clarendon, 5 vols., 1926.

Bede. ?900. *Ecclesiastical History*, Schipper (OED) p.276 (Jucker 1997)

Beowulf. eighth century. *Beowulf with the Finnesburgh Fragment*, ed. C. L. Wrenn and W. F. Bolton. Exeter; University of Exeter Press, 1988 [1953].

Berkeley, George. 1732. *Alciphron*, ed. A. A. Luce and T. E. Jessop, *The Works of George Berkeley, Bishop of Gloyne*. London: Nelson, 1948; repr. Nendeln: Kraus, 1979.

Boxer, Diana. 1993. *Complaining and Commiserating: a Speech Act View of Solidarity in Spoken American English*. New York: Peter Lang.

Boyle, Electricity: Robert Boyle. 1675–76. *Electricity and Magnetism. Old Ashmolean Reprints* 7. Series ed., R. W. T. Gunther. Oxford: University of Oxford, 1927. (HCET)

Brown, Richard. *The English School Reformed*, 1969 (see Fries, 1998, in Secondary references).

Brown Corpus. 1961. W. N. Francis and H. Kucera. *A Standard Corpus of Present-Day Edited American English*. Providence, RI: Brown University. (Included in ICAME.)

Brut. *The Brut or The Chronicles of England*, Part I, ed. F. W. D. Brie. Early English Text Society, O. S. 131. London: Oxford University Press, 1960 [1906].

Buchan, John. 1924. *The Three Hostages*.

Carroll, Lewis. 1865. *Alice in Wonderland: Authoritative Texts of Alice's Adventures in Wonderland, Through the Looking-Glass, The Hunting of the Snark: Backgrounds; Essays in criticism*, ed. Donald J. Gray.
New York: Norton, 1971.

Cato. *Marcius Porcius Cato, On Agriculture; Marcus Terentius Varro, On Agriculture*, trans. William Davis Hooper, rev. Harrison Boyd Ash, Loeb Classical Library. Cambridge, MA: Harvard University Press.

Caxton, William. *The History of Reynard the Fox, trans. from the Original by William Caxton*, ed. N. Blake. Early English Text Society 263. London: Oxford University Press, 1970.

CEEC. *The Corpus of Early English Correspondence*, compiled by Terttu Nevalainen, Helena Raumolin-Brunberg, et al. University of Helsinki, 1998. (ICAME)

Charter (Harm). Writ of King Edward, Bury St. Edmunds. P. H. Sawyer, *Anglo-Saxon Charters: An Annotated List and Bibliography*. London, 1968. (DOE)

Chaucer, Geoffrey. *The Riverside Chaucer*, ed. Larry D. Benson. Boston: Houghton Mifflin, 1987, 3rd ed.

Chauliac (1). ?1425. Anonymous Translation of Guy de Chauliac's Grande Chirurgie:

Microfilm print of New York Academy of Medicine ms.

Chauliac(2). c. 1420. Microfilm print of Paris Angl. 25 ms.

Chikamatsu. Early 18th century. *Chikamatsu Monzaemon-shuu* [Collected Plays of Chikamatsu Monzaemon], vol. I, ed. Shuu Mori, Bunzoo Torigoe, and Chiyoji Nagatomo. Nihon Koten Bungaku Zenshuu(NKBZ)series 43, Tokyo: Shogakukan, 1972.

『近松門左衛門集』森修、鳥越文蔵、長友千代治　校注・訳　日本古典文学全集 43　1972 年　小学館

ChronA. *Two of the Saxon Chronicles Parallel*, 2 vols., ed. C. Plummer. Oxford: Oxford University Press, 1952 [1892–99].

ChronE. *Two of the Saxon Chronicles Parallel*, 2 vols., ed. C. Plummer. Oxford: Oxford University Press, 1952 [1892–99]. (DOE)

Chronicle Capgrave. 1452. *John Capgrave's Abbreuiacioun of Cronicles*, ed. P. J. Lucas. Early English Text Society, O. S. 285. Oxford: Oxford University Press, 1983.(HCET)

Clowes, William. 1602. *Treatise for the Artificial Cure of Struma*, 1602. The English Experience 238. Amsterdam: Theatrvm Orbis Terrarvm and New York: Da Capo Press, 1970.(HCET)

Congreve: William Congreve. *The Comedies of William Congreve*, ed. Eric S. Rump, New York: Viking Penguin, 1985.

Coote: Edmund Coote. 1596. *The English Schoole-Master*, 1968(see Fries, 1998, in Secondary references).

Cornwallis, Jane. 1613. Letter to Elnathan Parr.(CEEC)

Daikoku Renga ["Linked Verse for Daikoku"]. Before 17th century. *Kyoogenshuu* [Collected Kyogen plays], eds. Tadahiko Kitagawa and Akira Yasuda. Nihon Koten Bungaku Zenshuu(NKBZ)series 35, 81–86. Tokyo: Shogakukan, 1972.

「大黒連歌」『狂言集』(北川忠彦、安田章　校注　日本古典文学全集 35　1972 年　小学館)所収。

Defoe, Daniel. 1722. *A Journal of the Plague Year* 1722, 1754.

Deloney, Thomas. 1619. *Jack of Newbury(1619)*. *The Novels of Thomas Deloney*, ed., M. E, Lawlis. Bloomington: Indiana University Press.(HCET)

Dickens, Charles. 1837/8. *Oliver Twist*, ed. P. Fairclough. London: Penguin, 1985.

Digby Plays. c. 1500. *The Late Medieval Religious Plays of Bodleian MSS Digby 133 and E Museo 160*, ed. D. C. Baker, J. L. Murphy, and L. B. Hall, Jr. Early English Text Society 283. Oxford: Oxford Univetsity Press, 1982.(HCET)

Digges. 1571. Digges, Leonard and Thomas Digges. *A Geometrical Practice Named Pantometria*, 1591.

Documents Chancery. 15th century. *An Anthology of Chancery English*, ed. J. H. Fischer, M. Richardson, and J. L. Fisher. Knoxville: University of Tennessee Press, 1984. (HCET)

Documents Harmer. 9th–10th century. *Select English Historical Documents of the Ninth and Tenth Centuries*, ed. F. E. Harmer. Cambridge: Cambridge University Press, 1914. (HCET)

DOE: *Dictionary of Old English Corpus in Electronic Form*. Compiled by Angus Cameron, Ashley Crandell Amos, Sharon Butler, Antonette diPaolo Healey. University of Toronto: Dictionary of Old English Project.
<http://www.doe.utoronto.ca/webcorpus.html>

Doyle, Arthur Conan. 1894. *The Annotated Sherlock Holmes*, vol. I, ed. William S. Baring-Gould. New York: Clarkson N. Potter, 1967.

Dudley: Robert Dudley. 1586. Letter XCI. The Earl of Leycester to Mr. Secretary Walsyngham. (CEEC)

Dunhuang Bianwen Ji. ?900. *Renmin Wenxue Chubanshe*, eds. Yiliang Zhou, Gong Qi, Yigong Zeng, Zhongmin Wang, Qinshu Wang, and Da Xiang. Beijing, 1984.

Eguchi. 14th century. Noh play by Kan'ami (1333–84). *Yookyoku-shuu* [*Selected Noh Plays*], eds. and annot. Mario Yokomichi and Akira Omote. Nihon Koten Bungaku Taikei (NKBT) series 40. Tokyo: Iwanami Shoten, 1960.
「江口」観阿弥(1333–84年)による能.『謡曲集』(横道萬里雄、表章　校注　岩波古典文学大系40　1960年　岩波書店)所収。

Eliot, George. 1860. *Mill on the Floss*. London: Cavendish, 1986.

Eliot, George. 1871–72. *Middlemarch*. Penguin Classics. Harmondsworth: Penguin, 1986.

Elyot, Thomas. 1531. *The Boke Named the Governour* (1531), ed. E: Rhys, intro. by F. Watson. Everyman's Library. London and New York: J. M. Dent. (HCET)

English Wycliffite Sermons. c. 1400. *English Wycliffite Sermons*, vol. I, ed. A. Hudson. Oxford: Clarendon. (HCET)

Enkyobon Heike Monogatari [Enkyobon Text, Tale of the Heike]. 1309–10, eds. Yasuo Kitahara and Eiichi Ogawa. Tokyo: Benseisha, 1996, 4 vols.
『延慶本平家物語本文篇上・下』北原保雄、小川栄一編　1996年　勉誠社

Equatorie of the Planets. c. 1392. *The Equatorie of the Planets*, ed. D. J. Price. Cambridge: Cambridge University Press. (HCET)

Exodus. ?eighth century. *The Old English Version of The Heptateuch*, ed. S. J. Crawford. Early English Text Society 160. Oxford: Oxford University Press, 1969.

Farquhar, George. 1707. *The Beaux' Stratagem*, ed. Charles N. Fifer. Lincoln: University of Nebraska Press, 1977.

Fates of the Apostles. *c.* 1000. *The Exeter Book. The Anglo-Saxon Poetic Records* vol. III, ed. George Philip Krapp and Elliott van Kirk Dobbie. New York: Columbia University Press, 1932.(HCET)

Fitzherbert. 1534. *The Book of Husbandry*(1534), ed. W. W. Skeat. English Dialect Society 37. Vaduz: Kraus Reprint Ltd., 1965 [1882]. (HCET)

Floris. *c.* 1300(?1250). *King Horn, Floriz and Blauncheflur, the Assumption of our Lady*, 1st ed. J. R. Lumby, 1866; re-ed., G. H. McKnight, Early English Text Society, 14, London: Oxford University Press, 1901.

Fox and Wolf. *c.* 1300. *The Fox and the Wolf in the Well: Middle English Humorous Tales in Verse*, ed. G. H. McKnight. NY: Gordian, 1971 [1913]. (HCET)

Fraser, B and M. Malamud-Makowski. 1996. English and Spanish contrastive discourse markers. *Language Sciences* 18: 863–881.

Gawain. after 1345. *Sir Gawain and the Green Knight*, ed. J. R. R. Tolkien and E. V. Gordon. Oxford: Clarendon, 1930.

Genesis. 8th century. *The Junius Manuscript: The Anglo-Saxon Poetic Records*, vol. I, ed. G. P. Krapp. London: Routledge and NY: Columbia University Press, 1931.(HCET)

Genji Monogatari [Tale of Genji]. *c.* 1006: Monash University, Australia: The Monash Nihongo FTPArchive. < *ftp://ftp.cc.monash.edu.au/pub/nihongo/genji.euc.gz* > electronic file of complete text, with page number references to hard-copy published editions.

Genji Monogatari [Tale of Genji]. *c.* 1006. *Genji Monogatari*, vols. I, II, eds. Akio Abe, Ken Akiyama, and Gen'e Imai. Tokyo: Shogakukan. Nihon Koten Bungaku Zenshoo (NKBZ)series 12, 13, 1970.

『源氏物語』阿部秋生、秋山虔、今井源衛　校注・訳　日本古典文学全集12　1970年　小学館

GD. *c.* 1000. *Bischof Wærferths von Worcester Übersetzung der Dialoge Gregors des Grossen*, 2 vols., ed. H. Hecht. Leipzig: Wigand.

Gower, John. after 1393. *Confessio Amantis: The English Works of John Gower*, vol. I, ed. G. C. Macaulay. London, 1957 [1900]. (HCET)

Grafton, Rochard. 1543. *A Continuation of the Chronicles of England, Begynning where J. Hardyng Left* (1470–1543), 1812.

Gregory, William. 1475. *Gregory's Chronicle. The Historical Collections of a Citizen of London in the Fifteenth Century*, ed., J. Camden. Camden Society, N. S. XVII. Westminster, 1876.(HCET)

Hali Meidhad. *c.* 1225. *The Katherine Group. Edited from MS. Bodley 34*, ed. S. T. R. O.

d'Ardenne. Bibliothèqqe de la Faculté de Philosophie et Lettres de l'Université de Liège, CCXV. Paris: Société d'Édition "Les Belles Lettres," 1977.(HCET)

Hargrave, F. ed. 1730. *A Complete Collection ofState-trials and Proceedings for Hightreason, and other Crimes and Misdemeanours, from the Reign of King Richard II to the End of the Reign of King George I.* London J. Walthoe.

Havelok. *c.* 1300. *Havelok*, ed. G. V. Smithers. Oxford: Clarendon, 1987.(HCET)

Havelok. *c.* 1300. *The Lay of Havelok the Dane*, ed. W. W. Skeat. Early English Text Society E. S. 4. Oxford: Oxford University Press, 1868.(MED)

HCET. *Helsinki Corpus of English Texts, Diachronic Part.* See Rissanen, Kytö, and Palander-Collin, eds., 1993 and Kytö 1993 [1991], (Included in ICAME.)

Helsinki Corpus: see HCET.

Henry Prince of Wales. 1608. Letter 254 to King James I.(CEEC).

Hilton, Walter. *c.* 1450. *Walter Hilton's EightChapters on Perfection*, ed. F. Kuriyagawa. Tokyo: Keio Institute of Cultural anq Linguistic Studies, 1967.(HCET)

HomU. *Homilies for Unspecified Occasions. Wulfstan, Sammlung englischer Denkmäler* 4. Berlin, 1883, repr. by K. Ostheeren, 1967.

Hooker, Richard. 1614. *Two Sermons upon Part of S. Jude's Epistle*, 1514. The English Experience 195. Amsterdam: Theatrvm Orbis Terrarvm and NY: Da Capo, 1969.(HCET)

Horn, Laurence R. 1991. Given as new: when redundant affirmation isn't. *Journal of Pragmatics* 15: 313–336.

Hume, David. 1748. Enquiry Concerning Human Understanding, ed. Eugene F. Miller, *Essays, Moral, Political, and Literary: David Hume.* Indianapolis: Liberty Classics, 1987.

Hume, David, 1779. Dialogues Concerning Natural Religion, ed. Eugene F. Miller, *Essays, Moral, Political, and Literary: David Hume.* Indianapolis: Liberty Classics, 1987.

ICAME. *International Computer Archives of Modern English.* Bergen: Norwegian Computing Centre for the Humanities. CD-ROM.

Imakagami ["The New Mirror"]. 1174–75. *Imakagami honbun oyobi soosakuin* [Text and comprehensive index to the Imakagami], ed. Kunihiko Sakakibara, Kazuyoshi Fujikake, and Kiyoshi Tsukahara. Tokyo: Kasama Shoin, 1984.

『今鏡本文及び総索引』榊原邦彦、藤掛和美、塚原清 1984年 笠間書院

Kageroo Nikki ["The Gossamer Diary"]. Early 10th century. *Kageroo nikki soo-sakuin* [Comprehensive index of the *Kageroo Nikki* with annotated text], ed. Umetomo Saeki and Tsunehisa Imuta. Tokyo: Kazama Shobo, 1981.

『蜻蛉日記総索引』佐伯梅友、伊牟田経久編 改定新版 1981年 風間書房

Kempe, Margery. after 1438. *The Book of Margery Kempe*, vol. I, ed. S. B. Meech and H. E. Allen. Early English Text Society, London: Oxford University Press, 1940. (HCET)

Konjaku Monogatari-shuu ["Tales of Times Now Past"]. 1130–40. Eds. Yoshio Yamada, Tadao Yamada, Hideo Yamada, and Toshio Yamada. Nihon Koten Bungaku Taikei (NKBT) series 22–23. Tokyo: Iwanami Shoten, 1959.

『今昔物語集』山田孝雄、山田忠雄、山田英雄、山田俊雄　校注　日本古典文学大系 22–23　1959年　岩波書店

Kyoogen [short comic plays]. Before 17th century. *Kyoogen-shuu* ["Anthology of kyogen plays"], eds. Tadahiko Kitagawa and Akira Yasuda. Nihon koten bungaku zenshuu (NKBZ) series 35. Tokyo: Shogakukan, 1972.

『狂言集』北川忠彦、安田章　校注　日本古典文学全集 35　1972年　小学館

Lacnunga. *Anglo-Saxon Magic and Medicine, Illustrated Specially from the Semi-Pagan Text "Lacnunga,"* ed. J. H. G. Grattan and C. Singer. Publications of the Wellcome Historical Medical Museum, N. S. 3., 1972 [1952]. (HCET)

Lampeter Corpus of Early Modern English Tracts, compiled by Josef Schmied and Eva Hertel, 1991–. (Included in ICAME)

Langacker, Ronald W. 1995. Raising and transparency. *Language* 71: 1–62.

Latimer: Hugh Latimer, *Sermon on the Ploughers, 18 January 1549; Seven Sermons Before Edward VI, on Each Friday in Lent, 1549*, ed. E. Arber. English Reprints. London: Alex Murray, 1968. (HCET)

LawGer. *Gerefa*, in Liebermann, vol. I: 453–455, 1903–16.

Lay Brut: *c.* 1225(?1200). *Laʒamon's Brut, or Chronicle of Britain*, ed. F. Madden. London: Society of Antiquaries of London), 1847.

Lee, Sophia and Harriet. 1798. *Canterbury Tales*, 1797–1801.

Lewis, Eleanor. 1996. "We're going to look at your life insurance today": an analysis af pronouns in life insurance sales. Senior honors thesis, Department of Linguistics, Stanford University.

Life of St. Edmund. *c.* 1450. The Life of St. Edmund, ed. N. F. Blake. *Middle English Religious Prose*. York Medieval Texts. London: Arnold, 1972. (HCET)

Lindisfarne Gospels. *The Four Gospels in Anglo-Saxon, Northumbrian, and Old Mercian Versions*, ed. W. W. Skeat. Darmstadt 1970 [1871–87]. (DOE)

Lisle, Lady Alice. 1685. The Trial of Lady. Alice Lisle. Hargrave, l 730, vol. IV. (HCET)

Locke, John. 1693. *Directions Concerning Education*, ed. F. G. Kenyon. Oxford: Roxburghe Club, 1933. (HCET)

MacWard, Robert. 1671. *The True Non-Conformist* (anon.).

Malory, Thomas. c. 1470. *The Works of Sir Thomas Malory*, ed. E. Vinaver. London: Oxford University Press, 1954.

Man'yooshuu. [Man'yoshu, The Ten-Thousand Leaves]. Before 760. Eds. and annot. Ichinosuke Tagaki, Tomohide Gomi, and Susumu Ohno. Nihon Koten Bungaku Taikei (NKBT) series 4–7 Tokyo: Iwanami Shoten, 1957–60.

『万葉集』髙木市之助、五味智英、大野晋　校注　日本古典文学大系 4–7　1957–60 年　岩波書店

MED: *The Middle English Dictionary*. 1956–. Ann Arbor: University of Michigan Press. (See also < http://www.hti.umlch.edu/dict/med/ >)

Mengzi. 300BC. *Mengzi yinde [A Concordance to Meng Tzu]*, Harvard-Yenching Institute Sinological Index Series, Supplement No. 16. Peiping: Yenching University Press, 1940.

Monk of Evesham. 1482. *The Revelation to the Monk of Evesham*, ed. E. Aber. London, 1869.

Mulford, Clarence Edward. 1913. *The Coming of Cassidy*—and Others.

Mursili II's prayer. *Das hethitische Gebel der Gassulijawija*, ed. Johann Tischler. Innsbrucker Beiträge zur Sprachwissenschaft 37. Innsbruck: Institut für Sprachwissenschaft der Universität.

Nesbit, E. 1909. *Harding's Luck*. London: T. Fisher Unwin, 1923.

Nihon Shoki [Chronicles of Japan]. 720. Eds. Taroo Sakamoto, Saburoo Ienaga, Mitsusada Inoue, Susumu Ohno. Nihon Koten Bungaku Taikei (NKBT) series 67–68. Tokyo: Iwanami Shoten, 1967.

『日本書紀』坂本太郎、井上光貞、家永三郎、大野晋　校注　日本古典文学大系 67–68　1967 年　岩波書店

Nippo Jisho [Vocabulario da Lingoa de Iapam; Japanese-Portuguese Dictionary]. 1603. *Hooyaku Nippo Jisho* [Japanese translation of Nippo Jisho], eds. Tadao Doi, Takeshi Morita, and Minoru Choonan. Tokyo: Iwanami Shoten, 1980.

『邦訳日葡辞書』土井忠生、森田武、長南実　編訳　1980 年　岩波書店

NKD: *Nihon Kokugo Daijiten [Unabridged Dictionary of the Japanese Language]*. 1972–76, Tokyo: Shogakukan, 20 vols.

『日本国語大辞典』全 20 巻　林大他編　1972–76 年　小学館

Nrf. Gild. Ret. *Norolk Gild Returns: English Gilds*, ed. T. Smith and L. T. Smith, Early English Text Society 40. London: Oxford University Press, 1870, rev. 1892.

Oates, Titus. 1685. *The Trial of Titus Oates*. Hargrave 1730, vol. IV. (HCET)

OED: *The Oxford English Dictionary*. 1989. Oxford: Clarendon, 2nd ed. (also OED2/e CD-ROM V 2.0, 1999); *Oxford English Dictionary Online*. 2000. Oxford: Oxford

University Press, 3rd, ed. < http://dictionary.oed.com/ >

Orosius. *c*. 880. *King Alfred's Orosius*, ed. H. Sweet. Early English Text Society, O. S. 79. London: Oxford University Press, 1959 ［1883］.

Paston, Clement. *Paston Letters and Papers of the Fifteenth Century*, Part I, ed. N. Davis. Oxford: Clarendon. (HCET)

Paston. *The Paston Letters, A. D. 1422–1509*, ed. J. Gairdner, 1904.

Paston Letters: *Paston Letters and Papers of the Fifteenth Century*, ed. N. Davis. Oxford: Clarendon, 1971. (HCET)

Pepys, Diary. 1666. *Samuel Pepys. Memoirs, Comprising his Diary from 1659 to 1669, and a Selection from his Private Correspondence 16...*

Pepys, Penny. Merriments. 1684–85. *Samuel Pepys' Penny Merriments*, ed. R. Thompson. London: Constable, 1976. (HCET)

Purvey, Wycliffe. *The Prologue to the Bible, the Holy Bible, Containing the Old and New Testaments, with the Apocryphal Books, in the Earliest English Versions Made from the Latin Vulgate by John Wycliffe and his Followers*, vol. I, ed. J. Forshall and F. Madden. Oxford: Oxford University Press, 1850. (HCET)

Queen Elizabeth. 1593. *Queen Elizabeth's Englishings of Boethius, De Consolatione Phlosophiae, A. D. 1593, Plutarch De Curiosatate, Horace, De Arte Poetica, A. D. 1598*, ed. C. Pemberton. Early English Text Society, O. S. 113. London: Oxford University Press, 1899. (HCET)

Radcliffe, Ann, Mrs. 1797. *The Italian, or the Confession of the Black Penitents, a Romance*.

Raleigh, Walter. *c*. 1603. The Trial of Sir Walter Raleigh. Hargrave 1730, vol. I. (HCET)

Rodriguez, P. João. 1604–8. *Arte da lingoa de Japam. Nihon daibunten* ［Japanese translation of *Arte da lingoa de Japam*］, ed. and trans. Tadao Doi. Tokyo: Sanseido, 1967.

『日本大文典』(ロドリゲスの Arte da lingoa de Japam の翻訳)土井忠生　1967年　三省堂

Sansatsuko ［Haikai comic verse］ by Hattori Doboo. 1704. *Koohon Bashoo Zenshuu* ［Comparative Texts of the Collected Works of Bashoo］.

『三冊子』服部土芳 1704年『校本芭蕉全集』全10巻　井本農一、弥吉菅一、横沢三郎校注　富士見書房　所収。

Sawles Warde. *The Katherine Group. Edited from MS Bodley 34*, ed. S. T. R. O. d'Ardenne. Bibliothèque de la Faculté de Philosophie et Lettres de l'Université de Liège, CCXV, Paris: Société d'Édition "Les Belles Lettres," 1977. (HCET)

Scott, Walter. 1822. *Peveril of the Peak*.

Shakespeare, William. *The Riverside Shakespeare*, ed. G. Blakemore Evans. Boston: Houghton Mifflin, 1974.

Shengjing. 228–316. Academica Sinica, Online Corpus of Chinese.

Shiji. 104–91 BC. Zhonghua Shuju. Beijing, 1992.

Shishuoxinyu. 5th century. Liu, Yiqing. Academica Sinica, Online Corpus of Chinese.

Shizen koji. 14th century. Noh play by Kan' ami(1333–84), probably revised by Zeami (1363–1443). *Yookyoku-shuu* [Selected Noh Plays], eds. and annot. Mario Yokomichi and Akira Omote. Nihon Koten Bungaku Taikei(NBKT)series 40. Tokyo: Iwanami Shoten, 1960.

「自然居士」観阿弥(1333–84年)による能。世阿弥(1363–1443年)により改訂か。
『謡曲集』(横道萬里雄、表章　校注　岩波古典文学大系40　1960年　岩波書店)所収。

Sidgwick, Henry. 1886. *Outlines of the History of Ethics for English Readers*. Boston: Beacon, 1960.

Smith, Adam. 1776. *An Inquiry into the Nature and Causes of the Wealth of Nations*, vol. II, ed. R. H. Campbell and A. S. Skinner. Indianapolis: Liberty Fund, 1981.

Suehirogari ["The Auspicious Fan"]. Before 17th century. *Kyoogenshuu* [Collected Kyogen Plays], eds. Tadahiko Kitagawa and Akira Yasuda. Nihon Koten Bungaku Zenshuu (NKBZ)series 35, pp.66–86. Tokyo: Shogakukan, 1972.

「末広がり」『狂言集』(北川忠彦、安田章　校注　日本古典文学全集35　1972年　小学館)所収。

Sunzi. 5th century BC. Sun, Wu. Academica Sinica, Online Corpus of Chinese.

Taketori Monogatari [Bamboo Cutter's Tale]. early 10th century. *Taketori monogatari zenshaku*. [Complete annotated edition of the *Taketori Monogatari*], ed. Hajime Matsuo. Tokyo: Musashino Shoin, 1961.

『竹取物語全釈』松尾聰　評注　1961年　武蔵野書院

Taylor, John. 1630. *All The Workes of John Taylor the Water Poet, 1630. With An Introductory Note By V. E. Neuburg*. London: Scolar, 1977.

Tillotson, John. 1671. *Sermons on "The Folly of Scoffing at Religion" and "Of the Tryall of the Spirits." Three Restoration Divines: Barrow, South, Tillotson: Selected Sermons*, vol. II. ii, ed. S. T. R. O. d'Ardenne. Bibliothèque de la Faculté de Philosophie et Lettres de l'Université de Liège, CCXV. Paris: Société d'Édition "Les Belles Lettres," 1976. (HCET)

Tora-akira ms., Kyoogen. c. 1640. *Kohon Noh-kyoogenshuu* [Old ms. of Noh and Kyoogen Plays], ed. Ken Sasano. Tokyo: Iwanami Shoten, 1943–44.

「大蔵虎明能狂言集」『古本能狂言集』笹野堅編　1943–44年　岩波書店

Tsurezure-gusa. [Essays in Idleness]. c. 1330. *Tsurezure-gusa soosakuin* [Comprehensive

Index of the Tsurezure-gusa, with annotated text], ed. Motoki Tokieda. Tokyo: Shibundo, 1967.

『徒然草総索引』時枝誠記　1967年　至文堂

UA Hem. Mag. *United Airlines Hemisphere Magazine*.

United Press Intl.: United Press International. Top stories syndicated by UPI for the years 1991 and 1992.

Vanbrugh, John. 1697. *The Relapse*, ed. Bernard Harris. New York: Norton, 1986.

Vices and Virtues. *c*. 1200. *The Book of Vices and Virtues*, ed. E. Holthausen. Early English Text Society, O. S. 89. London: Oxford University Press, 1888. (HCET)

Wakefield Plays. *The Wakefield Pageants in the Towneley Cycle*, ed. A. C. Cawley. Old and Middle English Texts. Manchester: Manchester University Press, 1958. (HCET)

Weller, M. 1970. Moonchildren. In T. Hoffman, ed., *Famous American Plays of the 1970's*. New York: Dell, 1981.

West Saxon Gospels. *The Holy Gospels in Anglo-Saxon, Northumbrian, and Old Mercian Versions*, ed. W. W. Skeat. Cambridge: Cambridge University Press, 1871–1887. Witches. George Gifford. A Handbook on Witches and Witchcraftes, 1593. Shakespeare Association Facsimiles 1, with an introduction by B. White. London: Humphrey Milford and Oxford University Press, 1931.

Wycherley, William. 1674/75, *The Country Wife*, ed. John Dixon Hunt. New York: Norton, 1988.

York Plays: *The York Plays*, ed. Richard Beadle. York Medieval Texts. London: Arnold, 1982. (HCET)

Zhuzi Yulei Scrolls. 1200. Academica Sinica, Online Corpus of Chinese.

二次的参考文献

Abe, Akio, Ken Akiyama, and Gen'e Imai, eds. and annot. 1970. *Genji Monogatari*. [The Tale of Genji], vols. I & II. Nihon Koten Bungaku Zenshuu series, 12 vols. Tokyo: Shogakukan.

阿部秋生、秋山虔、今井源衛　編注『源氏物語』日本古典文学全集 12-17　1970 年　小学館

Abraham, Werner. 1991. The grammaticalization of the German modal particles. In Traugott and Heine, vol. II, 331–380.

Adamson, Sylvia. 1995. From empathetic deixis to empathetic narrative: stylisation and (de-) subjectivisation as processes of language change. In Stein and Wright, 195–224.

Ahlqvist, Anders, ed. 1982. *Papers from the 5th International Conference on Historical Linguistics*. Amsterdam: Benjamins.

Aijmer, Karin. 1985. The semantic development of will. In Fisiak, 11–21.

――― 1986. Why is actually so popular in spoken English? In Gunnel Tottie and Ingegard Bäcklund, eds., *English in Speech and Writing: a Symposium*, 119–129. Uppsala: Almqvist and Wiksell.

――― 1996. *I think*—an English modal particle. In Swan and Westvik, 1–47.

Aissen, Judith. 1992. Topic and focus in Mayan. *Language* 68: 43–80.

Akatsuka, Noriko. 1992. Japanese modals are conditionals. In Diane Brentari, Gary N. Larson, and Lynn A. MacLeod, eds., *The Joy of Grammar*, 1–10. Amsterdam: Benjamins.

――― 1997. Negative conditionality, subjectification, and conditional reasoning. In Athenasiadou and Dirven, 323–354.

Akatsuka, Noriko and Sung-Ock S. Sohn. 1994. Negative conditionality: the case of Japanese *-tewa* and Korean *-taka*. In Noriko Akatsuka, ed., *Japanese/Korean Linguistics* 4: 203–219. Stanford University: Center for the Study of Language and Information.

Akimoto, Minoji. 2000. The grammaticalization of the verb "pray." In Olga Fischer, Annette Rosenbach, and Dieter Stein, eds., *Pathways of Change: Grammaticalization in English*, 67–84, Amsterdam: Benjamins.

Allen, Cynthia, L. 1995. On doing as you please. In Jucker, 275–308.

Allerton D. and A. Cruttenden. 1974. English sentence adverbials: their syntax and their intonation in British English. *Lingua* 34: 1–30.

American Heritage Dictionary of the English Language, The. 2000. Boston: Houghton Mifflin. 4th ed.

Amino, Yoshihiko. 1991. *Nihon no rekisi o yomi-naosu* [Rereading the History of Japan]. Tokyo: Chikuma Shobo.

網野善彦『日本の歴史を読み直す』1991年　筑摩書房

Andersen, Henning. 1973. Abductive and deductive change. *Language* 49: 765–793.

Anderson, Lloyd B. 1982. Universals of aspect and parts of speech: parallels between signed and spoken languages. In Paul J. Hopper, ed., *Tense-Aspect: between Semantics and Pragmatics*, 91–114. Amsterdam: Benjamins.

Andrews, Edna. 1995. Seeing is believing: visual categories in the Russian lexicon. In Ellen Contini-Morava and Barbara Sussman Goldberg, with Robert S. Kirsner, eds., *Meaning as Explanation: Advances in Linguistic Sign Theory*, 363–377. Berlin: Mouton de Gruyter.

Anscombre, Jean-Claude and Oswald Ducrot. 1989. Argumentativity and informativity. In Michael Meyer, ed., *From Metaphysics to Rhetoric*, 71–87. Dordrecht: Kluwer.

Anttila, Raimo. 1989 [1972]. *Historical and Comparative Linguistics*. Amsterdam: Benjamins, 2nd ed.

―― 1992. Historical explanation and historical linguistics. In Garry W. Davis and Gregory K. Iverson, eds., *Explanation in Historical Linguistics*, 17–39. Amsterdam: Benjamins.

Archangeli, Diana. 1997. Optimality Theory: an introduction to linguistics in the 1990s. In Diana Archangeli and D. Terence Langendoen, eds., *Optimality Theory: an Overview*, 1–32. Oxford: Blackwell.

Ariel, M. 1994. Pragmatic operators. In Asher and Simpson, vol. VI: 3250–3253.

Arnovick, Leslie Katherine. 1989. The Wallis rules as speech act prescription: an illocutionary re-evaluation. *General Linguistics* 29: 150–158.

―― 1994. The expanding discourse of promises in Present-Day English: a case study in historical pragmatics. *Folia Linguistica Historica* 15: 175–191.

Asher, R. E. and J. M. Y. Simpson, eds. 1994. *The Encyclopedia of Language and Linguistics*. Oxford: Pergamon, 6 vols.

Athanasiadou, Angeliki and René Dirven, eds. 1997. *On Conditionals Again*. Amsterdam: Benjamins.

Atlas, Jay D. and Stephen C. Levinson. 1981. *It*-clefts, informativeness, and logical form. In Peter Cole, 1–61.

Atooda, Toshiko. 1980. *Nihongo Zyoosiki Tesuto* [Tests of Common Sense about Japanese (Usage)]. Tokyo: Ikeda Shoten.

阿刀田稔子『日本語常識テスト―読み方・書き方・使い方に強くなる』1980年　池田書店

Austin, J. L. 1962. *How to Do Things with Words*. Oxford: Oxford University Press.

J. L. オースティン『言語と行為』坂本百大訳　1978年　大修館書店

Axmaker, Shelley, Annie Jaisser, and Helen Singmaster, eds. 1988. *Proceedings of the Fourteenth Annual Meeting of the Berkeley Linguistics Society*. Berkeley: Berkeley Linguistics Society.

Bach, Ulrich. 1995. Wills and will making in 16th and 17th century England: some pragmatic aspects. In Jucker, 125–144.

Baker, Philip and Anand Syea, eds. 1996. *Changing Meanings, Changing Functions*. Westminster Creolistics Series. London: University of Westminster Press.

Banfield, Ann. 1973. Narrative style and the grammar of direct and indirect speech. Foundations of Language 10: 1–39.

—— 1982. *Unspeakable Sentences: Narration and Representation in the Language of Fiction*. Boston: Routledge and Kegan Paul.

Barcelona, Antonio, ed. 2000a. *Metaphor and Metonymy at the Crossroads: a Cognitive Perspective*. Berlin: Mouton de Gruyter.

—— 2000b. Introduction: the cognitive theory of metaphor and metonymy. In Barcelona 2000a: 1–28.

Baron, Naomi. 1977. *Language Acquisition and Historical Change*. Amsterdam: North-Holland.

Bartsch, Renate. 1984. Norms, tolerance, lexical change, and context-dependent meaning. *Journal of Pragmatics* 8: 367–393.

Benveniste, Emile. 1968. Mutations of linguistic categories. In Lehmann and Malkiel, 85–94.

—— 1971a [1958]. Subjectivity in language. In *Problems in General Linguistics*, 223–230. Trans. by Mary Elizabeth Meek. Coral Gables, FL: University of Miami Press.(Publ. as De la subjectivité dans le langage, *Problèmes de Linguistique Générale*, 258–266. Paris: Gallimard, 1966); Orig. publ. in *Journal de psychologie* 55: 267f. 1958).)

—— 1971b [1958]. Delocutive verbs. In *Problems in General Linguistics*, 239–246. Trans. by Mary Elizabeth Meek. Coral Gables, FL: University of Miami Press.(Publ. as Les verbes délocutifs, *Problèmes de Linguistique Générale*, 277–285. Paris: Gallimard, 1966 [1958]; Orig. publ. in A. G. Hatcher and K. L. Selig, eds, *Studia Philologica et Litteraria in Honorem L. Spitzer*, 57–63, Berri, 1958.)

—— 1973. *Indo-European Language and Society*. Trans. by E. Palmer. Coral Gables, FL: University of Miami Press.

Bergner, Heinz. 1998. Dialogue in the Medieval drama. In Borgmeier, Grabes, anti Jucker, 75–83.

Berlin, Brent and Paul Kay. 1969. *Basic Color Terms: their Universality and Evolution*. Berkeley: University of California Press.

ブレント・バーリン　ポール・ケイ　『基本の色彩語：普遍性と進化について』　日高杏子訳　2016 年　法政大学出版局

Biber, Douglas. 1988. *Variation across Speech and Writing*. Cambridge: Cambridge University Press.

Biber, Douglas and Edward Finegan. 1988. Adverbial stance types in English. *Discourse Processes* 11: 1–34.

―. 1989. Styles of stance in English: lexical and grammatical marking of evidentiality and affect. *Text* 9: 93–124.

Bickerton, Derek. 1984. The language bioprogram hypothesis. *Behavioral and Brain Sciences* 7: 173–221.

Bjork, Robert E. and Anita Obermeier. 1997. Date, provenance, author, audiences. In Robert E. Bjork and John D. Niles, eds., *A Beowulf Handbook*, 13–34. Lincoln: University of Nebraska Press.

Blake, Norman F. 1992–93. Shakespeare and discourse. *Stylistica* 2/3: 81–90.

Blakemore, Diane. 1987. *Semantic Constraints on Relevance*. Oxford: Blackwell.

―. 1988. So as a constraint on relevance. In Ruth Kempson, ed., *Mental Representation: the Interface between Language and Reality*, 183–195. Cambridge: Cambridge University Press.

―. 1990. Constraints on interpretation. In Kira Hall, Jean-Pierre Koenig, Michael Meacham, Sondra Reinman, and Laurel A. Sutton, eds., *Proceedings of the Sixteenth Annual Meeting of the Berkeley Linguistics Society*, 363–370. Berkeley: Berkeley Linguistics Society.

―. 1996. Are apposition markers discourse markers? *Journal of Linguistics* 32: 325–348.

Blank, Andreas. 1997. *Prinzipien des lexikalischen Bedeutungswandels am Beispiel der romanischen Sprachen*. Tübingen: Niemeyer.

―. 1999. Why do new meanings occur? A cognitive typology of the motivations for lexical semantic change. In Blank and Koch, 61–89.

Blank, Andreas and Peter Koch, eds. 1999. *Historical Semantics and Cognition*. Berlin: Mouton de Gruyter.

Blass, Regina. 1996. *Relevance Relations in Discourse*. Cambridge: Cambridge University

Press.

Bloch, Oscar and Walter von Wartburg. 1960. *Dictionnaire étymologique de la langue française*. Paris: Presses Universitaires de France, 3rd ed.

Bloomfield, Leonard. 1984 [1933]. *Language*. New York: Holt, Rinehart, and Winston.

L. ブルームフィールド 『言語』 三宅鴻・日野資純訳 1987年 大修館書店

Blum-Kulka, Shoshana, Juliane House, Gabriele Kasper, eds. 1989. *Cross-cultural Pragmatics: Requests and Apologies*. Norwood, NJ: Ablex.

Bolinger, Dwight. 1971. Semantic overloading: a restudy of the verb *remind*. *Language* 47: 522–547.

——— 1979. To catch a metaphor: *you* as norm. *American Speech* 54: 194–209.

Borgmeier, Raimund, Herbert Grabes, and Andreas H. Jucker, eds. 1998. *Historical Pragmatics: Anglistentag 1997 Giessen Proceedings*. Giessen: WVT Wissenschaftlicher Verlag.

Bourdieu, Pierre. 1991. *Language and Symbolic Power*. Ed. and introduced by John B. Thompson; trans. by Gino Raymond and Matthew Adamson. Cambridge, MA: Harvard University Press.

Bowler, P. J. 1975. The changing meaning of "evolution." *Journal of the History of Ideas* 36: 95–114.

Boyd, Julian and Zelda Boyd. 1980. "Shall" and "will." In Leonard Michaels and Christopher Ricks, eds., *The State of the Language*, 43–53. Berkeley: University of California Press.

Boyd, Julian and J. P. Thorne. 1969. The semantics of modal verbs. *Journal of Linguistics* 5: 57–74.

BNC: *The British National Corpus*, version 2(BNC World). 2001. Distributed by Oxford University Computing Services on behalf of the BNC Consortium. <http://www.natcorp.ox.ac.uk/>

Bréal, Michel. 1964 [1900]. *Semantics: Studies in the Science of Meaning*. Trans. by Mrs. Henry Cust. New York: Dover.

——— 1991 [1882]. *The Beginnings of Semantics: Essays, Lectures and Reviews*. Ed. and trans. by George Wolf. Stanford: Stanford University Press.

Brinton, Laurel J. 1988. *The Development of English Aspectual Systems*. Cambridge: Cambridge University Press.

——— 1996. *Pragmatic Markers in English: Grammaticalization and Discourse Function*. Berlin: Mouton de Gruyter.

——— 2001. Historical discourse analysis. In Deborah Schiffrin, Deborah Tannen, and Heidi Hamilton, eds., *The Handbook of Discourse Analysis*, 138–60. Oxford: Blackwell

Brown, Cecil H. and Stanley R. Witkowski. 1983. Polysemy, lexical change and cultural importance. *Man* (N. S.) 18 (7): 2–89.
Brown, Keith. 1992. Double modals in Hawick Scots. In Peter Trudgill and J. K. Chambers, eds., *Dialects of English: Studies in Grammatical Variation*, 74–103. London: Longman.
Brown, Penelope and Stephen C. Levinson. 1987 [1978]. *Politeness: some Universals in Language Usage*. Cambridge: Cambridge University Press.
ペネロピ・ブラウン　スティーブン・C・レヴィンソン　『ポライトネス　言語使用における、ある普遍現象』　田中典子 (監修、翻訳)　斉藤早智子 (翻訳)　2011年　研究社
Brown, Roger and Albert Gilman. 1960. The pronouns of power and solidarity. In Thomas A. Sebeok, ed., *Style in Language*, 253–276. Cambridge, MA: MIT Press.
Brugman, Claudia. 1984. The *very* idea: a case study in polysemy and cross-lexical generalization. *Papers from the Twentieth Meeting of The Chicago Linguistic Society*, Parasession on lexical semantics, 21–38. Chicago: Chicago Linguistic Society.
　　1988. *The Story of Over: Polysemy, Semantics, and the Structure of the Lexicon*. New York: Garland.
Bryson, Blll. 1991. *Mother Tongue: the English Language*. London: Penguin.
Buck, Carl Darling. 1949. *A Dictionary of Selected Synonyms in the Principal Indo-European Languages*. Chicago: University of Chicago Press.
Bühler, Karl. 1990 [1934]. *Theory of Language: the Representational Function of Language*. Trans. by Donald Fraser Goodwin. Amsterdam: Benjamins. (Orig. publ. as *Sprachtheorie*, Jena: Fischer, 1934.)
Busse, Ulrich. 1998. *Prithee now, say you will, and go about it: prithee* vs. *pray you* as discourse markers in the Shakespeare corpus. In Fritz-Wilhelm Neumann and Sabine Schilling, eds., *Anglistentag 1998, Erfurt: Proceedings*. Trier: Wissenschaftlicher Verlag.
Bybee, Joan L. 1985. *Morphology: a Study of the Relation between Meaning and Form*. Amsterdam: Benjamins.
　　1988. Semantic substance vs. contrast in the development of grammatical meaning. In Axmaker, Jaisser, and Singmaster, 247–264.
　　1995. The semantic development of past tense modals in English. In Bybee and Fleischman, 503–517.
Bybee, Joan and Suzanne Fleischman, eds. 1995. *Modality in Grammar and Discourse*. Amsterdam: Benjamins.
Bybee, Joan L. and William Pagliuca. 1985. Cross-linguistic comparison and the development of grammatical meaning. In Fisiak, 59–83.

1987. The evolution of future meaning. In Giacalone Ramat, Carruba, and Bernini, 108-122.

Bybee, Joan L., William Pagliuca, and Revere D. Perkins. 1991. Back to the future. In Traugott and Heine, vol. II: 17-58.

Bybee, Joan L., Revere Perkins, and William Pagliuca. 1994. *The Evolution of Grammar: Tense, Aspect, and Modality in the Languages of the World*. Chicago: University of Chicago Press.

Cameron, Angus, Ashley Crandell Amos, Sharon Butler, and Antonette diPaolo Healey. 1980. *The Dictionary of Old English Corpus in Electronic Form*. University of Toronto: Dictionary of Old English Project.

Campbell, Lyle. 1999 [1998]. *Historical Linguistics: an Introduction*. Cambridge, MA: MIT Press.

Carston, Robyn. 1995. Quantity maxims and generalized implicature. *Lingua* 96: 213-244.

Casad, Eugene H., ed. 1996. *Cognitive Linguistics in the Redwoods: the Expansion of a New Paradigm in Linguistics*. Berlin: Mouton de Gruyter.

Chafe, Wallace. 1994. *Discourse, Consciousness, and Time: the Flow and Displacement of Conscious Experience in Speaking and Writing*. Chicago: Univerisity of Chicago Press.

Chafe, Wallace and Johanna Nichols, eds. 1986. *Evidentiality: the Linguistic Coding of Epistemology*. Norwood: Ablex.

Chao, Yuenren. 1968. *A Grammar of Spoken Chinese*. Berkeley: University of California Press.

Chomsky, Noam. 1986. *Knowledge of Language: its Nature, Origin, and Use*. New York: Praeger.

ノーム・チョムスキー 『言語と知識』 田窪行則 郡司隆男訳 1989 年 産業図書

Chou, Fa-kao. 1953. Notes on Chinese Grammar. *Bulletin of the Institute of History and Philology* 24: 224-247.

Chung, Sandra and Alan Timberlake. 1985. Tense, aspect, and mood. In Shopen, vol. III: 202-258.

Cinque, Guglielmo. 1999. *Adverb and Functional Heads: a Cross-linguistic Perspective*. Oxford: Oxford University Press.

Clark, Eve V. 1978. Locationals: existential, locative, and possessive constructions. In Greenberg, Ferguson, and Moravcsik, vol. IV: 85-126.

Clark, Eve V. and Herbert H. Clark. 1979. When nouns surface as verbs. *Language* 55: 767-811.

Clark, Herbert H. 1992. *Arenas of Language Use*. Chicago: University of Chicago Press.

1996. *Using Language*. Cambridge: Cambridge University Press.

Clark, Herbert H. and Thomas B. Carlson. 1982. Hearers and speech acts. *Language* 58: 332–373.

Coates, Jennifer. 1983. *The Semantics of the Modal Auxiliaries*. London: Croom Helm.

— 1995. The expression of root and epistemic possibility in English. In Bybee and Fleischman, 55–66.

Cole, Peter. 1975. The synchronic and diachronic status of conversational implicature. In Cole and Morgan, 257–288.

— 1981. *Radical Pragmatics*. New York: Academic Press.

Cole, Peter and Jerry Morgan, eds. 1975. *Syntax and Semantics*, vol. III: *Speech Acts*. New York: Academic Press.

Coleman, Linda and Paul Kay. 1981. Prototype semantics: the English word *lie*. *Language* 57: 26–44.

Comrie, Bernard. 1976. Linguistic politeness axes: speaker-addressee, speaker-referent, speaker-bystander. *Pragmatics Microfiche* 1(7): A3. Cambridge University: Department of Linguistics.

Cook, Haruko Minegishi. 1998. Situational meanings of Japanese social deixis: the mixed use of the *masu* and plain forms. *Journal of Linguistic Anthropology* 8(1): 87–110.

Croft, William. 1990. *Typology and Universals*. Cambridge: Cambridge University Press.

— 1993. The role of domains in the interpretation of metaphors and metonymies. *Cognitive Linguistics* 4: 335–370.

— 1995. Autonomy and functionalist linguistics. *Language* 71: 490–532.

Crowley, Tony. 1996. *Language in History: Theories and Texts*. London: Routledge.

Cruse, D. Alan. 1986. *Lexical Semantics*. Cambridge: Cambridge University Press.

— 2000. *Meaning in Language: an Introduction to Semantics and Pragmatics*. Oxford: Oxford University Press.

Culpeper, Jonathan and Elena Semino. 2000. Constructing witches and spells: speech acts and activity types in Early Modern England. *Journal of Historical Pragmatics* 1: 97–116.

Dahlgren, Kathleen. 1978. The nature of linguistic stereotypes. In D. Farkas, W. M. Jacobsen, and K. W. Todrys, eds., 58–70.

— 1985. Social terms and social reality. In Suzanne Romaine and Elizabeth Closs Traugott, eds., *Folia Linguistica Historica* 6: 107–125.

Dancygier, Barbara. 1992. Two metatextual operators: negation and conditionality in English and Polish. In Laura A. Buszard-Welcher, Lionel Wee, and William Weigel, eds., *Proceedings of the Eighteenth Annual Meeting of the Berkeley Linguistics. Society*, 61–75.

Berkeley: Berkeley Linguistics Society.

Danet, Brenda. 1997. Speech, writing and performativity: an evolutionary view of the history of constitutive ritual. In Britt-Louise Gunnarsson, Per Linell, and Bengt Nordberg, eds., *The Construction of Professional Discourse*, 1–41. London: Longman.

Danet, Brenda and Bryna Bogoch. 1994. Orality, literacy, and performativity in Anglo-Saxon wills. In John Gibbon, ed., *Language and the Law*, 100–135. Harlow: Longman.

Dasher, Richard B. 1983. The semantic development of honorific expressions in Japanese. *Papers in Linguistics* 2: 217–228.

——— 1995. Grammaticalization in the System of Japanese Predicate Honorifics. PhD dissertation, Stanford University.

Dekeyser, Xavier. 1998. Loss of prototypical meanings in the history of English semantics or semantic redeployment. In Hogg and van Bergen; 63–71.

Denison, David. 1990. Auxiliary + impersonal in Old English. *Folia Linguistica Historica* 9: 139–166.

——— 1992. Counterfactual *may have*. In Gerritsen and Stein, 229–256.

——— 1993. *English Historical Syntax*. London: Longman.

——— 1998. Syntax. In Suzanne Romaine, ed., *The Cambridge History of the English Language*, vol. IV: *1776–1997*, 92–328. Cambridge: Cambridge University Press.

Derrig, Sandra. 1978. Metaphor in the color lexicon. In Farkas, Jacobsen, and Todrys, 85–96.

Diewald, Gabriele. 1993. Zur Grammatikalisierung der Modalverben im Deutschen. *Zeitschrift für Sprachwissenschaft* 12: 218–234.

——— 1999. *Die Modalverben im Deutschen: Grammatikalisierung und Polyfunktionalität*. Tübingen: Niemeyer.

Dixon, R. M. W. 1972. *The Dyirbal Language of North Queensland*. Cambridge: Cambridge University Press.

——— 1979. Ergativity. *Language* 55: 59–138.

DOE: *Dictionary of Old English Corpus in Electronic Form*. Compiled by Angus Cameron, Ashley Crandell Amos, Sharoh Butler, and Antonette diPaolo Healey. University of Toronto: Dictionary of Old English Project. (http://www.doe.utoronto.ca/webcorpus.html)

Doi, Tadao, tr. 1955. *Nihon daibunten* [Translation of *Arte da lingoa de Iapam*, by P. João Rodriguez(1604–8)]. Tokyo: Sanseido.
土井忠生『日本大文典』(ロドリゲスの Arte da lingoa de Iapam の翻訳)1955 年 三省堂

Doi, Tadao, Takesi Morita, and Minoru Chonan, eds. 1980. *Nippo Jisho* [Modern Japanese translation of the *Vocabulario da Lingoa de Iapam*(Japanese-Portuguese dictionary,

1603)］. Tokyo: Iwanami Shoten.

土井忠生、森田武、長南実　編訳『邦訳日葡辞書』(*Vocabulario da Lingoa de Iapam* の翻訳) 1980 年　岩波書店

Dowty, David R. 1985. On recent analyses of the semantics of control. *Linguistics and Philosophy* 8: 291–331.

Du Bois, John W. 1985. Competing motivations. In Haiman, 343–365.

Ducrot, Oswald. 1983. Operateurs argumentatifs et visée argumentative. *Cahiers de Linguistique Française* 5: 7–36.

Duranti, Alessandro and Charles Goodwin, eds. 1992. *Rethinking Context: Language as an Interactive Phenomenon*. Cambridge: Cambridge University Press.

Eckert, Penelope. 1989. *Jocks and Burnouts*. New York: Teachers College, Columbia University.

Enkvist, Nils E. and Brita Wårvik. 1987. Old English *Pa*, temporal chains, and narrative structure. In Giacalone Ramat, Carruba, and Bernini, 221–237.

Erman, Britt and Ulla-Britt Kotsinas. 1993. Pragmaticalization: the case of *ba'* and *you know*. *Studier i modern språkvetenskap* 10: 76–93. Stockholm: Almqvist Wiksell.

Ernst, Thomas Byden. 1984. *Towards an Integrated Theory of Adverb Position in English*. Indiana University Linguistics Club.

Ervin-Tripp, Susan, Kei Nakamura, and Jiansheng Guo. 1995. Shifting face from Asia to Europe. In Shibatani and Thompson, 43–71.

Evans, Nicholas. 1994. Kayardild. In Goddard and Wierzbicka, 203–228.

Faarlund, Jan Terje. 1990. *Syntactic Change*. Berlin: Mouton de Gruyter.

Faingold, Eduardo D. 1991. Evidence of seventeenth century uses of *shall* and *will* compatible with markedness-reversal. *Papiere zur Linguistik* 44–45/1–2: 57–63.

Faltz, Leonard M. 1989. A role for inference in meaning change. *Studies in Language* 13: 317–331.

Farkas, Donka, Wesley M. Jacobsen, and Karol W. Todrys, eds. 1978. *Papers from the Parasession on the Lexicon*. Chicago: Chicago Linguistic Society.

Fauconnier, Gilles. 1975. Polarity and the scale principle. In Robin E. Grossman, L James San, and Timothy Vance, eds., *Papers from the Eleventh Regional Meeting of the Chicago Linguistic Society*, 188–199. Chicago: Chicago Linguistic Society.

Ferrara, Kathleen. 1997. Form and function of the discourse marker *anyway*: implications for discourse analysis. *Linguistics* 35: 343–378.

Fillmore, Charles J. 1978. On the organization of semantic information in the lexicon. In Farkas, Jacobsen, and Todrys, 148–173.

1982. Frame semantics. *Linguistics in the Morning Calm*, 111–137. Seoul: Hanshin.

1985. Frames and the semantics of understanding. *Quadierni di Semantica* 6: 222–255.

1997 [1971]. *Lectures on Deixis*. Stanford, CA: CSLI.

Fillmore, Charles J., Paul Kay, and Mary Catherine O'Connor. 1988. Regularity and idiomaticity in grammatical constructions: the case of *let alone*. *Language* 64: 501–538.

Finegan, Edward. 1995. Subjectivity and subjectivisation: an introduction. In Stein and Wright, 1–15.

Fischer, Olga. 1994. The development of quasi-auxiliaries in English and changes in word order. *Neophilologus* 78: 137–164.

Fisiak, Jacek, ed. 1985. *Historical Semantics: Historical Word-formation*. Berlin: Mouton de Gruyter.

Fleischman, Suzanne. 1982. *The Future in Thought and Language*. Cambridge: Cambridge University Press.

1983. From pragmatics to grammar: diachronic reflections on complex pasts and futures in Romance. *Lingua* 60: 1–214.

1989. Temporal distance: a basic linguistic metaphor. *Studies in Language*. 13: 1–50.

1990. *Tense and Narrativity: from Medieval Performance to Modern Fiction*. Austin: University of Texas Press.

1991. Discourse as space/discourse as time: reflections on the metalanguage of spoken and written discourse. *Journal of Pragmatics* 16: 291–306.

1992. Discourse and diachrony: the rise and fall of Old French SI. In Gerritsen and Stein, 433–473.

Fleischman, Suzanne and Marina Yaguello. 2005. Discourse markers across languages? Evidence from English and French. In C. L. Moder and A. Martinovic-Zic, eds., *Discourse across Languages and Cultures*. Amsterdam: Benjamins.

Fludernik, Monika. 1993. *The Fictions of Language and the Languages of Fiction*. London: Routledge.

Fong, Vivienne. 1997. The Order of Things: what Directional Locatives Denote. PhD dissertation, Stanford University.

Foolen, Ad. 1996. Pragmatic particles. In Jef Verschueren, Jan-Ola Östman, Jan Blommaert, and Chris Bulcaen, eds., *Handbook of Pragmatics* 1996, 1–24. Amsterdam: Benjamins.

Frajzyngier, Zygmunt. 1991. The *de dicto* domain ih language. In Traugott and Heine, vol. I: 218–251.

Fraser, Bruce. 1975. Hedged performatives. In Cole and Morgan, 187–210.

1988. Types of English discourse markers. *Acta Linguistica Hungarica* 38: 19–33.

1990. An approach to discourse markers. *Journal of Pragmatics* 14: 383–395.

1996. Pragmatic markers. *Pragmatics* 6: 167–190.

Fraser, B. and M. Malamud-Makowski. 1996. English and Spanish contrastive discourse markers. *Language Sciences* 18: 863–881.

Frawley, William. 1992. *Linguistic Semantics*. Hillsdale, NJ: Lawrence Erlbaum.

Fries, Udo. 1998. Dialogue in instructional texts. In Borgmeier, Grabes, and Jucker, 85–96.

Fritz, Gerd. 1998. *Historische Semantik*. Stuttgart: Metzler.

Fujii, Noriko. 1991. *Historical Discourse Analysis: Grammatical Subject in Japanese*. Berlin: Mouton de Gruyter.

Gamon, David. 1994. On the development of epistemicity in the German modal verbs *mögen* and *müssen*. *Folia Linguistica Historica* 14: 125–176.

Geeraerts, Dirk. 1983. Reclassifying semantic change. *Quadierni di Semantica* 4: 217–240.

1992. Prototypicality effects in diachronic semantics: a round-up. In Kellermann and Morrissey, 183–203.

1995. Specialization and reinterpretation in idioms. In Martin Everaert, Erik-Jan van der Linden, André Schenk, and Rob Schreuder, eds., *Idioms: Structural and Psychological Perspectives*, 51–73. Hillsdale, NJ: Erlbaum.

1997. *Diachronic Prototype Semantics: a Contribution to Historical Lexicology*. Oxford: Clarendon.

Geis, Michael L. and Arnold M. Zwicky. 1971. On invited inferences. *Linguistic Inquiry* 2: 561–566.

Geluykens, Ronald. 1992. *From Discourse Process to Grammatical Construction: on Left-dislocation in English*. Amsterdam: Benjamins.

Gerritsen, Marinell and Dieter Stein, eds. 1992. *Internal and External Factors in Syntactic Change*. Berlin: Mouton de Gruyter.

Giacalone Ramat, Anna. 2000. On some grammaticalization patterns for auxiliaries. In Smith and Bentley, 125–154.

Giacalone Ramat, Anna, Onofrio Carruba, and Giuliano Bernini, eds. 1987. *Papers from the 7th International Conference on Historical Linguistics*. Amsterdam: Benjamins.

Gibbs, Raymond W. 1993. Process and products in making sense of tropes. In 1993 edition of Ortony 1993 [1979] 252–276.

Givón, Talmy. 1979. *On Understanding Grammar*. New York: Academic Press.

Goddard, Cliff and Anna Wierzbicka, eds. 1994. *Semantic and Lexical Universals: Theory and Empirical Findings*. Amsterdam: Benjamins.

Goffman, Erving. 1967. *Interaction Ritual: Essays on Face to Face Behavior*. Garden City, NY:

Anchor.

Goldberg, Adele E. 1995. *Constructions: a Construction Grammar Approach to Argument Structure*. Chicago: University of Chicago Press.

A.E. ゴールドバーグ 『構文文法論―英語構文への認知的アプローチ―』 河上誓作 谷口一美 早瀬尚子 堀田優子訳 2001年 研究社出版

Goossens, Louis. 1982. The development of the modals and of the epistemic function in English. In Ahlqvist, 74–84.

    1985. Framing the linguistic action scene in Old and Present-Day English: OE *cwepan, secgan, sp(r)ecan* and present-day English *speak, talk, say*, and *tell* compared. In Jacek Fisiak, ed., *Papers from the 6th International Conference on Historical Linguistics*, 149–170. Amsterdam: Benjamins.

    1987a. Modal tracks: the case of *magan* and *motan*. In A. M. Simon-Vandenbergen, ed., *Studies in Honor of René Derolez*, 216–236. Genl. Seminarie voor Engelse en Oud-Gennaanse Taalkunds.

    1987b. Modal shifts and predication types. In Johan. van der Auwera and Louis Goossens, eds., *Ins and Outs of the Predication*, 21–37. Dordrecht: Foris.

    1992. *Cunnan, conne(n), can*: the development of a radial category. In Kellennann and Morrissey, 377–394.

    1995a. Metaphtonymy: the interaction of metaphor and metonymy in figurative expressions for linguistic action. In Goossens et al., 159–174.

    1995b. From three respectable horses' mouths: metonymy and conventionalization in a diachronically differentiated data base. In Goossens et al., 175–204.

    1996. *English Modals and Functional Models: a Confrontation*. Antwerp Papers in Linguistics 86. University of Antwerp. .

    1999. Metonymic bridges as modal shifts. In Klaus-Uwe Panther and Günter Radden, ed., *Metonymy on Language and thought*, 193–210. Amsterdam: Benjamins.

    2000. Patterns of meaning extension, "parallel chaining", subjectification, and modal shifts. In Barcelona 2000a, 149–169.

Goossens, Louis, Paul Pauwels, Brygida Rudzka-Ostyn, Anne-Marie Simon-Vandenbergen, and Johan Vanparys, eds. 1995. *By Word of Mouth: Metaphor, Metonymy and Linguistic Action in a Cognitive Perspective*. Amsterdam: Benjamins.

Gould, Stephen Jay. 1977. *Ontogeny and Phylogeny*. Cambridge, MA: Belknap Press of Harvard University.

Greenbaum, Sidney. 1969. *Studies in English Adverbial Usage*. London: Longman.

Greenberg, Joseph H. 1966 [1963]. Some universals of language with particular reference to word order of meaningful elements. In Joseph H. Greenberg, ed., *Language Universals, with Special Reference to Feature Hierarchies*, 178–194. The Hague: Mouton, 2nd ed.

1978. How does a language acquire gender markers? In Joseph H. Greenberg; Charles A. Ferguson, and Edith Moravcsik, eds.; *Universals of Human Language*, vol. III: 249–295. Stanford: Stanford University Press.

1985. Some iconic relaltionships among place, time, and discourse deixis. In Haiman, 271–287.

1993. The second person is rightly so called. In Mushira Eid and Gregory Iverson, eds., *Principles and Predictions: the Analysis of Natural Languages: Papers in Honor of Gerald Sanders*, 9–14. Amsterdam: Benjamins.

Greenberg, Joseph H., Charles A. Ferguson, and Edith Moravcsik, eds. 1978. *Universals of Human Language*. Stanford: Stanford University Press, 4 vols.

Grice, Paul. 1989 [1975]. Logic and conversation. In his *Studies in the Way of Words*, 22–40. Cambridge, MA: Harvard University Press.(Orig. publ. in Cole and Morgan 1975, 41–58.)

P. グライス 『論理と会話』 清塚邦彦訳 1998 年 勁草書房

Groefsema, Marjolein. 1995. *Can, may, must* and *should*: a Relevance theoretic account. *Journal of Linguistics* 31: 53–79:

Guiraud, Pierre. 1955. *La sémantique*. Que sais-je? 655. Paris: Presses Universitaires de France.

Gussenhoven, Carlos. 1984. *On the Grammar and Semantics of Sentence Accents*. Dordrecht: Foris.

Györi, Gábor. 1996. Historical aspects of categorization. In Casad, 175–206.

Haiman, John. 1980. The iconicity of grammar. Language 56: 515–540.

ed. 1985. *Iconicity in Syntax*. Amsterdam: Benjamins.

Haiman, John and Sandra A. Thompson, eds. 1988. *Clause Combining in Grammar and Discourse*. Amsterdam: Benjamins.

Halle, Morris. 1964. Phonology in generative grammar. In Jerry A. Fodor and Jerrold J. Katz, eds., *The Structure of Language: Readings in the Philosophy of Language*, 334–352. Englewood Cliffs, NJ: Prentice-Hall.

Halliday, M. A. K. 1970. Functional diversity in language as seen from a consideration of modality and mood in English. *Foundations of Language* 6: 322–365.

1977. *Functional Linguistics*. London: Arnold.

1990. Linguistic perspectives on literacy: a systemic-functional approach. In F. Christie and E. Jenkins, eds., *Literacy in Social Processes*. Sidney: Literacy Technologies.

1994 [1985]. *An Introduction to Functional Grammar*. London: Edward Arnold, 2nd ed.

M. A. K. ハリデー 『機能文法概説―ハリデー理論への誘い』 山口登 筧寿雄訳 2001年 くろしお出版

Halliday, M. A. K. and Ruqaia Hasan. 1976. *Cohesion in English*. London: Longman.

Hanks, William F. 1992. The indexical ground of deictic reference. In Alessandro Duranti and Charles Goodwin, eds., *Rethinking Context: Language as an Interactive Phenomenon*, 46–76. Cambridge: Cambridge University Press.

Hansen, Maj-Britt Mosegaard. 1998. *The Function of Discourse Particles*. Amsterdam: Benjamins.

Hanson, Kristin. 1987. On subjectivity and the history of epistemic expressions in English. *Papers from the Twenty-third Regional Meeting of the Chicago Linguistic Society*, 133–147. Chicago: Chicago Linguistic Society.

Harada, Shin-ichi. 1976. Honorifics. In Masayoshi Shibatani, ed., *Syntax and Semantics*, vol. V: *Japanese Generative Grammar*, 499–561. New York: Academic Press.

Harkins, Jean. 1994. *Bridging Two Worlds: Aboriginal English and Crosscultural Understanding*. St. Lucia: University of Queensland Press.

1995. Desire in Language and Thought: a Study in Crosscultural Semantics. PhD dissertation, Australian National University.

Harris, Alice C. and Lyle Campbell. 1995. *Histotical Syntax in Cross-Linguistic Perspective*. Cambridge: Cambridge University Press.

Harris, Martin. 1978. *The Evolution of French Syntax: a Comparative Approach*. New York: Longman.

Haspelmath, Martin. 1997. *From Space to Time: Temporal Adverbials in the World's Languages*. LINCOM Studies in Theoretical Linguistics 3. Munich: LINCOM EUROPA.

1998. Does grammaticalization need reanalysis? *Studies in Language* 22: 315–351.

Hattori, Shiro. 1967. Descriptive linguistics in Japan. In Thomas A. Sebeok, ed., *Current Trends in Linguistics*, vol. II: 530–584. The Hague: Mouton.

Hayashi, Shiroo, and Fujio Minami, eds. 1973–74. *Keigo Kooza* [Monographs Series on Honorifics]. Tokyo: Meiji Shoin, 10 vols.

林四郎、南不二男編『敬語講座』全10巻 1973–74年 明治書院

Healey, Antonette di Paolo, et al. 1994. *Dictionary of Old English, fascicle A*. Microfiche, Dictionary of Old English Project, Center for Medieval Studies, University of Toronto.

Heeschen, Volker. 1983, The metalinguistic vocabulary of a speech community in the Highlands of Irian Jaya (West New Guinea). *Deutsche Forschungsgemeinschaft*, Publ. 15:

  Man, Culture, and Environment in the Highlands of Irian Jaya.

Heine, Bernd. 1993. *Auxiliaries: Cognitive Forces and Grammaticalization.* Oxford: Oxford University Press.

  1995. Agent-oriented vs. epistemic modality: some observations on German modals, ln Bybee and Fleischman, 17–53.

  1997. *Cognitive Foundations of Grammar.* Oxford: Oxford University Press.

Heine, Bernd, Ulrike Claudi, and Friederike Hünnemeyer. 1991. *Grammaticalization: a Conceptual Framework.* Chicago: University of Chicago Press.

Heine, Bernd, Tom Güldemann, Christa Kilian-Katz, Donald A. Lessau, Heinz Roberg, Mathias Schladt, and Thomas Stolz. 1993. *Conceptual Shift: a Lexicon of Grammaticalization Processes in African Languages.* Afrikanistische Arbeitspapiere 34/35. University of Cologne.

Heine, Bernd and Mechthild Reh. 1984. *Grammaticalization and Reanalysis in African Languages.* Hamburg: Buske.

Held, Gudrun. 1999. Submission strategies as an expression of the ideology of politeness: reflections on the verbalisation of social power relations. *Pragmatics* 9: 21–36.

Herring, Susan C., Pieter van Reenen, and Lise Schøsler, eds. 2000. *Textual Parameters in Older Languages.* Amsterdam: Benjamins.

Higgins, Roger, 1990. By mishap and out of control: on the meaningful descent of raising in English. Ms., University of Massachusetts, Amherst.

Hinds, John, 1976. *Aspects of Japanese Discourse Structure.* Tokyo: Kaitakusha.

Hinds, John, Senko Maynard, and Shoichi Iwasaki, eds. 1987. *Perspectives on Topicalization: the Case of Japanese wa.* Amsterdam: Benjamins.

Hisatake, Akiko. 1974. Syoomotu, kirisitan siryoo no keigo [Honorifics in the *Syoomotu* (collections of LMJ lecture notes and commentaries about literary or religious works) and Christian materials]. In Hayashi and Minami 1973–74, vol. III: 223–258.

寿岳章子1974年「抄物　キリシタン資料の敬語」『敬語講座』第3巻（中世の敬語）223–278ページ

Hobbes, Thomas. 1969 [1650], *The Elements of Law, Natural and Politic.* Ed. Ferdinand Tönnies. New York: Barnes and Noble, 2nd ed.

Hock, Hans Henrich. 1991 [1986]. *Principles of Historical Linguistics.* Berlin: Mouton de Gruyter, 2nd ed.

Hock, Hans Henrich and Brian D. Joseph. 1996. *Language History, Language Change, and Language Relationship: an lntroduction to Historical and Comparative Linguistics.* Berlin: Mouton de Gruyter.

Hoenigswald, Henry H. 1992. Semantic change and "regularity": a legacy of the past. In Kellermann and Morrissey, 85–105.

Hogg, Richard M. and Linda van Bergen, eds. 1998. *Historical Linguistics 1995*, vol. II: *Germanic Linguistics*. Amsterdam: Benjamins.

Hopper, Paul J. 1979. Aspect and foregrounding in discourse. In Talmy Givón, ed., *Syntax and Semantics*, vol. XII: *Discourse and Syntax*, 213–241. New York: Academic Press.

——— 1991. On some principles of grammaticization. In Traugott and Heine, vol. I: 17–35.

Hopper, Paul J. and Sandra Annear Thompson. 1980. Transitivity in grammar and discourse. *Language* 56: 251–299.

Hopper, Paul J. and Elizabeth Closs Traugott. 1993. *Grammaticalization*. Cambridge: Cambridge University Press.

P. J. ホッパー　E. C. トラウゴット　『文法化』　日野資成訳　2003 年　九州大学出版会

Horn, Laurence R. 1972. On the Semantic Properties of Logical Operators in English. PhD dissertation, University of California, Los Angeles.

——— 1984. Toward a new taxon9my for pragmatic inference: Q-based and R-based implicature. In Deborah Schiffrin, ed., *Meaning, Form, and Use in Context: Linguistic Applications; Georgetown University Round Table' 84*, 11–42. Washington DC: Georgetown University Press.

——— 1985. Metalinguistic negation and pragmatic ambiguity. *Language* 61: 121–174.

——— 1989. *A Natural History of Negation*. Chicago: University of Chicago Press.

ローレンス　R. ホーン　『否定の博物誌』(言語学翻訳叢書 13)　河上誓作(監訳)　濱本秀樹　吉村あき子　加藤泰彦訳　2018 年　ひつじ書房

——— 1991. Given as new: when redundant affirmation isn't. *Journal of Pragmatics* 15: 313–336.

——— 1998. Conditionals 'R' us: from IF to IFF via R-based implicature. Paper presented at Stanford University, May.

Hoye, Leo. 1997. *Adverbs and Modality in English*. London: Longman.

Hughes, Geoffrey. 1992. Social factors in the formulation of a typology of semantic change. In Kellermann and Morrissey, 107–124.

Iizumi, Rokuroo. 1963. *Kido-airaku-go Ziten* [Dictionary of Words for Emotions]. Tokyo: Tokyodo Shuppan.

飯泉六郎　『喜怒哀楽語辞典』　1963 年　東京堂出版

Ipsen, G. 1924. Der alte Orient und die Indogermanen. In J. Friedrich et al., eds., *Stand und Aufgaben der Sprachwissenschaft. Festschrift für Streitberg*, 200–237. Heidelberg: Winter.

Ishida, Takeshi. 1984. Conflict and its accommodation: *omote-ura* and *uchi-soto* relations. In Ellis Krauss, Thomas Rohlen, and Patricia Steinhoff, eds., *Conflict in Japan*, 16–38. Honolulu: University of Hawaii Press.

Iwasaki, Shoichi. 1993. *Subjectivity in Grammar and Discourse: Theoretical Considerations and a Case Study of Japanese Spoken Discourse*. Amsterdam: Benjamins.

Jackendoff, Ray S. 1972. *Semantic Interpretation in Generative Grammar*. Cambridge, MA: MIT Press.

　1983. *Semantics and Cognition*. Cambridge, MA: MIT Press.

　1990. *Semantic Structures*. Cambridge, MA: MIT Press.

　1997. *The Architecture of the Language Faculty*. Linguistic Inquiry Monograph 28. Cambridge, MA: MIT Press.

Jacobs, Andreas and Andreas H. Jucker. 1995. The historical perspective in pragmatics. In Jucker, 3–33.

Jakobson, Roman. 1957. *Shifters, Verrbal Categories, and the Russian Verb*. Cambridge, MA: Harvard University Russian Language Project.

Jakobson, Roman and Morris Halle. 1971. *Fundamentals of Language*. The Hague: Mouton.

Janda, Richard D. 1995. From agreement affix to subject "clitic" -and bound root: *-mos* > *-nos vs.* (-)*nos*(-) *and nos-otros* in New Mexican and other regional Spanish dialects. In Audra Dainora, Rachel Hemphill, Barbara Luka, Barbara Need, and Sheri Pargman, eds., *Papers from the Thirty-first Regional Meeting of the Chicago Linguistic Society*, vol. II: *The Parasession on Clitics*, 118–139. Chicago: Chicago Linguistic Society.

　2001. Beyond "pathways" and "unidirectionality": on the discontinuity of language transmission and the counterability of grammaticalization. *Language Sciences* 23: 265–340.

Jespersen, Otto. 1924. *The Philosophy of Grammar*. London: Allen and Unwin.

O. イェスペルセン 『文法の原理』 半田一郎訳 1958年 岩波書店

Jucker, Andreas H., ed. 1995. *Historcal Pragmatics*. Amsterdam: Benjamins.

　1997. The discourse marker *well* in the history of English. *English Language and Linguistics* 1: 91–110.

Jucker, Andreas H. and Irma Taavitsainen. 2000. Diachronic speech act analysis: insults from flyting to flaming. *Journal of Historical Pragmatics* 1: 67–95.

Jucker, Andreas H. and Yael Ziv, eds., 1998. *Discourse Markers: Descriptions and Theory*. Amsterdam: Benjamins.

Jurafsky, Daniel. 1996. Universal tendencies in the semantics of the diminutive. *Language* 72:

533–578.
Justus, Carol F. 1993. Mood correspondences in older Indo-European prayer petitions. *General Linguistics* 33: 129–161.
Kahr, Joan Gasper. 1975. Adposition and locationals: typology and diachronic development. *Working Papers on Language Universals* 19: 21–54. Department of Linguistics, Stanford University.
Kakehi, Iori. 1980. Ueda Kazutosi [Biography of K. Ueda]. *Kokugogaku Daijiten*, 58–59.
筧五百里『国語学大辞典』の「上田万年」の項(58–59 ページ)執筆
Kakouriotis, Athanasios and Eliza Kitis. 1997. The case of "vob/lai" and other psychological verbs. In Amalia Mozer, ed., *Proceedings of the 3rd International Conference on Greek Linguistics*, 131–40. Athens: Ellinika Grammata.
Karashima, Mie. 1993. *Ru, raru* no sonkei-yoohoo no hassei to tenkai: komonzyota no yoorei kara [Derivation and development of the honorific uses of *-ru* and *-raru*: based on examples taken from Komonjo [official documents] and other ancient texts]. *Kokugogaku* 172: 1–14.
辛島美絵「「る・らる」の尊敬用法の発生と展開―古文書他の用例から―」1993 年『国語学』第 172 集(1–14 ページ)
Katz, Jerrold J. and Jerry A. Fodor. 1963. The structure of a semantic theory. *Language* 39: 170–210.
Kay, Paul. 1975. Synchronic variability and diachronic change in basic color terms. *Language in Society* 4: 257–270.
——— 1990. Even. *Linguistics and Philosophy* 13: 59–111.(Repr. in Kay, 1997: 49–98.)
——— 1997. *Words and the Grammar of Context*. Stanford University: CSLI.
Keenan, Edward L. and Bernard Comrie. 1977. Noun phrase accessibility and universal grammar. *Linguistic Inquiry* 8: 63–99.
Keller, Rudi. 1994. *On Language Change: the Invisible Hand in Language*. Trans. by Brigitte Nerlich.(Orig. publ. as *Sprachwandel: Von der unsichtbaren Hand in der Sprache*, Tübingen: Francke, 1990.)
——— 1995. The epistemic *weil*. In Stein and Wright, 16–30.
Kellermann, Günter and Michael D. Morrissey, eds. 1992. *Diachrony within Synchrony: Language History and Cognition. Papers from the International Symposium at the University of Duisburg, 26–28 March 1990*. Frankfurt-am-Main: Peter Lang.
Kemenade, Ans van. 1999. Functional categories, morphosyntactic change, grammaticalization. *Linguistics* 37: 997–1010.
Kemmer, Suzanne. 1993. *The Middle Voice*. Amsterdam: Benjamins.

Kempson, Ruth. 1980. Ambiguity and word meaning. In Sidney Greenbaum, Geoffrey Leech, and Jan Svartvik, eds., *Studies in English linguistics*, 7–16. London: Longman.

Kiefer, Ferenc. 1994. Modality. In Asher and Simpson, vol. V: 2515–2520.

Kiefer, Ferenc. 1997. Modality and pragmatics. *Folia Linguistica. Acta Societatis Linguisticae Europeae* 31: 241–253.

Kikuchi, Yasuto. 1996, *Keigo Sainyuumon* [Re-introduction to (Japanese) Honorifics]. Tokyo: Maruzen.

菊地康人『敬語再入門』1996 年　丸善ライブラリー

Kiparsky, Paul. 1982 [1968]. Linguistic universals and linguistic change. *Explanation in Phonology*, 13–43. Dordrecht: Foris. (Orig. publ. in Emmon Bach and Robert T. Harms, eds., *Universals in Linguistic Theory*, 171–202. Holt, Rinehart and Winston, 1968.)

1992. Analogy. In William Bright, ed., *International Encyclopedia of Linguistics*, vol. I: 56–60. New York: Oxford University Press.

1995. Indo-European origins of Germanic syntax. In Adrian Battye and Ian Roberts, eds., *Clause Structure and Language Change*, 140–169. Oxford: Oxford University Press.

Kleparski, Grzegorz. 1986. *Semantic Change and Componential Analysis: an Inquiry into Pejorative Developments. in English*. Regensburg: Pustet.

1990. *Semantiic Change in English: a Study of Evaluative Developments in the Domain of Humans*. Lublin: Redakcja Wydawnictw Kul.

Kluge, F. and E. Seebold. 1995. *Etymologisches Wörterbuch der deutschen Sprache*. Berlin: de Gruyter, 3rd ed. *Kokugogaku Daijiten*. [Dictionary of Japanese Linguistics]. 1980. Tokyo: Tokyodo Shuppan.

『国語学大辞典』国語学会編　1980 年　東京堂出版

Komatsu, Hideo. 1980. Zisho [Dictionary]. *Kokugogaku Daijiten*, 460–464.

小松英雄『国語学大辞典』の「辞書」の項(460–464 ページ)執筆

König, Ekkehard. 1986. Conditionals, concessive conditionals and concessives: areas of contrast, overlap and neutralization. In Elizabeth Closs Traugott, Alice ter Meulen, Judy Snitzer Reilly, and Charles A. Ferguson, eds., *On Conditionals*, 229–246. Cambridge: Cambridge University Press.

1991. *The Meaning of Focus Particles: a Comparative Perspective*. London: Routledge.

König, Ekkehard and Peter Siemund. 1999. Intensifiers as targets and sources of semantic change. In Blank and Koch, 237–257.

König, Ekkehard and Elizabeth Closs Traugott. 1982. Divergence and apparent convergence in the development of "yet" and "still." In Monica Macaulay, Orin Gensler, Claudia Brugman, Inese Civkulis, Amy Dahlstrom, Katherine Krile, and Rob Sturm, eds., *Proceedings of the Eighth Annual Meeting of the Berkeley Linguistics Society*, 170–179. Berkeley: Berkeley Linguistics Society.

Kopytko, Roman. 1993. *Polite Discourse in Shakespeare's English*. Poznan: Adam Miskiewicz University Press.

——— 1995. Linguistic politeness strategies in Shakespeare's plays. In Jucker, 515–540.

Kortmann, Bernd. 1992. Reanalysis completed and in progress: participles as sources of prepositions and conjunctions. In Kellermann and Morrissey, 429–453.

——— 1997. *Adverbial Subordination: a Typology and History of Adverbial Subordinators Based on European Languages*. Berlin: Mouton de Gruyter.

Kövecses, Zoltán. 2000. The scope of metaphor. In Barcelona 2000a, 79–92.

Kövecses, Zoltán and Günter Radden. 1998. Metonymy: developing a cognitive linguistic view. *Cognitive Linguistics* 9: 37–77.

Koyama, Hiroshi, ed. and annot. 1960. *Kyoogen-syuu* [Anthology of Kyogen Plays]. Nihon Koten Bungaku Taikei (NKBT) series 42. Tokyo: Iwanami Shoten. 小山弘志『狂言集』(岩波古典文学体系42、1960年、岩波書店)校注

Kratzer, Angelika. 1977. What "must" and "can" must and can mean. *Linguistics and Philosophy* 1: 337–355.

Kroch, Anthony S. 1989. Reflexes of grammar in patterns of language change. *Language Variation and Change* 1: 199–244.

Kronasser, Heinz. 1952. *Handbuch der Semasiologie: Kurze Einführung in die Geschichte, Problematik und Terminologie der Bedeutungslehre*. Heidelberg: Winter.

Kroon, Catoline H. C. 1995. *Discourse Particles in Latin: a Study of Nam, Enim, Autem, Vero and At*. Amsterdam Studies in Classical Philology 4. Amsterdam: J. C. Gieben.

Krug, Manfred G. 1998. Gotta—the tenth central modal in English? Social, stylistic and regional variation in the British National Corpus as evidence of ongoing grammaticalization. In Hans Lindquist, Staffen Klintborg, Magnus Levin, and Maria Estling, eds., *The Major Varieties of English: Papers from MAVEN 97*, 177–191. Växjö: Acta Wexioninsia.

Krug, Manfred G. 2000. *Emerging English Modals: a Corpus-Based Study of Grammaticalization*. Berlin: Mouton de Gruyter.

Kryk-Kastovsky, Barbara. 1998. Pragmatic markers in Early Modern English court trials. In Borgmeier, Grabes, and Jucker, 47–56.

Kuhn, Thomas S. 1996 [1962]. *The Structure of Scientific Revolutions*. Chicago: University

of Chicago Press, 3rd ed.
Kuno, Susumu. 1973. *The Structure of the Japanese Language*. Cambridge, MA: MIT Press.
久野暲 『日本文法研究』 1973年 大修館書店
Kuno, Susumu and Etsuko Kaburaki. 1977. Empathy and syntax. *Linguistic Inquiry* 8: 627–672.
Kuroda. S.-Y. 1973. Where epistemology, style, and. grammar meet: a case study from Japanese. In Stephen R. Anderson and Paul Kiparsky, eds., *A Festschrift for Morris Halle*, 377–391. New York: Holt, Rinehart and Winston.
Kurylowicz, Jerzy. 1975. Metaphor and metonymy. *Esquisses Linguistiques*, vol. II:. 88–92. Munich: Wilhelm Fink.
Kurzon, Dennis. 1986. *It is Hereby Performed: Legal Speech Acts*. Amsterdam: Benjamins.
Kytö, Merja. 1991. *Variation and Diachrony, with Early American English in Focus*. Frankfurt-am-Main: Peter Lang.
  1993 [1991]. *Manual to the Diachronic Part of the Helsinki Corpus of English Texts*. Helsinki: Helsinki University Press.
Labov, William. 1974. On the use of the present to explain the past. In Luigi Heilman, ed., *Proceedings of the 11th International Congress of Linguists*, 825–852. Bologna: Mulino.
  1994. *Principles of Linguistic Change: Internal Factors*. Cambridge: Cambridge University Press.
Lakoff, George. 1972. Hedges: a study in meaning criteria and the logic of fuzzy concepts. In Paul M. Peranteau, Judith N. Levi, and Gloria G. Phares, eds., *Papers from the Eighth Regional Meeting of the Chicago Linguistic Society*, 183–225. Chicago: Chicago Linguistic Society.
  1987. *Women, Fire, and Dangerous Things: what Categories Reveal about the Mind*. Chicago: Chicago University Press.
ジョージ・レイコフ 『認知意味論：言語から見た人間の心』 池上嘉彦 河上誓作他訳 1993年 紀伊国屋書店
  1993. The contemporary theory of metaphor. In 1993 edition of Ortony 1993 [1974], 202–251.
Lakoff, George, and Mark Johnson. 1980. *Metaphors we Live by*. Chicago: University of Chicago Press.
Lakoff, Robin. 1972. Language in context. *Language* 48: 907–927.
Lambrecht, Knud. 1994. *Information Structure and Sentence Form: Topic, Focus and the Mental Representations of Discourse Referents*. Cambridge: Cambridge University Press.
Langacker, Ronald W. 1977. Syntactic reanalysis. In Charles Li, ed., *Mechanisms of Syntactic*

Change, 57–139. Austin: University of Texas Press.

1985. Observations and speculations on subjectivity. In Haiman, 109–150.

1987/91. *Foundations of Cognitive Linguistics*. Stanford: Stanford University Press, 2 vols.

1990. Subjectification. *Cognitive Linguistics* 1: 5–38.

1993. Universals of construal. In Joshua S. Guenter, Barbara A. Kaiser, and Cheryl C. Zoll, eds., *Proceedings of the Nineteenth Annual Meeting of the Berkeley Linguistics Society*, 447–463. Berkeley: Berkeley Linguistics Society.

1995. Raising and transparency. *Language* 71: 1–62.

1999. Losing control: grammaticalization, subjectification, and transparency. In Blank and Koch, 147–175.

Lass, Roger. 1980. *On Explaining Language Change*. Cambridge: Cambridge University Press.

1997. *Historical Linguistics and Language Change*. Cambridge: Cambridge University Press.

2000. Remarks on (Uni)directionality. In Olga Fischer, Anette Rosenbach, and Dieter Stein, eds., *Pathways of Change: Grammaticalization in English*, 207–227. Amsterdam: Benjamiris.

Lau, D. C. 1970. *Mencius*. London: Penguin.

Leech, Geoffrey N. 1970: ·*Towards a Semantic Description of English*. Bloomington: Indiana University Press.

1971. *Meaning and the English Verb*. London: Longman.

1983. *Principles of Pragmatics*. London: Longman.

Legge, James. 1984. *The Chinese Classics* II: *The Works of Mencius*. Oxford: Oxford Press.

Lehmann, Christian. 1985. Grammaticalization: synchronic variation and diachronic change. *Lingua e Stile* 20: 303–318.

1988. Towards a *typology* of clause linkage. In Haiman and Thompson, 181–225.

1995 [1982]. *Thoughts on Grammaticalization*. Munich: LINCOM EUROPA. (Orig. publ. as *Thoughts on Grammaticalization: a Programmatic Sketch*, vol. I. Arbeiten Des Kölner Universalien-Projekts 48. Cologne: University of Cologne, Institut für Sprachwissenschaft, 1982.)

Lehmann, Winfred P. and Yakov Malkiel, eds. 1968. *Directions for Historical Linguistics: a Symposium*. Austin: University of Texas Press.

Lehrer, Adrienne. 1974. *Semantic Fields And Lexical Structure*. Amsterdam: North-Holland.

1985. The infuence of semantic fields on semantic change. In Fisiak, 283–295.

Lehrer, Adrienne and Eva Feder Kittay, eds. 1992. *Frames, Fields, and Contrasts: New Essays in Semantic and Lexical Organization.* Hillsdale, NJ: Erlbaum.

Lehti-Eklund, Hanna. 1990. *Från Adverb till Markör i Text. Studier i Semantisk-syntaktisk Utveckling i Äldre Svenska.* Helsingfors: Humanistika Avhandlingar.

Lepschy, Giulio. 1981. Enantiosemy and irony in Italian lexis. *The Italianist* 1: 82–88.

Levin, Beth. 1993. *English verb classes and alternations: a preliminary investigation.* Chicago: University of Chicago Press.

Levin, Beth and Malka Rappaport Hovav. 1995. *Unaccusativity: at the Syntax-Lexical Semantics Interface.* Linguistic Inquiry Monograph 25. Cambridge, MA: MIT Press.

Levinson, Stephen C. 1979. Pragmatics and social deixis: reclaiming the notion of conventional implicature. In John Kingston, Eve E. Sweetser, James Collins, Huruko Kawasaki, John Manley-Baser, Dorothy W. Marschak, Catherine O'Connor, David Shaul, Marta Tobey, Henry Thompson, and Katherine Turner, eds., *Proceedings of the Fifth Annual Meeting of the Berkeley Linguistics Society*, 206–223. Berkeley: Berkeley Linguistics Society.

1983. *Pragmatics.* Cambridge: Cambridge University-Press.

S.C. レヴィンソン『英語語用論』安井稔　奥田夏子訳　1990 年　研究社

1995. Three levels of meaning. In F. R. Palmer, ed., Grammar and Meaning: *Essays in Honor of Sir John Lyons*, 90–115. Cambridge: Cambridge University Press.

2000. *Presumptive Meanings: the Theory of Generalized Conversational Implicature.* Cambridge, MA: MIT Press, Bradford.

Lewandowska-Tomaszczyk, Barbara. 1985. On semantic change in a dynamic model of language. In Fisiak, 297–323.

Lewin, Bruno, ed. 1969. *Beiträge zum Interpersonalen Bezug im Japanischen.* Wiesbaden: Otto Harrassowitz.

Li, Dong-yi. 1992. *Hanzi Yanbian Wubaili* [The Evolution of Five Hundred Chinese Characters]. Beijing: Beijing Language Institute Press, 3rd ed., revised.

Lichtenberk, Frantisek. 1991. Semantic change and heterosemy in grammaticalization. *Language* 67: 474–509.

Lightfoot, David. 1979. *Principles of Diachronic Syntax.* Cambridge: Cambridge University Press.

1991. *How to Set Parameters: Arguments from Language Change.* Cambridge, MA: MIT Press.

1999. *The Development of Language: Acquisition, Change, and Evolution.* Malden, MA: Blackwell.

Lipka, Leonhard. 1990. *An Outline of English Lexlcology: Lexical Structure, Word Semantics, and Word-Formation.* Tübingen: Niemeyer.

Longacre, Robert E. 1976. Mystery particles and affixes. In Salikoko Mufwene, Carol A. Walker, and Sanford B. Steever, eds. , *Papers from the Twelfth Regional Meeting of the Chicago Linguistic Society*, 468–475. Chicago: Chicago Linguistic Society.

Lord, Carol. 1993. *Historical Change in Serial Verb Constructions.* Amsterdam: Benjamins.

Lyons, John. 1968. *Introduction to Theoretical Linguistics.* Cambridge: Cambridge University Press.

——— 1977. *Semantics.* Cambridge: Cambridge University Press, 2 vols.

——— 1982. Deixis and subjectivity: *Loquor, ergo sum?* In Robert J. Jarvella and Wolfgang Klein, eds., *Speech, Place, and Action: Studies in Deixis and Related Topics*, 101–124. New York: Wiley.

——— 1994. Subjecthood and subjectivity. In Marina Yaguello, ed., *Subjecthood and Subjectivity: the Status of the Subject in Linguistic Theory*, 9–17. Paris: Ophrys; London: Institut Français du Royaume-Uni.

——— 1995. *Linguistic Semantics: an Introduction.* Cambridge: Cambridge University Press.

Mabuchi, Kazuo and Kazuko Ariga. 1982. *Konzyaku Monogatari-syuu Ziritu-go Sakuin* [Index of Independent Words in the *Konjaku Monogatari-shuu*(1130–40 "Tales of Times Now Past")]. Tokyo: Kasama Shoin.

馬淵和夫、有賀嘉寿子『今昔物語集自立語索引』1982 年　笠間書院

Macaulay, Ronald K. S. 1995. The adverbs of authority. *English World-Wide* 16: 37–60.

McCawley, James. D. 1968. Lexical insertion in a transformational grammar without deep structure. In Bill J. Darden, Charles-James N. Bailey, and Alice Davidson, eds., *Papers from the Fourth Regional Meeting of the Chicago Linguistic Society*, 71–80. Chicago: Chicago Linguistic Society.

——— 1988. *The Syntactic Phenomena of English*, vol. II. Chicago: University of Chicago Press.

McConnell-Ginet, Sally. 1982. Adverbs and logical form: a linguistically realistic theory. *Language* 58: 144–187.

McMahon, April M. S. 1994. *Understanding Language Change.* Cambridge: Cambridge University Press.

McWhorter, John. 1997. *Towards a New Model of Creole Genesis.* New York: Peter Lang.

Manoliu, Maria M. 2000. From *deixis ad oculos* to discourse markers via *deixis ad phantasma.* In Smith and·Bentley, 243–260.

Marchello-Nizia, Christiane. 1999. Language Evolution and Semantic Representations: from "Subjective" to "Objective" in French. In Catherine Fuchs and Stéphane Robert, eds., *Linguistic Diversity and Cognitive Representations*, 53–69. Amsterdam: Benjamins.

Martin, Samuel. 1964. Speech levels in. Japan and Korea. In Dell Hymes, ed., *Language ilt Culture and Society*, 407–415. New York: Harper and Row.

―― 1975. *A Reference Grammar of Japanese*. New Haven: Yale University Press.

Masuda, Koh, ed. 1974. *Kenkyusha's New Japanese-English Dictionary*. Tokyo: Kenkyusha, 4th ed.

増田綱『研究社新和英大辞典』第 4 版(1974 年　研究社)編

Matisoff, James A. 1973. *The Grammar of Lahu*. Berkeley: University of California Press.

Matoré, Georges. 1953. *La méthode en lexicologie: Domaine français*. Paris: Didier.

Matsumoto, Yo. 1988. From bound grammatical markers to free discourse markers: history of some Japanese connectives. In Axmaker, Jaisser, and Singmaster, 340–351.

Matsumoto, Yoshiko. 1985. A sort of speech act qualification in Japanese: *Chotto*. *Journal of Asian Culture* 11: 143–159.

―― 1988. Reexamination of the universality of face: politeness phenomena in Japanese. *Journal of Pragmatics* 12: 403–426.

―― 1997. The rise and fall of Japanese nonsubject honorifics: the case of "*o*-Verb-*suru*." *Journal of Pragmatics* 28: 719–740.

Matsuo, Hajime, ed. and annot. 1961. *Taketori Monogatari zenshaku* [Complete annotated edition of the Bamboo Cutter's Tale]. Tokyo: Musashino Shoin.

松尾聰『竹取物語全釈』(1961 年　武蔵野書院)評注

Matthiessen, Christian and Sandra A. Thompson. 1988. The structure of discourse and "subordination". In Haiman and Thompson, 275–329.

Maynard, Senko K. 1993. *Discourse Modality: Subjectivity, Emotion, and Voice in the Japanese Language*. Amsterdam: BenJamlns.

MED: *The Middle English Dictionary*. 1956–2001. Ann Arbor: University of Michigan Press.(see also http://www.hti.umich.edu/dict/med/)

Meillet, Antoine. 1958 [1905–6]. Comment les mots changent de sens. In his *Linguistique historique et 1inguistique générale*, 230–280. Paris: Champion.(Repr. From *Année sociologique* 1905–06.)

―― 1958 [1912]. L'évolution des formes grammaticales. In his *Linguistique historique et linguistique générale*, 130–148. Paris: Champion.(Repr. from *Scientia*(*Rivista di scienza*)XII, 1912.)

―― 1958 [1915–16]. Le renouvellement des conjonctions. In his *Linguistique historique et linguistique générale*, 159–174、Paris: Champion.(Repr. from *Annuaire de l'École Pra-*

tique des Hautes Études, 1915–16.)

Mey, Jacob L. 1993. *Pragmatics: an Introduction*. Oxford: Blackwell.

ヤコブ L. メイ 『ことばは世界とどうかかわるか―語用論入門』(言語学翻訳叢書(第2巻)) 澤田治美・高司正夫訳 1999年 ひつじ書房

Michaelis, Laura A. 1993. "Continuity" within three scalar models: the polysemy of adverbial *still*. *Journal of Semantics* 10: 193–237.

Miller, Roy Andrew. 1967. *The Japanese Language*. Chicago: University of Chicago Press.

ロイ・アンドリュー・ミラー 『日本語―歴史と構造』 小黒昌一訳 1972年 三省堂

Milroy, James. 1992. *Linguistic Variation and Change: on the Historical Sociolinguistics of English*. Oxford: Blackwell.

―――. 1993. On the social origins of language change. In Charles Jones, ed., *Historical Linguistics: Problems and Perspectives*, 215–236. London: Longman.

Milroy, James and Lesley Milroy. 1985. Linguistic change, social network and speaker innovation. *Journal of Linguistics* 21: 339–384.

Milroy, Lesley. 1980. *Language and Social Networks*. Baltimore: University Park Press.

Mitchell, Bruce. 1986. *A Guide to Old English*. Oxford: Blackwell, 2 vols.

Mizutani, Osamu and Nobuko Mizutani. 1987. *How to Be. Polite in Japanese*. Tokyo: Japan Times.

Montgomery, Michael B. and Stephen J. Nagle. 1993. Double modals in Scotland and the southern United States: trans-atlantic inheritance or independent development? *Folia Linguistica Historica* 14: 91–107.

Morgan, Jerry L. 1993 [1979]. Observations on the pragmatics of metaphor. In Ortony, 124–134.

Mori, Shu, Bunzo Torigoe, and Chiyoji Nagatomo, eds. 1972. *Tikamatu Monzaemon Syuu* [Collected works of Chikamatsu Monzaemon], vol. I. Nihon Koten Bungaku Zenshuu series 43. Tokyo: Shogakukan.

森修、鳥越文蔵、長友千代治校注・訳 『近松門左衛門集』(日本古典文学全集43)1972年 小学館

Morino, Muneaki. 1971. Kodai no keigo II [Honorifics of Late Old Japanese]. In Tsujimura, 97–182.

森野宗明「古代の敬語II」講座国語史5『敬語史』第3章(97–182ページ)

Mossé, Fernand. 1952. *A Handbook of Middle English*. Trans. by James A. Walker. Baltimore: Johns Hopkins.

Mushin, Ilana. 1998. Evidentiality and epistemological stance in Macedonian, English and Japanese narrative. PhD dissertation, SUNY, Buffalo.

Myhill, John. 1995. Change and continuity in the functions of the American English modals. *Linguistics* 33: 157–211.

——— 1996. The development of the strong obligation system in American English. *American Speech* 71: 339–388.

——— 1997. *Should* and *ought*: the rise of individually oriented modality in American English. *Journal of English Linguistics* 1: 3–23.

Myhill, John and Laura A. Smith. 1995. The discourse and interactive functions of obligation expressions. In Bybee and Fleischman, 239–292.

Nakamura, Hajime. 1981. *Bukkyoogo Daijiten* [Dictionary of Buddhist tenns]. Tokyo: Tokyo Shoseki Kabushiki Gaisha.

中村元『仏教語大辞典』1981年　東京書籍

Nakamura, Michio, ed. and annot. 1957. *Ukiyo-buro* [Public Bath of the Floating World (1808)]. Nihon Koten Bungaku Taikei series 63. Tokyo: Iwanami Shoten.

中村道夫校注『浮世風呂』(日本古典文学大系63)1957年　岩波書店

Nakata, Iwao and Yutaka Tsukijima. 1980. Kokugo-si [History of the Japanese language]. *Kokugogaku Daijiten*, 399–404.

中田祝夫、築島裕『国語学大辞典』の「国語史」の項(399–404ページ)執筆

Nelson, Andrew N. 1962. *The Modern Reader's Japanese-English Character Dictionary*. Tokyo: Tuttle.

Nerlich, Brigitte and David D. Clarke. 1992. Outline of a model for semantic change. In Kellennann and-Morrissey, 125–141.

——— 1999. Synecdoche as a cognitive and communicative strategy. In Blank a d Koch, 197–213.

Nevalainen, Terttu and Helena Raumolin-Brunberg. 1995. Constraints on politeness: the pragmatics of address formulae in Early English correspondence. In Jucker, 541–601.

Nevis, Joal A. 1986. Decliticization and deaffixation in Saame: abessive *taga*. *Ohio State University Working Papers in Linguistics* 34: 1–19.

Newmeyer, Frederick J., ed. 1988. *Linguistics: the Cambridge Survey*. Cambridge: Cambridge University Press, 4 vols.

——— 1998. *Language Form and Language Function*. Cambridge, MA: MIT Press, Bradford.

Nicolle, Steve. 1997. A relevance-theoretic account of *be going to*. *Journal of Linguistics* 33: 355–377.

——— 1998. A relevance theory perspective on grarnmaticalization. *Cognitive Linguistics* 9: 1–35.

Nikiforidou, Kiki. 1996. Modern Greek *as*: a case study in grammaticalization and grammatical polysemy. *Studies in Language* 20: 599–632.

Nippo Jisho. See Doi, Morita, and Chonan, 1980.

NKD: *Nihon Kokugo Daijiten* [Unabridged Dictionary of the Japanese Language]. 1972–76. Tokyo: Shogakukan, 20 vols.

『日本国語大辞典』全20巻　1972–76年　小学館

Nøike, Henning. 1992. Semantic constraints on argumentation: from polyphonic micro-structure to argumentative macro-structure. In Frans H. van Eemeren, ed., *Argumentation Illuminated*, 189–200. Amsterdam: SICSAT.

Nordlinger, Rachel and Elizabeth Closs Traugott. 1997. Scope and the development of epistemic modality: evidence from *ought to*. *English Language and Linguistics* I: 295–317.

Nunberg, Geoffrey. 1978. *The Pragmatics of Reference*. Bloomington, IN: Indiana University Linguistics Club.

——— 1979. The non-uniqueness of semantic solutions: polysemy. *Linguistics and Philosophy* 3: 143–184.

Nuyts, Jan. 1998. Subjectivity as an evidential dimension in epistemic modal expressions. Paper presented at the 6th International Conference on Pragmatics, Relms, July.

O'Connor, Patricia. 1994. "You could feel it through the skin": agency and positioning in the prisoners' stabbing stories. *Text* 14: 45–75.

OED: *The Oxford English Dictionary*. 1989. New York: Oxford University Press, 2nd ed.(also OED2/e CD-ROM V 2.0,1999); *Oxford English Dictionary Online*. 2000. Oxford: Oxford University Press; 3rd. ed.
(http://dictionary.oed.com/)

Ohno(also Ono, Oono), Susumu. 1980. Imi henka [Meaning change]. *Kokugogaku Daijiten*, 35–37.

大野晋『国語学大辞典』の「意味変化」の項(35–37ページ)執筆

Ohno, Susumu, and Toshiko Karashima, eds. 1972. *Ise Monogatari Soosakuin* [Comprehensive Index to the *Ise Monogatari*(Tales oflse)]. Tokyo: Meiji Shoin.

大野晋、辛島稔子『伊勢物語総索引』1972年　明治書院

Ohno, Susumu, Akihiro Satake, and Kingoro Maeda, eds: 1990 [1974]. *Iwanami Kogo Jiten* [The lwanami Dictionary of Old Japanese Words]. Tokyo: Iwanami Shoten, revised ed.

大野晋、佐竹昭広、前田金五郎編『岩波古語辞典』1974年　岩波書店

Ohori, T., ed. 1998. *Studies in Japanese Grammaticalization: Cognitive and Discourse* Perspectives. Tokyo: Kurosio.

Okamoto, Shigeko. 1999. Situated politeness: manipulating honorific and non-honorific expressions in Japanese conversations. *Pragmatics* 9(1): 51–74.

Olson, David R. 1994. *The World on Paper: the Conceptual and Cognitive Implications of Writing and Reading*. Cambridge: Cambridge University Press.

Ong, Walter J. 1982. *Orality and Literacy: the Technologizing of the Word*. London: Methuen.

Onodera, Noriko Okada. 1993. Pragmatic change in Japanese: conjunctions and interjections as discourse markers. PhD dissertation, Georgetown University.

——— 1995. Diachronic analysis of Japanese discourse markers. In Jucker, 393–437.

Ooishi, Hatsutaroo. 1983. *Gendai Keigo Kenkyuu* [Research into Honorifics of Modern Japanese]. Tokyo: Chikuma Shoboo.

大石初太郎『現代敬語研究』1983 年　筑摩書房

Ormelius-Sandblom, Elisabet. 1997. *Die Modalpartikel ja, doch und schon*. Stockholm: Almqvist and Wiksell.

Ortony, Anthony, ed. 1993 [1979]. *Metaphor and Thought*. Cambridge: Cambridge University Press, 2nd ed.

Östman, Jan-Ola. 1981. *You Know: a Discourse-functionalApproach*. Amsterdam: Benjamins.

Pagliuca, William, ed. 1994. *Perspectives on Grammaticalization*. Amsterdam: Benjamins.

Palmer, F. R. 1986. *Mood and Modality*. Cambridge: Cambridge University Press.

——— 1990 [1979]. *Modality and the English Modals*. New York: Longman, 2nd ed.

Papi, Marcella Bertuccelll. 2000. Is a diachronic speech act theory possible? *Journal of Historical Pragmatics* 1: 57–66.

Paul, Hermann. 1920 [1880]. *Prinzipien der Sprachgeschichte*. Tübingen: Niemeyer, 5th ed.

Pauwels, Paul, and Anne-Marie Simon-Vandenbergen. 1995. Body parts in linguistic action: underlying schemas and value judgments. In Goossens et al., 35–69.

Pederson, Eric, Eve Danciger, David Wilkins, Stephen Levinson, Sotara Kita, and Gunter Senft. 1998. Semantic typology and spatial oonceptualization. *Language* 74: 557–589.

Peirce, Charles Sanders. 1955 [1898]. *Philosophical Writings of Peirce*. Ed. by Justus Bucher. New York: Dover.

Pérez, Aveline. 1990. Time in motion: grammaticalisation of the *be going to* construction in English. *La Trobe University Working Paper in Linguistics* 3: 49–64.

Perkins, Michael R. 1983. *Modal Expressions in English*. Norwood, NJ: Ablex.

Perret, Michèle. 1982. De l'espace romanesque à la materialité du livre. L'espace énonciatif des premiers romans en-prose. *Poétique* 50: 173–182.

Peyraube, Alain. 1999. On the modal auxiliaries of possibility in Classical Chinese. In H. S. Wang, F. Tsao and C. Lien, eds., *Selected Papers from the 5th International Conference on Chinese Linguistics*, 27–52, Taipei: Crane.

Pinkster, Harm. 1987. The strategy and chronology of the development of future and perfect tense auxiliaries in Latin. In Martin B. Harris and Paolo Ramat, eds., *The Historical Development of Auxiliaries*, 193–223. Berlin: Mouton de Gruyter.

Plank, Frans. 1984. The modals story retold. *Studies in Language* 8: 305–364.

Pokorny, Julius. 1959/69. *Indogermanisches Etymologisches Wörterbuch*, Bern: Francke, 2 vols.

Pons Bordería, Salvador. 1998. *Conexión y Conectores: Estudio de su Relación en el Registro Informal de la Lengua*. Cuadernos de Filología 27. University of Valencia: Departamento de Filología Española.

Powell, Mava Jo. 1992a. The systematic development of correlated interpersonal and metalinguistic uses in stance adverbs. *Cognitive Linguistics* 3: 75–110.

1992b. Folk theories of meaning and principles of conventionality: encoding literal attitude via stance adverb. In Lehrer and Kittay 1992, 333–353.

Prince, Ellen, 1988. Discourse analysis: a part of the study of linguistic competence. In Newmeyer, vol. II: 164–182.

Prokosch, E. 1938. *A Comparative Germanic Grammar*. Baltimore: Linguistic Society of America.

Pustejovsky, James. 1995. *The Generative Lexicon*. Cambridge, MA: MIT Press.

Quirk, Randolph, Sidney Greenbaum, Geoffrey Leech, and Jan Svartvik. 1985. *A Comprehensive Grammar of the English Language*. New York: Longman.

Radden, Günter. 2000. How metonymic are metaphors? In Barcelona 2000a, 93–108.

Ramat, Paolo and Davide Ricca. 1998. Sentence adverbs in the languages of Europe. In Van der Auwera with Baoill, 187–275.

Reddy, Michael J. 1993 [1979]. The conduit metaphor: a case of frame conflict in our language about language. In Ortony, 164–201.

Rescher, N. 1968. *Topics in Philosophical Logic*. Dordrecht: Reidel.

Rissanen, Matti. 1986. Variation and the study of English historical syntax. In David Sankoff, ed., *Diversity and Diachrony*, 97–109. Amsterdam: Benjamins.

Rissanen, Matti, Merja Kytö, and Minna Palander-Collin, eds. 1993. *Early English in the Computer Age: Explorations through the Helsinki Corpus*. Berlin: Mouton de Gruyter.

Robert. 1992. *Dictionnaire historique de la langue française*. Paris: Dictionnaires Le Robert.

Roberts, Ian G. 1993. A formal account of grammaticalisation in the history of Romance futures. *Folia Linguistica Historica* 13: 219–258.

Roberts, Sarah Julianne. 1998. The role of diffusion in the genesis of Hawaiian Creole. *Language* 74: 1–39.

Rodriguez, João. See Doi 1955.

Romaine, Suzanne. 1982. *Socio-historical Linguistics: its Status and Methodology*. Cambridge: Cambridge University Press.

Rosaldo, Michelle Z. 1982. The things we do with words: Ilongot speech acts and speech act thegry in philosophy. *Language in Society* 11: 203–237.

Rosch, Eleanor. 1975. Cognitive representations of semantic categories. *Journal of Experimental Psychology* 104: 192–233.

―――. 1994. Expressive sentence types—a contradiction in terms: the case of exclamation. *Sprache und Pragmatik* 33: 38–68. Lund.

Rosengren, Inger. 1992. Zur Grammatik und Pragmatik der Exklamation. In Inger Rosengren, ed., *Satz und Illokution*, vol. I: 263–306. Lihguistische Arbeiten 278. Tübingen: Germanistisches Institut der Universität Lund.

Rossari, C. 1994. *Les operations de reformulation: Analyse du processus et des marques dans une perspective contrastlve français-italien*. Bern: Peter Lang.

Rouchota, Villy. 1996. Discourse connectives: what do they link? In J. Harris and R. Backley, eds., 1996 *University College London Working Papers In Linguistics*, 199–212.

Roulet, E. 1987. Complétude interaptive et connecteurs reformulatifs. *Cahiers de Linguistique Française* 8: 111–140.

Rudolph, Elisabeth. 1988. Connective relations—connective expressions-connective structures. In János S. Petöfi, ed., *Text and Discourse Constitution: Empirical Aspects, Theoretical Approaches*, 97–133. Berlin: de Gruyter.

―――. 1996. *Contrast: Adversative and Concessive Relations and their Expressions in English, German, Spanish, Portuguese on Sentence and Text Level*. Berlin: Walter de Gruyter.

Rudzka Ostyn, Brygida. 1995. Metaphor, schema, invariance: the case of verbs of answering. In Goossens et al., 205–243.

Saeki, Umetomo and Tsunehisa Imuta, eds. 1981. *Kageroo Nikki Soosakuin* [Comprehensive Index and Text of the *Kageroo Nikki*("Gossamer Years Diary," mid-10th century)]. Tokyo: Kazama Shobo.

佐伯梅友、伊牟田経久編『蜻蛉日記総索引』改定新版　1981年

Sakurai, Mitsuaki. 1966. *Konzyaku Monogatari-syuu no Gohoo no Kenkyuu*. [Studies of word use in the Konjaku Monogatari-shuu("Tales of Times Now Past," mid-12th century)]. Tokyo: Meiji Shoin.

桜井光昭『今昔物語集の語法の研究』1966年　明治書院

Sanders, José and Wilbert Spooren. 1996. Subjectivity and certainty in epistemic modality: a study of Dutch epistemic modifiers. *Cognitive Linguistics* 7: 241–264.

Sankoff, Gilian. 1980. *The Social Life of Language*. Philadelphia: University of Pennsylvania

Press.

Sansom, George B. 1952. *Japan: a Short Cultural History*. Stanford: Stanford University Press.

Sato, Shigeru. 1974. Otogi-Zoosi, Bukkyoo bungaku no keigo [Honorifics in *Otogi-Zooshi* (LMJ collections of short stories) and Buddhist literature]. In Hayashi and Minami 1973–74, vol. III: 177–222.

佐藤茂「御伽草子、仏教文学の敬語」『敬語講座』第 3 巻(林四郎、南不二男編　1973 年　明治書院) 177–222 ページ

Saussure, Ferdinand de. 1967 [1879]. Mémoire sur le système primitif des voyelles dans les languages indo-européennes, Paris: Vieweg. (Trans. by Winfred P. Lehmann as "On the primitive system of vowels in the Indo-European languages," in Winfred P. Lehmann, ed., *A Reader in Nineteenth Century Historical Indo-European Linguistics*, 217–224. Bloomington: Indiana University Press, 1967.)

———— 1996 [1916]. *Course in General Linguistics*. Trans. by Roy Harris. Chicago: Open Court.

フェルディナンド・ド・ソシュール『一般言語学講義』小林英夫訳　1972 年　岩波書店

フェルディナンド・ド・ソシュール『新訳ソシュール　一般言語学講義』町田健訳 2016 年　研究社

Schiffrin, Deborah. 1987. *Discourse Markers*. Cambridge: Cambridge University Press.

———— 1988. Conversation analysis. In Newmeyer, vol. IV: 251–276.

———— 1990a. The principle of intersubjectivity in communication and conversation. *Semiotica* 80: 121–151.

———— 1990b. Between text and context: deixis, anaphora, and the meaning of *then*. *Text* 10: 245–270.

———— 1992. Anaphoric *then*: aspectual, textual, and epistemic meaning. Linguistics 30: 753–792.

———— 1994. *Approaches to Discourse*. Oxford: Blackwell.

Schlieben-Lange, Brigitte. 1983. *Traditionen des Sprechens: Elemente einer pragmatischen Sprachgeschichtsschreibung*. Stuttgart: Kohlahammer.

———— 1992. The history of subordinating conjunctions in some Romance languages. In Gerritsen and Stein, 341–354.

Schourop, Lawrence C. 1985. *Common Discourse Particles in English Conversation: Like; Well, Y'Know*. New York: Garland.

Schwenter, Scott A. 1999. *Pragmatiatics of Conditional Marking: Implicature, Scalarity and Exclusivity*. New York: Garland.

Schwenter, Scott A. and Elizabeth Closs Traugott. 1995. The semantic and pragmatic development of substitutive complex prepositions in English. In Jucker, 243–273.

2000. Invoking scalarity: the development of *in fact*. *Journal of Historical Pragmatics* 1: 7–25.

Searle, John R. 1965. What is a speech act? In Max Black, ed., *Philosophy in America*, 221–239. Ithaca: Cornell University Press.

1969. *Speech Acts: an Essay in the Philosophy of Language*. Cambridge: Cambddge University Press.

1976. A classification of illocutionary acts. *Language in Society* 5: 1–23.

1979. *Expression and Meaning: Studies in the Theory of Speech Acts*. Cambridge: Cambridge University Press.

Seeley, Christopher. 1991. *A History of Writing in Japanese*. Leiden: Brill.

Seidensticker, Edward G., trans. 1964. *The Gossamer Years(Kageroo Nilkki): a Diary by a Noblewoman of Heian Japan*. Tokyo and Rutland, VT: Charles E. Tuttle.

trans. 1980. *The Tale of Genji*. New York: Knopf.

Seiler, Hansjakob. 1983. *Possession as an Operational Dimension of Language*. Tübingen: Narr.

Shepherd, Susan C. 1981. Modals in Antiguan Creole, language acquisition, and. history. PhD dissertation, Stanford University.

1982. From deontic to epistemic: an analysis of modals in the history of English, creoles, and language acquisition. In Ahlqvist, 316–323.

Shibatani, Masayoshi. 1990, *The Languages of Japan*. Cambridge: Cambridge University Press.

1991. Grammaticalization of topic into subject. In Traugott and Heine, vol. II: 93–133.

Shibatani, Masayoshi and Sandra Thompson, eds. 1995. *Essays in Semantics and Pragmatics in Honor of Charles J. Fillmore*. Amsterdam: Benjamins.

Shopen, Timothy, ed. 1985. *Language Typology and Syntactic Description*. Cambridge: Cambridge University Press, 3 vols.

Silverstein, Michael. 1976a. Shifters, linguistic categories, and cultural description. In Keith H. Basso and Henry A. Selby, eds., *Meaning in Anthropology*, 11–55. Albuquerque: University of New Mexico Press.

1976b. Hierarchy of features and ergativity. In R. M. W. Dixon; ed:, *Grammatical Categories in Australian Languages*, 112–171. Canberra: Australian Institute of Aboriginal Languages.

Slobin, Dan I. 1977. Language change in childhood and in history. In John MacNamara, ed., *Language Learning and Thought*, 185–214. New York: Academic Press.

1994. Talking perfectly: discourse origins of the present perfect. In Pagliuca, 119–133.

Smith, John Charles and Delia Bentley, eds. 2000. *Historical Linguistics 1995*, vol. I: *General Issues and Non-Germanic Languages*. Amsterdam: Benjamins.

Solomon, Julie. 1995. Local and global functions of a borrowed/natiive pair of discourse markers in a Yucatec Maya narrative: In Jocelyn Ahlers, Leela Bilmes, Joshua S. Guenter, Barbara A. Kaiser, and Ju Namkung, eds., *Papers from the Twenty-first Meeting of the Berkeley Linguistics Society*, 287–298. Berkeley: Berkeley Linguistics Society.

Sperber, Dan and Deirdre Wilson. 1995 [1986]. *Relevance: Communication and Cognition*. Oxford: Blackwell, 2nd ed.

Steele, Susan. 1975. Is it possible? *Stanford Working Papers in Language Universals* 18: 35–58.

Stein, Dieter and Susan Wright, eds. 1995. *Subjectivity and Subjectivisation in Language*. Cambridge: Cambridge University Press.

Stenström, Anna-Brita. 1998. From sentence to discourse: *Cos(because)* in teenage talk. In Jucker and Ziv, 127–165.

Stern, Gustaf. 1968 [1931], *Meaning and Change of Meaning*. Bloomington: Indiana University Press. (Orig. publ. Göteborg, Elanders boktryckeri aktiebolag, 1931.)

Stubbs, Michael. 1986. "A matter of prolonged field work": notes toward a modal grammar of English. *Applied Linguistics* 7: 1–25.

Sun, Chaofen. 1996. *Word Order Changes and Grammaticalization in the History of Chinese*. Stanford: Stanford University Press.

——— 1998. Aspectual categories that overlap: a historical and dialectal perspective of the Chinese ZHE. *Journal of East Asian Linguistics* 7: 153–174.

Suzuki, Ryoko. 1998. From a lexical noun to an utterance-final pragmatic particle: *wake*. In Toshio Ohori, ed., *Studies in Japanese Grammaticalization*, 67–92. Tokyo: Kurosio.

——— 1999. Grammaticization in Japanese: a study of pragmatic particle-ization. PhD dissertation, University of California, Santa Barbara.

Svorou, Soteria. 1993. *The Grammar of Space*. Amsterdam: Benjamins.

Swan, Toril. 1988. *Sentence Adverbials in English: a Synchronic and Diachronic Investigation*. Oslo: Novus.

——— 1991. Adverbial shifts: evidence from Norwegian and English. In Dieter Kastovsky, ed., *Historical English Syntax*, 409–438. Berlin: Mouton de Gruyter.

——— 1997. Fram manner to subject modification: adverbialization in English. *Nordic Journal of Linguistics* 20: 179–195.

Swan, Toril and Olaf Jansen Westvik, eds. 1996. *Modality in Germanic Languages*. Berlin:

Mouton de Gruyter.

Sweetser, Eve E. 1988. Grammaticallzation and semantic bleaching. In Axmaker, Jaisser, and Singmaster, 389–405.

―― 1990. *From Etymology to Pragmatics: Metaphorical and Cultural Aspects of Semantic Structure*. Cambridge: Cambridge University Press.

Sweetser, Eve E. and Gilles Fauconnier. 1996. Cognitive links and domains: basic aspects of mental space theory. In Gilles Fauconnier and Eve E. Sweetser, eds., *Spaces, World, and Grammars*, 1–28. Chicago: University of Chicago Press.

Taavitsainen, Irma and Andreas H. Jucker. 1999. Pragmatic space in historical linguistics: speech acts and speech act verbs in the history of English. Paper presented at the Workshop on Historical Pragmatics, 14th International Conference on Historical Linguistics. Vancouver, August 1999.

Tabor, Whitney. 1994. Syntactic innovation: a connectionist model. PhD dissertation, Stanford University.

Takagi, Ichinosuke, Tomohide Gomi, and Susumu Ohno, eds. and annot. 1957–60. *Man' yooshuu* [The Ten Thousand Leaves]. Tokyo: Iwanami Shoten. Nihon. Koten Bungaku Taikei (NKBT) series: 4–7.

髙木市之助、五味智英、大野晋校注『万葉集』(日本古典文学大系 4-7　1957–59 年　岩波書店)

Takemitsu, Makoto. 1998. *Nitizyoogo no Yurai Ziten* [Etymological Dictionary of Everyday Words in Japanese]. Tokyo: Tokyodo Shuppan.

武光誠『歴史から生まれた日常語の由来辞典』1998 年　東京堂出版

Talmy, Leonard. 1985. Lexicalization patterns: semantic structure in lexical forms. In Shopen, vol. III: 57–149.

―― 1988. Force dynamics in language and cognition. *Cognitive Science* 12: 49–100.

Tamba, Irene. 1986. Approche du "signe" et du "sens" linguistiques à travers les systèmes d'écriture japonais. In Jean-Claude Chevalier, Michel Launay, and Maurice Molho, eds., *Langages: Le signifiant* 82: 83–100.

Taylor, John R. 1996. On running and jogging. Cognitive Linguistics 7: 21–34.

―― 1997 [1989]. *Linguistic Categorization: Prototypes in Linguistic Theory*. Oxford: Clarendon, 2nd ed.

Thomas, Francis-Noél and Mark Turner. 1994. *Clear and Simple as the Truth: Writing Classic Prose*. Princeton: Princeton University Press.

Thompson, Sandra A. and Anthony Mulac. 1991. A quantitative perspective on the grammaticization of epistemic parentheticals in English. In. Traugott ana Heine, vol. II:

313–329.

Tiersma, Peter. 1986. The language of offer and acceptance: speech acts and the question of intent. *California Law Review* 74: 189–232.

———. 1999. Legal Language. Chicago: University of Chicago Press.

Tobler, Adolf 1921 [1882]. Il ne faut pas que tu meures "du darfst nicht sterben". Repr. in *Vermischte Beiträge zur französischen Grammatik*, vol. I: 201–205. Leipzig: Hirzel, 3rd ed.

Tokieda, Motoki. 1941. *Kokugogaku-si Genron* [Fundamental Principles of Japanese Linguistics]. Tokyo: Iwanami Shoten.

時枝誠記『国語学原論』1941 年　岩波書店

Traugott, Elizabeth Closs. 1978. On the expression of spatio-temporal relations in language. In Joseph H. Greenberg, Charles A. Ferguson, and Edith A. Moravcsik, eds., *Universals of Human Language*, vol. III, 369–400. Stanford: Stanford University Press.

———. 1980. Meaning-change in the development of grammatical markers. *Language Sciences* 2: 44–61.

———. 1982. From propositional to textual and expressive meanings; some semantic-pragmatic aspects of grammaticalization. In Winfred P. Lehmann and Yakov Malkiel, eds., *Perspectives on Historical Linguistics*, 245–271. Amsterdam: Benjamins.

———. 1985a. On conditionals. In Haiman 1985, 289–307.

———. 1985b. On regularity in semantic change. *Journal of Literary Semantics* 14: 155–173.

———. 1986. Is internal semantic-pragmatic reconstruction possible? In Caroline Duncan-Rose and Theo Vennemann, eds., *On Language: Rhetorica, Phonologica, Syntactica: a Festschrift for Robert P. Stockwell from his Friends and Colleagues*, 128–144. London: Routledge.

———. 1987. Literacy and language change: the special case of speech act verbs. In Judith Langer, ed., *Language, Literacy, and Culture: Issues of Society and Schooling*, 11–27. Norwood, NJ: Ablex.

———. 1988. Pragmatic strengthening and grammaticalization. In Axmaker, Jaisser, and Singmaster, 406–416.

———. 1989. On the rise of epistemic meanings in English: an example of subjectification in semantic change. *Language* 57: 33–65.

———. 1991. English speech act verbs: a historical perspective. In Linda R. Waugh and Stephen Rudy, eds., *New Vistas in Grammar: Invariance and Variation*, 387–406. Amsterdam: Benjamins.

———. 1994. Grammaticalization and lexicalization. In Asher and Simpson, vol. III: 1481–

1486.
1995a. Subjectification in grammaticalization. In Stein and Wright 1995, 31–54.
1995b. The role of discourse markers in a theory of grammaticalization. Paper presented at the 12th International Conference on Historical Linguistics, Manchester, August 1995.
(http://www.stanford.edu/~traugott/traugott.html)
1996. Subjectification and the development of epistemic meaning: the case of *promise* and *threaten*. In Swan and Westvik, 185–210.
1996/97. Semantic change: an overview. *Glot International* 2(9/10): 3–6.
1999a. The role of pragmatics in semantic change. In Jef Verschueren, ed., *Pragmatics in 1998: Selected Papers from the 6th International Pragmatics Conference*, vol. II, 93–102. Antwerp: International Pragmatics Association.
1999b. The rhetoric of counter-expectation in semantic change: a study in subjectification. In Blank and Koch 1999, 177–196.
2003. Constructions in grammaticalization. In Richard Janda and Brian Joseph, eds., *A Handbook of Historical Linguistics*. 624–647. Oxford: Blackwell.
Traugott, Elizabeth Closs and Richard Dasher. 1987. On the historical relation between mental and speech act verbs in English and Japanese. In Giacalone Ramat, Carruba, and Bernini, 561–573.
Traugott, Elizabeth Closs and Bernd Heine, eds. 1991. *Approaches to Grammaticalization*. Amsterdam: Benjamins, 2 vols.
Traugott, Elizabeth Closs and Ekkehard König. 1991. The semantics-pragmatics of grammaticalization revisited. In Traugott and Heine, vol. I: 189–218.
Trier, Jost. 1931. *Der deutsche Wortschatz im Sinnbezirk des Verstandes*. Heidelberg: Winter.
Tsujimura, Toshiki. 1967. *Gendai no Keigo* [Honorific Language of Modern Japanese]. Tokyo: Kyoobunsha.
1968. *Keigo no Si-Teki Kenkyuu* [Historical Studies of Japanese Honorifics]. Tokyo: Tokyodo.
ed. 1971. *Keigo-Si* [The History of Japanese Honorifics]. Kooza Kokugosi, 5 [Monograph Series on the History of the Japanese Language 5]. Tokyo: Taishuukan Shoten.
辻村敏樹 1967 年『現代の敬語』共文社
　　1968 年『敬語の史的研究』東京堂出版
　　1971 年『敬語史』(講座国語史 5) 大修館書店
Ueda, Kazutoshi ("Bannen"), et al. 1977 [1918]. Daiziten [Chinese-Character Dictio-

nary]. Tokyo: Kodansha.
上田万年他編『大字典』(1977 年　講談社)
Ullmann, Stephen, 1957. *The Principles of Semantics*. Oxford: Blackwell, 2nd ed.
S. ウルマン『意味論』山口秀夫訳　1964 年　紀伊国屋書店
　　1964. *Semantics: an Introduction to the Science of Meaning*. Oxford: Basil Blackwell.
Vallduví: Enric. 1992. *The Informational Component*. New York: Garland.
Van der Auwera, Johan. 1997. Conditional perfection. In Athanasiadou and Dirven, 169–190.
　　1999. On the semantic and pragmatic polyfunctionality of modal verbs. In Ken Turner, ed., *The Semantics-Pragmatics Interface from Different Points of View*, 49–64. Amsterdam: Elsevier.
　　2001. On the typology of negative modals. In Jack Hoeksema, Hotze Rullmann. Victor Sanchez-Valencia & Ton van der Wouden, eds., *Perspectives on Negation and Polarity Items*. 23–48. Amsterdam: Benjamins.
Van der Auwera, Johan with Dónall P. Ó Baoill, eds. 1998. *Adverbial Constructions in the Languages of Europe*. Berlin: Mouton de Gruyter.
Van der Auwera, Johan and Vladimir A. Plungian. 1998. Modality's semantic map. *Linguistic Typology* 2: 79–124.
Vanparys, Johan. 1995. A survey of metalinguistic metaphors. In Goossens et al., 1–34.
Verhagen, Arie. 1995. Subjectification, syntax, and communication. In Stein and Wright, 103–128.
　　1996. Sequential conceptualization and linear order. In Casad, 793–817.
　　2000. "The girl that promised to become something": an exploration into diachronic subjectification in Dutch. In Thomas F. Shannon and Johan P. Snapper, eds., *The Berkeley Conference on Dutch Linguistics 1997: the Dutch Language at the Millennium*, 197–208. Lanham, MD: University Press of America.
Verschueren, Jef. 1995. The conceptual basis of performativity. In Masayoshi Shibatani and Sandra Thompson, eds., *Essays in Semantics and Pragmatics in Honor of Charles J. Fillmore*, 299–321. Amsterdam: Benjamins.
　　1999. *Understanding Pragmatics*. London: Arnold.
Viberg, Åke. 1983. The verbs of perception: a typological study. *Linguistics* 21: 123–162.
Victorri, Bernard. 1997. La polysémie: un artefact de la linguistique? *Revue de Sémantique et Pragmatique* 2: 41–62.
Vincent, Nigel. 1982. The development of the auxiliaries HABERE and ESSE in Romance. In Nigel Vincent and Martin Harris, eds., *Studies in the Romance Verb*, 71–96. Lon-

don: Croom Helm.

1994. Lectures on historical syntax. Australian Linguistics Institute, La Trobe, July.

Visser, F. Th. 1969. *An Historical Syntax of the English Language*, vol. III, part 1. Leiden: Brill.

Voyles, Joseph B. 1973. Accounting for semantic change. *Lingua* 31: 95–124.

Warner, Anthony R. 1990: Reworking the history of the English auxiliaries. In Sylvia Adamson, Vivien Law, Nigel Vincent, and Susan Wright, eds., *Papers from the 5th International Conference on English Historical Linguistics*, 537–558. Amsterdam: Benjamins.

1993. *English Auxiliaries: Structure and History*. Cambridge: Cambridge University Press.

Warren, Beatrice. 1992. *Sense-developments: a Contrastive Study of the Development of Slang Sense and Novel Standard Senses in English*. Stockholm: Almqvist and Wiksell.

1998. What is metonymy? In Hogg and vah Bergen, 301–310.

Wartburg, Walther von. 1928–66. *Französisches etymologisches Wörterbuch*. Basel: Zbinden.

Watkins, Calvert. 1985. *The American Heritage Dictionary of Indo-European Roots*. Boston: Houghton Mifflin.

Watts, Richard J. 1995. Justifying grammars: a socio-pragmatic foray into the discourse community of Early English grammarians. In Jucker, 145–185.

Wegener, Heide. 1998. Zur Grammatikalisierung von Modalpartikeln. In Irmhild Barz and Günther Öhlschläger, eds., *Zwischen Grammatik und Lexicon*, 37–55. Tübingen: Niemeyer.

Weinreich, Uriel. 1964. *Webster's Third*: a critique of its semantics. *International Journal of American Linguistics* 30: 405–409.

Weinreich, Uriel, William Labov, and Marvin I. Herzog. 1968. Empirical foundations for a theory of language change. In Lehmann and Malkiel, . 97–195.

Wierzbicka, Anna. 1985a. *Lexicography and Conceptual Analysis*. Ann Arbor: Karoma.

1985b. A semantic metalanguage for a crosscultural comparison of speech acts and speech genres. *Language in Society* 14: 491–514.

1985c. *English Speech Act Verbs: a Semantic Dictionary*. Orlando: FL: Academic Press.

1992. *Semantics, Primes, and Universals*. Oxford: Oxford University Press.

1994. Semantic primitives across languages: a critical review. In Goddard and Wierzbicka, 445–500.

1995. *Cross-Cultural Pragmatics*. Berlin: Mouton de Gruyter.

1997. *Understanding Cultures through their Key Words*. New York: Oxford University Press.

Wilkins, David. 1996. Natural tendencies in semantic change and the search for cognates. In Mark Durie and Malcolm Ross, eds., *The Comparative Method Reviewed: Regularity and Irregularity in Language Change*, 264–304. New York: Oxford University Press.
Williams, Joseph M. 1976. Synaesthetic adjectives: a possible law of semantic change. *Language* 52: 461–478.
Williams, Raymond. 1985 [1976]. *Keywords: a Vocabulary of Culture and Society*. New York: Oxford University Press, 2nd ed.
Wilson, Deirdre and Dan Sperber. 1993. Linguistic form and relevance. *Lingua* 90: 1–25.
Wolf, George. 1991. Translator's introduction: the emergence of the concept of semantics. In Michel Bréal, *The Beginnings of Semantics: Essays, Lectures and Reviews* (ed. and trans by George Wolf), 3–17. Stanford: Stanford University Press.
Yamada, Tadao, ed. 1958. *Taketori Monogatari Soosakuin* [Comprehensive Index of the Taketori Monogatari ("Bamboo Cutter's Tale," early 10th century)]. Tokyo: Musashino Shoin.
山田忠雄編『竹取物語総索引』1958年　武蔵野書院
Yamada, Yoshio, Tadao Yamada, Hideo Yamada, and Toshio Yamada, eds. 1959. *Konjaku Monogatari-shuu* [1130–40 "Tales of Times Now Past"]. Nihon Koten Bungaku Taikei series 22–23. Tokyo: Iwanami Shoten.
山田孝雄、山田忠雄、山田英雄、山田俊雄校注『今昔物語集』(日本古典文学大系22–23)1959年　岩波書店
Yamaguchi, Yoshinori. 1998. *Kurashi no Kotoba: Gogen Jiten* [Etymological Dictionary of Everyday Words]. Tokyo: Kodansha.
山口佳紀編『暮らしのことば語源辞典』1998年　講談社
Yang, Ping. 1989. The development and structure of V *de* O. *Zhongguo Yuwen* [Chinese Granimar] 2: 126–136.
Yoshizawa, Norio. 1985. *Doko-ka Okasii Keigo* [Honorific(Usage in Japanese). that is Somehow Odd]. Tokyo: Goma Shobo.
吉沢典男『どこかおかしい敬語』1985年　ごま書房
Zipf, George Kingsley. 1965 [1949]. *Human Behavior and the Principle of Least Effort*. New York: Hafner.

訳者注　参考文献

『言語学大辞典』第 6 巻「術語編」1996 年　亀井孝・河野六郎・千野栄一編　三省堂
『ソシュール一般言語学講義』小林英夫訳　1972 年改訂第 1 刷　岩波書店
（Ferdinand de Saussure COURS DE LINGUISTIQUE GENERALE 1949 年の翻訳）
『ラルース言語学大辞典』J. デュボア他著　伊藤晃・木下光一・福井芳男・丸山圭三郎
　　他編訳　1980 年初版　1995 年 5 版　大修館書店
時枝誠記『国語学原論』1941 年　岩波書店
Anscombe, G.E.M. 1957. *Intention*. Oxford: Basil Blackwell.
Arlotto, Anthony. *Introduction to Historical Linguistics*. 1972. Boston: Houghton Mifflin.
Arnovick, Leslie K. 1999. *Diachronic Pragmatics*. Amsterdam: Benjamins.
Borsley, Robert D. 1999. *Syntactic Theory — A Unified Approach —* London: Arnold
Bréal, Michel. 1964 [1900]. *Semantics: Studies in the Science of Meaning*. Trans. By Mrs. Henry Cust. New York: Dover.
Brinton, Laurel L. and Elizabeth Closs Traugott. 2005. *Lexicalization and Language Change*. Cambridge: Cambridge University Press.
Brown, Penelope and Stephan C. Levinson. 1987 [1978]. *Politeness: some Universals in Language Usage*. Cambridge: Cambridge University Press.
Buck, Carl Darling. 1949. *A Dictionary of Selected Synonyms in the Principal Indo-European Languages*. Chicago: University of Chicago Press.
Carnie, Andrew. 2002. *Syntax — A Generative Introduction —* Oxford: Blackwell Publishing.
Clark, Herbert H. 1996. *Using Language*. Cambridge: Cambridge University Press.
Grice, Paul. 1989 [1975]. Logic and Conversation. In his *Studies in the Way of Words*, 22–40. Cambridge, MA: Harvard University Press. (Orig. publ. in Cole and Morgan 1975, 41–58.)
Hanks, William F. 1992. The indexical ground of deictic reference. In Alessandro Duranti and Charles Goodwin eds., *Rethinking Context: Language as an interactive phenomenon*, 46–76. Cambridge: Cambridge University Press.
Horn, Laurence. R. 1984. Toward a new taxonomy for pragmatic inference: Q-based and R-based implicature. In Deborah Schiffrin, ed., *Meaning, Form, and Use in Context: Linguistic Applications; Georgetown University Round Table '84*, 11–42. Washington DC: Georgetown University Press.

Lakoff, George. 1987. *Women, Fire, and Dangerous Things: what Categories Reveal about the Mind*. Chicago: Chicago University Press.

Langacker, Ronald W. 1987. *Foundations of Cognitive Grammar*. Stanford: Stanford University Press, 2 vols.

Levinson Stephen C. 1995. Three levels of meaning. In F. R. Palmer ed., *Grammar and meaning: Essays in Honor of Sir John Lyons*, 90–105. Cambridge: Cambridge University Press.

———. 2000. *Presumptive Meanings: the Theory of Generalized Conversational Implicature*. Cambridge, M. A: MIT Press, Bradford.

Searle, John R. 1976. A classification of illocutionary acts. In Del Hymes ed., *Language in Society* 5: 1–23. Cambridge: Cambridge University Press.

Stern, Gustaf. 1968 [1931]. *Meaning and Change of Meaning*. Bloomington: Indiana University Press. (Orig. publ. Göteborg, Elanders boktryckeri aktiebolag, 1931)

Tomasello, Michael. 1998. Cognitive Linguistics. In William Bechtel and George Graham eds., *A Companion to Cognitive Science*. Oxford: Blachwell.

Traugott, Elizabeth C. 2007. Draft version for Ruth Kempson and Robin Cooper, eds. *Language Change and Evolution*.

Traugott, Elizabeth C. 2007. Grammaticalization, emergent constructions, and the notion of "newness." Draft version for Ruth Kempson and Robin Cooper, eds. *Language Change and Evolution*.

Vallduví, Enric. 1992. *The Informational Component*. New York · London: Garland.

Van der Auwera, Johan and Vladimir A. Plungen. 1998. Modality's semantic map. *Linguistic Typology* 2: 79–124.

索引

欧文

Grice　107
Grice の格言　17
Horn の原理　17
T-V　261

あ行

挨拶　234, 246, 247
悪化　4
意素 M　7, 8, 13
一語化　92
一方向性　4, 89, 95
一方向性の理論　76
一方向的　25, 135, 216
一方向的の意味変化　75
一方向的の仮説　111
一般化　1, 93
一般化した喚起推論(『般喚推』)　15
一般的主語　145
意変推喚論(意味変化の推論喚起論)　4, 28, 34, 106
意味　102, 143, 315
意味交渉　266
意味素　7, 32
意味の悪化　63, 72, 81, 104, 316
意味の拡大　4
意味の拡大・一般化　64
意味の希薄化　67
意味の交渉　23
意味の向上　4, 63, 64, 104
意味の縮小　1, 4, 64, 72, 108, 284, 316
意味の増加　42, 91, 102, 147, 155, 191, 264, 303, 314
意味変化の恣意性　70
意味変化の推論喚起論　4
意味変化論　24, 103
意味領域　68, 73, 74
イメージスキーマ　9, 85, 86
イメージの必要　263, 311
イメージ保持　21, 285, 311
イメージ保持の必要　98, 249, 279, 287, 301, 304, 307, 308
韻素 P　7, 13
隠喩　1, 4, 26, 65, 72, 81, 84, 86, 316
隠喩化　26
隠喩的　79
隠喩的拡張　79
受け手尊敬　5, 100, 261, 275, 293
受け手尊敬語　315
エピソード標識　5, 181
婉曲　66
音韻素　7
恩恵の授受表現　224

か行

外延的意味の変化　69
概構　6, 8
外的　30, 102
概念会話場面　266
概念構造　6, 27, 32, 105
概念場面　315
概念描写場面　266

会話　315
会話行為　130, 315
会話行為的副詞　216
会話行為動詞　48, 194, 221, 226, 232, 234
会話推論　88
会話場面　5, 261
顔を脅かす行為　263
格言　107
拡大　72
拡張　50
過去現在　153, 166
過去現在時制　160
過剰訂正　43
仮説演繹法　40
括弧づけ機能　307
括弧づけの表現　47, 179, 186, 231, 240, 261, 286, 308, 315
仮定法　35
かな　45
可能性　2
喚起推論　1, 4, 15, 28, 42, 88, 197, 198, 313, 316
関係の教示　18, 22, 23, 28, 88
漢字　45, 46
慣習化　34
緩衝　180, 204, 206, 212
喚推　16, 35, 37, 42, 91, 190
漢文　46
願望　131, 133, 168
願望の意味　93
換喩　1, 4, 26, 65, 69, 72, 86
勧誘　207
換喩化　26
換喩的拡張　283
関連性理論　9
聞き手／読み手のペア　222
軌道　94

希薄化　92
義務　1, 2, 25, 131, 138, 155
義務的　1, 12, 119, 315
義務的意味　314
義務的モダリティ　122
義務のモダル　10
逆接　178, 189
逆接的意味　14, 36, 75
客観化　30, 44, 70, 83
客観性　20, 23, 30, 31, 317
客観的　20
共感覚研究　79
共感覚の　4
共時　15
共時態　68
共時的　42, 68
教示法　17, 23, 32
強制の力学　124
強調語　188
許可の意味　93
曲言法　72
キリシタン資料　282
「空間」から「時間」　84, 90
空間的意味　37
空間的指呼　3, 278
空間動詞　236
空間の意味　90
「具体」から「抽象」　102
具体的　216
繰り上げ構造　92, 170, 172, 240, 241
繰り上げ動詞　166, 176, 215, 241
グリムの法則　83
経験主　98, 289, 290
敬語　315
敬語動詞　276
継続動詞　87
形態統語素　7

索引　377

系統発生　41
形容語副詞　216
結論　2, 25
結論(可能)　2
結論的　1, 119
言語過程説　19
言語習得　39
言語使用　34, 39, 88, 90
言語体系　16, 32
言語普遍性　84
謙譲　270
「謙譲」から「丁寧」へ　295
謙譲語　247
原初語　257
原初性　168
顕著性　38, 296
限定指示詞　78
語彙化　316
語彙充当論　24, 89
語彙素　6, 7, 32
向上　72
構造　92
「拘束」から「認識」へ　236
拘束性　126, 132
拘束的　119, 156
「拘束的可能性・必要性」から「認識性」　165
「拘束的」から「認識的」　165
拘束の　2, 47
拘束のモダリティ　124
拘束のモダル　138
肯定的顔　263
構文文法　6, 51
後方照応　177, 179
合流　126, 143
コード化　1, 21, 34, 39, 42
コード化した意味　15

コード的意味　37
国語学　59
語素 L　6, 7, 13
個体発生　41
誇張法　72
古文書　226
語用論　23
語用論的　38
語用論的強化　19
語用論的推論　46
語用論標識　177
根源的　119

さ行

再分析　26, 92
指図動詞　223
刷新　36, 39, 40, 50, 85, 94
サピア・ウォーフの仮説　77
参与者外　135, 156
参与者内　135, 156
恣意的　68
時間関係 > 条件関係　25
時間指呼　3
時間的意味　14
指呼　51, 177
自己イメージ　22, 263
指呼性　1, 48, 119
指呼的態度副詞　208
指呼的副詞　76
自己のイメージ　311
指小辞　33, 95, 96
時性　131
自然意味メタ言語　168
自然言語　21
シネクドキ　66, 72, 75, 86, 112
指標性　261

指標的　36
社会指呼詞　22, 261
社会指呼的意味　278, 283, 295, 308
社会指呼的機能　276
社会指呼動詞　224
社会的指呼　48, 278
借用　233
借用語　18, 32, 230
社指人称代名詞　276
自由間接文体　31
重層化　11, 39
主観化　1, 5, 28, 31, 40, 89, 95, 97, 103, 203, 240, 278, 313
主観性　19, 21, 28, 30, 38, 67, 145, 250, 256, 315, 317
主観性／客観性　23
主観的　315
主語　144, 154, 156, 285
主語が無生　159
主語対象　307
主体　19
瞬間動詞　87
述語副詞　178
条件　35, 93, 121
条件譲歩　121
条件の完了　35
条件法　24
状態　41
冗長性　23
冗長的　194, 195, 196
冗長な表現　251
冗長な文脈　43
焦点化　39
譲歩　28, 42, 93, 102, 121, 204
譲歩節　130
譲歩的　36, 94, 194
譲歩的条件　167

譲歩の副詞　182, 204
叙述的　101
叙述的遂行辞　247
所有　133, 155
親-疎　263
新文法学派　59
遂行　234, 315
遂行性　221
遂行的　221
遂行動詞　223, 240, 251, 255
遂行表現　250
推論喚起　165
推論喚起論　314
スコープ　5, 127, 148, 181, 214, 215, 256, 315, 318
スタンス副詞　9, 68, 180
制御　241
制御動詞　166, 176, 215
正書法　45
性標識　78
誓約　243
接続語　181
接続副詞　178
狭いスコープ　185, 194
狭いスコープから広いスコープ　165
宣言詞　223, 247
漸次変容　94
専心性　234, 235
前方照応　78, 177, 179
宣命書き　226
専門化　60, 70
増化　35, 37, 106, 143, 165
相互主観化　28, 31, 40, 97, 214, 227, 256, 313
相互主観性　19, 21, 23, 130, 249, 256, 279, 317
相互主観的　180, 207, 286, 315

相互主観的意味　204
喪失　36
総称的　144, 156
尊敬　270
存在　133

た行

対象社指　262
対象尊敬　100, 261, 275, 293, 315
対称多義語　61
態度の教示　18, 23, 28, 187, 251
態度副詞　12, 38, 76, 197, 204, 214
多義　314
多義語　1, 10, 11, 14, 15, 35, 37, 38, 42, 46, 81, 102
脱発話　82
脱範疇化　95
タブー　66
単義語　14
断言詞　222
断定回避　202
談話機能化　29
談話指呼機能　222, 234
談話指呼詞　179
談話標識　14, 38, 47, 48, 130, 177, 179, 190, 196, 198, 199, 214
置換　27, 75
チャンク　218
中間的段階　75
抽象化　92
抽象的　216
重複的　196, 245
重複的文脈　245
通時　15
通時語用論　107
通時的　42, 68

定冠詞　78
程度副詞　188
丁寧　177, 275
丁寧さ　263
丁寧標識　100, 275
適応化　27
同音異義語　11, 13, 46
同音異義語恐怖症　62
同音衝突　60, 62
導管メタファー　232
動詞　82, 221, 234, 315
統素 S　7, 13
同定詞　29
時　35, 41
「時的」から「譲歩的」　94
時の意味　37, 90

な行

内的　30, 39, 102
内容語　178
内容的　9, 222, 256, 315
内容的意味　166, 171, 216, 234, 308
日本語学　262, 296
認識性　126, 132
認識的　12, 119, 142, 158, 186, 315
認識的意味　314
認識的会話行為副詞　237
認識的括弧　227
認識的括弧づけ　238, 241
認識的対照　194, 198
認識的文副詞　44
認識的モダリティ　48, 120
認識的モダル　2, 47, 86
認識の括弧づけ表現　177
認識の副詞　194, 317
認識の文副詞　199

認識副詞　194
認知言語学　6, 79, 84, 86, 106

は行

ハイパーバリ　86
橋渡し　46, 179
発展の道筋　77
発話行為動詞　121
発話タイプ的意味　15, 37
発話トークン的意味　16, 37
発話による　221, 258
発話による力　222, 250
話し手／書き手のペア　222
場面転換　210
般喚推　16, 33, 35, 37, 91, 162, 186, 187, 190, 264, 268, 280, 281
範列的　8, 87
非社会指呼的意味　278
必要　133, 311
必要性（必然性）　126, 171
否定的顔　263
評価の副詞　216
表現性　101
表現的　101
標識　177
描写　315
描写場面　5, 261
標的（targets）　26, 317
漂白　91
広いスコープ　185, 194, 196, 199
フェイス　206, 218
副詞　9
「物理的」から「心理的」　102
不変性　14
普遍文法　215
プロトタイプ　7

分化　60, 83
文副詞　12, 38, 130, 178, 182, 261
文法　10, 16, 32, 39
文法化　20, 84, 89, 93, 131, 167, 178, 254, 295, 297, 306, 316
文法構造　39
文法的主語　19
文脈形成的　9, 30, 38, 100, 178, 180, 182, 183, 207, 222, 240, 256, 306, 307, 309, 313, 315
文脈形成的意味　166, 171, 216, 278, 283, 308
文脈形成的機能　234
変化　30, 39
変化の道筋　89, 43, 295
法（ムード）　223
法則　83
保証　234
補文標識　89, 183, 237

ま行

マッピング　85
道筋　94
源　26
未来時制　131
民間語源説　13
無生　92, 305
無生主語構造　240
無生の主語　157
無生物主語　236, 242, 245, 307
無標　54
明確さ　66
メタ言語　82, 232
メタ言語的　102
メタ言語的方法　44
目立った状況　251

メタテクスト的　38, 86, 102, 112, 180, 256
メタテクスト的意味　215
モダリティ　1, 22, 43, 47, 48, 119, 224
モダル　47, 180, 222, 315
モダル語　25, 122, 146, 223, 252, 255
モダル助辞　178
モダル動詞　124
モダルの源　132
モダル副詞　185, 216

や行

約束　234, 243
約束の語　226
やりもらい動詞　224, 279, 294
融合　83
有生性の順位づけ　77
有生・無生　292
有生物　154
有標　18, 54
有標性　18
有標の表現　18
優–劣　263

ら行

ラムダ抽象化　96
リトテス　86
略式–正式　273, 288, 290, 291, 296
略式と正式　101, 261, 262, 263, 268
領域　26, 87
量の教示　17, 22, 23
隣接性　87
類型学　80
類推　26, 67, 87
歴史言語学　34
歴史語用論　106, 111
歴史的語用論　5

歴史的談話分析　5
歴史統語論　84
連歌　248
連辞的　8, 28, 87, 88
連辞的文脈　317
連続動詞構造　294

わ行

和合　202
話者／書者と聞者／読者のペア　313
話題転換　208
話題変更　180, 233
ワッカナゲルの位置　181

著者紹介

Elizabeth Closs Traugott（エリザベス・クロス・トラウゴット）
スタンフォード大学名誉教授
専門は歴史言語学
主な著書
Approaches to Grammaticalization (Benjamins, 1991, eds. with Heine)
Grammaticalization (CUP, 1993, with Hopper)
Lexcalization and Language Change (CUP, 2005, with Brinton)

Richard B. Dasher（リチャード・B・ダッシャー）
スタンフォード大学教授
専門は日本語の敬語の歴史的研究
主な論文
Grammaticalization in the System of Japanese Predicate Honorifics. (PhD dissertation, Stanford University, 1995)

訳者紹介

日野資成（ひの すけなり）
1954年生まれ　神奈川県出身
ハワイ大学大学院言語学部博士課程修了
福岡女学院大学人文学部現代文化学科教授
主な著書
『文法化』(翻訳、ホッパー／トラウゴット著、九州大学出版会、2003)
『語彙化と言語変化』(翻訳、ブリントン／トラウゴット著、九州大学出版会、2009)
『ベーシック現代の日本語学』(ひつじ書房、2009)

言　語　学　翻　訳　叢　書　第 20 巻

意味変化の規則性

発行	2019 年 2 月 20 日　初版 1 刷
定価	4400 円＋税
著者	エリザベス・C・トラウゴット、リチャード・B・ダッシャー
訳者	日野資成
発行者	松本功
装丁者	渡部文
印刷・製本所	三美印刷株式会社
発行所	株式会社 ひつじ書房

〒112-0011 東京都文京区千石 2-1-2　大和ビル 2 階
Tel.03-5319-4916 Fax.03-5319-4917
郵便振替 00120-8-142852
toiawase@hituzi.co.jp
http://www.hituzi.co.jp/

造本には充分注意しておりますが、落丁・乱丁などがございましたら、小社かお買上げ書店にておとりかえいたします。ご意見、ご感想など、小社までお寄せ下されば幸いです。

ISBN978-4-89476-952-6

[刊行書籍のご案内]

真田信治著作選集　シリーズ日本語の動態
真田信治著　全4巻

第1巻　標準語史と方言
定価 1,800 円＋税

近代日本語における標準語の成立過程、それをめぐる地域社会での葛藤、そして、標準への〈集中〉と〈逸脱〉といった二つのベクトルの交錯の様相について、著者の既発表の論稿をセレクトし集成した。記述の情況はいずれも国語教育、日本語教育に当たって基本的に踏まえておくべき内容である。

第2巻　地域・ことばの生態
定価 1,600 円＋税

日本語の多彩さのなかで地域差だけが目立っていた時代はいまや幕を閉じつつある。そのかわり、その地域差を含んだ社会差、機能差などのさまざまに絡み合った日本語のバリエーションが注目される時代が登場してきている。本書では、その情況に関する論稿を集成した。

第3巻　アジア太平洋の日本語
定価 1,800 円＋税

かつての日本の統治下で日本語を第二言語として習得した人々の日本語運用に関して、また、台湾の宜蘭県で発見された日本語系クレオール語の実態についての論稿を集成。台湾、ミクロネシア、朝鮮半島、サハリン（樺太）などの地域を対象にしたフィールドワークにより現地での日本語変種、また現地語に借用された日本語の記録・記述を進め、異言語間接触による言語変種の形成過程を分析した。

［刊行書籍のご案内］

話し言葉と書き言葉の接点
石黒圭・橋本行洋編　　定価 4,000 円＋税

日本語学会 2013 年度春季大会（大阪大学）において行われた学会シンポジウムをもとにした論文集である。シンポジウムのパネリストに本テーマに関わる第一線の研究者を加えた、計 13 名による考察。フィクションの言葉やヴァーチャル方言、語用論的視点やコーパスによる視点をとりあげた共時的研究から、古代語や鎌倉時代、明治時代の言葉などをテーマとする通時的研究まで、言語研究の各方面から書き言葉・話し言葉へ迫る。★重版に際し、軽装版になりました。

［刊行書籍のご案内］

コーパスと日本語史研究

近藤泰弘・田中牧郎・小木曽智信編　　定価 6,800 円＋税

日本語史研究にどのようにしてコーパスを用いるかについての日本最初の概説書。具体的な研究方法も満載。また、オックスフォード大学の古典語コーパスについても開発者自らが詳しく解説。その他、古典語コーパス関係の文献解題も付載。なお、国立国語研究所の「日本語歴史コーパス」の開発に関わった研究者による共同研究の成果でもある。

日本語史叙述の方法

大木一夫・多門靖容編　　定価 7,200 円＋税

日本語史はいかに叙述されるべきか。これまでの日本語史研究は、日本語の歴史を歴史として叙述することに、あまり自覚的ではなかった。しかし、それが歴史的な研究である以上、そこには、歴史としての何らかの叙述の方法があるだろう。本書は、日本語史の叙述方法についての理論や考え方を提示し、また、具体的な叙述の実践を試みる。